穿越 中国隧道及地下工程修建关键技术研究书系

重载铁路黄土隧道修建关键技术

邓 勇　任少强　申志军
康 玮　吴应明　谢江胜　等 编著

Key Construction Technologies for
Loess Tunnel of
Heavy-haul Railway

人民交通出版社股份有限公司
China Communications Press Co.,Ltd.

内 容 提 要

本书依托蒙华铁路蒙陕段相关隧道工程实践与创新成果，总结了重载铁路黄土隧道修建关键技术，是从事黄土隧道建设管理、设计、施工、监理单位和相关研究人员集体智慧的结晶。全书共分 13 章，主要介绍了蒙华铁路黄土隧道建设面临的难点、黄土隧道结构设计及优化、黄土隧道施工工艺、隧道洞口段施工技术、富水黄土隧道施工关键技术、深埋黄土隧道大变形控制技术、砂质黄土隧道施工关键技术、土石分界段隧道施工技术、黄土隧道基底加固技术、隧道监控量测技术、黄土隧道典型设备选型与配套、蒙华铁路工程建设管理模式与创新、总结与展望等。

本书可供从事隧道及地下工程建设管理、设计、施工的工程技术人员学习参考，同时可作为相关院校师生的学习参考。

图书在版编目(CIP)数据

重载铁路黄土隧道修建关键技术 / 邓勇等编著. —北京：人民交通出版社股份有限公司，2019.12
ISBN 978-7-114-15481-2

Ⅰ.①重… Ⅱ.①邓… Ⅲ.①重载铁路—土质隧道—隧道施工—工程技术 Ⅳ.①U459.1

中国版本图书馆 CIP 数据核字(2019)第 199050 号

穿越——中国隧道及地下工程修建关键技术研究书系

书　　名：	**重载铁路黄土隧道修建关键技术**
著 作 者：	邓　勇　任少强　申志军　康　玮　吴应明　谢江胜　等
责任编辑：	谢海龙
责任校对：	张　贺　宋佳时
责任印制：	张　凯
出版发行：	人民交通出版社股份有限公司
地　　址：	(100011)北京市朝阳区安定门外外馆斜街 3 号
网　　址：	http://www.ccpress.com.cn
销售电话：	(010)59757973
总 经 销：	人民交通出版社股份有限公司发行部
经　　销：	各地新华书店
印　　刷：	北京印匠彩色印刷有限公司
开　　本：	787×1092　1/16
印　　张：	19
字　　数：	460 千
版　　次：	2019 年 12 月　第 1 版
印　　次：	2019 年 12 月　第 1 次印刷
书　　号：	ISBN 978-7-114-15481-2
定　　价：	108.00 元

(有印刷、装订质量问题的图书由本公司负责调换)

作者简介
Brief Introduction of Author

邓勇,男,汉族,贵州黄平人,中国共产党党员,工程硕士,一级建造师,教授级高级工程师,国家安全生产技术专家。现任中国铁建股份有限公司党委委员,中铁二十局集团有限公司董事长、党委书记。曾获"天津市五一劳动奖章""天津市十大杰出青年岗位能手""中国铁路施工企业优秀项目经理""全国建筑业企业优秀项目经理""全国优秀施工企业家""全国五一劳动奖章"等荣誉称号。

Key Construction Technologies for
Loess Tunnel of Heavy-haul Railway

编委会

顾　　　问：张　梅　雷升祥
主 任 委 员：邓　勇
副主任委员：任少强　申志军　康　玮　吴应明　谢江胜　王士明
委　　　员：(排名不分先后)
　　　　　　夏　勇　韩现民　张素敏　管晓军　袁　铁　束仁政
　　　　　　王　成　郭朋超　段　伟　刘　强　曹运祥　马继承
　　　　　　张　浪　王建军　申运涛　高王锋　许　博　杨　朝
　　　　　　王　晨　张　铮　赵　卫　梁永峰　马　野　索建波
　　　　　　陈　锴　刘之涛　张会安　葛亮亮　祝传旭　史粮逢
　　　　　　吴小波　马传明　李　鹏　王　荣　郭尚坤　张　博
　　　　　　杜　锋　和　进　刘　锋　李　英　向明根　胡原平
审稿专家：仇文革　肖清华

Key Construction
Technologies for Loess Tunnel
of Heavy-haul Railway

前　言

蒙华铁路是我国继大秦铁路、朔黄铁路和瓦日铁路后建成的又一煤运铁路工程，全长 1814.5km，是世界上一次性建成最长的重载煤运铁路。蒙华铁路黄土隧道共有 73 座，总长达 198km，主要集中于陕北黄土高原地区。黄土地层具有多孔性、垂直节理发育、透水性强和沉陷性大等地质特性，在隧道工程施工中易产生掌子面坍塌和初期支护结构大变形等情况，造成施工安全风险高、难度大，防范和降低黄土不良地质施工风险是隧道工程建设的重点。

中铁二十局承建的 MHTJ-7 标段纯黄土隧道 8 座，为蒙华铁路黄土隧道的典型代表。自 2015 年开工至今，在蒙华公司、相关设计、监理单位及科研院校的指导和帮助下，在黄土隧道建设中积极开展施工技术方案优化与创新，先后开展了一系列研究，探索出零开挖进洞技术、少分部开挖技术、隧道支护结构优化设计技术、控变防塌技术、软土基底加固技术、超前地质预报及信息化管理技术等一系列研究成果，进行了隧道施工典型设备的选型与配套研究。基于上述成果，结合国内外黄土隧道修建的先进经验，本书旨在系统介绍黄土隧道及在富水、大变形、砂性黄土、土石分界等复杂不良地质段的修建关键技术、监控量测技术、典型设备选型及机械化配套技术，并希望以此反映总结蒙华铁路工程建设理念创新、管理创新，进一步提升我国黄土隧道修建水平。

本书由中铁二十局集团有限公司董事长、党委书记邓勇策划，并与任少强、申志军、康玮、吴应明、谢江胜、王士明等共同编著，参加课题研究和本书编写工作的还有夏勇、韩现民、王建军、申运涛、高王锋、梁永峰、张会安、吴小波等。全书分为 13 章，第 1 章绪论；第 2 章黄土隧道结构设计及优化；第 3 章黄土隧道施工工艺；第 4 章隧道洞口段施工技术；第 5 章富水黄土隧道施工关键技术；第 6 章深埋黄土隧道大变形控制技术；第 7 章砂质黄土隧道施工关键技术；第 8 章土石分界段隧道施工技术；第 9 章黄土隧道基底加固技术；第 10 章隧道监控量测技术；第 11 章黄土隧道典型设备选型与配套；第 12 章蒙华铁路工程建设管理模式与创新；第 13 章总结与展望。全书由谢江胜和申运涛负责编审，感谢其他同志在提供资料和文字编写过程中的帮助。

  本书的撰写,一方面展示蒙华铁路修建过程中的艰辛与不易,尽管困难重重,但最终都通过对问题的分析研究逐一解决;另一方面也期望本书能为类似地质条件下的隧道设计和施工提供示范和参考,拓宽行业应用范围,促进施工技术水平提升。

  由于写作时间仓促,书中难免存在疏漏之处,敬请各位专家与读者不吝赐教。

编 者

2019 年 6 月

Key Construction
Technologies for Loess Tunnel
of Heavy-haul Railway

目 录

第 1 章 绪论 ··· 001
  1.1 工程概况 ··· 001
    1.1.1 蒙华铁路工程概况 ·· 001
    1.1.2 蒙陕段工程概况 ·· 002
    1.1.3 MHTJ-7 标段工程概况 ·· 003
  1.2 蒙陕段地层岩性 ··· 005
    1.2.1 蒙陕段地形地貌与气象特征 ·· 005
    1.2.2 隧址区主要工程地质特征 ··· 005
  1.3 蒙陕段黄土结构性能及典型隧道 ··· 009
    1.3.1 蒙陕段黄土结构特征 ··· 009
    1.3.2 蒙陕段黄土物理力学性能 ··· 009
    1.3.3 典型黄土隧道 ··· 010
  1.4 黄土隧道的特点和修建主要技术问题 ··· 013
    1.4.1 黄土隧道工程特点 ·· 013
    1.4.2 黄土隧道修建主要技术问题 ·· 014

第 2 章 黄土隧道结构设计及优化 ··· 016
  2.1 洞口边仰坡防护设计 ·· 016
    2.1.1 边仰坡防护的必要性 ··· 016
    2.1.2 边仰坡防护的类型 ·· 016
  2.2 进洞支护设计及优化 ·· 018
    2.2.1 进洞超前支护设计 ·· 018
    2.2.2 进洞施工方案 ·· 018
    2.2.3 进洞方案优化 ·· 020
  2.3 洞身段超前支护与预加固 ··· 022
  2.4 正洞复合式衬砌结构设计 ··· 027
    2.4.1 内轮廓确定 ··· 027

2.4.2　复合式衬砌形式 …………………………………………………… 028
2.5　系统锚杆设计及优化 ………………………………………………………… 029
2.6　初期支护钢架设计及优化 …………………………………………………… 030
2.7　二次衬砌仰拱结构优化 ……………………………………………………… 034
2.8　防排水系统设计及优化 ……………………………………………………… 035
　　2.8.1　洞外排水设计 ………………………………………………………… 036
　　2.8.2　明洞及洞门防排水设计 ……………………………………………… 036
　　2.8.3　暗洞防排水系统 ……………………………………………………… 037
　　2.8.4　正洞防水系统优化 …………………………………………………… 038
　　2.8.5　排水系统优化 ………………………………………………………… 039
2.9　洞口相邻工程排水过渡设计 ………………………………………………… 039
　　2.9.1　路隧相连段落排水沟槽设计 ………………………………………… 039
　　2.9.2　桥隧相连段落排水沟槽设计 ………………………………………… 041
2.10　隧道防寒保温设计及优化 …………………………………………………… 045
　　2.10.1　隧道防寒保温设计 …………………………………………………… 045
　　2.10.2　隧道防寒保温优化设计 ……………………………………………… 045
2.11　辅助坑道及附属洞室设计 …………………………………………………… 047
　　2.11.1　辅助坑道结构设计 …………………………………………………… 047
　　2.11.2　辅助坑道结构优化设计 ……………………………………………… 047
　　2.11.3　辅助坑道防排水设计及优化 ………………………………………… 052
　　2.11.4　附属洞室设计 ………………………………………………………… 054
2.12　黄土隧道施工工法及辅助施工措施设计 …………………………………… 055
　　2.12.1　施工工法 ……………………………………………………………… 055
　　2.12.2　辅助施工措施 ………………………………………………………… 056
2.13　环境保护与水土保持 ………………………………………………………… 057
2.14　小结 …………………………………………………………………………… 058

第3章　黄土隧道施工工艺 …………………………………………………………… 060

3.1　黄土隧道施工工法 …………………………………………………………… 060
　　3.1.1　黄土隧道施工工法比选 ……………………………………………… 060
　　3.1.2　黄土隧道三台阶法 …………………………………………………… 061
　　3.1.3　黄土隧道三台阶临时仰拱法 ………………………………………… 064
3.2　支护施工工艺 ………………………………………………………………… 066
　　3.2.1　$\phi 108$ 或 $\phi 159$ 大管棚 ………………………………………………… 066
　　3.2.2　钢架及网片加工与安装 ……………………………………………… 067
　　3.2.3　锁脚锚管 ……………………………………………………………… 069

3.2.4	喷射混凝土	071
3.3	防排水施工工艺	073
3.4	二次衬砌施工工艺	076
3.4.1	二次衬砌仰拱施工工艺	076
3.4.2	拱墙衬砌施工工艺	080
3.5	水沟电缆槽施工工艺	085
3.6	辅助导坑施工技术	087
3.6.1	斜井三岔口施工技术	088
3.6.2	斜井封堵及排水	095
3.7	小结	096

第4章 隧道洞口段施工技术 ········· 098

- 4.1 洞口段施工问题成因及防治措施 ········· 098
  - 4.1.1 地表开裂及其防治措施 ········· 098
  - 4.1.2 边仰坡滑塌成因以及防治措施 ········· 099
- 4.2 开工前现场核对 ········· 100
  - 4.2.1 现场核对目的及原则 ········· 100
  - 4.2.2 现场核对流程及主要内容 ········· 100
  - 4.2.3 MHTJ-7标段现场核对成果 ········· 100
- 4.3 洞口施工方案 ········· 101
- 4.4 零开挖进洞案例介绍 ········· 102
  - 4.4.1 工程概况 ········· 102
  - 4.4.2 施工方案 ········· 103
  - 4.4.3 施工工艺 ········· 105
  - 4.4.4 实施效果 ········· 109
- 4.5 穿越滑坡体案例介绍 ········· 111
  - 4.5.1 工程概况 ········· 111
  - 4.5.2 施工方案 ········· 114
  - 4.5.3 施工工艺 ········· 117
  - 4.5.4 实施效果 ········· 123
- 4.6 小结 ········· 125

第5章 富水黄土隧道施工关键技术 ········· 126

- 5.1 富水黄土隧道地质特性 ········· 126
- 5.2 富水黄土隧道施工面临的风险和难点 ········· 126
- 5.3 富水黄土土体改良加固技术 ········· 127
  - 5.3.1 地表水泥土搅拌桩加固技术 ········· 127

  5.3.2 高压旋喷桩隧底加固技术 ·················· 131
 5.4 富水黄土段支护措施 ·························· 132
  5.4.1 超前预支护（加固） ······················ 132
  5.4.2 支护结构设计 ···························· 138
 5.5 临时排水措施 ································ 138
 5.6 小结 ·· 139

第6章 深埋黄土隧道大变形控制技术 ················ 140
 6.1 深埋黄土工程特性 ···························· 140
  6.1.1 工程地质特征 ···························· 140
  6.1.2 水文地质特征 ···························· 140
 6.2 深埋黄土隧道存在问题及其变形机理 ············ 141
  6.2.1 深埋黄土隧道施工问题 ···················· 141
  6.2.2 深埋黄土隧道变形机理 ···················· 141
 6.3 深埋黄土隧道变形控制技术 ···················· 142
  6.3.1 排水措施 ································ 142
  6.3.2 适宜的开挖方法 ·························· 143
  6.3.3 合理的支护结构 ·························· 144
  6.3.4 尽早施作二次衬砌仰拱 ···················· 144
  6.3.5 套拱加固 ································ 144
  6.3.6 设置钢架双锁脚 ·························· 145
  6.3.7 限阻器支护方案及效果 ···················· 145
 6.4 小结 ·· 148

第7章 砂质黄土隧道施工关键技术 ·················· 149
 7.1 砂质黄土围岩地质特征 ························ 149
  7.1.1 工程地质特征 ···························· 149
  7.1.2 水文地质 ································ 149
 7.2 砂质黄土施工面临主要问题 ···················· 150
 7.3 砂质黄土施工技术 ···························· 151
  7.3.1 降水技术 ································ 151
  7.3.2 水平旋喷桩加固技术 ······················ 157
  7.3.3 洞内帷幕注浆加固技术 ···················· 162
  7.3.4 地表袖阀管注浆加固技术 ·················· 163
  7.3.5 其他变形控制技术 ························ 163
 7.4 砂质黄土段施工效果 ·························· 164
 7.5 小结 ·· 166

第8章　土石分界段隧道施工技术　167

8.1　土石分界段的地质特征　167
8.1.1　工程地质特征　167
8.1.2　水文地质特征　168
8.2　土石分界段施工面临主要问题　170
8.3　土石分界段施工关键技术　170
8.3.1　地表管井降水　171
8.3.2　开挖工法　175
8.3.3　石质围岩控制爆破、超欠挖控制　176
8.3.4　隧道支护设计　177
8.3.5　初期支护背后回填技术　178
8.4　土石分界段落施工原则　178
8.5　施工效果评价　181
8.6　小结　184

第9章　黄土隧道基底加固技术　185

9.1　黄土隧道隧底地质特征　185
9.2　黄土隧道基底加固机理及技术方案　187
9.2.1　黄土隧道基底加固机理　187
9.2.2　隧道基底加固技术　188
9.3　隧道基底加固典型工程案例　190
9.3.1　水泥土挤密桩　190
9.3.2　高压旋喷桩　196
9.3.3　袖阀管注浆　201
9.3.4　隧底钢管桩加固　209
9.4　小结　211

第10章　隧道监控量测技术　212

10.1　监控量测技术及标准　212
10.1.1　监测项目及仪器　212
10.1.2　监测断面布设　213
10.1.3　测点的制作、布设　213
10.1.4　监测数据的采集　216
10.1.5　监测频率　217
10.2　监控量测的分级预警原则和预警处理技术　218
10.2.1　监控量测组织体系　218
10.2.2　围岩变形管理等级与分级预警　218

  10.2.3 初期支护变形管理及预警 ·· 219
  10.2.4 监测信息反馈 ·· 220
  10.2.5 预警响应机制 ·· 220
 10.3 黄土隧道变形规律分析 ··· 221
  10.3.1 洞内初期支护变形规律分析 ······································ 221
  10.3.2 地表沉降的规律分析 ·· 225
  10.3.3 施工环节与变形的关系 ·· 226
 10.4 小结 ·· 227

第 11 章 黄土隧道典型设备选型与配套 ·· 228

 11.1 蒙华铁路黄土隧道机械化施工特点 ····································· 228
 11.2 湿喷机械手选型及应用分析 ·· 229
  11.2.1 湿喷机械手优缺点 ·· 229
  11.2.2 湿喷机械手选型及设备概况 ···································· 230
  11.2.3 工效分析 ·· 233
 11.3 自行式仰拱长栈桥应用分析 ·· 233
  11.3.1 自行式仰拱长栈桥选型要求 ···································· 233
  11.3.2 机械结构及主要技术参数 ······································ 233
  11.3.3 自行式仰拱长栈桥配置 ·· 235
  11.3.4 自行式仰拱长栈桥使用注意事项及效果评价 ·················· 236
 11.4 拱墙衬砌防脱空配套技术及应用分析 ··································· 237
 11.5 混凝土综合养护设备的应用分析 ······································· 240
  11.5.1 隧道衬砌喷淋养护多功能台车 ·································· 240
  11.5.2 隧道衬砌养护高强喷雾机 ······································ 243
 11.6 沟槽一体机应用分析 ··· 244
  11.6.1 沟槽一体机结构特点 ·· 244
  11.6.2 沟槽一体机施工与传统施工工艺对比 ·························· 245
  11.6.3 单边式沟槽一体机使用探索 ···································· 247
 11.7 钢构件集中加工的应用分析 ·· 247
  11.7.1 加工厂设置目的和原则 ·· 247
  11.7.2 主要设备配置 ·· 247
  11.7.3 钢构件加工工艺流程 ·· 249
  11.7.4 工厂化集中加工优点 ·· 252
  11.7.5 加工工艺优化 ·· 252
  11.7.6 施工优势 ·· 253
 11.8 蒙华铁路隧道施工设备配置 ·· 254

11.9 小结 ························ 256

第 12 章　蒙华铁路工程建设管理模式与创新 ·············· 257
12.1 铁路工程建设管理面临的主要问题 ················ 257
12.2 蒙华铁路工程建设管理特点 ··················· 258
12.2.1 树立严谨务实理念，规范工程建设管理 ············ 259
12.2.2 实行单价合同，合理设置工程量清单子目 ··········· 259
12.2.3 倡导方案优化，落实优化激励 ················ 259
12.2.4 推行阳光分包，规范劳务用工管理 ·············· 259
12.2.5 规范软弱破碎围岩隧道施工理念，强化风险预控 ········ 260
12.2.6 推行钢构件工厂化加工和机械化施工，确保施工质量达标 ···· 260
12.2.7 推行班组长工程质量责任制，落实终端责任 ·········· 260
12.2.8 开展技术、质量分级管理，提升项目管控能力 ········· 261
12.2.9 推行诚信单位评选，提高建设管理工作的效率 ········· 261
12.2.10 强化合同管理，倡导"以合理的单价，购买合格产品或服务" · 261
12.3 技术与工程质量分级管理 ···················· 262
12.3.1 技术分级管理 ······················· 262
12.3.2 工程质量分级管理 ····················· 267
12.3.3 技术、质量分级管理实施效果 ················ 271
12.4 班组长工程质量责任制 ····················· 272
12.4.1 班组长工程质量责任制的实施 ················ 272
12.4.2 实施经验及效果 ······················ 275
12.5 小结 ······························ 276

第 13 章　总结与展望 ·························· 277
13.1 蒙华铁路黄土隧道施工关键技术 ················· 277
13.2 蒙华铁路黄土隧道建设主要成果 ················· 279
13.3 黄土隧道未来技术展望 ····················· 282
13.3.1 基础理论方面 ······················· 282
13.3.2 勘察设计方面 ······················· 283
13.3.3 施工技术方面 ······················· 284
13.3.4 运营维护方面 ······················· 284

参考文献 ·································· 286

后记 ···································· 288

第1章 绪论

1.1 工程概况

1.1.1 蒙华铁路工程概况

蒙西至华中地区铁路煤运通道(以下简"蒙华铁路")是国家《"十二五"规划纲要》《"十三五"规划纲要》和《中长期铁路网规划》中的重大交通基础设施,是深化铁路领域改革、拓宽铁路投融资渠道的示范性项目。项目建设有利于构建我国"北煤南运"铁路新通道、完善路网布局,开发蒙陕甘宁地区煤炭资源、保障鄂湘等华中地区能源供应,促进沿线经济社会发展。

蒙华铁路北起内蒙古鄂尔多斯境内浩勒报吉南站,途经内蒙古、陕西、山西、河南、湖北、湖南、江西七省区,终至京九铁路江西省吉安站,线路全长1814.5km,如图1-1所示,设计为国铁 I 级铁路,其中浩勒报吉南至岳阳段双线长1381.2km,岳阳至吉安段单线长433.3km。全线设车站80座,规划输送能力超过2亿t/年。可行性研究报告批复项目投资估算总额1930.4亿元,建设工期5年。规划集疏运系统项目69个,其中保证项目开通基本运量、与主体工程配套和同步建成的项目12个。

蒙华铁路原批复施组工期60个月,2015年6月5日开工建设,总投资暂按1710亿元控制,线路全长1814.5km,其中路基965.4km,桥梁381km,隧道468.1km,桥隧比46.8%,正线铺轨3078km(含无砟轨道768km),站线铺轨641km,车站80座。

蒙西华中铁路股份有限公司(简称"蒙华公司")下设蒙陕指挥部、晋豫指挥部、湖北指挥部、湘赣指挥部四个指挥部,分别管理蒙陕段(DK9+600~DK506+100,长493.5km)、晋豫段(DK506+100~DK988+320,长471.5km)、湖北段(DK988+320~DK1344+650,长330.8km)和湘赣段(DK1344+650~DK1879+817.5,长518.7km)。

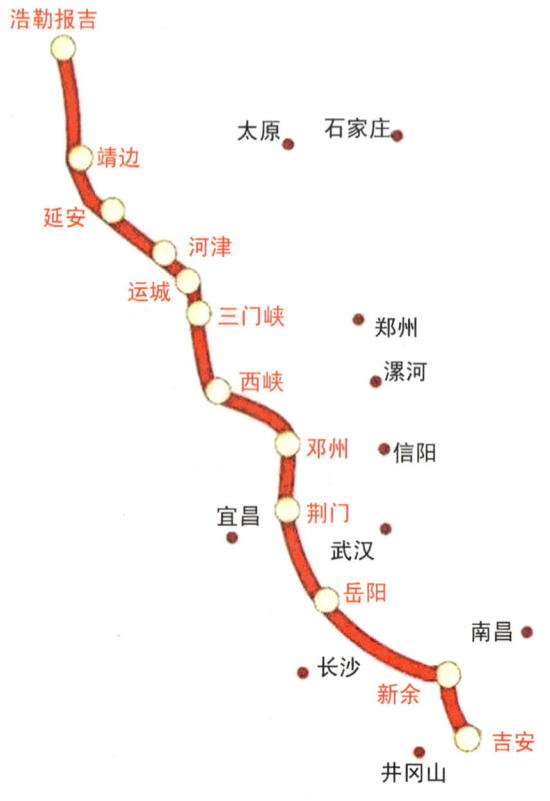

图 1-1　蒙华铁路线路示意图

1.1.2　蒙陕段工程概况

蒙华铁路蒙陕段正线从浩勒报吉南站至龙门黄河大桥三门峡方台尾,途径内蒙古自治区鄂尔多斯市乌审旗,陕西省榆林市靖边县、延安市安塞区、宝塔区、延长县、宜川县、韩城市,共跨 2 省区 4 市 6(区)县。

蒙陕段线路正线全长 493.5km,沿线经过毛乌素沙地、陕北黄土高原、黄龙山低中山区,如图 1-2 所示,其中内蒙古自治区境内 172.1km,陕西省境内 321.4km,线路设浩勒报吉南站、乌审召站、阿如柴达木站、布寨站、乌审旗南站、陶利庙南站、纳林河站、海则滩站、靖边北站、靖边东站、建华镇站、延安东站、麻洞川站、宜川站、集义站、韩城北站共 16 个车站。

管段内隧道共 54 座,隧道正线总长 185.7km,其中 51 座隧道分布有黄土段落(约 148km)、纯黄土隧道(包含土石界面隧道)有 16 座。

其中 MHTJ-7 标段承担的黄土隧道比重最大,达 70.4%,地质特征最具代表性,分布最为集中。

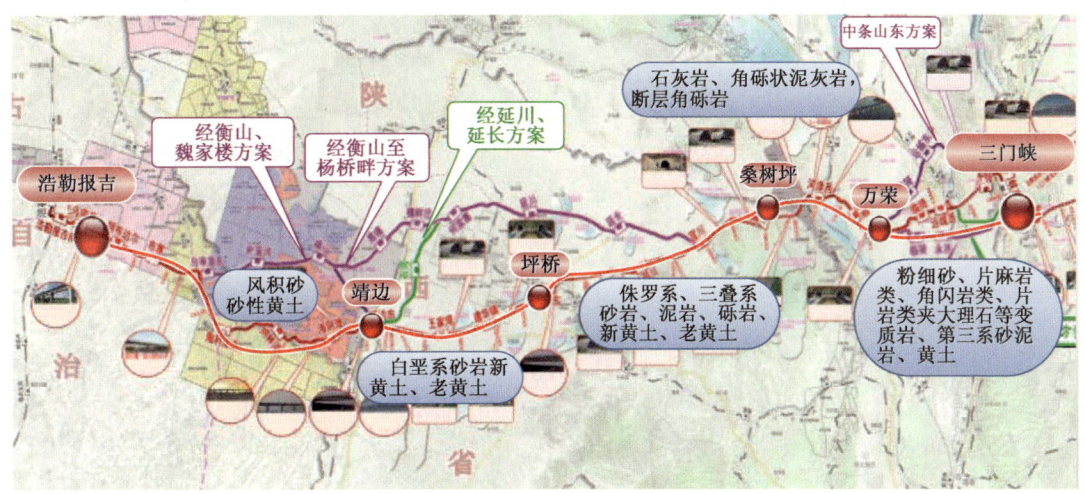

图1-2 蒙华铁路蒙陕段线路图

1.1.3 MHTJ-7 标段工程概况

蒙华铁路 MHTJ-7 标段项目工程位于陕西省延安市,起点位于宝塔区青化砭镇,终点位于延长县郑庄镇李家台村,起讫里程为 DK343+843.33～DK379+530.98,管段全长 35.7km,主要工程量为 13 座隧道、11 座桥梁、11 段路基。隧道累计长度 31.862km,隧道比重高达 89.2%;13 座隧道中 8 座为纯黄土隧道,黄土段累计长度 22.42km(其中纯黄土段 13.01km,土石分界段 9.41km)。标段内黄土隧道统计结果见表1-1。

MHTJ-7 标隧道统计表　　　　　　　　表1-1

序号	隧道名称	隧道长度(m)	黄土段落长度(m)	土石分界段落长度(m)	石质段落长度(m)	特　征
1	青化砭1号隧道	1358.18	1358.18	0	0	进口存在滑坡体,砂质新黄土、黏质老黄土、砂岩夹泥岩
2	青化砭2号隧道	4396.72	52	630	3714.72	洞身出口侧面存在滑坡体,长段落土石分界,水平岩层,砂质新黄土、黏质老黄土、砂岩夹泥岩
3	岳家1号隧道	1773.51	653.51	1120	0	进口存在大型滑坡体,洞身穿越浅埋段,砂质新黄土、黏质老黄土
4	岳家2号隧道	276.46	276.46	0	0	主要为砂质新黄土、少量存在黏质老黄土

续上表

序号	隧道名称	隧道长度（m）	黄土段落长度（m）	土石分界段落长度（m）	石质段落长度（m）	特征
5	岳家3号隧道	498	498	0	0	富水黄土,砂质新黄土、黏质老黄土
6	姚店隧道	3722.91	344.91	3378	0	进口存在滑坡体,洞身穿越2处浅埋段,长段落土石界面、黏质新黄土、黏质老黄土
7	麻科义隧道	8728.55	585.55	3755	4388	进出口偏压,洞身穿越10处浅埋段,富水黄土,长段落土石分界,深埋黄土大变形,砂质新黄土、黏质新黄土、黏质老黄土
8	杨台隧道	1067	1067	0	0	砂质新黄土、黏质老黄土强~风化砂岩（块状结构）、土石界面
9	郭旗隧道	1923.69	1923.69	0	0	洞身浅埋偏压,深埋黄土大变形,富水黄土,砂质新黄土、黏质老黄土、粉质黏土、砾岩
10	峁好梁隧道	1132.14	1132.14	0	0	进口存在滑坡体,砂质新黄土、黏质老黄土、粉质黏土、砂岩夹泥岩
11	郑庄隧道	4335.89	4335.89	0	0	长段落深埋黄土大变形,洞身穿越2处浅埋段,砂质新黄土、黏质老黄土、砂岩夹泥岩
12	赵庄隧道	620.29	620.29	0	0	砂质新黄土、黏质老黄土
13	李家台隧道	2029	162	526.93	1340.07	土石分界,砂质新黄土、黏质老黄土
	合计	31862.34	13009.62	9409.93	9442.79	—

标段内涉及的黄土类型有砂质新黄土、黏质新黄土和黏质老黄土三种类型,黄土的含水率一般在15%~29%之间,局部赋存粉质黏土、砂岩夹泥岩、强~风化砂岩、砾岩等。

标段内13座隧道中,郑庄隧道（4335.89m）、麻科义隧道（8728.55m）、青化砭2号隧道（4396.72m）和姚店隧道（3722.91m）4座隧道施工难度最大。

1.2 蒙陕段地层岩性

1.2.1 蒙陕段地形地貌与气象特征

1) 地形地貌

蒙陕指挥部管段位于鄂尔多斯盆地内部。鄂尔多斯盆地又称陕甘宁盆地,地貌单元众多,地形起伏较大,从北向南,大的地貌单元依次为毛乌素沙漠、黄土高原、黄龙山。蒙华铁路 MHTJ-7 标段主要属于黄土高原区梁峁区。

白于山(DK237+000)至临镇郑庄(DK405+750)为黄土高原梁峁区,地貌以梁峁为主,其中延安以北主要为峁,延安以南主要为梁。冲沟发育,切割深度 100~400m,大的冲沟沟底一般深入基岩。白于山被黄土覆盖,和黄土高原没有截然的分界线,是无定河、延河、洛河的发源地。顶面高程 800~1400m,最高处槐树塬,高程为 1391m,最低处为汾河谷,高程约 910m。

2) 气象特征

蒙陕指挥部管段按照对铁路工程影响气候分区为寒冷地区。蒙华铁路 MHTJ-7 标段所属宝塔区(含延长县)气象要素(2001—2010 年)如下。

宝塔区历年年平均气温 11.0℃,历年极端最高气温 39.3℃,历年极端最低气温 -22.8℃,历年最冷月平均气温 -9.4℃,历年年平均降雨量 514.5mm,历年年平均蒸发量 1206.8mm,历年平均风速 1.49m/s,历年最大风速 11.0m/s,主导风向南西,历年平均相对湿度 57.0%,最大积雪深度 11cm。

3) 土壤冻结深度

根据收集的有记录的气象资料,宝塔区(含延长县)最大冻结深度 0.80m。

根据收集的沿线冻结深度,参考"中国季节性冻土标准冻深图",沿线土壤标准冻结深度划分情况为,宝塔区至青化砭区段(DK314+300~DK346+260)标准冻深为 0.8m,青化砭至河津段(DK346+260~DK506+224.6)标准冻深为 0.6m。

4) 地震动参数区划

根据地震安全性评价结果,管段地震动峰值加速度为 0.05g,地震动反应谱特征周期分区为 1 区。

1.2.2 隧址区主要工程地质特征

沿线地层为华北地层,第四系地层种类齐全,成因多样,基岩以陆相碎屑岩类为主,分布少量海相地层,其中晚奥陶统、志留统、泥盆统、早石炭统、上白垩系缺失,现按照地层由新到老的顺序描述各种地层的特征。

1）第四系（Q）

沿线第四系地层分布广泛，成因多样，岩性众多，按照时代成因可划分如下：

（1）全新统（Q_4）

按照成因主要可分为人工堆积层（Q_4^{ml}）、坡积层（Q_4^{dl}）、冲积层（Q_4^{al}）、洪积层（Q_4^{pl}）、冲洪积层（Q_4^{al+pl}）。

①人工堆积层（Q_4^{ml}）。

按照成因可分为填筑土、素填土和杂填土，主要分布在沿线村镇、厂矿企业、道路两侧或附近，岩性特征如下。

a. 填筑土：黄褐色，以砂类土、新黄土、粉质黏土、碎石类土为主，含三七灰土等。一般稍密～中密，稍湿～潮湿。主要分布于既有公路、铁路路堤和建筑物附近，作为基础一般都经过碾压、复合地基的处理，厚度0.0～10.0m。

b. 素填土：黄褐色，成分以新黄土、砂类土、黏性土为主，松散～稍密，稍湿～潮湿。沿线分布比较零散，厚度不一。其中陕北靖边至延安油井附近分布平整场地的弃土，也是素填土的一种。

c. 杂填土：杂色，稍湿～潮湿，以建筑垃圾和生活垃圾为主。主要分布于线路经过的城区和村庄附近，厚度不一。

②坡积层（Q_4^{dl}）。

成因为黄土滑坡、溜塌、堆塌物，岩性主要为砂质新黄土、粉质黏土、粉砂、细砂、砂质老黄土、黏质老黄土，厚度一般较薄，2.0～6.0m，最厚达18.2m，岩性特征如下。

a. 砂质新黄土：主要为浅黄色、灰黄色、褐黄色，坚硬～软塑，具有和老黄土、第三系地层、基岩交界面处含水量较高，达到软塑的特征。局部为黏质老黄土。

b. 细砂：棕红色，稍密～密实，稍湿，成分以石英、长石为主，部分段落含较多黏性土，局部为粉砂。

③冲积层（Q_4^{al}）。

沿线无定河、黄河、汾水河等河流的一级阶地广泛分布全新统冲积物，岩性主要为砂质新黄土、粉质黏土、粉土以及砂类土，厚度5.0～20.0m，一般不超过30.0m，特征如下。

a. 砂质新黄土：淡黄色、褐黄色、黄褐色，软塑～硬塑，土质较均匀，以粉粒为主，含少量黑色斑点、钙质结核及白色菌丝，针状孔隙及虫孔较发育。层厚1.2～6.1m，呈层状分布，一般具有湿陷性。

b. 粉质黏土：浅灰色、青灰色、灰褐色、黄褐色，软塑～硬塑，土质较均匀，见少量铁锈色条纹及黑色斑点，局部夹粉土、粉砂薄层。层厚2.5～9.9m。

c. 粉土：黄褐色、灰褐色、青灰色，密实，稍湿～潮湿，土质较均匀。层厚2.7～7.7m，呈层状分布，局部为淤泥质粉土。

d. 粉、细砂：灰褐色，中密，饱和，成分以石英、长石为主。层厚2.9m，呈透镜状分布。

e. 粗砂：黄褐色，稍密，潮湿～饱和，成分以石英、长石为主。揭露厚度1.0m，呈透镜状分布。

④冲洪积层（Q_4^{al+pl}）。

黄土高原和中低山区冲沟、河流一级阶地及河漫滩分布冲洪积物，地层结构具有典型的二

元结构,上部为砂质新黄土或粉土,下为砂层或碎石类土,各地层岩性特征如下:

a. 砂质新黄土:浅黄色,软塑~硬塑,表层为根植土,为松软土,多具湿陷性,厚度一般小于10.0m。

b. 砂类土:浅黄色~浅灰色,稍湿~潮湿,稍密~中密,成分以石英、长石为主,级配较差、分选一般,可分为粉砂、细砂、中砂、粗砂、砾砂,呈透镜状,厚度一般小于3.0~5.0m。

c. 碎石类土:浅黄色~黄褐色,稍湿~潮湿,稍密~密实,颗粒成分为砂岩、石灰岩等,圆棱状、次圆棱状,为粗、细圆砾土及卵石土,新黄土及砂类土充填,厚度一般小于10.0m。

(2)上更新统(Q_3)

按照成因可分为风积层(Q_3^{eol})、冲积层(Q_3^{al})、洪积层(Q_3^{pl})、冲洪积层(Q_3^{al+pl}),分别描述如下。

①风积层(Q_3^{eol})。

广泛分布于黄土高原区、中低山区的山顶、峨嵋台地和中条山南黄土台塬及高阶地表层,岩性主要为砂质新黄土,局部为粉细砂、黏质新黄土。

砂质新黄土:主要为浅黄色、灰黄色、褐黄色,坚硬~软塑,水位以下为饱和黄土。可见虫孔及孔状孔隙,具直立性,局部见白色菌丝,含有钙质结核。厚度和下伏的古地貌有关,黄土高原区钻探揭示厚度大于80.0m,一般均具湿陷性。

②冲洪积层(Q_3^{al+pl})。

分布于黄土高原地区,是河流二级阶地的主要组成部分,岩性主要为砂类土和碎石类土。

a. 砂类土:浅黄色,稍湿~潮湿,中密~密实,成分以石英、长石为主,可分为细砂、中砂、粗砂及砾砂,呈透镜状分布于新黄土中,厚度一般3.0~5.0m,最大揭露厚度达25.0m。

b. 碎石类土:浅黄色,稍湿~饱和,中密~密实,颗粒成分主要为砂岩、石灰岩等,主要为粗、细圆砾土,呈透镜状分布于新黄土中,厚度一般3.0~5.0m。

(3)中更新统(Q_2)

按照成因主要分为坡积层(Q_2^{dl})、洪积~冲洪积层(Q_2^{pl}~Q_2^{al+pl})。

①坡积层(Q_2^{dl})。

主要为古滑坡滑坡体物质,岩性主要为块石土及黏质老黄土。

a. 块石土:灰绿色、黄绿色,密实,稍湿~潮湿,块石为砂岩。

b. 黏质老黄土:棕红色,硬塑~坚硬。

②洪积~冲洪积层(Q_2^{pl}~Q_2^{al+pl})。

分布于黄土高原残塬区,为古老河流的阶地组成部分,岩性主要为砂(黏)质老黄土、碎石类土及砂类土。

a. 砂(黏)质老黄土:褐黄色~褐红色,坚硬~硬塑,成分以黏粒为主,局部含姜石、粗、细圆砾土,为弱~中等膨胀性土,主要分布于中庄至交里之间,其余地段零星分布。从靖边至郑庄存在黏粒逐渐增多的特征,局部含白色菌丝及钙质结核,分布形态受古地貌控制,遭受河流侵蚀和新黄土覆盖,最大揭露厚度大于50.0m。

b. 碎石类土:褐黄色,稍湿~饱和,中密~密实,颗粒成分主要为砂岩、石灰岩等,主要为粗、细圆砾土,呈透镜状分布于老黄土中,一般小于10.0m。

2) 上第三系(N)

黄土高原靖边至宜川段为上部地层覆盖，地表零星揭露，受古沉积环境影响和后期剥蚀作用，分布不连续。主要为河流相沉积，岩性以粉质黏土为主，又称为三趾马红土，棕红色，坚硬硬塑，含大量姜石，局部成层，揭露的最大层厚达7.8m，具弱膨胀性。夹砂类土，密实，饱和。麻科义隧道进口段分布泥岩和砾岩。

3) 白垩系下统(K_1)

沿线缺失白垩系上统地层，下统地层分布广泛，分为环河华池组(K_1hc)和洛河组(K_1l)，岩性以砂岩为主。

(1) 环河华池组(K_1hc)

白垩系下统环河华池组(K_1hc)主要分布在浩勒报吉~DK180段，为基底地层，上部为风积砂覆盖，岩性主要是砂岩、泥质砂岩。

①砂岩：褐红色、褐色、棕红色、棕黄色、青灰色、灰白色，全风化~弱风化，泥质胶结，局部呈半胶结，砂质结构，薄~中厚层状构造，水平层理为主，夹小型斜层理，局部夹薄层紫红色泥质砂岩。局部地段岩质较软，手捏即碎。钻探揭示厚度0.0~25.0m。

②泥质砂岩：褐红色、紫红色、棕红色，全风化~强风化，泥质胶结，局部半胶结，水平层理。钻探揭示厚度0.0~7.2m。

(2) 洛河组(K_1l)

分布在DK180以南至建华寺(DK288+300)，一般出露于冲沟中下部，白于山区接近山顶处也有露头。岩性主要是砂岩，褐红色、红色，全风化~强风化，泥质胶结，泥砂质结构，薄~中厚层状构造，以大型斜层理、交错层理为特征，半成岩，易风化。与下伏地层呈整合接触，钻探揭示厚度大于100.0m。

4) 侏罗系(J)

沿线侏罗系地层主要出露中统地层，以砂、泥岩互层为特征。

(1) 中统(J_2)

沿线从安塞区坪桥镇(DK285+200)至宝塔区梁村(DK332+320)分布，冲沟沟底或沟壁出露，砂岩泥岩互层。特点是砂岩、泥岩多呈厚层、巨厚层分布，韵律明显，单层厚度可达10.0m，产状近水平，295°∠4°~310°∠2°。

①砂岩：主要为黄绿色、砂质结构，一般为中厚层状，夹薄层状，泥质胶结，全风化至弱风化。

②泥岩：青灰色，棕红色，泥质结构，薄层状水平层理，与砂岩互层。

(2) 下统(J_1)

郑庄至临镇之间冲沟沟底揭露，分布于阳山隧道洞身之上，岩性主要为含砾砂岩和砾岩、砂岩，含砾砂岩和砾岩为侏罗系与三叠系分界的标志层。

①砂岩：灰白色、灰黄色，强风化~弱风化，主要矿物成分石英、长石，粗粒砂状结构，中厚层状构造，节理裂较发育，层厚3.0~5.0m，岩体呈碎石块石状。

②含砾砂岩：灰白色，主要矿物成分为长石、石英，粗粒砂状结构，层状构造，泥质胶结，弱风化，含约10%的砾石，砾石一般粒径2~20mm，最大粒径60mm，层厚2.0~6.0m，岩体呈碎石状~大块状结构。

③砾岩:褐灰色,全风化~弱风化,砾石成分以砂岩为主,砾状结构,层状构造,砾石一般粒径 20~40mm,最大粒径 70mm,泥、钙质胶结,层厚 3.0~7.0m,岩体呈碎石状~大块状结构。

5)三叠系(T)

沿线从小里程至大里程上统至下统地层依次出露,岩性主要有砂岩、泥岩,及少量的粉砂岩和页岩,具有泥岩从互层到夹层到无,又逐渐恢复到互层状的规律,简述如下:

三叠系上统(T_3)主要分布于延安姚店镇至宜川寿峰乡蟒头山段,其中宝塔区梁村(DK32+320)至高村(阳山隧道出口附近,DK391+000)为上统瓦窑堡组(T_3^W),高村(DK391+000)至宜川县寿峰乡段家坪鹿儿川河南岸(DK458+500)为上统延长组地层(T_3^y);瓦窑堡组地层为灰绿色、黄绿色砂岩、泥岩互层,夹多层煤层及煤线,为本区重要的含煤岩系;延长组地层为厚层砂岩、粉砂岩夹薄层泥岩、砂质泥岩、页岩等。岩层产状 SW,倾角近水平,产状一般为 240°∠3°~272°∠2°,与下伏地层整合接触。永坪组等虽为本区重要的含油地层,但是与工程关系不密切,没有单独划出。

(1)砂岩:黄绿色~灰色,主要矿物成分为石英、长石,砂质结构,薄~厚层状构造,强风化~弱风化,泥钙质胶结,节理裂隙一般发育~极发育,岩体多呈大块状结构。

(2)泥岩:灰黄色~灰绿色及黑灰色,主要矿物成分为黏土矿物,泥质结构,薄层状构造,强风化~弱风化,节理裂隙发育,瓦窑堡组多夹煤线及煤层,岩体多呈块石碎石状结构。

1.3 蒙陕段黄土结构性能及典型隧道

1.3.1 蒙陕段黄土结构特征

蒙华铁路蒙陕段黄土隧道主要涉及的黄土类型有砂质新黄土、砂质老黄土、黏质新黄土和黏质老黄土,结构性差异较大,对工程稳定性产生不同影响。

(1)砂质新黄土:主要分布于隧道进口段顶部及局部洞顶处,浅黄色,稍密~中密,土质均匀,砂感较强,偶具孔隙,具湿陷性,为Ⅳ级(严重)自重湿陷场地。

(2)砂质老黄土:棕褐色,中密~密实,土质均匀。

(3)黏质新黄土:黄褐色,软塑~硬塑,可见孔隙,具一定湿陷性。

(4)黏质老黄土:主要分布于隧道进口、出口处及局部洞顶处,棕褐色,硬塑~坚硬,垂直节理发育,蒙脱石含量 $M = 10.65\% \sim 14.84\%$,具有弱膨胀性。

1.3.2 蒙陕段黄土物理力学性能

黄土作为一种特殊土,具有特殊的物质组成和结构特征,其独特的内在条件导致黄土有着独特的物理力学特征。蒙陕段黄土的物理力学性质具有如下特点:

(1)孔隙率大、密度小、透水性好。黄土的孔隙较大,孔隙率高,一般在 45%~55% 之间

(孔隙比为0.8~1.1),干密度较小,通常在1.3~1.5g/cm³之间。这也导致了黄土的渗透性比粒度成分相类似的一般细粒土要强。另外黄土的渗透具有方向性,一般水平方向比铅垂方向要弱得多,渗透系数相差几倍甚至几十倍。

(2)含水率较高。黄土的含水率在10%~29%之间,饱和度在85%~90%之间,因含水率不同呈现硬塑~流塑状态。

(3)抗水性差。黄土以粉粒和亲水弱的矿物为主,具有大孔结构,天然含水率小,具有黏粒的强结合水联结和盐分的胶结联结,在干燥时可以承担一定荷重而变形不大,但受水浸湿后,土粒联结显著减弱,引起土结构破坏产生湿陷变形。特别是对干燥的黄土,遇水极易崩解。

(4)黄土湿陷性差异大。由于黄土成因、结构特征及粉土颗粒含量不同,蒙陕段黄土湿陷性差异较大,湿陷性系数0.015~0.126,从不具湿陷性到强烈湿陷性。

(5)塑性较小。通过大量试验测得黄土的液限通常在23%~33%之间,塑限一般在15%~20%之间,塑性指数则在8~13之间。

(6)抗剪强度低。自然状态下的黄土,黏聚力通常在0.03~0.06MPa之间,内摩擦角通常在15°~25°之间。受水浸湿后,黄土的压缩性随着含水率的增加而急剧增大,然而抗剪强度却随之显著降低。

1.3.3 典型黄土隧道

1)郑庄隧道

(1)工程概况

蒙华铁路郑庄隧道位于陕西省延安市延长县境内,进口设于前杜家沟村(图1-3),沿线经过樊家源与南沟,出口设在延长县郑庄镇郑庄村(图1-4),隧道起讫里程为改DK371+811.58~改DK376+147.47,长4335.89m。隧道最大埋深约为195.5m。设斜井1个,1号斜井长296m,与正线交叉里程为改DK374+050。

图1-3 郑庄隧道进口位置

图1-4 郑庄隧道出口位置

(2)地形地貌

该区属于陕北黄土高原梁峁区,冲沟发育,零星分布小面积黄土塬,沟谷切割较深,地形起伏大,海拔960~1180m之间,一般高差50~220m,大部分地区覆盖厚层黄土。

(3)地层岩性

隧道所在范围内地层为上更新统风积(Q_3^{eol})砂质新黄土、黏质新黄土,中更新统洪积(Q_2^{pl})砂质老黄土、黏质老黄土,三叠系上统瓦窑堡组(T_3^w)砂岩、泥岩,局部区域分布第四系全新统人工填土(Q_4^{ml})素填土。

隧道新黄土具湿陷性,湿陷系数 $\delta_s = 0.017 \sim 0.032$,属中等湿陷性黄土,为非自重湿陷场地,湿陷等级Ⅰ级(轻微)。改DK372+850~改DK372+910范围内分布素填土,工程性质差。根据钻孔13-ZD-YA-1051土工试验报告:自由膨胀率 $F_s = 17\% \sim 21\%$;蒙脱石含量 $M = 9.95\% \sim 14.65\%$;阳离子交换量 $CEC(NH_4^+) = 173.35 \sim 209.57 \text{mmol/kg}$。判定老黄土弱膨胀性。

(4)水文地质

地表水:隧道洞底以上无地表水系,邻近地表水系为郑庄镇石公河,河水水量较少,雨季时可能水量较大,对隧道无影响。

地下水:地下水主要为第四系孔隙水,主要受大气降水补给,地下水水位、水量随季节性变化,雨季时水量相对较大。改DK372+850~改DK372+910分布上层滞水,水量较丰富。

(5)隧道围岩分级

根据现场调查、钻探揭示结果,郑庄隧道围岩分级见表1-2。

郑庄隧道围岩分级结果　　　　表1-2

起始里程	终止里程	长度(m)	围岩级别	地层岩性
改DK371+811.58	改DK371+920	108.42	Ⅴ	砂质新黄土、黏质新黄土、黏质老黄土
改DK371+920	改DK372+710	790	Ⅳ	黏质老黄土
改DK372+710	改DK372+850	140	Ⅴ	黏质新黄土、黏质老黄土
改DK372+850	改DK372+910	60	Ⅵ	素填土、砂质新黄土、黏质老黄土
改DK372+910	改DK373+310	400	Ⅴ	黏质老黄土
改DK373+310	改DK375+910	2600	Ⅳ	黏质老黄土
改DK375+910	改DK376+147.47	237.47	Ⅴ	砂质新黄土、黏质新黄土、黏质老黄土
小计	—	4335.89		

2)麻科义隧道

(1)工程概况

蒙华铁路麻科义隧道进口为延安市姚店镇张皮沟(图1-5),沿线经过麻科义、窑则沟、捻山峁,出口设在延长县张川河村(图1-6),隧道起讫里程为DK358+192.40~DK366+920.95,长8728.55m。隧道最大埋深约为234m,最小埋深约为5m。设斜井3个,1号斜井长237m,与正线交叉里程为DK360+500;2号斜井长415m,与正线交叉里程为DK362+870;3号斜井长842m,与正线交叉里程为DK364+550。

(2)地形地貌

该区属于陕北黄土高原梁峁区,冲沟发育,零星分布小面积黄土塬,沟谷切割较深。地势总体自东向西倾斜。海拔921~1210m之间,一般高差50~200m。大部分地区覆盖厚层黄土。

图 1-5 麻科义隧道进口位置

图 1-6 麻科义隧道出口位置

(3) 地层岩性

隧道所在范围内地层主要为第四系全新统人工堆积(Q_4^{ml})素填土；第四系全新统冲洪积(Q_4^{al+pl})砂质新黄土、黏质新黄土；上更新统风积(Q_3^{eol})砂质新黄土、黏质新黄土；中更新统风积(Q_2^{eol})砂质老黄土、黏质老黄土；第三系上更新统(N_2)粉土、细砂、中砂、泥岩、砾岩；三叠系上统瓦窑堡组(T_3^w)砂岩、泥岩。

(4) 水文地质

地表水情况：隧址区部分沟谷中有水，随季节变化幅度大，DK361+500～DK361+960 分布一条状水塘，在线位左侧，长约460m，宽2.0～22.0m。离线位最近距离为18m，最远距离为100m，水深1.0～1.5m。DK365+200 线位右侧1400m 处有一水塘，长约286m，宽5.0～20.0m，水深1.0～1.2m。

地下水情况：第四系孔隙潜水主要赋存于沟谷或山坡、山梁上第四系松散堆积物以及新、老黄土所夹数层砂砾石层中，沟谷中有小股泉水涌出。

基岩裂隙水主要赋存于三叠系砂岩及泥岩中，隧道区砂岩及泥质砂岩裂隙发育，岩体破碎，由于降水入渗，容易在砂岩体风化带内形成囊状富水带，局部水量较大。

(5) 隧道围岩分级

根据现场调查、钻探揭示及综合测井结果，得出麻科义隧道围岩分级见表1-3。

麻科义隧道围岩分级结果　　　　　表1-3

起始里程	终止里程	长度(m)	围岩级别	地层岩性
DK358+192.40	DK358+270	77.6	Ⅴ	砂质新黄土、黏质老黄土
DK358+270	DK359+900	1630	Ⅳ	黏质老黄土、泥岩、砾岩
DK359+900	DK360+035	135	Ⅴ	土石界面处、粉质黏土、中砂、砾岩
DK360+035	DK360+565	530	Ⅳ	土石界面处、砾岩、砂岩夹泥岩、局部粉质黏土及砂层
DK360+565	DK360+745	180	Ⅴ	砂岩夹泥岩、粉质黏土
DK360+745	DK361+130	385	Ⅳ	土石界面处、砂岩夹泥岩、粉质黏土
DK361+130	DK361+220	90	Ⅴ	砂岩夹泥岩、粉质黏土
DK361+220	DK362+900	1680	Ⅳ	土石界面处、砂岩夹泥岩、粉质黏土

续上表

起 始 里 程	终 止 里 程	长度(m)	围岩级别	地 层 岩 性
DK362+900	DK364+940	2040	Ⅲ	砂岩夹泥岩
DK364+940	DK365+880	940	Ⅳ	土石界面处、泥岩夹砂岩、黏质老黄土、粉质黏土
DK365+880	DK365+960	80	Ⅴ	黏质老黄土
DK365+960	DK366+430	470	Ⅳ	黏质老黄土
DK366+430	DK366+920.95	490.95	Ⅴ	黏质新黄土、砂质新黄土、黏质老黄土
小计	—	8728.55		

1.4 黄土隧道的特点和修建主要技术问题

蒙陕段黄土隧道穿越地层种类繁多,既有新、老黄土隧道,又有岩质和土石分界隧道;隧址区地形复杂,既有浅埋偏压现象,又存在深埋富水黄土隧道。复杂的地形和地质特征加大了隧道修建的难度。

1.4.1 黄土隧道工程特点

(1)地形复杂

隧道地处陕北黄土高原峁梁区,冲沟发育,零星分布小面积黄土塬,沟谷切割较深,地势总体由东向西倾斜,一般高差50~200m,大部分地区覆盖厚层黄土。

(2)隧道穿越地层众多

隧道主要穿越地层成因复杂、种类繁多,主要有第四系坡积层砂质新黄土、冲积层砂质新黄土和黏土层、冲洪积层砂质新黄土,上更新统风积层砂质新黄土,中更新统黏质老黄土,洪积~冲洪积层砂(黏)质老黄土,第三系砂岩和泥岩,白垩系下统砂岩和泥质砂岩,侏罗系砂泥岩互层以及三叠系砂岩和泥岩等。

(3)洞口段地质条件复杂

因黄土地区地表常分布松散砂质新黄土,常见陷穴、浅层溜塌和滑坡,隧道工程选线时很难完全避开,洞口段施工安全风险高。

(4)浅埋偏压现象严重

黄土地区冲沟发育,隧道穿越时常伴随浅埋偏压的特征,施工过程中易使初期支护受力不均、变形异常,增加了隧道工程的施工难度。

(5)黄土含水率高

在蒙华铁路工程区域内,隧道洞内黄土含水率均在15%以上,浅埋富水段含水率最高达29.2%,深埋黄土段局部含水率也达18%以上,使初期支护变形较大。

(6)土石分界段落长

因工程区域土石分界基本呈水平状分布,造成隧道土石分界段落过长,多个隧道出现长段落土石分界,如姚店隧道土石分界长度达2.3km,占隧道总长的61.8%。土石分界面以下为水平薄层软岩,岩性以泥岩夹砂岩为主,节理裂隙发育,且伴随基岩裂隙水,施工难度较大。

(7)深埋黄土变形大

隧道埋深在90m以上,黄土为砂质老黄土或黏质老黄土,竖向节理发育,开挖过程后,初期支护出现变形速率高(拱顶下沉在10~20mm/d,水平收敛在15~35mm/d)、累计变形大的特点。

(8)结构断面尺寸大

黄土隧道横断面范围为101.44~170.87m^2,其中最小断面为无砟轨道Ⅳ$_\pm$级围岩断面($W=0$),开挖跨度范围为11.16~15.4m,最大断面为有砟轨道下锚洞Ⅴ$_{b\pm}$级围岩断面($W=60$cm)。

1.4.2 黄土隧道修建主要技术问题

黄土隧道,特别是大断面的黄土隧道,由于其独特的工程力学性质,在工程建设中主要存在以下几个技术问题。

(1)大断面黄土隧道的工程特性和变形机理问题

大断面黄土隧道(国际隧协:50~100m^2)的工程特性和变形机理是有别于一般中小断面黄土隧道的,大量工程实践证明,在大断面及特大断面的黄土隧道条件下,已有中小断面黄土隧道的工程特性、变形机理等已不能完全成立或需要部分修正。因此,对大断面黄土隧道的工程特性及变形机理的研究变得十分必要,并可以此指导大断面黄土隧道施工。

(2)支护结构设计问题

当前,黄土隧道的支护设计与一般软弱围岩隧道的支护设计并无显著不同。但是,从已建成的大断面黄土隧道的实际支护效果来看,系统锚杆的实际支护效果存在疑虑;目前格栅钢架和型钢钢架的选择依据并不十分明确、二次衬砌的实际承载比例无据可循等一系列与支护结构设计相关的问题并未解决。所以,研究黄土隧道围岩与支护结构的作用机理,选择经济合理的支护结构和参数对于黄土隧道的建设具有十分重要的意义。

(3)洞口段施工技术问题

隧道洞口段一般风化严重、裂隙发育、埋深较浅,隧道施工时结构上部土体难以形成承载拱,稳定性较差。对于黄土隧道,由于其土质疏松、垂直节理发育,洞口施工时常会发生较大变形,诱发上方地表开裂和洞口边仰坡破坏,所以研究黄土隧道洞口段施工技术,对于确保顺利进洞和洞口边仰坡稳定性具有重要意义。

(4)黄土隧道浅埋段施工问题

埋深较浅的黄土隧道或黄土隧道部分浅埋段在实际工程建设过程中是经常遇到的,浅埋黄土隧道施工过程中,变形控制难度大、易出现地层沉降和地表裂缝。地表沉降和裂缝的控制,是黄土隧道建设工程中必须解决的重要技术问题。

(5)黄土隧道大变形问题

黄土本身土质软弱、竖向节理发育,在富水情况下自稳能力变差,隧道施工风险大;工程实践经验表明,深埋黄土隧道施工时,常产生较大的围岩变形,且持续时间也较长,若开挖方法和支护、施工参数选择不合理,会导致围岩变形过大、支护结构开裂,甚至发生钢架扭曲、压溃等现象。因此,研究富水黄土土体改良技术和有效的排水措施、深埋黄土的支护结构形式及参数、以及合理的施工方法,对保证施工期黄土隧道洞室稳定具有重要的现实意义。

(6)黄土隧道土石分界段施工技术问题

黄土隧道修建中,除全断面黄土的情况外,土石分界断面也经常遇到。土石分界地段一般富水,稳定性差,施工难度大。岩石的控制爆破技术和地下水的处治直接关系着隧道施工的成败,所以,对黄土隧道土石分界段施工的技术研究十分必要且意义重大。

(7)黄土隧道地基处理问题

我国在20世纪修建了大量的铁路黄土隧道,由于列车运行速度较慢,对地基沉降的控制要求不高,所以对地基的处理问题研究并不深入。近十几年来,随着我国高速铁路和重载铁路的发展,对铁路隧道工程的质量要求更高、沉降控制更严,以往的湿陷性黄土隧道地基处理研究成果逐渐不能满足当前铁路黄土隧道的建设要求。设计标准的提高使得黄土隧道、尤其是湿陷性黄土隧道,必须采用有效的基底处理措施,以严格控制基底工后沉降。

(8)运营期重载铁路黄土隧道地基差异沉降问题

重载铁路比普通铁路的基底附加应力一般要高 $18\sim20\text{kPa}$,对基底承载力能力要求高(不小于 200kPa);双线段落行车时,因空车与重车荷载不同,极易造成两条线路基础受力不均,诱发差异沉降,有地下水时易发生翻浆冒泥等现象。

(9)黄土隧道施工机械化问题

黄土隧道施工常采用多分部或短台阶开挖方法,狭小的作业空间在一定程度上限制了大型机械设备的使用,严重影响施工进度。因此,如何在保证洞室稳定的前提下,选用和改造合适的机械设备进行高效率、高质量的施工作业,是蒙华铁路隧道施工中急需解决的一个重要课题。

第2章　黄土隧道结构设计及优化

　　黄土隧道结构设计是隧道工程界关注的重点,蒙华铁路根据黄土结构特征及黄土隧道特点,结合工程实际对黄土隧道超前支护方式、支护结构形式、防排水措施以及防寒保温措施等方面进行了探索、改进和创新,取得了丰富的黄土隧道工程建设经验,对类似工程修建有较强的指导意义。

2.1　洞口边仰坡防护设计

2.1.1　边仰坡防护的必要性

　　隧道洞口施工时,受施工便道、洞口进洞施工等多方面影响,对原有黄土地貌存在一定的扰动和破坏,黄土具有不同方向的原生和构造节理,尤其是垂直节理发育,大孔隙、结构疏松、遇水易崩解、剥落甚至湿陷,隧道开挖扰动既有土体边坡后,黄土在雨水作用下会导致边坡坡脚逐渐垮塌,形成临空面,导致上部边坡在重力作用下逐步溜塌。同时,雨水通过黄土边坡表面或黄土竖向节理进入黄土边坡地层,导致黄土含水率加大,黄土物理力学性质下降,更有甚者,在部分土石界面或新老黄土界面等由于地下水的汇集形成软弱层,导致黄土边仰坡失稳,因此,对黄土边坡进行防护是非常有必要的。

2.1.2　边仰坡防护的类型

　　边仰坡防护包括坡面防护和坡体防护。坡面防护主要是对稳定坡率下的黄土边坡进行防护,坡体防护主要是针对不稳定边坡所采取的防护措施。
　　1)坡面防护类型
　　蒙华铁路黄土坡面防护方式主要包括拱形骨架护坡、空窗式护墙护坡、锚杆格梁护坡,部分试验段采用三联生态护坡、穴种防护护坡等。

(1)拱形骨架护坡

拱型骨架净距2m×2m(宽×高),拱部骨架截面为L形,宽0.4m,主骨架截面为U形,宽0.6m,骨架厚0.5m,于坡脚斜长不小于1.0m范围设护脚,骨架内铺正六边形C25素混凝土空心块,空心块内客土植草并种植紫穗槐防护,客土可采用清表土,每块空心块设置一株灌木。

(2)空窗式护墙护坡

护墙顶宽0.4m,护墙长度大于等于6m时于中部设一级耳墙,护墙坡面设置绿化窗,绿化窗顺坡面竖向净距3.5~4.5m,横向净距2.0m。孔窗周边现浇0.25m宽C25素混凝土拱圈,拱圈厚度同相应部位护墙厚度,顶部设截水槽,截水槽厚0.1m,露出护墙墙面0.1m。护墙孔窗内夯填客土,表面铺正六边形C25素混凝土空心块,空心块之间采用M7.5水泥砂浆砌筑,空心块周边用M7.5水泥砂浆补齐。空心块内客土植草并种植紫穗槐防护,客土可采用清表土,每块空心块设置一株灌木。

(3)锚杆格梁护坡

框架格梁截面0.4m×0.4m,锚杆采用ϕ28HRB400钢筋制作,间距2.4m,下倾角25°,锚杆长7~9m。框架内喷混植生或采用植生袋码砌并植草防护或满铺C25混凝土空心块,空心块内客土植草并种植紫穗槐防护。

(4)三联生态护坡

三联生态护坡技术是依靠三维网良好的固土能力,在刚开挖的坡面上堆填一层适合植物生长的耕植土,在填土上种植护坡支护的一种技术。具体施工流程为:平整坡面→挂三维网→锚固→喷附→养护。

(5)穴种防护

穴种防护是黄土地区最初使用的一种植物防护方法,它是在坡面上用特制的钻具挖掘出直径5~8cm、深10~15cm的小洞穴,将固结肥料和种子放入,用土和砂掩埋,也可根据情况在肥料里面添加高效保水剂。洞穴的分布密度为8~12个/m^2,肥料可由草木灰、锯末、禽畜粪便、尿素、磷肥等经特殊的工艺制成,并与土壤按7:3的比例拌和。该方法适用于坡比不大于1:0.5,坡高小于8m的黄土边坡。穴种费时费工,浇水养护时很容易对坡面造成径流冲蚀破坏。

2)坡体防护类型

坡体防护是针对边坡可能产生的整体或局部失稳而设置一定的支挡结构物,坡体防护常用的防护措施包括重力式挡土墙、抗滑桩、桩板墙等。

(1)重力式挡土墙

重力式挡土墙是以自身重力来维持挡土墙在土压力作用下的稳定的一种防护方式,挡土墙一般采取浆砌片石或混凝土结构。

(2)抗滑桩

抗滑桩是嵌入稳定土体一定深度,将土压力或下滑力依靠桩身传递至稳定土体的结构物,以起到抗滑移的效果,抗滑桩一般采取钢筋混凝土结构。

3)黄土隧道坡面防护原则

黄土隧道坡面防护原则详见表2-1。

黄土隧道坡面防护原则　　　　表 2-1

岩土类别		边坡坡度	防护形式
新、老黄土	H≤24m	1:1 风积砂性黄土、强湿陷性黄土 1:1.25	路堑边坡每 8m 一级，每级间设 3m 宽平台，第一级边坡采用 M7.5 水泥砂浆砌片石孔窗式护墙防护，以上边坡采用路堑拱形骨架护坡防护
	H>24m	1:1 风积砂性黄土、强湿陷性黄土 1:1.25	路堑边坡每 8m 一级，每级间设 3m 平台，并于边坡中部设 6~15m 宽大平台，大平台宽度应根据检算确定。侧沟平台和大平台以上第一级边坡框架锚杆护坡防护，以上边坡采用路堑拱形骨架护坡防护边坡。同一横断面上连续采用拱形骨架防护的边坡不得超过三级，否则，增设框架锚杆护坡

4) 隧道仰坡防护要点

(1) 隧道边仰坡防护与洞外路基边仰坡防护措施应协调一致，采取同样的防护措施为宜。

(2) 隧道边仰坡防护需重视防排水系统，将截水天沟、坡面排水系统、坡脚排水系统等综合完善考虑。

2.2 进洞支护设计及优化

2.2.1 进洞超前支护设计

隧道洞口段由于埋深浅，土体松软，隧道开挖后拱顶土体难以形成承载拱，易垮塌，安全风险较高，因此，为确保安全，一般均采取长管棚超前支护进洞。

超前长管棚一般采取壁厚 6mm 的 $\phi 108$ 钢管，当有构筑物时也可采用 $\phi 159$ 钢管，管棚长度 20~40m，具体结合地质情况确定，管棚每节长 4~6m，以螺纹连接而成，同一断面内接头数量不得超过钢管总数的 50%。施作范围为拱部 120°，间距 30~40cm，外插脚 1°~3°。

超前管棚钢管中可增设钢筋笼，以提高钢管的抗弯能力，钢筋笼可由四根 $\phi 22$ 钢筋和固定环组成。

为确保管棚钻设效果，管棚需设置导向墙，导向墙采用 C20 混凝土，截面尺寸为 1m×1m。为保证长管棚施工精度，导向墙内设 2 榀 I18 型钢钢架，钢架外缘设 $\phi 140$、壁厚 5mm 导向钢管，钢管与钢架焊接，如图 2-1 所示。

2.2.2 进洞施工方案

1) 常规进洞方案

一般隧道进洞方案均是在确定隧道进洞明暗分界里程后，按照以下步骤进行：施作洞外截排水系统→拉槽施工洞外场地→施作管棚→隧道上中台阶开挖→下台阶拉槽→施作隧道下台阶及仰拱结构，如图 2-2 所示。

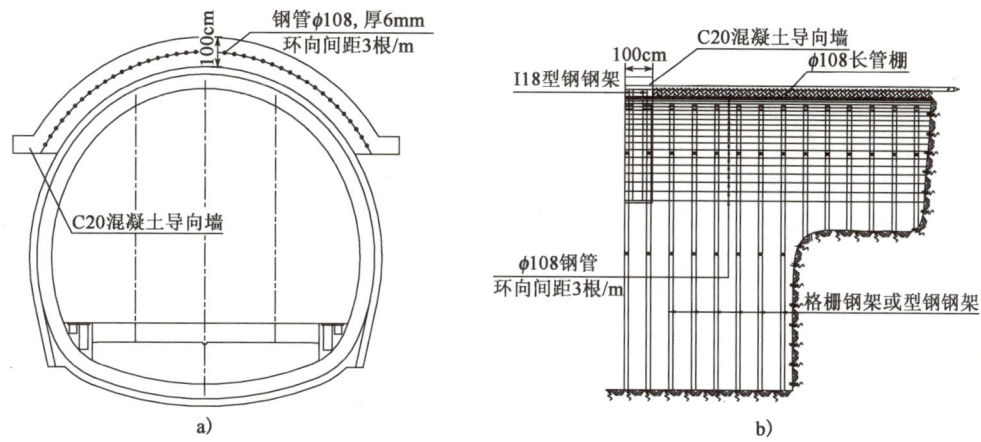

图 2-1 长管棚进洞方案

图 2-2 常规进洞方案

2)零开挖护拱暗挖进洞方案

隧道洞口土体松软或存在溜塌等不稳定体时,采取常规进洞方案需要拉槽施工,拉槽时易引起边仰坡失稳,因此,在地质条件较差的情况下,可采取护拱暗挖零开挖进洞的方案,如图 2-3 所示。

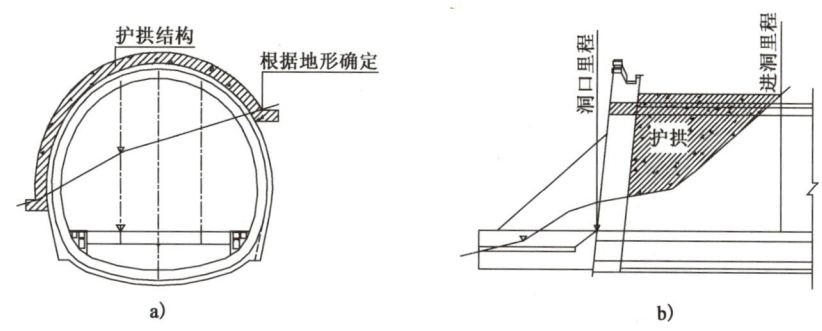

图 2-3 零开挖护拱暗挖进洞方案

(1)护拱暗挖零开挖进洞顺序

施作护拱结构→利用护拱作为导向墙施作管棚→隧道上中下台阶开挖进洞。

（2）护拱暗挖零开挖进洞施工要点

①隧道洞口施工平台应依靠填土来实现,不能按传统工艺通过刷方来实现。

②护拱结构的目的主要是便于拱部喷混凝土黏着施工,因此,护拱厚度50~60cm即可,无须设置过强。

③护拱应设置扩大拱脚,保证拱脚自身的稳定性,为确保护拱自身稳定,护拱设置为钢筋混凝土结构,纵向一次浇筑,整体受力。

④护拱施作时,内部可预留管棚施作空间,兼做管棚导向墙用。当护拱长度过长,不适合作导向墙时,可将护拱分两次施作,纵向预留钢筋连接即可,满足管棚施作要求。

⑤护拱结构大小结合现场地形条件灵活施作,确保两侧拱脚落至稳定土体上即可。

⑥护拱施作后,开挖各台阶时,洞内可适当填土创造工作台阶面。

2.2.3 进洞方案优化

预设计阶段,进洞采用常规的超前大管棚预支护进洞方案,工程量大、施工进度慢、对地层施工扰动较大。

为减少对洞口土体的扰动,根据洞口段地形和地质情况,将原设计的超前大管棚方案进行了调整、优化设计,主要采用小导管(长导管配合)进行超前支护进洞。

对于洞口围岩基本稳定以及自稳性较好的土质隧道,可采用超前密排小导管直接进洞,如图2-4、图2-5所示。

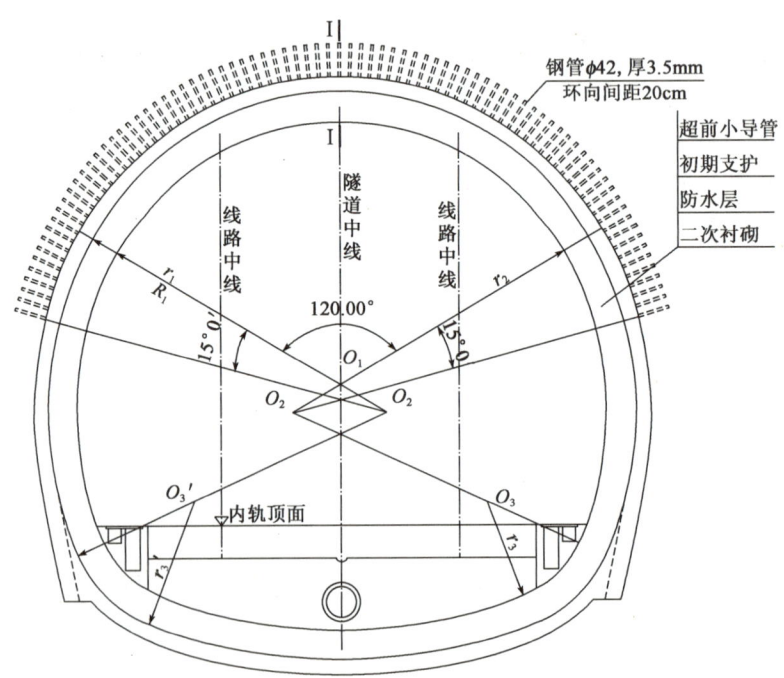

图2-4 超前密排小导管正面布置示意图

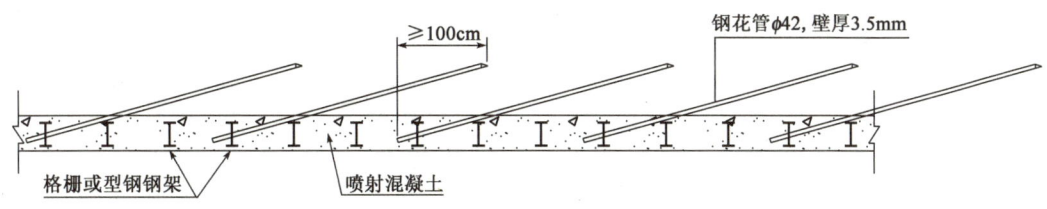

图 2-5 超前密排小导管架设示意图

围岩自稳性较差的洞口段,先根据地形地质条件增加抗滑桩、深层水泥土搅拌桩、高压旋喷桩和洞外注浆等超前预加固措施,提高围岩自稳能力,再实施超前密排小导管进洞,原则上不设置大管棚,如图 2-6、图 2-7 所示。

对于未采用超前预加固措施的复杂地质段仍采用超前大管棚进洞,如松散砂质新黄土、浅埋偏压黄土地层和富水黄土等。

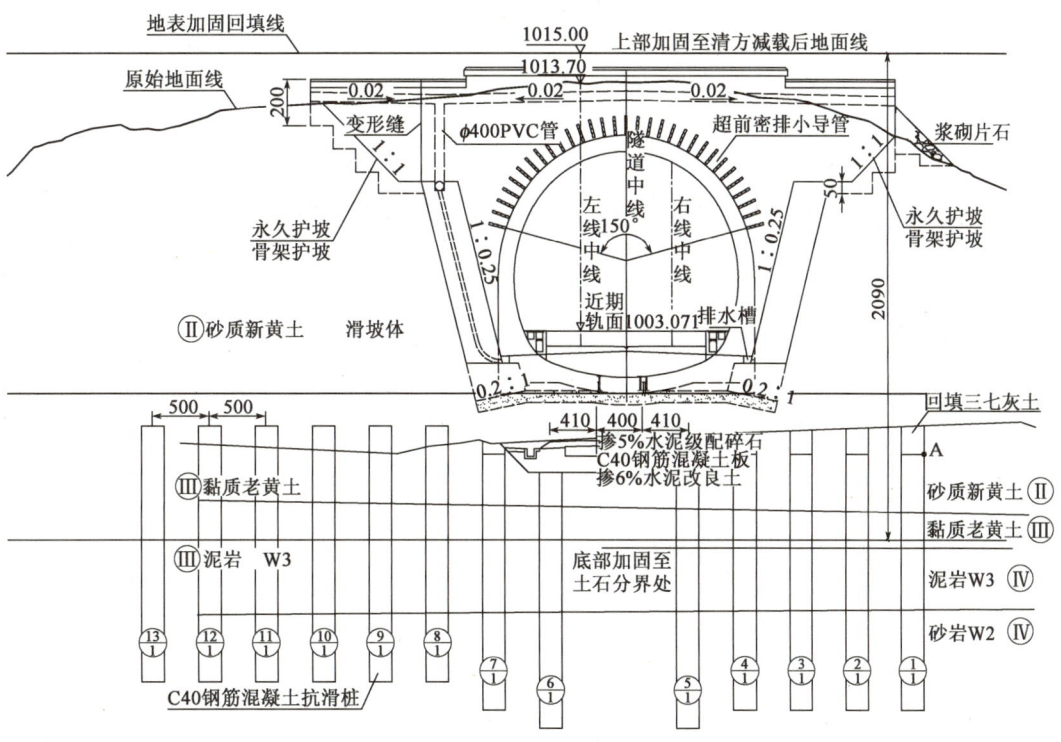

图 2-6 抗滑桩 + 超前密排小导管进洞(岳家 1 号隧道进口)(尺寸单位:cm)

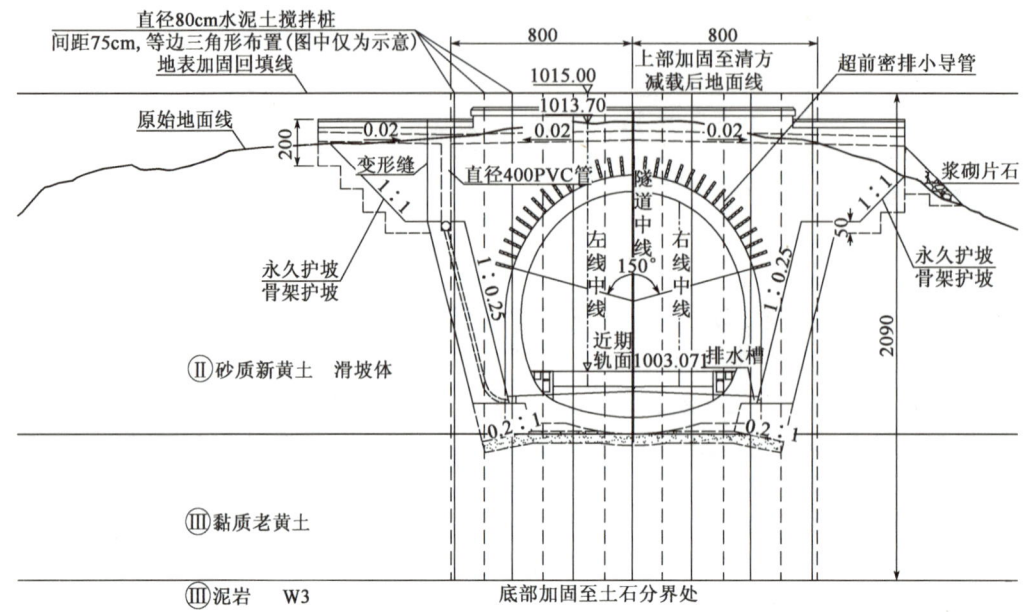

图 2-7　水泥土搅拌桩 + 超前密排小导管进洞（岳家 1 号隧道进口）（尺寸单位：cm）

2.3　洞身段超前支护与预加固

隧道洞身段超前支护型式和参数应结合地质情况灵活选取，浅埋、偏压、断层接触带、下穿构筑物或对地表下沉要求较严地段，结合实际情况，选择性地采用超前密排小导管、超前长导管、洞身 $\phi 89$ 超前中管棚、洞身 $\phi 159$ 超前长管棚、超前水平水泥土搅拌桩等多种超前支护和预加固方式。

(1) 超前小导管

超前小导管适用于 Ⅳ、Ⅴ 级围岩一般地段，设置于隧道拱部 120° 范围内，外插角 10°~15°；采用 $\phi 42$、壁厚 3.5mm 的无缝钢管，环向间距 40cm，管长 3.5m、4m，结合钢架设置，其水平投影搭接长度不小于 100cm；超前小导管注浆采用管身填充注浆，围岩不注浆，注浆材料采用 M15 水泥砂浆。超前小导管设置及架设见图 2-8、图 2-9。超前小导管参数见表 2-2。

超前小导管参数　　　　　　　　　表 2-2

支护类型	Ⅳ₊	V_{a₊}	V_{b₊}	V_c
拱架间距(m)	1	0.75	0.6	0.6
小导管长度(m)	3.5	4	3.5	3.5
每环小导管钢架榀数	2	3	3	3

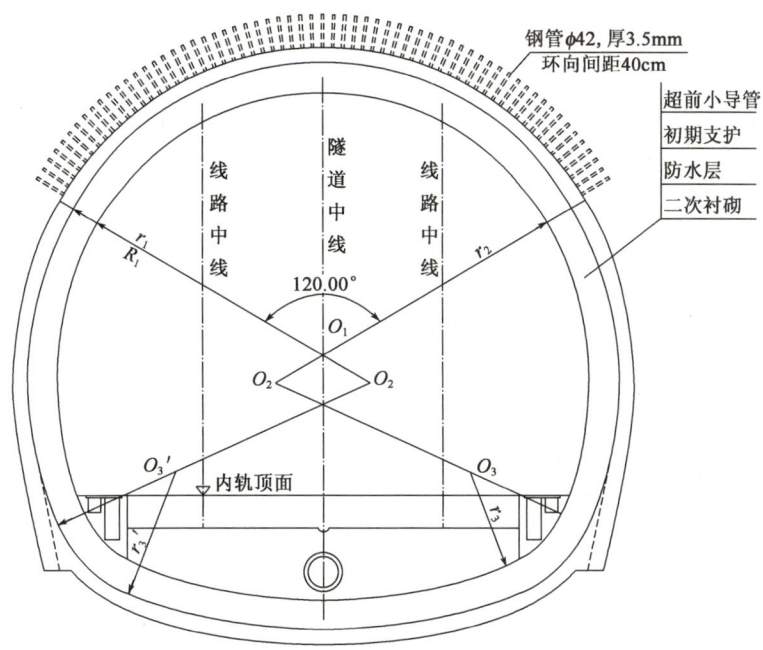

图 2-8 超前小导管正面布置示意图

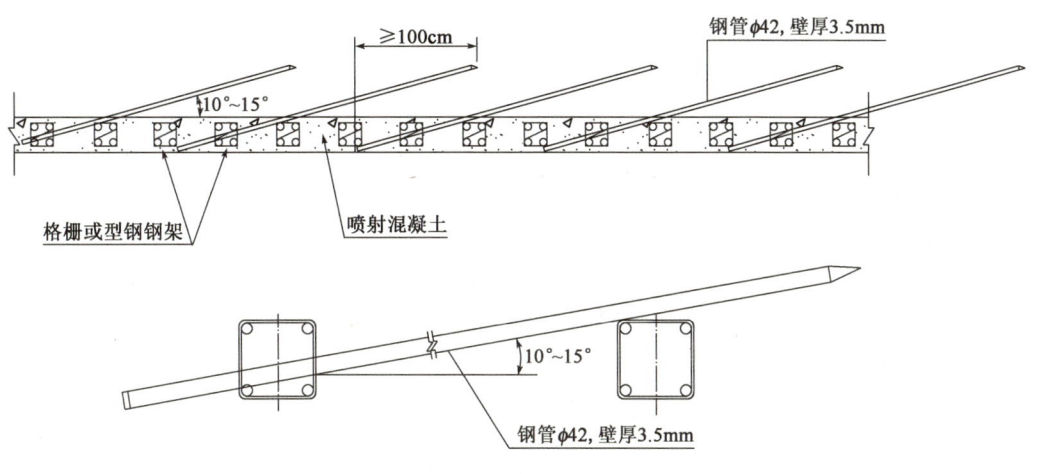

图 2-9 超前小导管架设示意图

(2) 超前密排小导管

超前密排小导管适用于砂状地层段,设置于拱部150°范围,环向间距20cm,其余同超前小导管。

(3) 超前长导管

超前长导管适用于断层接触带等地段,设置于拱部120°范围,采用 $\phi60$ 壁厚5mm 无缝钢管,环向间距为40cm,每间隔1~3榀钢架设置一环,每两环长导管之间钢架每榀均设置超前小导管,其余同超前小导管,超前小导管设置及架设见图2-10、图2-11。其设计参数见表2-3。

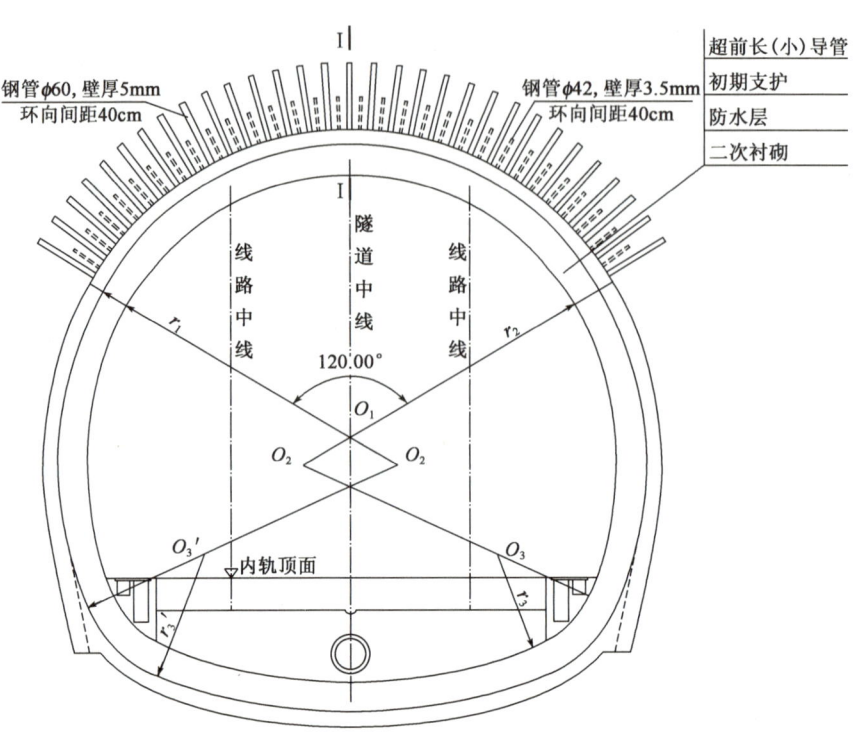

图 2-10　超前长导管正面布置示意图

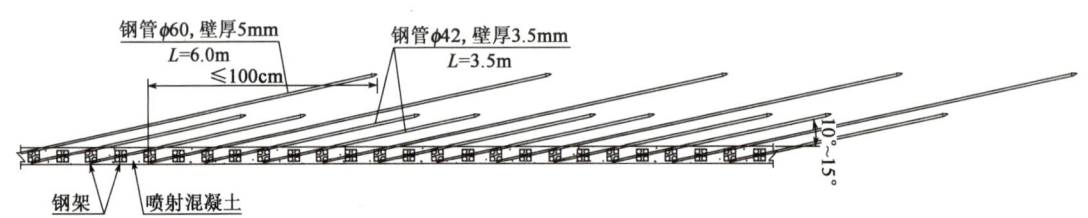

图 2-11　超前长导管架设示意图

超前长导管参数　　　　　　　　　　　　表 2-3

支护类型	Ⅳ土	Vₐ土	V_b土	V_c
拱架间距(m)	1	0.75	0.6	0.6
φ60 长导管长度(m)	6	6	6	6
每循环 φ60 小导管钢架环数	1	1	1	1

（4）洞身 φ89 超前短管棚

洞身超前短管棚适用于洞身浅埋、偏压、下穿一般构筑物、自稳能力较差的段落，设置于拱部 120°范围。采用 φ89 壁厚 5mm 的无缝钢管，环向间距为 3 根/m，管长 10m，分节长度 4～6m，节间加工成外螺纹，采用 φ96 壁厚 6mm 的内螺纹作为接头钢管，如图 2-12 所示。

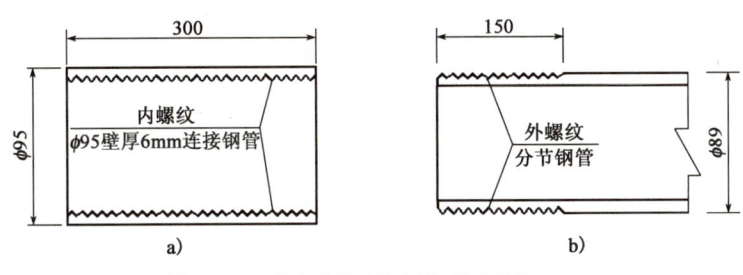

图 2-12　钢管连接接头示意图(尺寸单位:mm)

洞身超前中管棚和钢架、超前小导管配合使用,如图 2-13 所示,纵向每 5.4m 设置一环,每环 37 根,纵向搭接长度不小于 3m,每两环中管棚之间按超前小导管设置,中管棚外插角 7°～11°,封孔材料采用 M15 水泥砂浆,在送管前管身预填充,围岩不注浆。

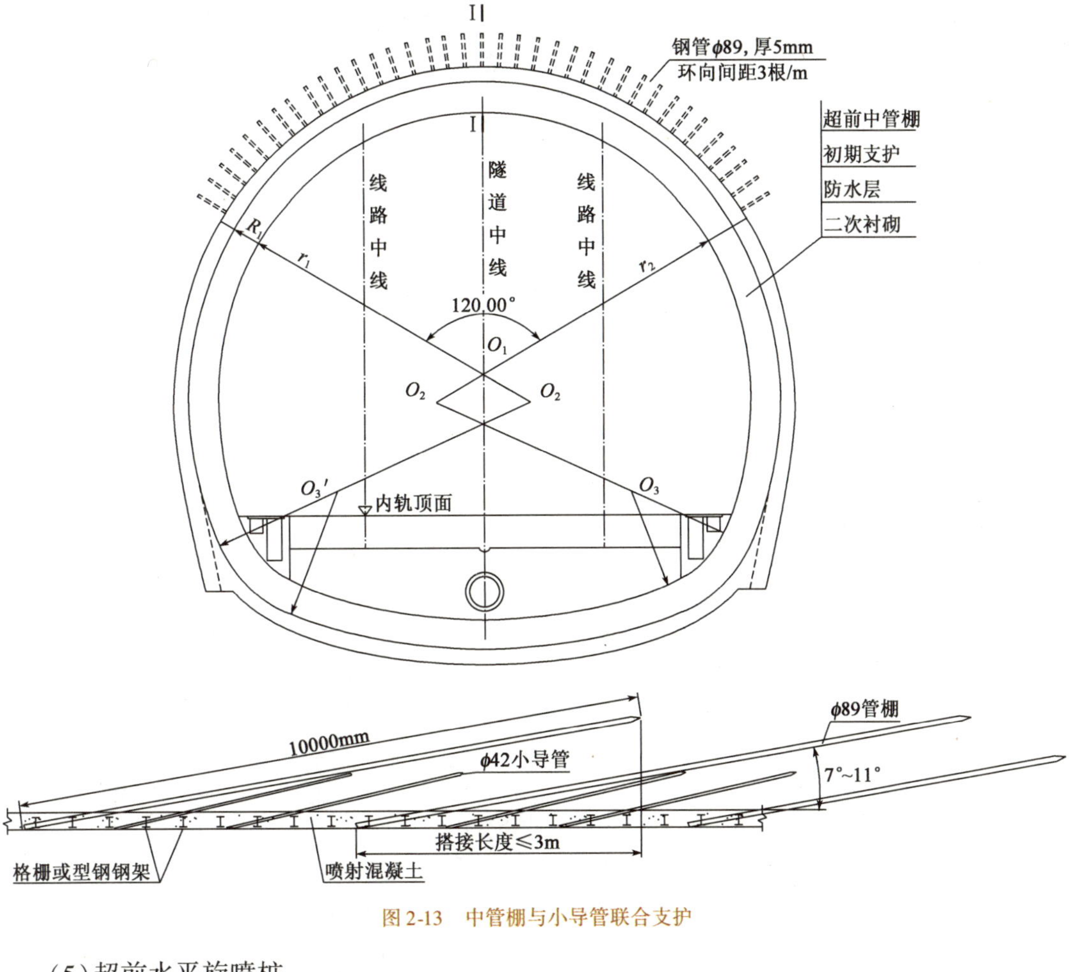

图 2-13　中管棚与小导管联合支护

(5)超前水平旋喷桩

超前水平旋喷桩适用于隧道断面内粉细砂层、饱和黄土段落超前预加固,配合三台阶临时仰拱法施作,初期支护与水平旋喷桩预留变形量为 15～20cm。超前预加固范围施工中结合软弱厚度和范围进行适当调整,长度 15m,桩径 600mm,桩间距为 400mm,外插角 3°～5°,施工中分孔计算每根桩的偏角和仰角,利用三维坐标精确定位。每循环搭接长度为 3m,成桩达到的抗压强度为 5.0~8.0MPa;为提高水平旋喷桩的抗剪强度,采用拱部 120°水平旋喷桩内插 $\phi 89$ 钢管进行加固,$\phi 89$ 钢管环向间距 80cm,长度为 15m。

上、中台阶锁脚采用 $\phi 600$ 旋喷桩先加固地层后插入 $\phi 42$ 钢管,旋喷桩及钢管角度斜向下 45°。

为确保掌子面稳定,在隧道周边设置 $\phi 600$ 水平旋喷桩加固地层,长度为 12m,按加固断面等边三角形布置,间距 2m×2m。

超前水平旋喷桩布置如图 2-14、图 2-15 所示。

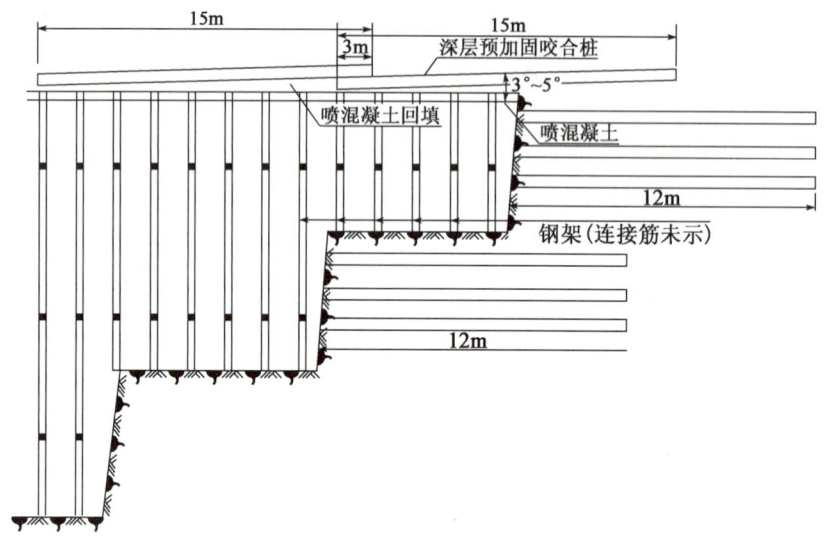

图 2-14　超前水平旋喷桩纵断面图(全断面)

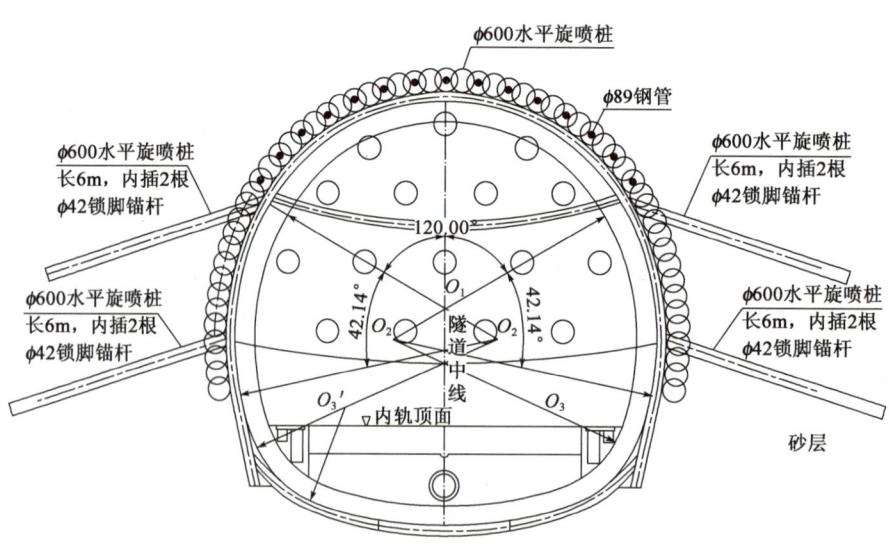

图 2-15　超前水平旋喷桩正面布置图(全断面)

注浆参数需结合现场不同施工现状试验确定。注浆材料一般选用 P42.5 普通硅酸盐水泥,水灰比 0.8~1.2,并掺入适量速凝剂,同时为了保证钻进成孔效果,掺入适量膨润土。

2.4 正洞复合式衬砌结构设计

2.4.1 内轮廓确定

蒙华铁路蒙陕段黄土隧道设计为单洞双线,均采用复合式衬砌断面型式,隧道限界采用《标准轨距铁路建筑限界》(GB 146.2—1983)中"隧线 2B"。对于采用有砟轨道的隧道按照《关于明确时速 120 公里及以下铁路隧道设计有关要求的通知》(铁建设〔2012〕159 号)进行设计,隧道内轮廓满足大型养护机械作业要求。

(1)有砟轨道

双线隧道衬砌内轮廓满足大型养护机械作业要求,隧道断面线路中线距离水沟电缆槽边缘按照 2.2m 进行设计,水沟置于线路内侧,黄土隧道衬砌内轮廓满足边墙矢跨比不小于 1/8 的要求,黄土段隧道轨面以上有效净空面积为 71.11m^2($W=0$),衬砌内轮廓见图 2-16。

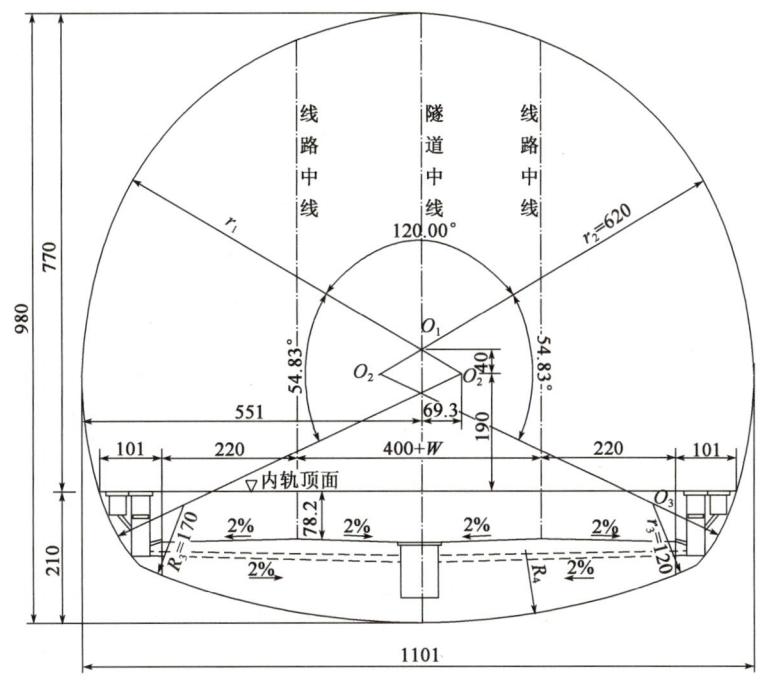

图 2-16 有砟大型养护机械作业双线隧道衬砌内轮廓(黄土段)(尺寸单位:cm)

(2)无砟轨道

双线隧道轨面以上有效净空面积 63.94m^2($W=0$),水沟置于线路内侧,衬砌内轮廓详见图 2-17。

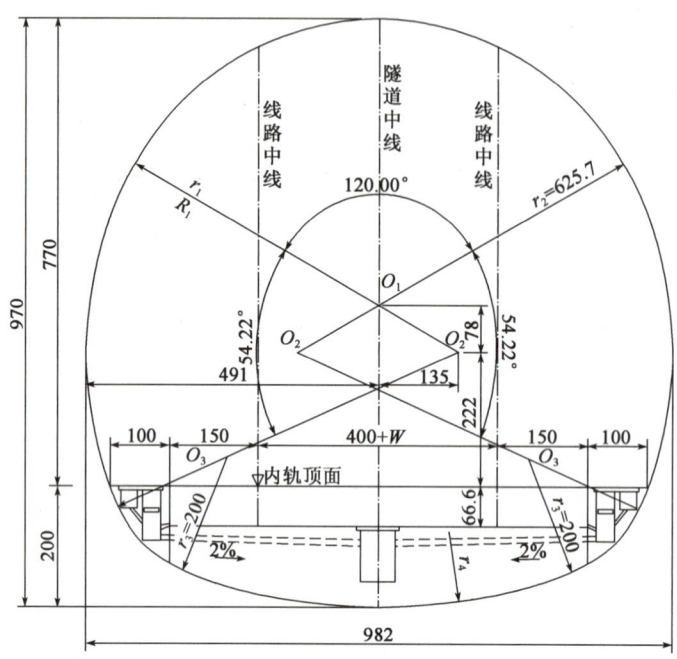

图 2-17　无砟双线隧道衬砌内轮廓(尺寸单位:cm)

2.4.2　复合式衬砌形式

衬砌结构的形式及尺寸可根据围岩级别、水文地质条件、埋置深度、结构工作特点,结合施工方法和施工条件等,通过工程类比和结构计算确定,蒙陕段黄土隧道采用曲墙带仰拱的复合式衬砌结构形式。

黄土隧道暗洞衬砌主要分为$Ⅳ_土$、$Ⅴ_{a土}$、$Ⅴ_{b土}$、$Ⅴ_c$、Ⅵ等 5 种形式,a 型为一般地段衬砌,b 型为加强型衬砌,c 型为偏压式衬砌。其中$Ⅳ_土$适用于Ⅳ级围岩老黄土、粉质黏土地段,$Ⅴ_{a土}$适用于Ⅴ级围岩新、老黄土、粉质黏土深埋地段,$Ⅴ_{b土}$适用于Ⅴ级围岩新、老黄土、粉质黏土浅埋地段、洞口加强段、富水黄土和黄土深埋大变形段,$Ⅴ_c$适用于Ⅴ级围岩浅埋偏压地段,Ⅵ适用于Ⅵ级围岩地段(即采用$Ⅴ_c$支护措施后,仍无法保证初期支护结构稳定的段落)。双线隧道衬砌支护参数见表 2-4、表 2-5。

2.5　系统锚杆设计及优化

现场试验结果表明,土质隧道系统锚杆的受力均小,远远低于锚杆的设计强度,初期支护的承载能力相比于受力状态均有较大的安全储备,不设系统锚杆的初期支护结构完全可满足承载力需求。

第 2 章　黄土隧道结构设计及优化

双线隧道衬砌支护参数表（无砟轨道）　　表 2-4

衬砌类型	初期支护											二次衬砌		预留变形量 (cm)
	C25 喷混		锚杆			钢筋网			钢架			拱墙 厚度 (cm)	仰拱 厚度 (cm)	
	部位	厚度 (cm)	部位	长度 (m)	环×纵间距 (m)	部位	钢筋直径 (mm)	尺寸 (cm)	部位	型号	间距 (m)			
V_c	全环	30	拱墙	3.5	1.0×0.8	全环	$\phi 8$	20×20	全环	I22a	0.6	55*	60*	8~12
$IV_{土}$	全环	22	边墙	3	1.2×1.0	拱墙	纵 $\phi 6$ 环 $\phi 8$	20×20	全环	四肢 $\phi 22$ ($h=150$mm)	1	45*	50*	8~12
$V_{a土}$	全环	25	边墙	3.5	1.0×1.0	全环	$\phi 8$	20×20	全环	I18	0.75	50*	50*	12~15
$V_{b土}$	全环	27	边墙	3	1.0×1.0	全环	$\phi 8$	20×20	全环	I20a	0.6	50*	50*	12~15
VI	全环	30	拱墙	3.5	1.0×0.8	全环	$\phi 8$	20×20	全环	I22a	0.5	60*	60*	15~20

注：* 代表钢筋混凝土。

双线隧道衬砌支护参数表（有砟轨道）　　表 2-5

衬砌类型	初期支护											二次衬砌		预留变形量 (cm)
	C25 喷混		锚杆			钢筋网			钢架			拱墙 厚度 (cm)	仰拱 厚度 (cm)	
	部位	厚度 (cm)	部位	长度 (m)	环×纵间距 (m)	部位	钢筋直径 (mm)	尺寸 (cm)	部位	型号	间距 (m)			
V_c	全环	30	拱墙	3.5	1.0×0.8	全环	$\phi 8$	20×20	全环	I22a	0.6	55*	60*	8~12
$IV_{土}$	全环	23	边墙	3	1.2×1.0	拱墙	纵 $\phi 6$ 环 $\phi 8$	20×20	全环	四肢 $\phi 22$ ($h=160$mm)	0.8	45*	50*	8~12
$V_{a土}$	全环	27	边墙	3.5	1.0×1.0	全环	$\phi 8$	20×20	全环	I20a	0.6	50*	55*	12~15
$V_{b土}$	全环	30	边墙	3.5	1.0×0.8	全环	$\phi 8$	20×20	全环	I22a	0.6	55*	60*	12~15

注：* 代表钢筋混凝土。

针对锚杆施作专用设备较少、施作时间长、作业强度大、施工质量较难保证等问题。尤其对于软弱围岩隧道,不设系统锚杆能极大缩短围岩暴露的时间,实现快挖、快支、快封闭。

因此,蒙华铁路黄土隧道初期支护设钢架地段采用了全面取消系统锚杆,加强钢架的锁脚锚杆(管)的支护设计理念,锁脚锚杆设计如图2-18所示。

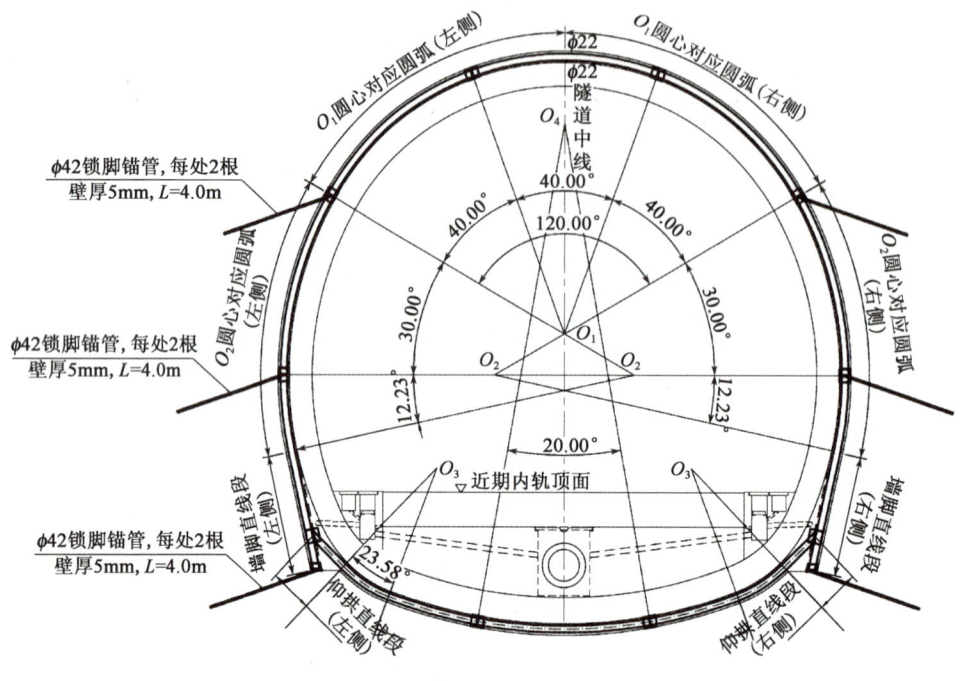

图 2-18　锁脚锚杆设计图示意图

2.6　初期支护钢架设计及优化

隧道初期支护选用何种形式的钢架类型,工程界对此一直存在不同看法。现就格栅钢架、型钢钢架两者优缺点进行阐述,并介绍蒙华铁路黄土隧道采用的钢架类型及参数。

(1)格栅钢架、型钢钢架优缺点

从初期支护为主要承载结构理念来讲,隧道初期支护作为主要承载结构,承担施工期的全部荷载,格栅钢架和型钢钢架结构受力最不利位置均在拱脚,混凝土最先在拱脚外侧发生破坏。从这个角度看,两种钢架结构区别不大。

从受力情况和承载能力来讲,型钢钢架截面大、刚度大,在喷射混凝土未达到设计强度前可单独承受荷载,其极限承载力明显大于格栅钢架;与型钢钢架相比,格栅钢架结构一般应力小,且应力分布相对均匀,后期承载力强,但在混凝土强度达到设计强度前,承载力较差,不适用于围岩变形速率过快的地段。

从与混凝土结合性方面来看,采用型钢钢架,混凝土不易喷射密实,且型钢节点处刚度折减较大;格栅钢架与混凝土接触面积大,黏结效果好,与混凝土协同变形性能优异,弹性变形能力优于型钢钢架。

就施工而言,型钢钢架加工简单,架设后能较快速地提供对围岩的早期支撑作用,但质量大、架设难,与开挖面不易密贴,混凝土喷射不实;格栅钢架质量轻,安装快,用钢量少,易于操作;对于超前小导管施作,型钢钢架需根据超前小导管设计位置在钢架上打孔,极大地削减了型钢钢架的支承能力,而格栅钢架则可从8字结间隙穿插施工超前小导管,形成整体性强的稳定支撑结构。

蒙华铁路全线原则上全部采用格栅钢架。要求钢架必须紧贴掌子面,钢架拱脚底部须夯实,并提倡采用轻质垫板垫实拱脚,常用的垫板有改性聚氨酯垫板和泡沫铝合金垫板,如图2-19所示。

a) 改性聚氨酯垫板

b) 泡沫铝合金垫板

图2-19　常用轻质垫板

(2)格栅钢架优化设计

为保证格栅钢架的制作质量,蒙华公司全线推广应用四肢主筋8字结连接格栅钢架,确定了H130、H150、H180、H230、H280、H300六种标准化钢架型钢型号,全部采用工厂化集中生产、统一配送。高质量格栅钢架的推广应用,有效保证了初期支护的质量和施工安全。

以应用最广泛的H230格栅钢架为例进行说明。格栅钢架示意如图2-20所示,格栅钢架安装如图2-21所示,格栅钢架展开及纵向连接示意如图2-22所示。

格栅钢架各单元由主筋、联系钢筋(8字结)、箍筋组成,各单元间采用∠160×100×10角钢接头、螺栓连接,两榀钢架之间设置φ22纵向连接筋,H230格栅钢架主筋采用φ22钢筋,8字结采用φ14钢筋,8字结长55cm。水平8字结和竖向8字结沿主筋内侧交错布置(在水泥地面试拼时,8字结构件面平行地面的为水平8字结,垂直地面的为竖向8字结),环向间距61cm,中间净距6cm,8字结设计如图2-23所示。

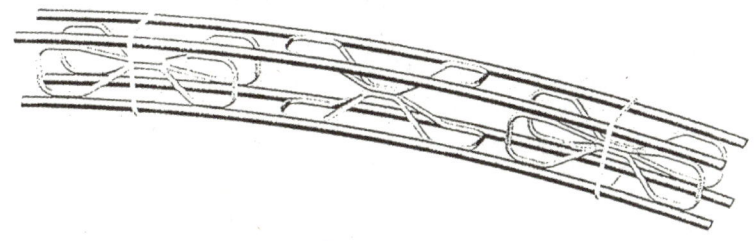

图2-20　格栅钢架示意图

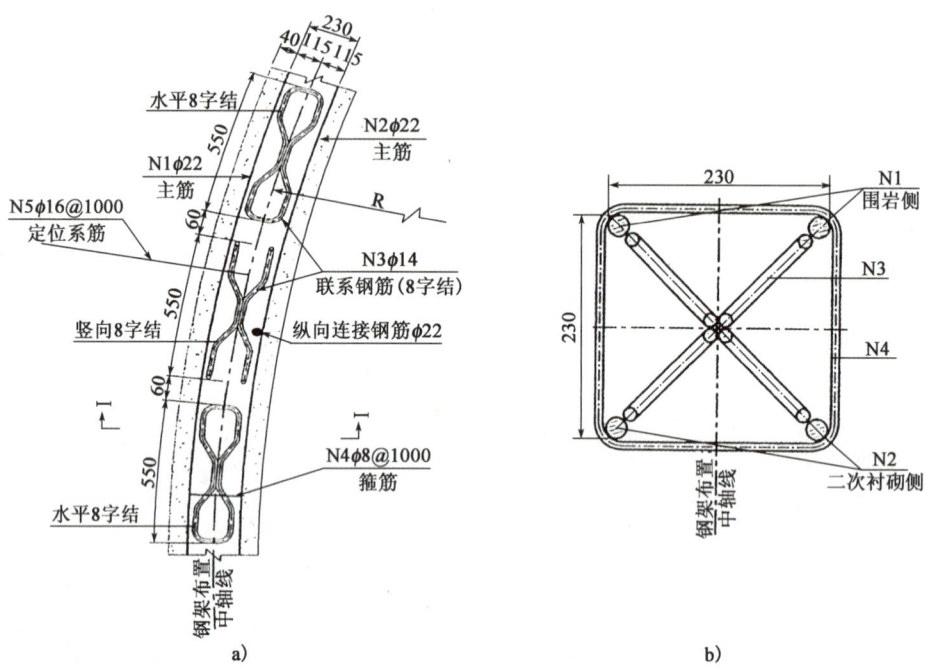

图 2-21　格栅钢架安装图(尺寸单位:mm)

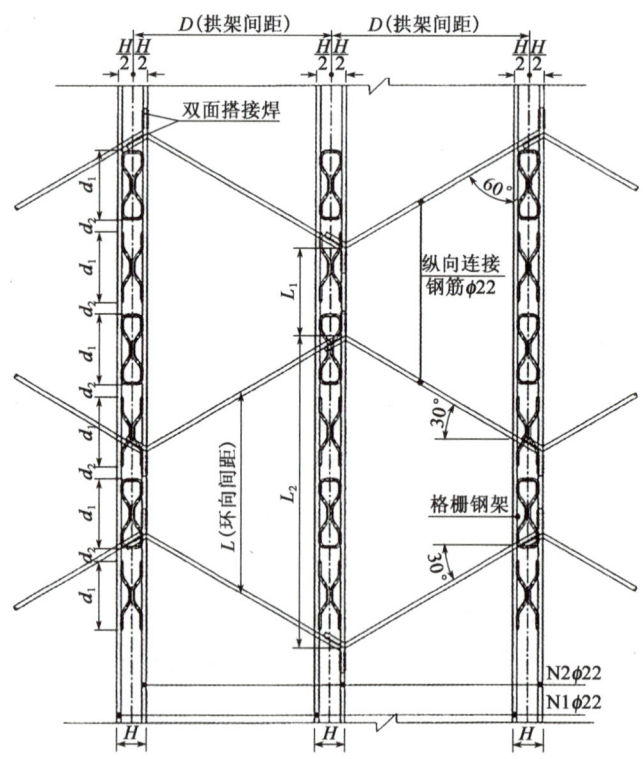

图 2-22　格栅钢架展开及纵向连接示意图

第2章 黄土隧道结构设计及优化

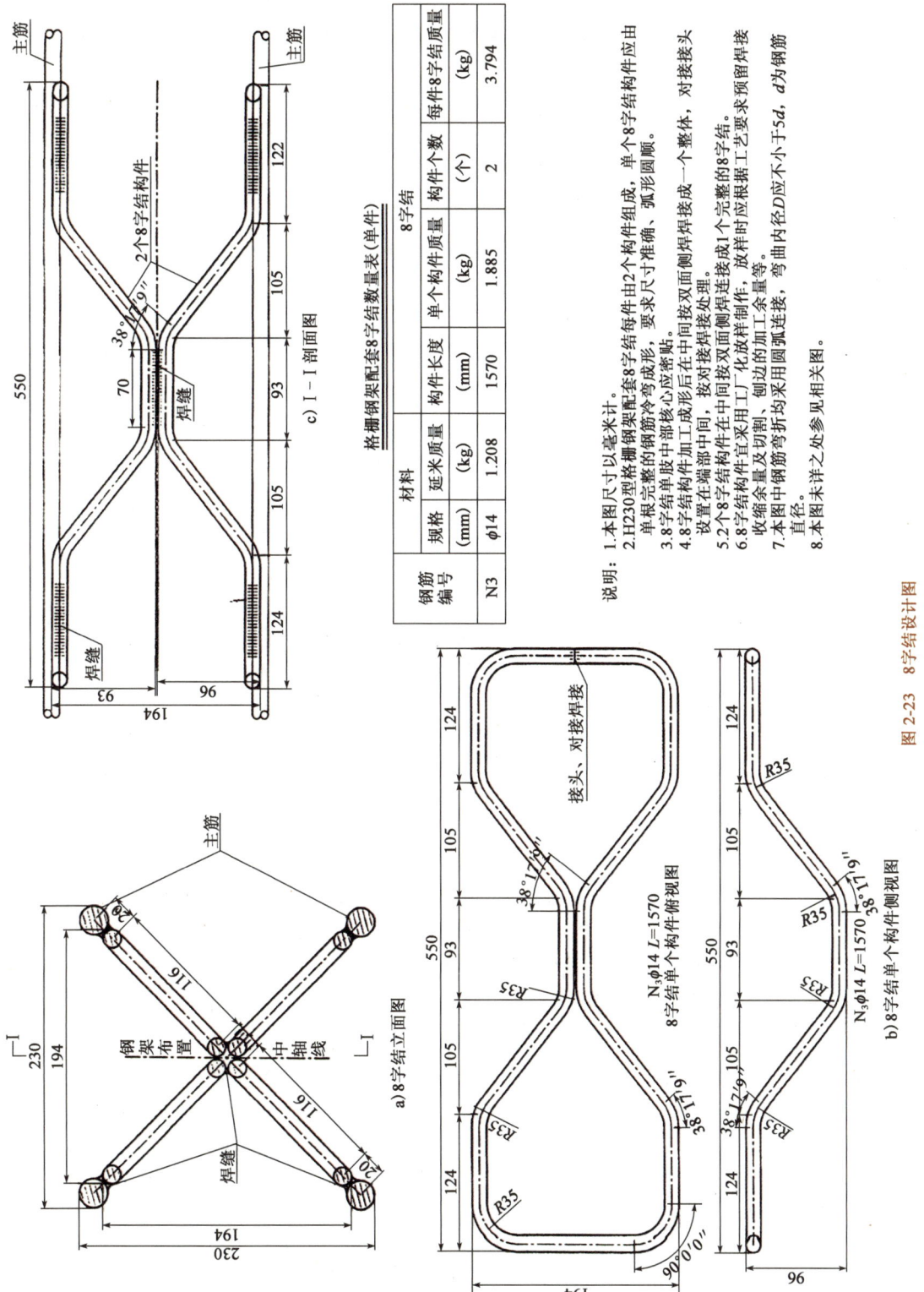

图 2-23 8字结设计图

8字结根据钢架单元分节情况按6cm净距均匀分布,钢架单元端头处不足以布设一个8字结长度段设置"口"形钢筋连接,设置于两根主筋之间,净距6cm,四周连续布置,接头处设置有连接角钢所在边取消对应"口"形钢筋。

箍筋(图2-24)采用$\phi 8$钢筋,环向间距1m。钢架各部件之间连接采用焊接,箍筋与主筋连接采用点焊,其余连接均采用双面焊接。

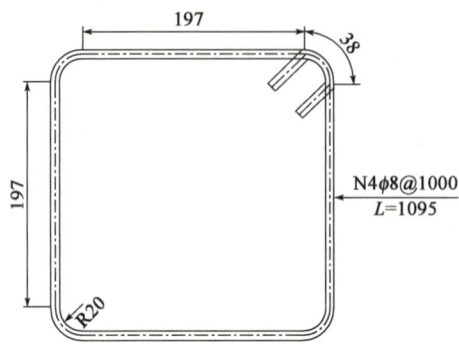

图2-24 箍筋大样图(尺寸单位:mm)

2.7 二次衬砌仰拱结构优化

二次衬砌仰拱施工时,一般采用初期支护与二次衬砌仰拱一起施作,并施作一定高度的矮边墙,而后再进行仰拱填充,施工工序多、效率低。因此,适当优化二次衬砌结构参数,可使隧道结构在安全的前提下提升施工效率,使得工程更加经济、合理。

为保证二次衬砌仰拱施工质量,对仰拱与填充交界面进行了调整,二次衬砌仰拱上部浇筑成平面,调整后的平面位置按双侧水沟内边墙与二次衬砌仰拱内轮廓线交点确定,平面以下采用与仰拱同标号混凝土一次浇筑,平面以上采用C20混凝土填充且与平面以下分开浇筑。在混凝土浇筑过程中,严格按照大体积混凝土分层振捣。

蒙华铁路二次衬砌仰拱均采用移动式仰拱栈桥整幅浇筑,且仰拱中间弧形部分优化为平面。优化后仰拱结构刚度提升,施工无须安装弧形模板,外观尺寸更易于控制,封闭时间大大缩短,没有弧形模板的干扰使得仰拱混凝土易于振捣,混凝土质量大大提升。

二次衬砌仰拱开挖长度依照2板拱墙衬砌长度(即台车长度12m或9m)确定,最大一次开挖24m,一次开挖,一次清底,分次浇筑,减少了工序间的施工干扰,减少了施工缝,保证了施工质量,优化方案如图2-25所示。

二次衬砌仰拱浇筑时,先进行清底,然后进行钢筋绑扎,最后浇筑混凝土,见图2-26、图2-27。

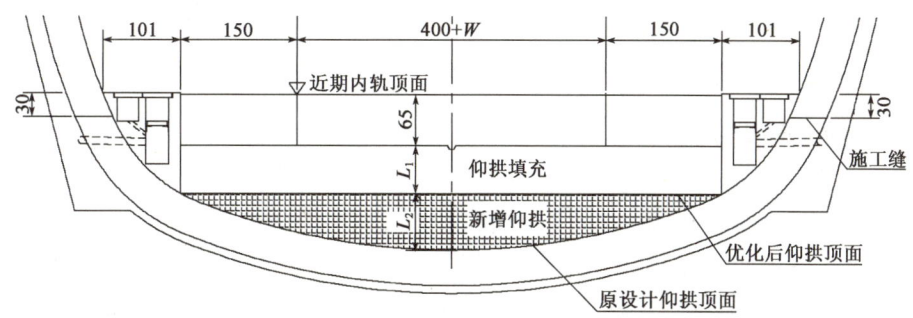

图 2-25　二次衬砌仰拱结构优化图（尺寸单位：cm）

图 2-26　仰拱清底

图 2-27　仰拱钢筋绑扎

2.8　防排水系统设计及优化

黄土隧道防水等级依据《地下工程防水技术规范》（GB 50108—2008）按一级防水标准设计。隧道防排水遵循"防、排、截、堵结合，因地制宜，综合治理"的原则，在地下水发育且水文环境有严格要求的隧道,防排水采用"以堵为主,限量排放"的原则,达到防水可靠、经济合理的目的。

2.8.1 洞外排水设计

(1)隧道洞口边仰坡外侧5~10m设置截水天沟,截水天沟结合明洞截水天沟统一设置,截水天沟采用C30钢筋混凝土结构,土质地层截水沟沟底换填0.3m厚的三七灰土垫层,并设置1.5mm厚EVA防水板隔水。截水天沟两端与线路天沟顺接或引至地形低洼处,其坡度根据地形设置,但不应小于3‰,当纵坡过陡时应设计急流槽或跌水连接。湿陷性黄土地段截水天沟施作三七灰土前应对基础进行夯实,消除湿陷性。

(2)为防止路堑侧沟水流入隧道,在高洞口端设不小于2‰的反坡排水,并且在洞口前方修一道盲沟,以截排洞外水流,避免其流入洞内。

(3)洞外排水宜避开不良地质体,以较短路径排到自然稳定的沟谷中。

(4)隧道浅埋段穿越常年流水沟谷、洞顶覆盖层较薄且受地表水渗漏影响时,沟底地表铺设30cm厚M15浆砌片石+30cm厚三七灰土垫层或清理地表,开沟疏导,封闭积水洼地。

2.8.2 明洞及洞门防排水设计

(1)明洞防水

①明洞衬砌外缘铺设外贴式防水层,防水层采用4cm厚自粘式防水层,防水层铺设基面施作3cm厚水泥砂浆找平层,防水层表面铺设3~5cm厚水泥砂浆保护层。
②明暗挖衔接处防水应将暗挖隧道防水板向明挖段延伸不小于1.0m,做好搭接处防水处理。
③明洞施工缝采用中埋式橡胶止水带+遇水膨胀止水条。
④明洞变形缝采用中埋式钢边橡胶止水带+遇水膨胀止水条。
⑤明洞回填土石表面设置黏土隔水层,无条件时采用复合式防水层。

明洞及洞顶防水见图2-28。

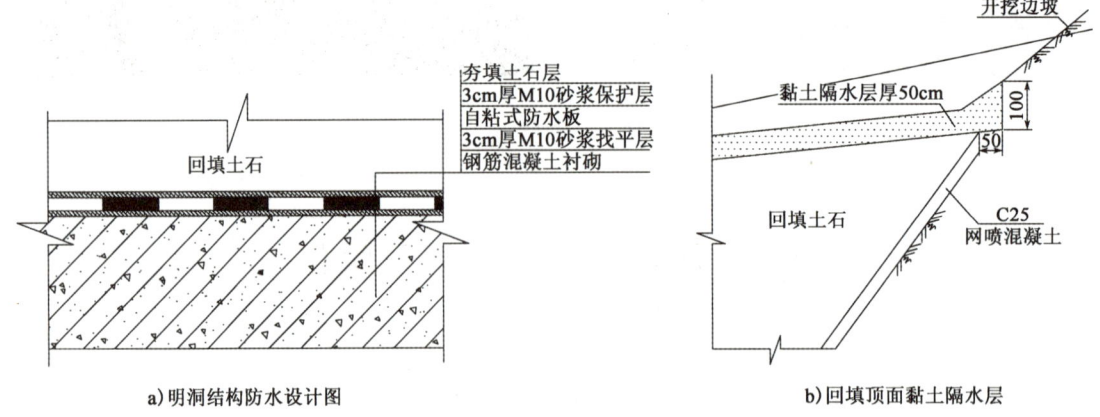

图2-28 明洞及洞顶防水图(尺寸单位:cm)

(2) 明洞排水

①明挖隧道墙脚外缘应设置纵向盲管,纵向盲管通过环向盲管引入中心深埋水沟或双侧水沟。

②明洞顶开挖轮廓线外 5~10m 处设置截水沟。

③明洞回填体表面设置不小于 1% 的排水坡倾向洞外或低侧排水天沟。

④路堑对称式明洞隧道顶部设置纵向排水沟,排水沟向洞门方向排水,如线路出洞为上坡,反坡排水坡度不小于 1%。

(3) 洞门防水

洞门外露段涂刷 1.5mm 厚渗透结晶型水泥基防水涂料,回填范围段防水与明洞防水措施一致。

2.8.3 暗洞防排水系统

(1) 隧道防水首先重视地表水的下渗,当浅埋隧道洞顶地表的沟谷、洼地积水对隧道有影响时,可采用疏导、填平积水洼地等措施,促使地表径流畅通;对废弃的坑穴、钻孔等应结合截、排水条件,对其回填并分层夯实封闭,顶部设置复合隔水层,以减少地表水下渗。

(2) 隧道衬砌采用防水混凝土,抗渗等级一般地段不小于 P8,断层破碎带富水地段及 D2 环境作用等级下抗渗等级不小于 P10。

(3) 隧道初期支护与二次衬砌之间拱墙铺设分离式防水层,防水层采用厚度不小于 1.5mm 的 EVA 防水板,土工布单位面积质量不小于 $350g/m^2$。

(4) 施工缝处理。

①施工缝设置:隧道环向施工缝一般按 8~12m 一道设置,并不得小于 5m;纵向施工缝边墙两侧墙脚处设置,设置于电缆槽盖板顶面以上 30cm 处。

②施工缝处理:

a. 素混凝土衬砌边墙处纵向施工缝设置 $\phi16$ 接茬钢筋,接茬钢筋埋入和露出深度设计为 250mm,间距 20cm。

b. 环向施工缝采用中埋式橡胶止水带 + 背贴式橡胶止水带,仰拱环向施工缝中间预埋可维护注浆管。

c. 纵向施工缝采用 2 层水泥基渗透结晶型防水涂料防水。

(5) 变形缝处理。

变形缝设置于明暗分界、基底软硬不均、活动断裂范围段。变形缝宽度 2cm,采用中埋式钢边橡胶止水带 + 背贴式橡胶止水带防水,变形缝内缘以双组分聚硫密封胶封堵,其余空隙采用填缝材料填塞密实。

(6) 隧道衬砌上的埋设件宜预埋,埋设件端部或预留孔底部的混凝土厚度不得小于 10cm;在水压或侵蚀性环境作用等级较高地段不应小于 25cm。

(7) 附属洞室的防水等级与正洞一致,防水系统构成应与正洞防水系统连接牢固形成整体,并应加强工程连接处的防水措施。

(8) 暗洞排水设计。暗洞排水系统由衬砌背后排水系统、洞内水沟组成,隧道排水体系应满足隧道过水量要求。

①洞内排水沟系统:双线隧道设置双侧水沟及中心管沟,中心管沟采用$\phi 600$壁厚6cm的钢筋混凝土预制管。双线隧道暗洞防排水系统见图2-29。

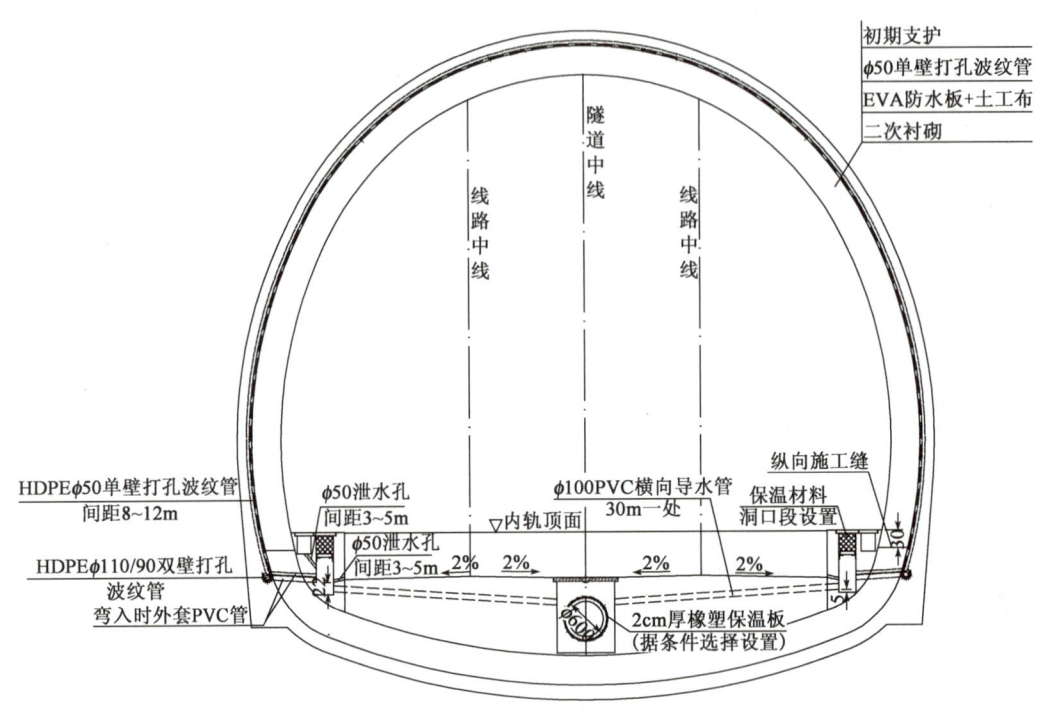

图2-29　双线隧道暗洞防排水系统图(尺寸单位:cm)

②衬砌背后排水系统:

a.隧道衬砌与初期支护之间设置环、纵向盲管,环向盲管采用$\phi 50$单壁打孔波纹管,纵向盲管采用$\phi 110/90$双壁打孔波纹管。

b.环向盲管拱墙设置,每8m设置一环,地下水发育段环向盲管加密或成束设置,纵向盲管双侧墙脚设置,设置于水沟底上方30cm处。环、纵向盲管均设置土工布包裹。

c.隧道洞身每隔30m设置检查井,使隧道排水设施具有可维修性。

d.环纵向盲管分别单独引入双侧水沟,纵向盲管于每个施工缝处引入双侧水沟,便于盲管检修。双线隧道双侧水沟与中心检查井通过$\phi 100$PVC横向导水管连接。

2.8.4　正洞防水系统优化

(1)局部取消防水板、盲管

通过全面排查已施工的初期支护段落,结合地质情况及地形地貌,对初期支护面渗水情况予以梳理。根据实际情况,进行局部取消防水板、盲管的优化设计。

①无水段落取消环向盲管和防水板,仅设置纵向排水盲管和土工布隔离层;渗水但无滴水段落设置纵环向盲管和土工布隔离层,局部增设排水板,取消防水板;滴水段落按防水设计施工。

②地下水发育地段开挖后先对出水进行处理,对股水埋管引排直接接入侧沟,对较大的裂隙水采取封堵和引排结合的措施进行处理,而后进行喷射混凝土作业。防水按原设计施工。

③滴水段落与渗(无)水段落、渗水段落与无水段落交界处设置过渡段,过渡段长度取10m,过渡段按加强防水原则处理。

④取消防水板段落,采取初期支护与二次衬砌的隔离措施,避免二次衬砌混凝土产生收缩裂纹;取消防水板地段纵向盲管应包裹两层土工布。

(2)纵向施工缝防水措施优化

纵向施工缝取消了中埋式橡胶止水带+制品型遇水膨胀橡胶止水条,原则上隧道纵向施工缝仅设置一道防水,采用涂刷2层水泥基渗透结晶型防水涂料防水。

2.8.5 排水系统优化

通过黄土隧道设计涌水量统计情况看,除麻科义隧道正常涌水量为10456m^3/d,最大涌水量21075m^3/d,其余隧道正常涌水量不大于3284m^3/d,最大涌水量不大于6568m^3/d。

通过排水量计算,隧道现有两侧水沟满足排水功能需求。为保证隧道轨下结构整体性,单洞双线隧道取消中心管沟及洞口防寒段中心深埋水沟、集水井、横向ϕ100PVC管,采用双侧水沟排水,同时仰拱填充面隧道中线处设置半径10cm半圆形流水槽。当双侧水沟排水能力不足时,应进行特殊设计。麻科义隧道取消道床与侧沟间的ϕ50水管,环纵向盲管引入侧沟高度距离水沟底不小于35cm。

有水段落仰拱根据现场实际制订针对性排水措施,施工缝可考虑增加排水措施。

2.9 洞口相邻工程排水过渡设计

2.9.1 路隧相连段落排水沟槽设计

根据洞门形式不同、隧道两端洞口高低不同,分别进行了相应的排水沟槽设计。

1)非端墙式洞门路隧相连段落

(1)隧道低端口排水过渡措施

非端墙式洞门路隧相连段落沟槽过渡设计如图2-30所示。

①隧道洞口里程外2.75m处,于线路两侧各设置1处检查井,采用C35钢筋混凝土浇筑,检查井深度应根据要求现场放样。

②隧道洞口里程外2.75m处的两处检查井间采取内径为0.6m、壁厚为12cm的排水暗管相连,排水暗管位于路基结构以下,该排水暗管外依次包裹5cm厚橡塑保温板、EVA防水板及C20混凝土。

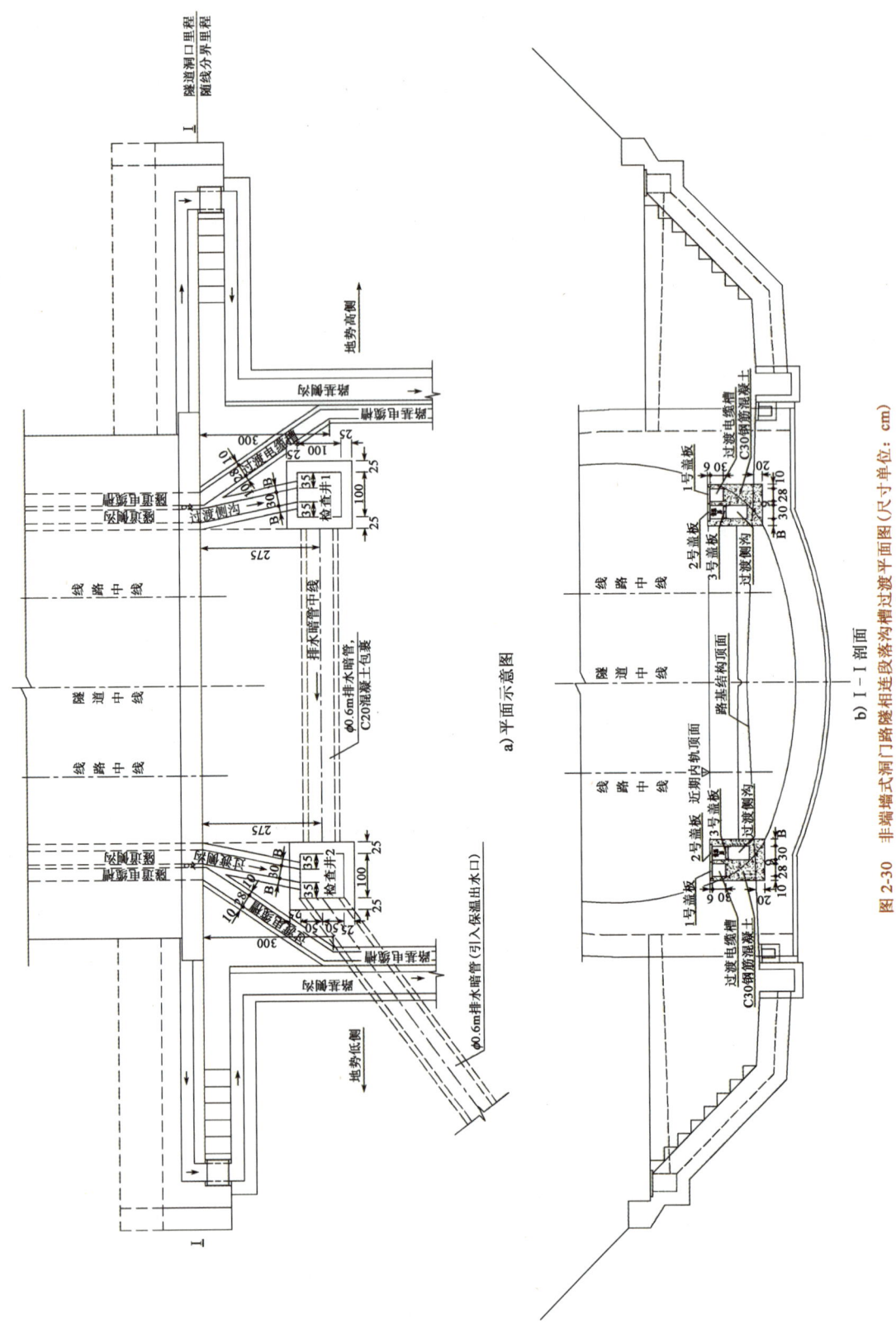

图 2-30 非端墙式洞门路隧相连段落水沟槽过渡平面图（尺寸单位：cm）

③隧道两侧侧沟与洞口里程外2.75m处的两侧检查井之间采取过渡侧沟相连。

④过渡侧沟两侧及底部外壁外采用5cm厚橡塑保温板包裹密实。过渡侧沟靠近线路侧外贴的5cm厚橡胶保温板与道床之间采用C20混凝土回填过渡;过渡侧沟远离线路侧外贴的5cm厚橡塑保温板与过渡电缆槽之间采用C20混凝土回填过渡。

⑤隧道洞外检查井与线路外排水暗管相连引排至保温出水口。

(2)隧道高端洞口排水过渡措施

隧道高端洞口路隧相连段隧道洞外不设置检查井、排水暗管、过渡侧沟等排水过渡措施,隧道两侧侧沟进行封堵;隧道洞内距离隧道洞口里程0.3m范围内采用30cm厚C20混凝土封堵隧道两侧排水侧沟。

2)端墙式洞门路隧相连段落

端墙式洞门路隧相连段落与非端墙式类似,平面布置如图2-31所示。

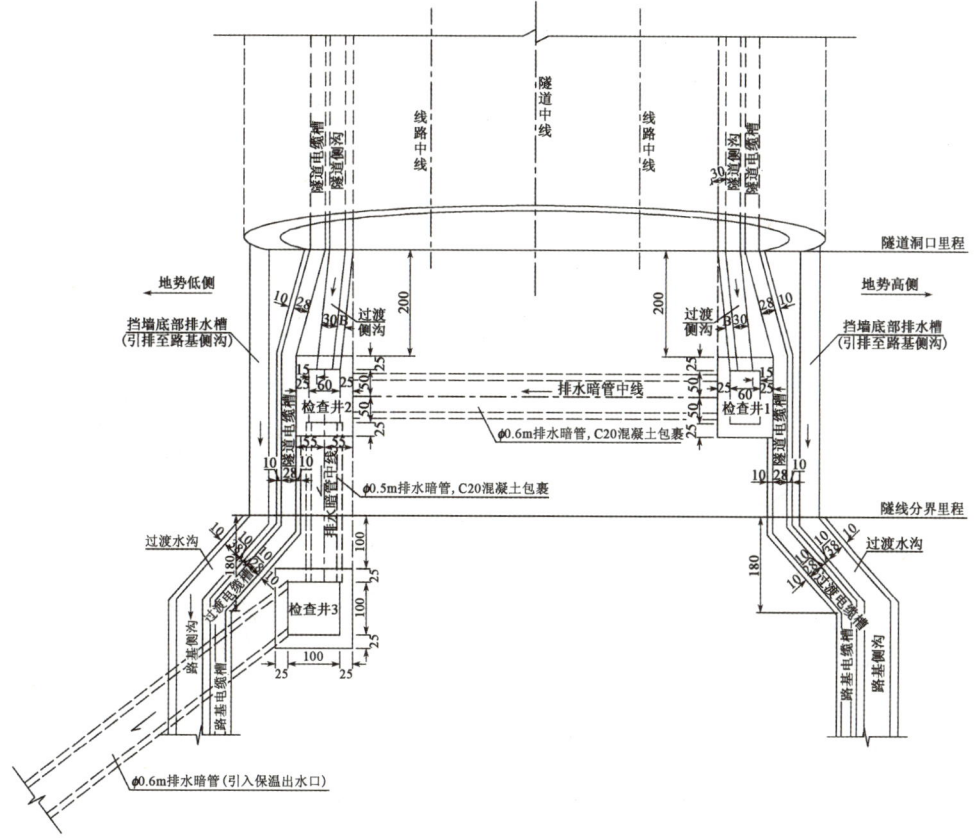

图2-31　端墙式洞门路隧相连段落沟槽过渡平面图(尺寸单位:cm)

2.9.2　桥隧相连段落排水沟槽设计

端墙式洞门或非端墙式洞门桥隧对接时,若现场地形条件允许时,如存在单侧地形低洼,尽量采用横向设置排水暗管将洞内水体引出隧道至洞外保温出水口,减少对桥台的干扰;若洞口两侧地形不适合横向设置排水暗管,无法将洞内水横向引出隧道至洞外保温出水口,尽量采取排水暗管纵向经桥台引排洞内水的设计方案。

非端墙式洞门桥隧对接段落排水过渡设计如图2-32所示,端墙式洞门桥隧对接段落排水过渡设计如图2-33所示,端墙式洞门桥隧串接段落排水过渡设计分别如图2-34、图2-35所示,桥隧串接隧道扩大结构明洞门排水过渡如图2-36、图2-37所示。

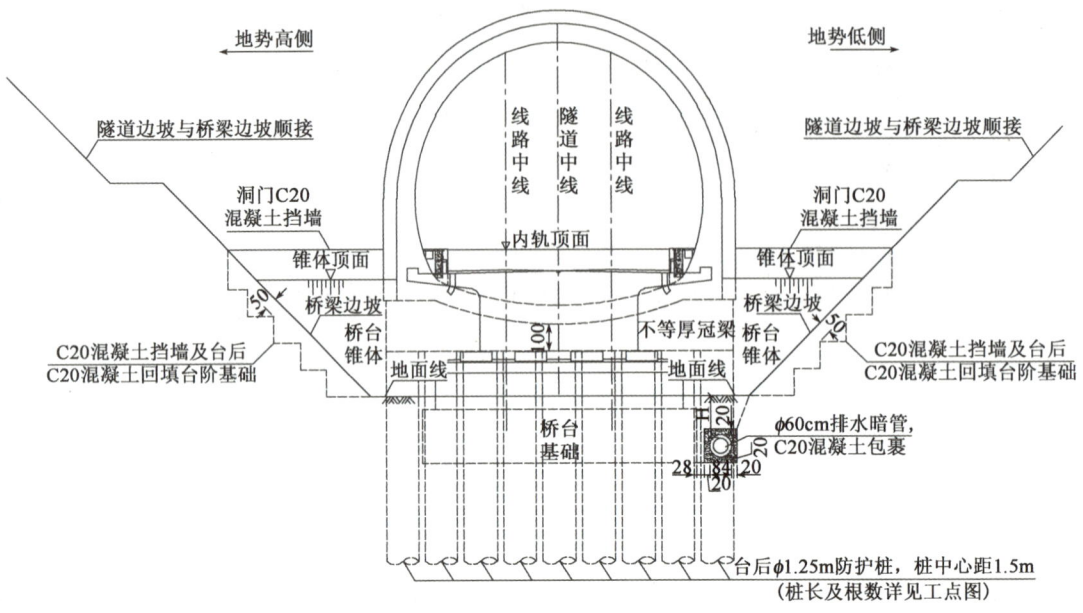

图2-32 非端墙式洞门桥隧对接段落排水过渡正面图(尺寸单位:cm)

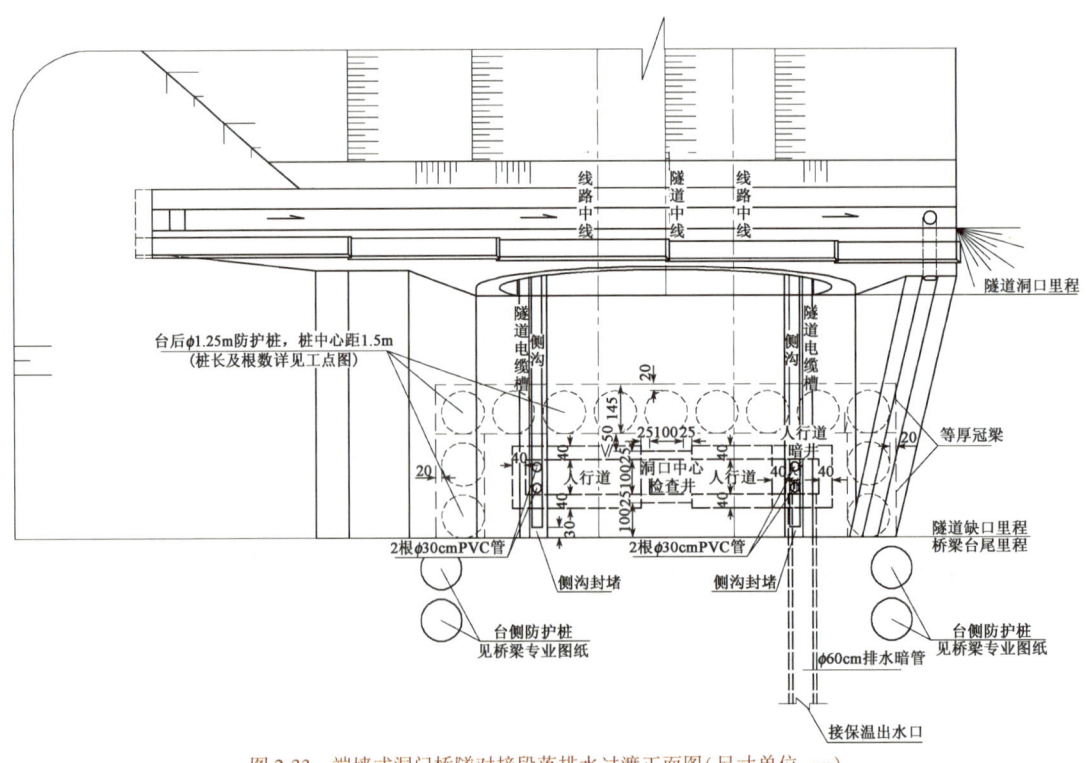

图2-33 端墙式洞门桥隧对接段落排水过渡正面图(尺寸单位:cm)

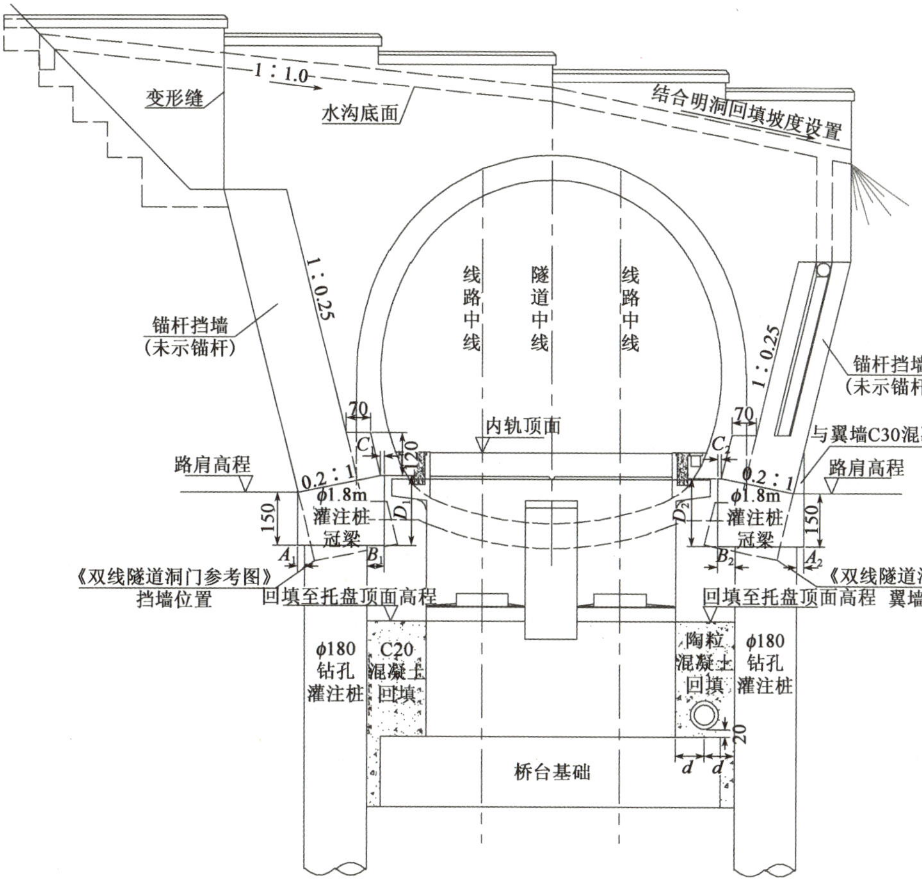

第 2 章 黄土隧道结构设计及优化

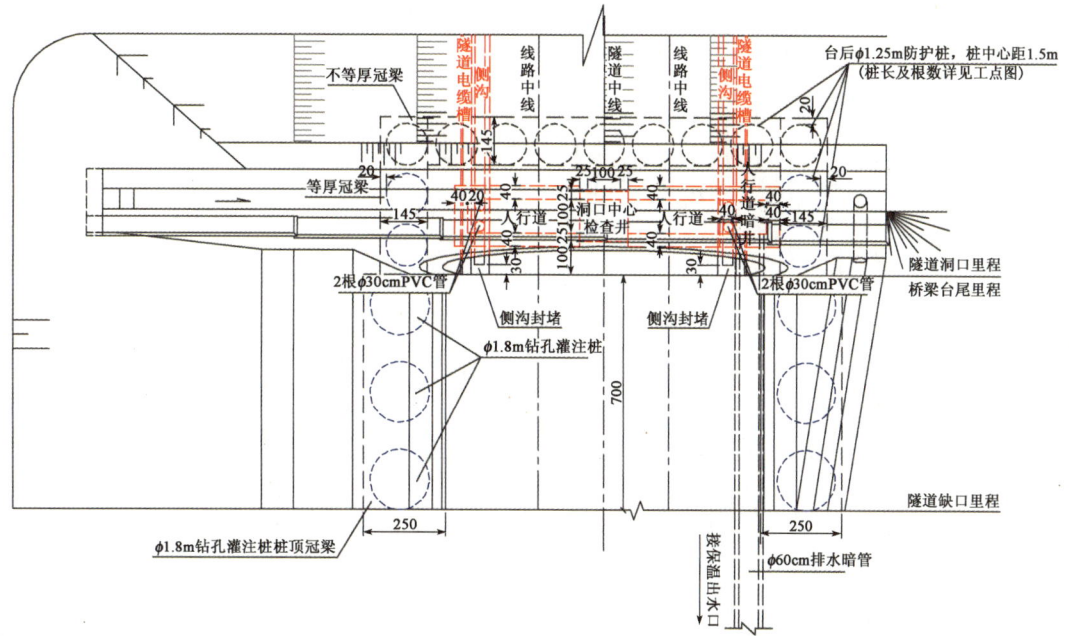

图 2-34 端墙式洞门桥隧串接段落排水过渡正面图(尺寸单位:cm)

图 2-35 端墙式洞门桥隧串接段落排水过渡平面图(尺寸单位:cm)

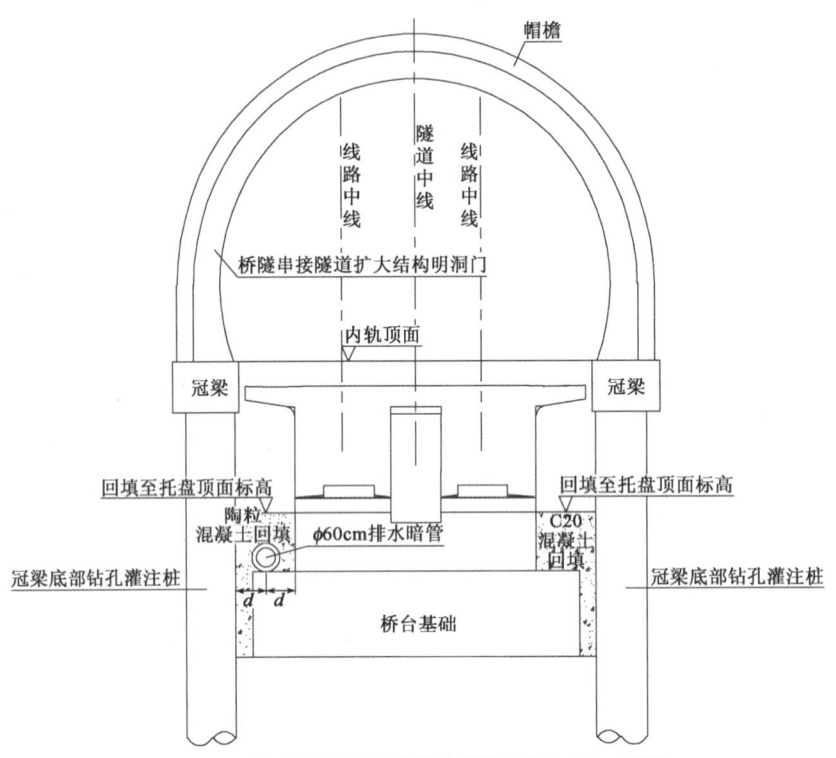

图 2-36　桥隧串接隧道扩大结构明洞门排水过渡正面图

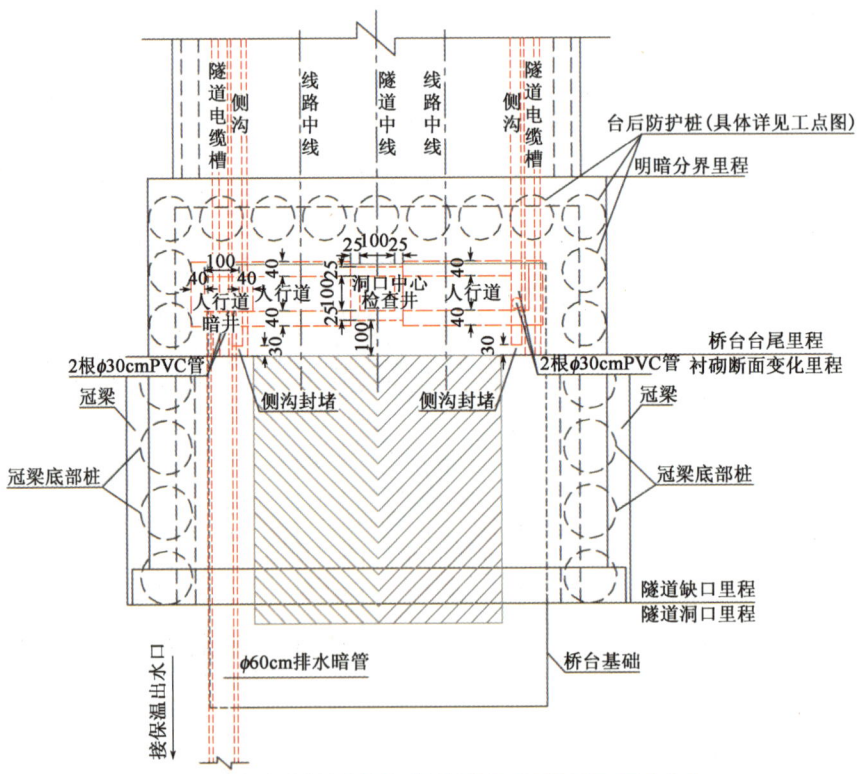

图 2-37　桥隧串接隧道扩大结构明洞门排水过渡平面图(尺寸单位:cm)

2.10　隧道防寒保温设计及优化

2.10.1　隧道防寒保温设计

蒙华铁路隧道洞口保温设计范围为浩勒报吉至宜川段隧道进出口 1000m 范围内双侧水沟设置保温层,隧道长度小于 2km 时通长设置,具体设置如下:

(1) 隧道进出口 1000m 范围段双侧水沟设置 30cm 厚聚氨酯保温层。
(2) 隧道进出口 1000m 范围段中心管沟包裹 4cm 厚高密度聚氨酯保温板。
(3) 洞口保温段检查井设置 30cm 厚聚氨酯泡沫保温层。
(4) 洞外排水暗管采取 1.5mm 厚 EVA 防水板 +2cm 厚橡塑保温板包裹,线路路肩范围段排水暗管采用 C20 混凝土回填,其余段夯填土石回填。
(5) 洞口段排水暗管不具备横向引出条件时,可顺延线路前行,待地形降低满足保温出水口设置要求时再横向引出。
(6) 路隧相连段低洞口隧道内水汇至低洞口检查井,并通过洞外暗管引至洞外保温出水口处,洞外暗管每隔 30m 设置检查井一处,保温出水口应设置在背风、光照良好的地方。

2.10.2　隧道防寒保温优化设计

隧道施工后,根据延安市近年来的最低温度及最大冻融,结合列车以设计最大时速通过隧道洞口段所产生的能量计算,最终确定隧道进出口 500m 范围内双侧水沟设置保温层,隧道长度小于 1km 时通长设置。

为确保排水通畅,防止隧道洞口过渡段范围在冬季发生结冰冻胀破坏,对排水沟、检查井、排水暗管、人行道暗井等排水结构的排水线路设置和防寒保温措施进行了细部优化,主要为:

(1) 地下水流出洞外时,排水线路应尽早进入最大冻结深度以下;过渡侧沟靠近线路侧外贴的 5cm 厚橡塑保温板与道床之间采用 C20 混凝土回填过渡;过渡侧沟远离线路侧外贴的 5cm 厚橡塑保温板与过渡电缆槽之间采用 C20 混凝土回填过渡。
(2) 隧道进出口 500m 范围内双侧水沟设置 30cm 厚聚氨酯保温层。
(3) 中心检查井在井口设置 30cm 厚聚氨酯泡沫保温材料。
(4) 排水暗管外缘采用 5cm 厚橡塑保温板 +厚度不小于 1.5mm 的 EVA 防水板包裹,且位于桥台范围暗管周圈采用厚度不小于 20cm 的陶粒混凝土包裹。
(5) 设置人行暗道及相应的人行暗道井,兼具排水与人工检查的功能。
(6) 隧道高端洞口两侧侧沟均采用 30cm 厚 C20 混凝土进行封堵。

具体优化措施有:
(1) 将侧沟封堵措施由隧道高、低端都有优化为仅高端有。
(2) 将低端检查井按照有砟路基设置 3 个井,无砟路基设置 2 个井,优化为统一设置 2 个井,位于隧道洞口里程外 2.75m 处,于线路两侧各设置 1 处检查井。

(3)将排水暗管包裹材料由 2cm 厚橡塑保温板优化为 5cm 厚橡塑保温板。

(4)取消隧道洞内检查井与侧沟间的 φ150 横向 PVC 管连接,取消洞口中心深埋水沟检查井和洞外中心检查井间的 φ600 排水暗管连接;优化为侧沟与洞外检查井间采用过渡侧沟相连,过渡侧沟两侧及底部外壁外采取 5cm 厚橡塑保温板包裹密实。见图 2-38、图 2-39。

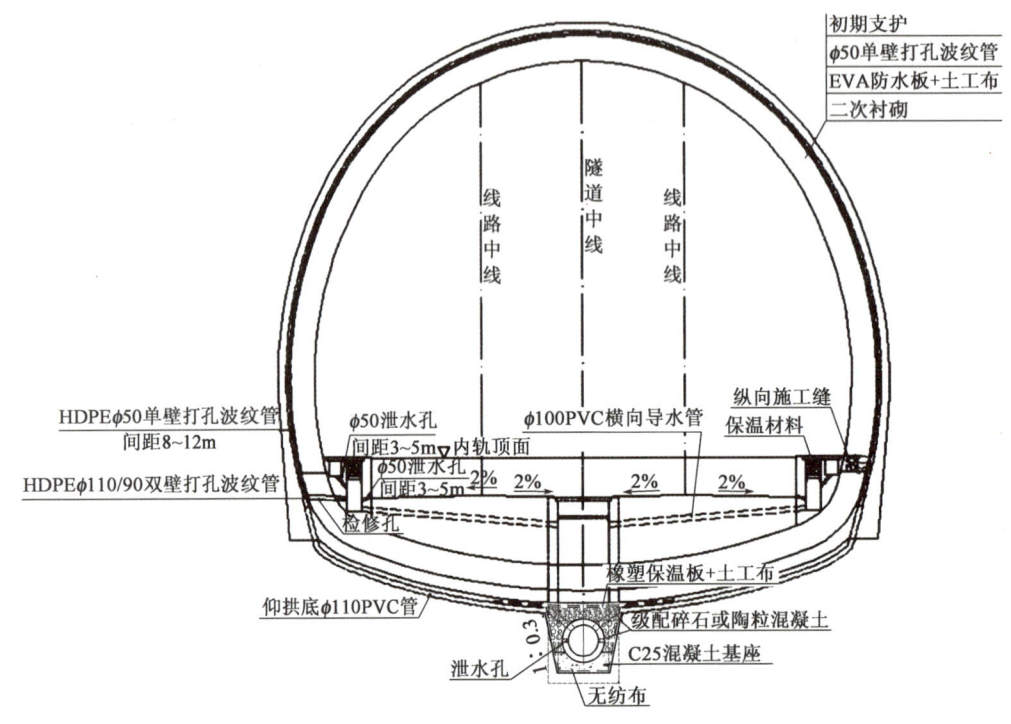

图 2-38 双线隧道洞口段防排水布置图

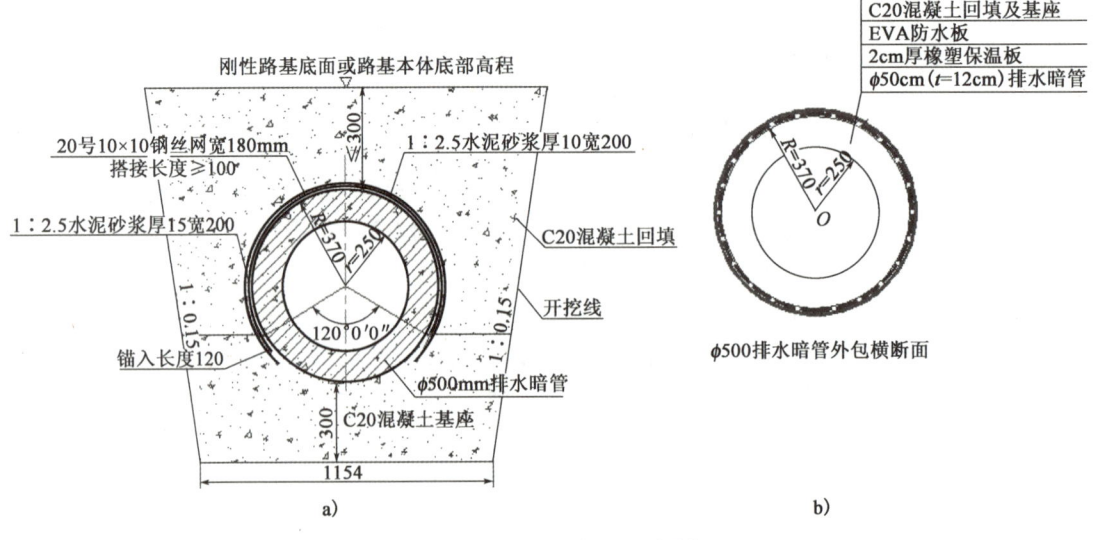

图 2-39 排水暗管保温设计图(尺寸单位:cm)

2.11　辅助坑道及附属洞室设计

2.11.1　辅助坑道结构设计

1) 辅助坑道设置要求

辅助坑道形式主要为斜井,包括单车道和双车道两种断面形式。

斜井与正洞相交处在斜井内设置井底车场,井底车场长度为 30m,每隔 150~200m 设置一处缓冲平台,单车道斜井缓冲平台要满足错车空间要求,缓冲平台的长度为 25m,采用双车道斜井衬砌,井底车场及缓冲平台的纵坡为 3%。

2) 辅助坑道横断面设计

用作永久工程的辅助坑道,洞口浅埋段、交叉口段、风机房段、软弱围岩段、避难空间段设置为模筑衬砌,其余段采用喷锚衬砌。

用作临时工程的辅助坑道井口浅埋段、交叉口段、穿越断层破碎带、粉细沙地层段、双车道Ⅴ级围岩段设置模筑衬砌,其余段均设置为锚喷衬砌。

无轨运输辅助坑道按单车道断面、双车道断面设计,斜井断面结合围岩级别设置为直墙型、曲墙型衬砌;黄土隧道围岩级别为Ⅳ级和Ⅴ级,设置为曲墙式衬砌。

单车道断面尺寸为 500cm×600cm(宽×高);双车道断面尺寸为 750cm×620cm(宽×高)。

单车道、双车道辅助坑道衬砌断面如图 2-40、图 2-41 所示。

3) 辅助坑道衬砌

(1) 辅助坑道衬砌类型

辅助坑道衬砌类型主要包括单车道、双车道Ⅱ级、Ⅲ级、Ⅳ级、Ⅴ级、Ⅳ$_\pm$、Ⅴ$_\pm$型衬砌,按照使用功能要求斜井衬砌又分喷锚支护和模筑衬砌。辅助坑道支护参数见表 2-6、表 2-7。

(2) 衬砌设计要求

辅助坑道作为临时工程,在保证施工期间结构安全、运营期间不影响永久工程安全的前提下,原则上采用喷锚支护衬砌。

井底与正洞交叉口段、洞口段、软弱围岩及运营使用的永久工程应采用模筑衬砌,且辅助坑道与正洞相交 30m 范围段衬砌应适当加强。

2.11.2　辅助坑道结构优化设计

(1) Ⅱ、Ⅲ、Ⅳ级围岩、Ⅴ级围岩深埋段,辅助坑道支护结构一般采用喷锚支护,底部优先采用底板。

(2) 单车道黄土Ⅴ级围岩、双车道黄土Ⅳ、Ⅴ级围岩考虑到基底黄土承载力较差,施工时易发生底板破坏现象,影响边墙锚喷支护稳定性,锚喷支护采取钢架封闭结构,如图 2-42、图 2-43 所示。

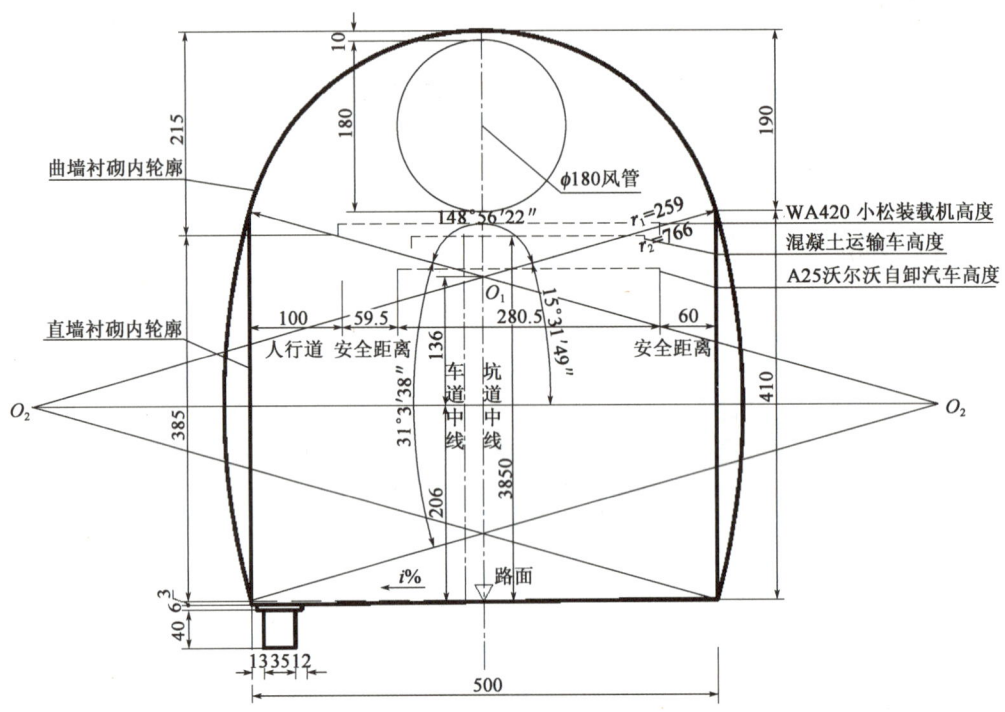

图 2-40 无轨运输单车道辅助坑道内轮廓图(尺寸单位:cm)

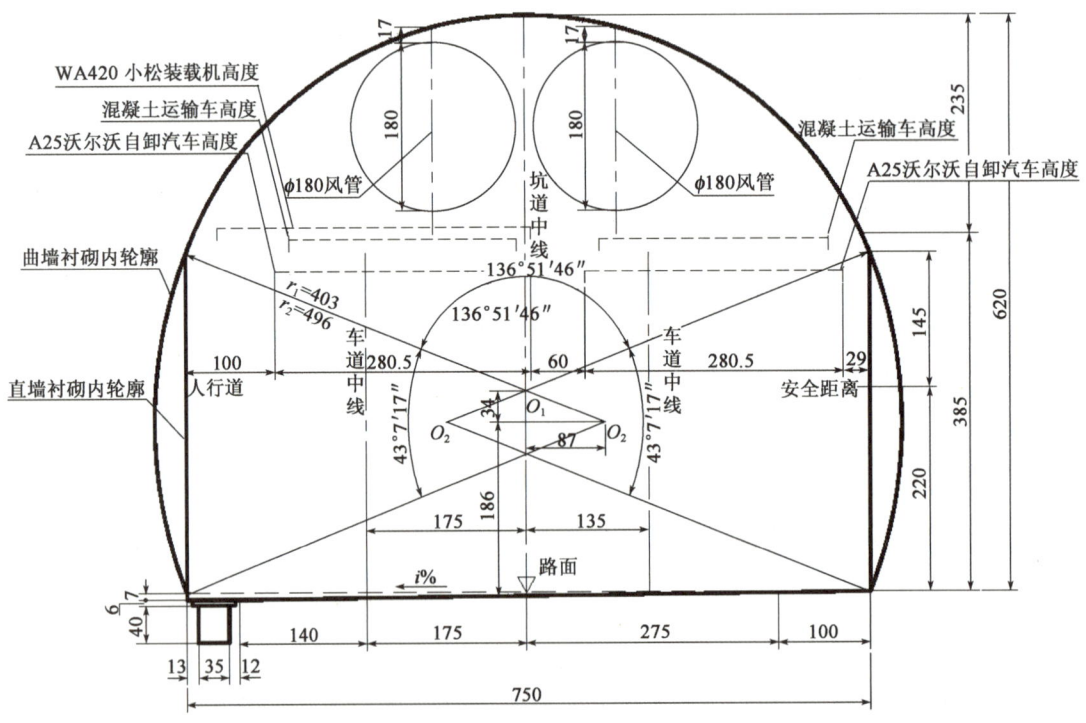

图 2-41 无轨运输双车道辅助坑道内轮廓图(尺寸单位:cm)

表 2-6 单车道辅助坑道支护参数

分类	围岩级别	喷混凝土厚 (cm)	锚杆 部位	锚杆 长度 (m)	锚杆 间距 (环×纵) (m)	喷锚支护 部位	钢筋网 直径 (环×纵) (mm)	钢筋网 间距 (cm)	格栅钢架 型式	格栅钢架 间距 (m)	二次衬砌 拱墙 (cm)	二次衬砌 铺底 (cm)
单车道 喷锚衬砌	Ⅱ	拱墙 5	—	—	—	—	—	—	—	—	—	20
单车道 喷锚衬砌	Ⅲ	拱墙 10	拱墙	2	1.5×1.5	—	—	—	—	—	—	20
单车道 喷锚衬砌	Ⅳ	拱墙 20	拱墙	2.5	1.2×1.2	拱墙	φ6×φ8	25×25	φ20 四肢箍 h=140mm	拱墙 1.2	—	20
单车道 喷锚衬砌	Ⅴ	拱墙 22	拱墙	3	1.2×1.2	拱墙	φ6×φ8	20×20	I16	拱墙 1.0	—	35
单车道 模筑衬砌	Ⅱ	拱墙 5	—	—	—	—	—	—	—	—	25	25
单车道 模筑衬砌	Ⅲ	拱墙 8	拱部	2	1.5×1.5	—	—	—	—	—	25	25
单车道 模筑衬砌	Ⅳ	拱墙 15	拱墙	2.5	1.2×1.2	拱墙	φ6×φ8	25×25	—	—	30	25
单车道 模筑衬砌	Ⅴ	拱墙 20 (黄土封闭)	拱墙	3	1.2×1.2	拱墙	φ6×φ8	20×20	φ20 四肢箍 h=140mm	拱墙 1.2/1.0	30	35

表 2-7 双车道辅助坑道支护参数

分类	围岩级别	喷混凝土厚(cm)	锚杆 部位	锚杆 长度(m)	锚杆 间距(环×纵)(m)	喷锚支护 钢筋网 部位	钢筋网 直径(环×纵)(mm)	钢筋网 间距(m)	格栅钢架 型式	格栅钢架 间距(m)	二次衬砌 拱墙(cm)	二次衬砌 铺底(cm)
双车道 喷锚衬砌	II	拱墙10	拱部	2.5	局部	拱部	φ6×φ8	25×25	—	—	—	20
双车道 喷锚衬砌	III	拱墙15	拱墙	2.5	1.5×1.5	拱墙	φ6×φ8	25×25	φ20 三肢箍 h=140mm	局部	—	30
双车道 喷锚衬砌	IV	拱墙20	拱墙	3	1.2×1.2	拱墙	φ6×φ8	20×20	φ22 四肢箍 h=140mm	拱墙1.0	—	30
双车道 喷锚衬砌	V	拱墙25	拱墙	3	1.2×1.2	拱墙	φ14×φ10	20×20	I18	拱墙0.8	—	40
双车道 模筑衬砌	II	拱墙5	局部	2.5	—	—	—	—	—	—	30	30
双车道 模筑衬砌	III	拱墙10	拱墙	2	1.5×1.5	拱墙	φ6×φ8	25×25	—	—	30	30
双车道 模筑衬砌	IV	拱墙20	拱墙	3	1.2×1.2	拱墙	φ6×φ8	20×20	φ22 四肢箍 h=140mm	1.2	35	40
双车道 模筑衬砌	V	拱墙23(黄土封闭)	拱墙	3.5	1.2×1.2	拱墙	φ8×φ8	20×20	I16	1.0/0.8	40	40

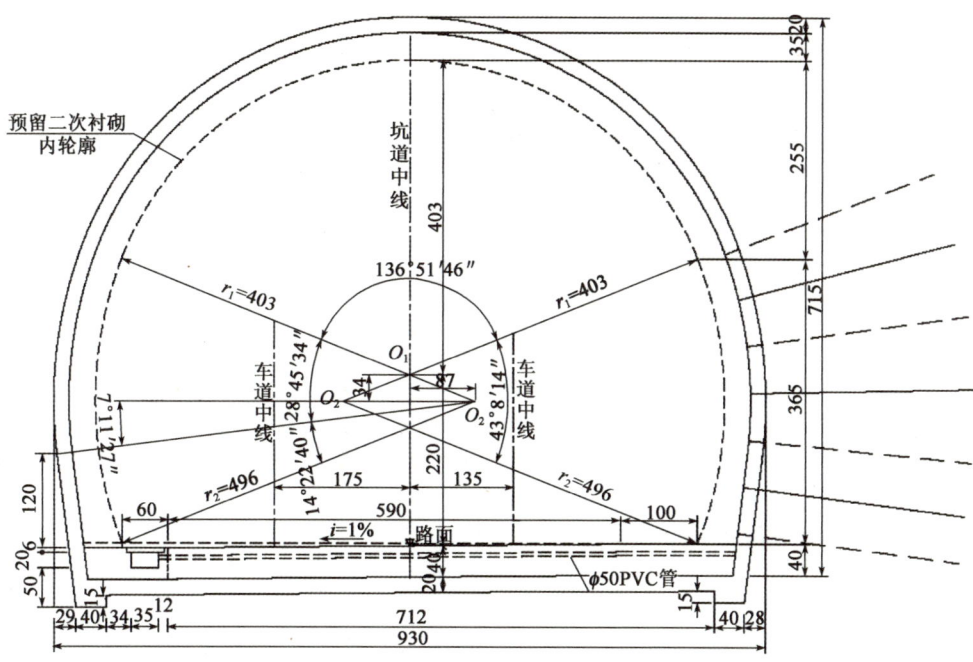

图 2-42 双车道斜井黄土Ⅳ级围岩锚喷衬砌(尺寸单位:cm)

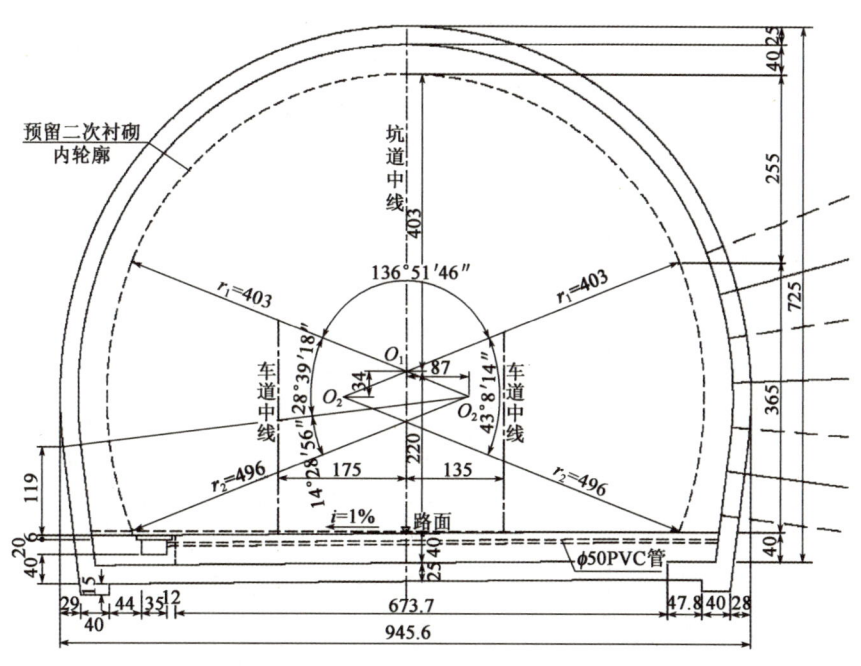

图 2-43 双车道斜井黄土Ⅴ级围岩锚喷衬砌(尺寸单位:cm)

(3)洞口段、与正洞交叉口段、新黄土及大面积淋水地段优先采用复合式衬砌。

(4)辅助坑道优先采用无轨运输双车道断面;若行车频率低,施工干扰相对较小的辅助坑道选用无轨运输单车道断面或单车道+错车道断面。

(5)单双车道断面形式的选择,尽量采用单车道,在会车及交叉口处加宽。无轨运输单车道斜井错车平台平面示意如图 2-44 所示。

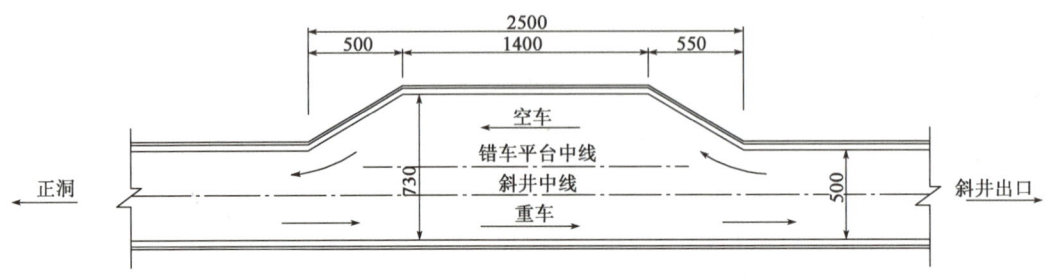

图 2-44　无轨运输单车道斜井错车平台错车平面示意图(尺寸单位:cm)

2.11.3　辅助坑道防排水设计及优化

(1)辅助坑道防水

临时辅助坑道不设防水层和纵环向盲管。辅助坑道与正洞交叉口段,设备洞室、运营通风风机悬挂段,作为防灾救援的辅助坑道设置防水体系。

设置内容及顺序:

①拱墙设置土工布。

②在土工布内侧设置环向 $\phi50$ 盲管,纵向间距按 $4\sim5m$ 计,地下水发育地段环向盲管间距应适当加密。

③拱墙设置防水板。

④在隧道两侧边墙脚外侧设置 HDPE80/67 双壁打孔波纹管,每 9m 一段。环纵向盲沟三通连接后直接与辅助坑道侧沟(流水槽)连通,便于排水管路的维护。

(2)辅助坑道排水

①辅助坑道单侧设置排水沟,排水沟 $35cm\times20cm$(宽×深),底板按 1% 坡度设置,底板水横向流入单侧排水沟,辅助坑道排水沟内水通过 4 根 $\phi100$ 镀锌钢管引入到双侧水沟。

②底板横向每 8m 左右设置一道流水槽,横向接入侧沟,流水槽 $5cm\times5cm$(宽×深),无水沟侧盲管与流水槽连接,有水沟侧盲管与水沟连接。

③辅助坑道洞外设置不小于 3% 的反坡,防止洞外水灌入斜井。

④辅助坑道洞口开挖线以外 $5\sim10m$ 设置截水天沟。

⑤辅助坑道竣工后可以分为作为和不作为防灾救援设施两种处理方式,不作为防灾救援设施辅助坑道竣工后,坑道洞口及与正洞相交处设置 3m 厚 C25 片石混凝土封堵;作为防灾救援设施的斜井竣工后,作为紧急出口/避难所用,斜井与正洞相交处设置防护门,斜井洞口设置可内开的铁门。

辅助坑道防排水优化设计方案见图 2-45~图 2-47。

(3) 防排水系统优化

鉴于斜井衬砌优化后施作范围较短,且不具有连贯性,可取消防水板设置,对于斜井内设置设备范围段,根据设备防水要求以及放置范围段地下水发育情况必要时设置防水板。用于防灾救援要求的辅助坑道施工阶段如地下水较发育,初期支护背后设置盲管引水。

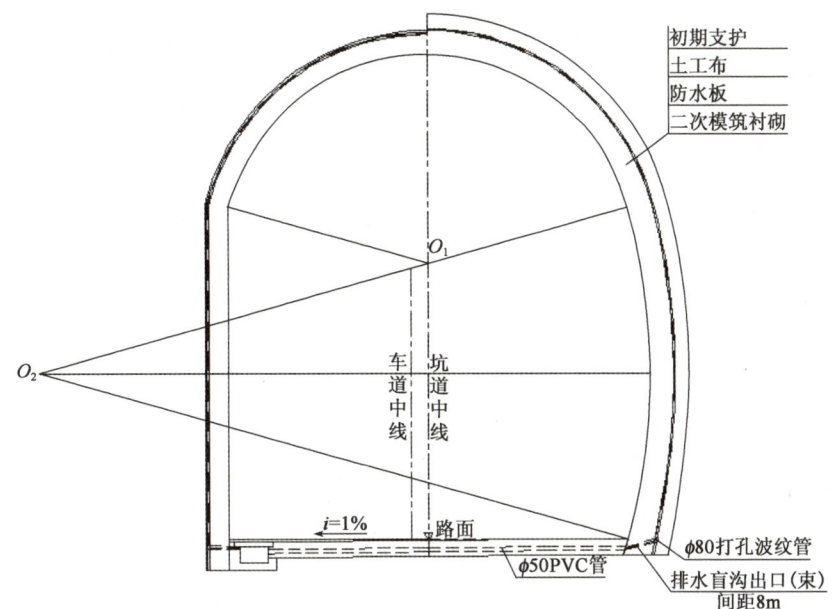

图 2-45　辅助坑道综合防排水断面示意图(单车道)

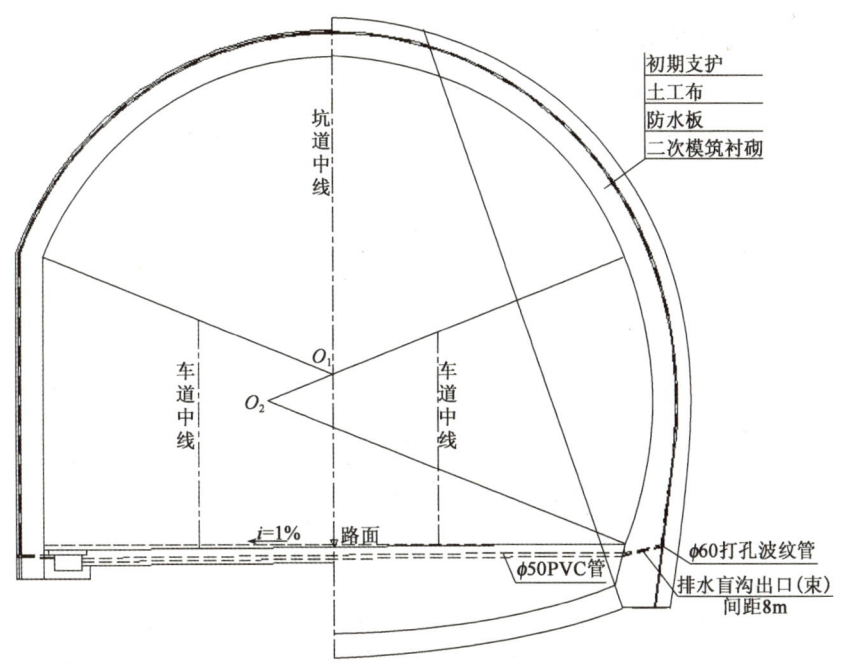

图 2-46　辅助坑道综合防排水断面示意图(双车道)

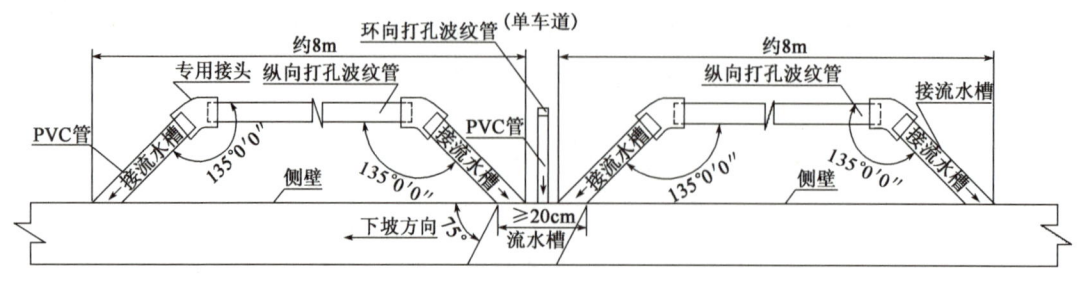

图 2-47 辅助坑道排水管铺设平面示意图

2.11.4 附属洞室设计

隧道内只设大避车洞,不设小避车洞和绝缘梯车洞,大避车洞同侧间距 400m 左右,两侧交错布设。

(1) 通信专业

隧道内通信洞室均应满足一级防水要求,洞口封墙。

隧道内基站机房及光纤直放站机房处均需设置通信设备专用洞室,均位于隧道内面向大里程方向的左侧,需设置防盗门。

隧道内通信机械室(基站、直放站以及 AT 所、分区所通信机械室)、隧道内左右线大避车洞底部应设置光、电缆预留腔,并满足一级防水要求。

(2) 电力专业

全线隧道内变电所空间均在大里程方向右侧设置,共三种类型。

辅助坑道(用作紧急出口、避难所、救援通道)与电缆槽异侧时,需在对侧正对辅助坑道位置左侧设 T 接箱洞室;与电缆槽同侧时就近设 T 接箱洞室。

(3) 牵引变专业

双线隧道在面向大里程方向左侧设置 AT 所、分区所设备洞室,AT 所、分区所端部增设 1 处通信设备洞室。

2.12 黄土隧道施工工法及辅助施工措施设计

2.12.1 施工工法

黄土隧道常用施工工法包括三台阶法、三台阶临时仰拱法、CD 法、双侧壁导坑法等，如图 2-48～图 2-50 所示。

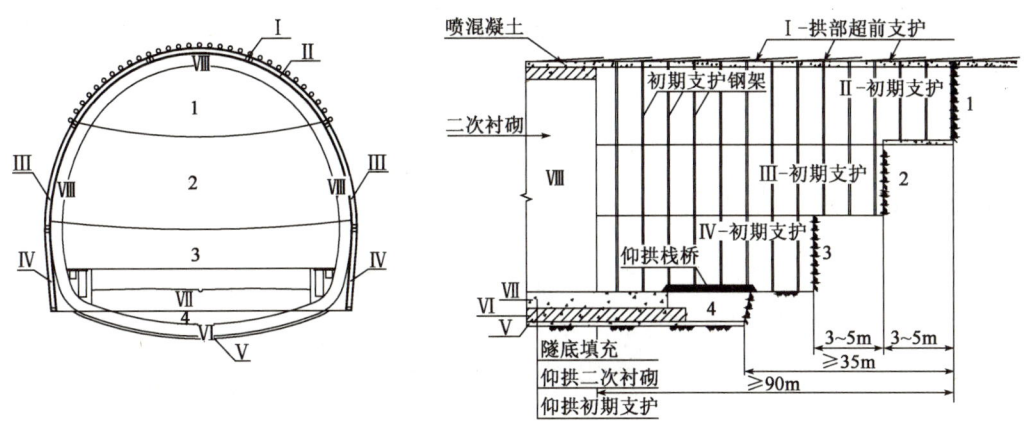

图 2-48 黄土隧道三台阶法施工工序

Ⅰ-利用上一循环架立的钢架施作隧道超前支护；Ⅱ-施作上台阶初期支护；Ⅲ-施作两侧初期支护；Ⅳ-施作下台阶两侧初期支护；Ⅴ-施作仰拱初期支护；Ⅵ-施作仰拱；Ⅶ-仰拱填充；Ⅷ-根据量测结果分析，待初期支护收敛后，利用衬砌模板台车一次性灌注Ⅷ部二次衬砌（拱墙衬砌一次施作）；1-开挖上台阶；2-开挖中台阶；3-下台阶开挖；4-开挖抑拱

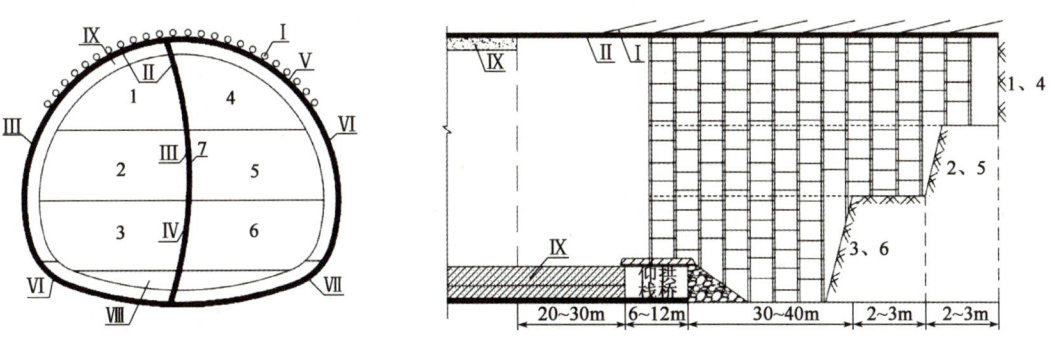

图 2-49 黄土隧道 CD 法施工工序

Ⅰ-超前支护；Ⅱ-左侧上部初期支护；Ⅲ-左侧中部初期支护；Ⅳ-左侧下部初期支护；Ⅴ-右侧上部初期支护；Ⅵ-右侧中部初期支护；Ⅶ-右侧下部初期支护；Ⅷ-仰拱及填充混凝土；Ⅸ-拱墙二次衬砌；1-左侧上部开挖；2-左侧中部开挖；3-左侧下部开挖；4-右侧上部开挖；5-右侧中部开挖；6-右侧下部开挖；7-拆除中隔墙

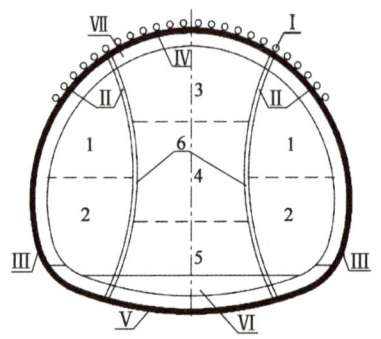 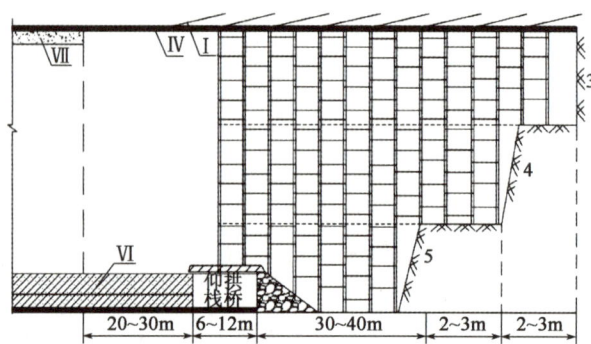

图 2-50 黄土隧道双侧壁导坑法施工工序

Ⅰ-左(右)侧导坑上部开挖;Ⅱ-左(右)侧导上部支护;Ⅲ-左(右)侧导坑下部支护成环;Ⅳ-中槽拱部初期支护与左右Ⅱ闭合;Ⅴ-中槽下部初期支护与左右Ⅲ闭合;Ⅵ-仰拱及填充混凝土;Ⅶ-拱墙二次衬砌;1-超前支护;2-左(右)侧导坑下部开挖;3-中槽拱部开挖;4-中槽中部开挖;5-中槽下部开挖;6-拆除临时支护

2.12.2 辅助施工措施

隧道施工中常用的辅助工法包括导管、管棚超前支护、水平旋喷桩超前支护、径向注浆超前注浆地层加固、钢管桩挤密桩基底加固等,常见各辅助施工措施项目及相关参数见表2-8。

软弱围岩地段预加固措施表 表 2-8

序号	项 目	主要设计参数	适用条件
1	洞口 φ108 超前长管棚	φ108 热轧无缝钢管,壁厚 6mm,环向间距 3 根/m,长 20～40m;外插角 1°～3°,压注水泥浆液;施作范围拱部 120°	隧道进洞段或洞口段地表有重要建筑物、地表沉降要求高的地段
2	φ89 超前短管棚	φ89 热轧无缝钢管,壁厚 5mm,环向间距 3 根/m,长 10m;外插角 7°～11°,纵向搭接长度大于 3m,压注水泥浆液;施作范围拱部 120°	洞身极浅埋段,下穿一般构筑物,自稳能力较差地段
3	φ159 超前长管棚	φ159 热轧无缝钢管,壁厚 7mm,环向间距 3 根/m,长 40～100m;外插角 1°～3°,压注水泥浆液;施作范围拱部 150°;施工中设置管棚工作室或导向墙	穿越地表重要构筑物地段,且对沉降控制较严地段
4	超前小导管	φ42 热轧无缝钢管,壁厚 3.5mm,环向间距 40cm,钢管长 3.5～4m,外插角 10°～15°,搭接长度不小于1m,压注水泥浆液;施作范围拱部 120°	一般黄土段
5	超前密排小导管	φ42 热轧无缝钢管,壁厚 3.5mm,环向间距 20cm,钢管长 3.5～4m,外插角 10°～15°,搭接长度不小于1m,压注水泥浆液;施作范围拱部 120°	砂质地层段
6	超前长短导管	φ60 热轧无缝钢管,壁厚 5mm,长 6m;φ42 热轧无缝钢管,壁厚 3.5mm,长 3.5m;环向间距 40cm,外插角 10°～15°,搭接长度不小于 1.0m,压注水泥浆液;施作范围拱部 120°	土石界面段

续上表

序号	项 目	主要设计参数	适 用 条 件
7	径向注浆	注浆孔按浆液扩散半径 2.0m 设计,梅花形布置,孔口环向间距约 170cm,孔底环向间距约 250cm,纵向间距 2m;压注普通纯水泥浆,注浆压力 1~1.5MPa	当隧道初期支护出现大面积渗漏水、支护结构变形较大或排水对周边环境影响较大地段
8	隧道帷幕注浆	孔口管直径不小于110mm,终孔直径不小于91mm,每循环20m,预留止浆盘 3m,加固范围隧道轮廓线外 3m 范围;压注水泥-水玻璃双液浆	掌子面及周边无法自稳段
9	基底水泥土挤密桩	明挖段水泥土挤密桩桩顶铺设厚0.5m 三七灰土垫层,灰土垫层其压实系数不小于 0.95;挤密桩按梅花形布置,桩间距一般采用 1.0m,挤密孔直径为 0.4m	湿陷性黄土地段以及地基承载力小于 200kPa 的浅埋土质地层
10	钢管桩	ϕ90 钢管,间距 1m×1m,梅花形布置	土石界面附近基底加固
11	超前水平旋喷桩	长度为 15m,桩径 600mm,桩间距 400mm,设计外插角 3°~5°,每循环搭接 3m;内插 ϕ89 钢管进行预加固,钢管环向间距 80cm,长度 15m	隧道穿越风积黄土段

2.13 环境保护与水土保持

1)生态环境的保护

(1)水资源保护

①洞顶有水塘、水库、河沟时,考虑因修建隧道而引起地表水流失等影响居民生活及农田灌溉的可能性。在易造成地表水、地下水缺失的环境中施工时,该地段采取"以堵为主,限量排放"的原则,防堵结合,以减少水源高程的损失。

②施工用水需经处理无污染后方可排放。

③利用地形、地质等有利条件设置蓄水池,将未经污染的水流经沟、槽或专设管路提升,引入蓄水池后供给用户。

(2)植被保护

①隧道洞门的选择按照"早进晚出"的原则,尽量采用零仰坡进洞,以减少隧道洞口边、仰坡的刷方,少破坏或不破坏洞口的植被。洞口开挖坡面配合路堑边坡的防护,选择适宜的树种、草种,达到防护工程、改善路况、绿化环境目的。

②工程竣工时,须休整、恢复受到破坏的植被。

③隧道洞口结构及附属设施考虑当地景致协调,边仰坡防护有条件的采用植草及栽种灌木等措施防护,灌木采用自然式种植。

④施工便道及施工场地布置：

a. 对于施工场地布置考虑事先统筹规划、分期安排，在水资源保护区不得取土、弃土、破坏植被等，且不得设置拌和站、洗车台、充电房和洗砟场等，不得堆放任何含有有害物质的材料。

b. 施工便道设置不得破坏坡脚，以避免造成工程滑坡。

2) 环境污染防治

(1) 水污染防治

隧道施工污水和施工场地生活污水设临时污水处理设施，处理达标后排放。严禁未经处理的污水随意排放，污染水源。

(2) 大气污染防治

施工期间运输车辆和各类燃油工程机械应优先使用低硫汽油或低硫柴油，机动车辆排放的尾气应满足相关标准要求。对运输频率较高、较固定的线路进行洒水降尘处理。

(3) 噪声污染防治

隧道施工噪声来自爆破、空压机、装载机、运输机、混凝土搅拌机、卷扬机、发电机、木工用的截木机、刨木机、锯木机和车、铣、钳、刨等机具。噪声的控制途径一般从三个方面考虑：噪声声源控制、传声途径的控制、接收者的保护。

3) 弃渣处理

(1) 弃渣按满足环保和水土保持的要求进行设计，不对生态环境造成破坏，不污染环境，不造成水土流失。

(2) 弃渣应尽量利用荒坡、荒沟堆弃，少占草地，渣脚设挡墙进行防护，渣顶整平绿化。

(3) 弃渣场设置完善的排水系统，渣顶设置排水沟；位于河滩的渣场，考虑相应的防洪措施。

(4) 施工渣场前应将渣场部位约 0.25m 厚的地表土铲除后集中堆放，待渣顶整平后将其覆盖在上面，供绿化使用。

2.14 小　　结

根据蒙陕段黄土隧道的地质特征，对隧道的洞门形式、超前支护形式、支护结构、防排水及辅助坑道进行了优化设计。

(1) 黄土隧道进洞的超前支护优先采用超前小导管，取消全部采用大管棚进洞的超前支护方案；洞门形式优先采用挡翼墙洞门，以利于洞口边仰坡稳定。

(2) 黄土隧道正洞均取消系统锚杆，全面推广应用四肢主筋 8 字结连接格栅钢架，采用"格栅钢架＋喷射混凝土＋锁脚锚管"初期支护体系，并简化了格栅钢架的规格型号，便于进行工厂化加工。

(3) 取消隧底找平层，Ⅲ级围岩仰拱曲率适当调整，基底软弱围岩地段仰拱加强配筋；Ⅳ级围岩仰拱隔榀封闭成环。为保证二次衬砌仰拱质量，调整仰拱与填充界面，二次衬砌仰拱上部浇筑成平面。

(4)优化确定了隧道防寒保温段落,对排水沟、检查井、排水暗管等排水结构的排水线路设置和防寒保温措施进行了细部优化。

(5)为保证隧道轨下结构整体性,双线隧道不设置中心水沟(管),充分利用侧沟排水能力满足隧道排水需要。原则上隧道纵向施工缝设置一道防水,即采用涂刷2层水泥基渗透结晶型防水涂料防水。防水板措施结合衬砌施工前初期支护地下水状况确定。无水段落取消环向盲管、防水板,仅设置土工布隔离层;渗水但无滴水段落取消防水板,设置土工布隔离层,局部增设排水板,滴水段落按原防水设计施工。

(6)辅助坑道优先采用无轨运输双车道断面;若行车频率低,施工干扰相对较小的辅助坑道选用无轨运输单车道断面或单车道+错车道断面。辅助坑道支护结构采用喷锚支护,底部优先采用底板;洞口段、与正洞交叉口段、新黄土及大面积淋水地段优先采用复合式衬砌。

第3章 黄土隧道施工工艺

隧道开挖后在围岩中应力会重新分布，洞周产生收敛变形，完整性好、强度高的岩石地层最终会调整到新的应力平衡状态；而黄土隧道则不同，尤其是结构性较差的黄土，开挖后围岩一般会随着变形的增大而引起洞室失稳。因此黄土隧道施工中应遵循的基本原则是最大限度地保护黄土的天然结构强度，防止因变形产生裂缝，造成强度损失，必须选择能够有效控制变形的快挖、快支、快封闭成环的开挖方法和支护形式。为此，蒙华铁路积极开展了黄土隧道开挖方法、支护结构钢构件工厂化加工、湿喷机械手喷射混凝土、自行式仰拱长栈桥和沟槽一体机施工、拱墙衬砌浇筑和脱空预警等一系列施工工艺及技术探索，形成了一套大断面黄土隧道施工工艺和配套设备。

3.1 黄土隧道施工工法

3.1.1 黄土隧道施工工法比选

大断面和特大断面黄土隧道通常根据围岩稳定性灵活选择多种分部施工方法，其中较为常用的有三台阶法、三台阶临时仰拱法、三台阶大拱脚临时仰拱法、中隔壁法（CD法）、交叉中隔壁法（CRD法）和双侧壁导坑法等。

其中三台阶法主要应用于Ⅳ级围岩，适用地层为土质较紧密或紧密、围岩稳定性好和沉降一般的老黄土；三台阶临时仰拱法主要应用于Ⅴ级围岩，适用地层为土质较疏松、围岩稳定性较好和沉降较大的新黄土或老黄土；三台阶大拱脚临时仰拱法主要对应Ⅴ级围岩，适用地层为土质较疏松或疏松、围岩稳定性差或沉降较大的新黄土；相比于其他黄土隧道施工方法，三台阶及其衍生的开挖方法具有工期短、造价低和机械化程度高的特点。

CD法主要应用于Ⅴ级围岩，适用地层为围岩稳定性差和沉降大的砂质新黄土浅埋段或砂质老黄土偏压段，具有工期长、造价高和机械化程度低的特点。

CRD法主要应用于Ⅴ级围岩，适用地层为围岩稳定性较差和沉降大的新黄土浅埋段或老黄土浅埋偏压段，具有工期长、造价高和机械化程度低的特点。

双侧壁导坑法主要应用于V级围岩,适用地层为围岩稳定性极差和沉降大的富水饱和新黄土浅埋段或富水饱和老黄土浅埋偏压段,具有工期长、造价较高和机械化程度低的特点。

可见,多分部开挖方法主要基于将大断面隧道分隔成几个小断面(分部)进行施工,施工工序多、对各小断面支护结构连接的工艺要求高,施工进度慢、施工效率低。

例如双侧壁导坑法和CRD法,由于施工中需要架设和拆除大量临时支撑,工序比较多,施工速度比较慢,且各分部施工时容易相互影响;若在土石界面有必要采用爆破时,必须控制药量,避免损坏中隔墙,操作难度大。另外作业空间狭小不利于大型机械施工,降低了施工效率。

如前所述,蒙华铁路蒙陕段隧道围岩大多为黄土、泥岩等软弱围岩,秉持"快挖、快支、快速封闭成环"的施工原则,在确保围岩稳定性的前提下,黄土隧道施工过程中尽量避免使用CD法、CRD法等复杂工法,而以采用三台阶法和三台阶临时仰拱法为主。三台阶法与CD法、CRD法、双侧壁导坑法相比较,具有作业空间大、适用性强、工序简化、工效高等特点,并且可以根据地层变化进行快速转变或更换为三台阶临时仰拱法等。

3.1.2 黄土隧道三台阶法

蒙华铁路黄土隧道Ⅳ、V级围岩地段采用三台阶法开挖,其施工组织按短台阶或微台阶前后错开开挖施工,采用网喷和格栅钢架的初期支护,辅以小导管等超前支护。三台阶法横、纵断面施工工序分别见图3-1a)和图3-1b)。

富水新黄土地段及其他软弱破碎段土质结构比较松散,垂直节理发育,遇水极易软化,围岩变形快,破坏具有突然性,稍有不慎,易造成隧道拱顶及掌子面坍塌。为实现黄土地质条件下隧道大断面机械开挖,必须做到快挖快支,保证初期支护喷射混凝土的早期强度,确保初期支护尽早封闭成环。

缩短台阶长度可以确保初期支护尽早封闭,有效控制变形发展。但本工程实践表明,台阶长度并非越短越好。当台阶长度过短时,施工中多次出现上台阶支护整体大幅下沉或掉拱现象。另外,上台阶可预留核心土以支撑正面掌子面,同时减小上台阶开挖面积,尽早架设格栅钢架,保证上台阶稳定。中、下台阶采用左右错开开挖,造成支护时间延长,加大隧道变形量,改用左右对称开挖后,变形得以减小,且有利于洞内施工组织。

每台阶开挖完成后,立即架设格栅钢架,钢架距掌子面距离不宜大于20cm;仰拱紧跟下台阶钢架安装,采用湿喷机械手快速喷射早强混凝土,顺序自下而上,尽快封闭初期支护,此即"两紧跟"原则。具体施工技术参数见表3-1。

蒙华铁路黄土隧道采用以"快挖、快支、快成环"为核心的三台阶法施工。解决黄土隧道的施工问题,施工中必须突出一个"快"字,即"快挖、快支、快成环"。"快挖"要求开挖作业效率要高,尽量实行机械化作业,人工辅助修边,以防止过大超挖。"快支"要求开挖后及时封闭暴露面,尽快施作初期支护,防止黄土及软岩长时间暴露,尽量减少或避免洞身开挖后拱部松动塌落和边墙剪切破坏。"快成环"则要求支护结构在最短的时间发挥有效的作用;而要做到这一点,必须适度压缩各台阶的长度,做到各工序衔接紧凑,初期支护成环紧跟下台阶,达到自上台阶开挖到隧底初期支护成环的时间最短。施工要贯彻"快"的要求,各项工作、各项工序一定要体现一个"快"字,决不允许中间停工。

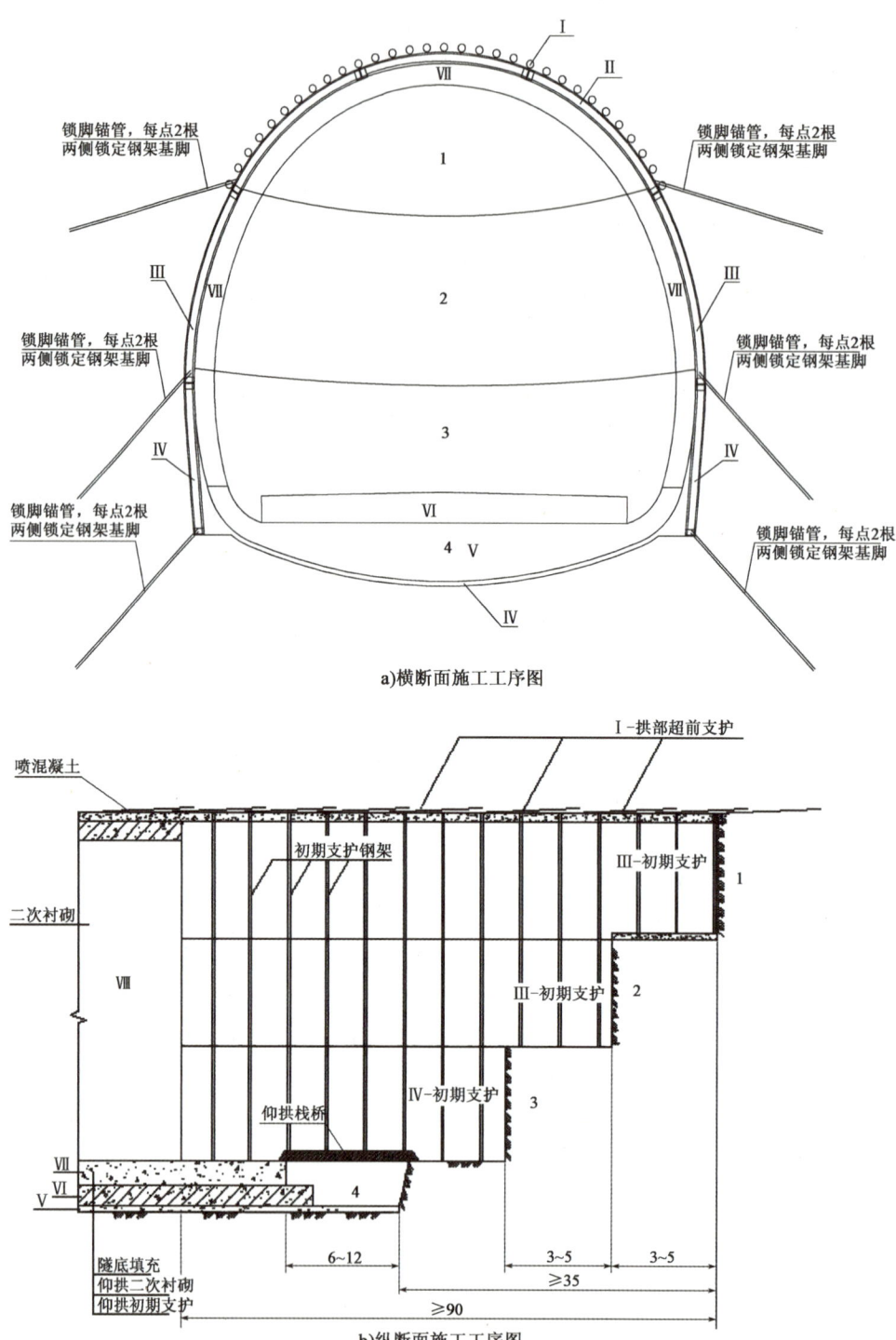

图 3-1 黄土隧道三台阶法施工工序图(尺寸单位:m)

Ⅰ-利用上一循环架立的钢架施作隧道超前支护;Ⅱ-施作上台阶初期支护;Ⅲ-施作两侧初期支护;Ⅳ-施作初期支护;Ⅴ-施作仰拱;Ⅵ-仰拱填充;Ⅶ-根据量测结果分析,待初期支护收敛后,利用衬砌模板台车一次性灌筑Ⅶ部二次衬砌;1-开挖上台阶;2-开挖中台阶;3-开挖下台阶及仰拱;4-仰拱回填土

黄土隧道三台阶法施工参数　　　　表 3-1

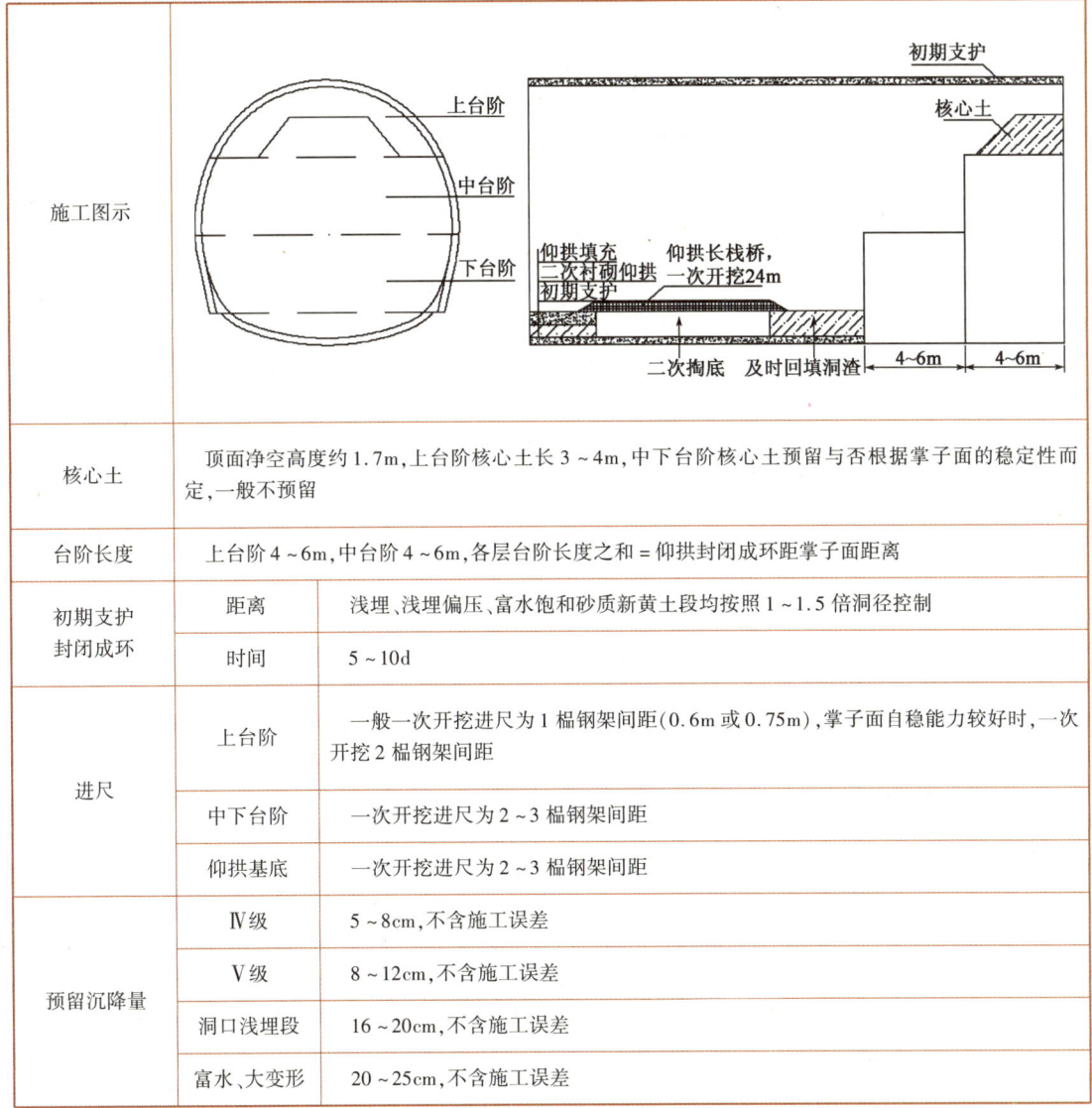

施工图示		
核心土		顶面净空高度约 1.7m，上台阶核心土长 3~4m，中下台阶核心土预留与否根据掌子面的稳定性而定，一般不预留
台阶长度		上台阶 4~6m，中台阶 4~6m，各层台阶长度之和 = 仰拱封闭成环距掌子面距离
初期支护封闭成环	距离	浅埋、浅埋偏压、富水饱和砂质新黄土段均按照 1~1.5 倍洞径控制
	时间	5~10d
进尺	上台阶	一般一次开挖进尺为 1 榀钢架间距(0.6m 或 0.75m)，掌子面自稳能力较好时，一次开挖 2 榀钢架间距
	中下台阶	一次开挖进尺为 2~3 榀钢架间距
	仰拱基底	一次开挖进尺为 2~3 榀钢架间距
预留沉降量	Ⅳ级	5~8cm，不含施工误差
	Ⅴ级	8~12cm，不含施工误差
	洞口浅埋段	16~20cm，不含施工误差
	富水、大变形	20~25cm，不含施工误差

其作业要点如下：

(1)采用台阶长度 4~6m，上台阶预留核心土，核心土两侧同步开挖，中、下台阶依次对称开挖，下台阶与隧底一次开挖成形，采用挖掘机配松土器开挖，人工辅助修边，实现了平行流水作业。与传统三台阶七步法等工法相比，能实现大断面机械快速开挖、湿喷机械手施作初期支护喷混凝土快速封闭围岩，现场综合施工进度达到 45~90m/月，较 CD 法施工进度指标提高 50%~130%。减少人工投入数量，降低工人劳动强度，并避免分部小断面开挖作业条件下各施工工序间的干扰。

(2)强调"两紧跟"：初期支护格栅钢架紧贴掌子面，初期支护紧跟下台阶及时封闭成环，初期支护喷射混凝土采用高效的湿喷机械手作业。可以减少围岩开挖后的暴露时间，有效控制隧道初期支护变形，支护节点连接质量可靠。

(3)初期支护快速封闭成环,纯黄土段封闭成环距掌子面距离一般为 1~1.5 倍洞径,土石分界段一般为 1.5~2 倍洞径;初期支护封闭后及时回填洞渣,以实现连续施工作业。监测表明初期支护封闭后围岩变形达到基本稳定,后期施作的二次衬砌作为安全储备,有利于隧道保持长期稳定。

施工工艺流程见图 3-2。

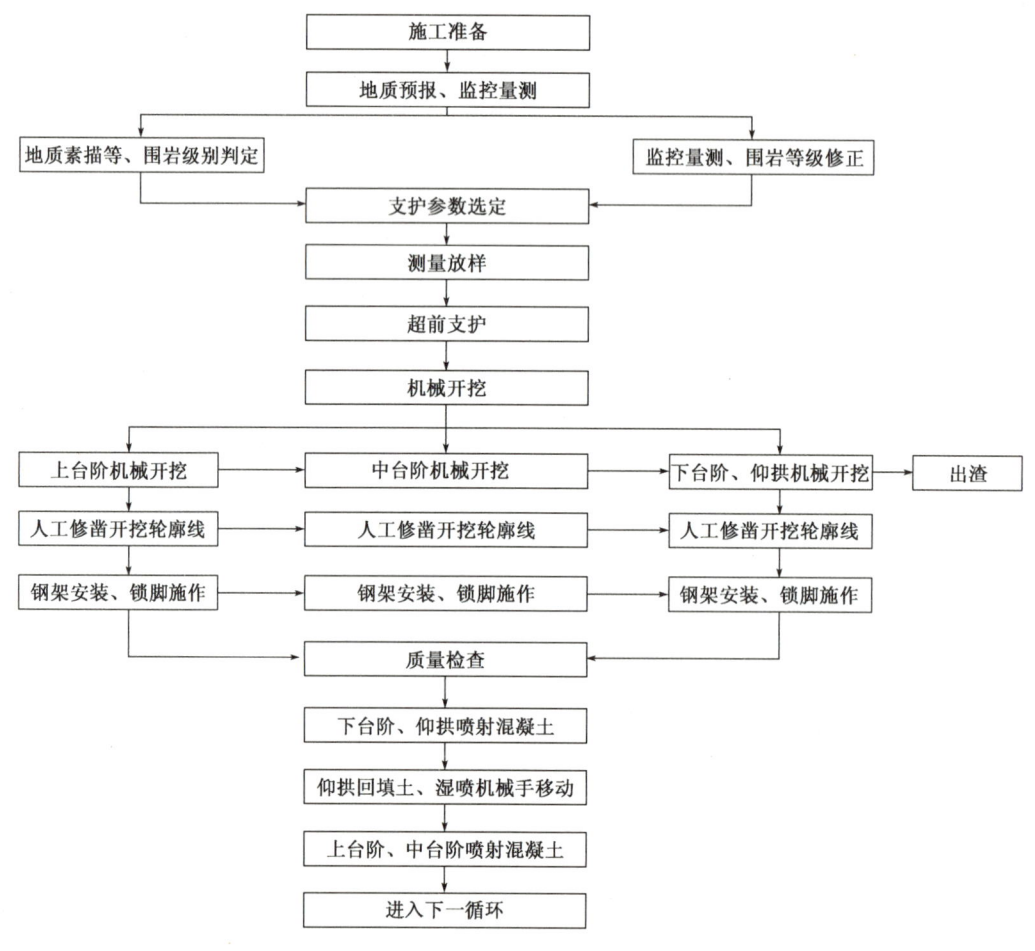

图 3-2　三台阶法施工工艺流程图

3.1.3　黄土隧道三台阶临时仰拱法

蒙华铁路黄土隧道Ⅴ级围岩地段主要采用三台阶法开挖,对于部分特殊地段采用三台阶临时仰拱法开挖,其施工组织按短台阶或微台阶前后错开开挖施工,采用网喷和格栅钢架的初期支护,辅以小导管等超前支护。三台阶临时仰拱法横、纵断面施工工序分别见图 3-3a)和图 3-3b)。

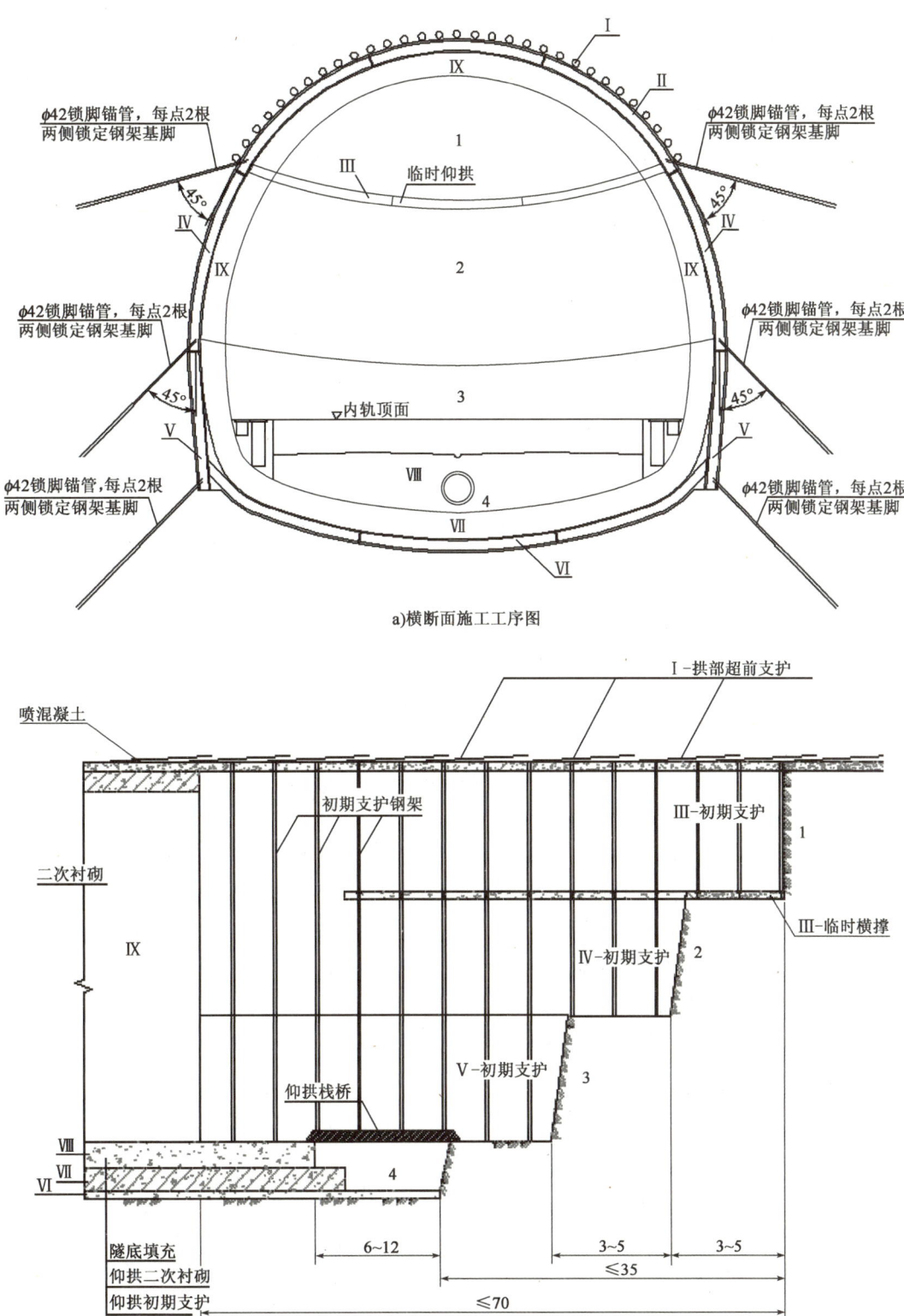

图 3-3　黄土隧道三台阶临时仰拱法施工工序图

施工工艺流程见图3-4。

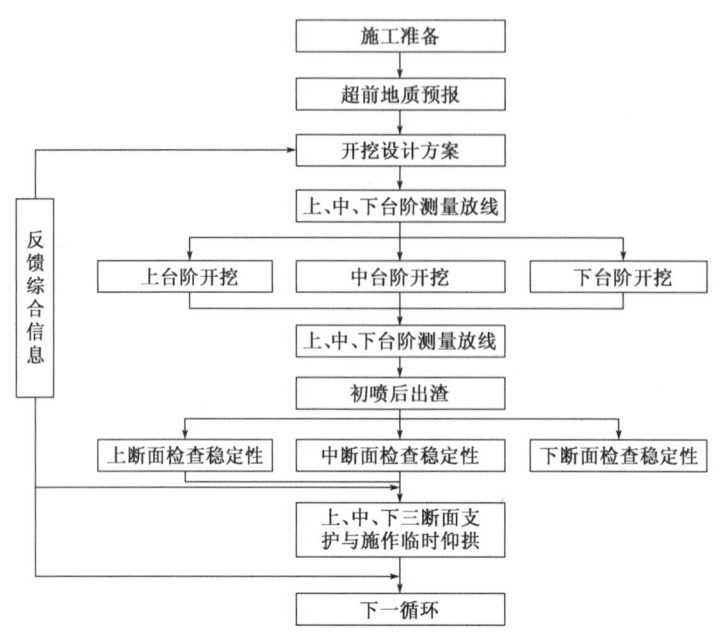

图3-4 三台阶临时仰拱法施工工艺流程图

3.2 支护施工工艺

为保证隧道拱部围岩稳定,确保施工安全,采用的超前预支护措施有:超前小导管、超前长导管、超前密排小导管、短管棚+超前小导管和 $\phi 108$ 或 $\phi 159$ 大管棚等。考虑到保护围岩以及快速施工、快速封闭的需要,超前支护优先选择超前小导管;对于洞口段围岩自稳能力比较差的地段,推荐采用大管棚超前支护形式进洞,以增强超前支护结构的刚度和进洞施工安全性。初期支护包括网喷混凝土、格栅钢架和锁脚锚管等。

3.2.1 $\phi 108$ 或 $\phi 159$ 大管棚

超前小导管施工工艺比较普遍、且较为成熟。此处重点介绍蒙华铁路采用的大管棚超前支护进洞方式。

大管棚超前预支护适用于洞口Ⅴ级围岩,无自稳能力或洞口段地表有重要建筑物的情况。其目的是与钢架组合成预支护系统,防止洞口软弱围岩坍塌,创造进洞条件。隧道洞口表层为黄色黏土时,自稳能力差,为确保安全顺利进洞,洞口拱部120°范围内施作 $\phi 108$ 或 $\phi 159$ 大管棚。

1）平台设置及导向墙施作

在隧道仰坡开挖至拱顶位置时,先标出隧道中心线及拱顶高程,开挖预留核心土,作为施工导向墙和管棚施钻的工作平台。工作平台尺寸根据各个隧道口实际地形情况而定。施作套拱并埋好管棚钻进导向管。

2）钻孔和安装管棚

配备管棚钻机,测量放样出每根管棚钻孔位置,并按顺序从 1 开始依次标号,钻孔时先钻奇数号或偶数号,间隔开钻。

管棚应按设计位置施工,钻机立轴方向必须准确控制,每钻完一孔便顶进一根长钢管。拱部管棚施工前必须架设拱部管棚施工平台,管棚施作时应先钻设有孔钢管,注浆后再钻设无孔钢管。为保证钻孔方向准确,应运用测斜仪量测钢管钻进的偏斜度,$\phi 108$ 管棚外插角 $1°\sim 3°$,$\phi 159$ 管棚外插角 $0°\sim 3°$。

3）注浆

采用注浆泵两侧对称注浆。注浆前应进行现场注浆实验,水泥浆液水灰比$(0.5\sim 2):1$,根据实际情况调整注浆参数。注浆压力初压宜控制在 $0.5\sim 1.0$MPa,终压宜控制在 2.0MPa。注浆过程中随时检查孔口、邻孔、河沟、覆盖较薄部位有无串浆现象,如发现串浆,立即停止注浆或采用间歇式注浆封堵串浆口,注浆完毕后采用 M15 水泥砂浆封堵注浆孔。土质隧道不注浆,管棚只做填充注浆处理。

3.2.2 钢架及网片加工与安装

隧道各部开挖完成后,分单元安装钢架,施作锁脚锚管,纵向连接钢筋,铺挂钢筋网,然后喷射混凝土至设计厚度。蒙华铁路黄土隧道常见的衬砌类别有 $Ⅳ_土$、$Ⅴ_{a土}$、$Ⅴ_{b土}$ 和 $Ⅴ_c$,设计参数见表 3-2。

格栅钢架设计参数 表 3-2

围岩类别	钢架型号	钢架间距(m)	网片钢筋规格	网眼尺寸(cm)
$Ⅳ_土$	全环 H150	1.00	纵$\phi 6$ 环$\phi 8$	20×20
$Ⅴ_{a土}$	全环 H180	0.75	$\phi 8$	20×20
$Ⅴ_{b土}$	全环 H230	0.60	$\phi 8$	20×20
$Ⅴ_c$	全环 H230	0.60	$\phi 8$	20×20

1）钢架和网片加工

钢架分单元加工,一般上台阶及仰拱部位钢架分别按三个单元加工,中台阶及下台阶均按一个单元加工,钢架加工时结合隧道开挖预留变形量进行交底,首件钢架加工完成后进行试拼并修正,以保证后续加工钢架尺寸符合施工要求。

根据不同断面的钢架主筋轮廓放样制作成钢筋弯曲模型胎具。加工好各单元格栅钢架后,组织试拼,检查钢架尺寸及轮廓是否合格,见图 3-5~图 3-8。

2）钢架安装

在集中加工场分单元加工好后,汽车运至洞内分段拼装。各单元钢架在掌子面以螺栓连接,连接板应密贴无间隙,困难情况时,采用钢板或钢筋进行支垫并进行焊接连接。钢架安装在掌子面开挖完成后立即进行,并坚持"两紧跟"原则,即钢架紧跟掌子面,且距掌子面距离不宜大于20cm,否则应增设钢架数量;初期支护仰拱紧跟下台阶钢架同时封闭成环。

图 3-5　格栅钢架加工现场

图 3-6　格栅钢架场内试拼

图 3-7　加工好的格栅钢架

图 3-8　加工好的网片

钢架在全环封闭之前需按要求置于稳固的地基上,安装前应清除各节钢架底脚下的虚渣及杂物,在上、中台阶的基底,采用5cm厚泡沫铝垫板、C25混凝土垫块或木质垫板进行支垫,保证拱脚支垫密实。为避免受围岩应力变化及爆破冲击,钢架拱脚处变形较大,造成拱脚处钢架变形连接困难,铝质垫板、混凝土垫板宜支垫于黄土土质地层,木质垫板宜支垫于石质地层。当下台阶基底强度不足时,采用加设槽钢的办法增强基脚的承载力,如图3-9所示。在上、中台阶拱脚处采用砂垫层防护,减少了后续施工钢架节点混凝土清理难度,既保证了施工质量,也提高了工效,如图3-10所示。

格栅平面应垂直于隧道中线,其倾斜度不大于2°,格栅钢架的任何部位偏离铅垂面不应大于5cm。格栅钢架与定位系筋焊接成整体,定位系筋采用$\phi16$螺纹钢筋,长度1m,环向间距1m布置。垂直环向岩面打入围岩,采用$\phi40$钻头的螺旋钻钻孔,孔内塞入锚固剂进行锚固,定位系筋布置见图3-11;格栅钢架间纵向采用$\phi22$螺纹钢筋连接。采用分部开挖时,应及时将钢架连接成为整体,以提高格栅钢架的整体受力性能。

图 3-9 钢架拱脚混凝土垫板

图 3-10 钢架拱脚砂垫层

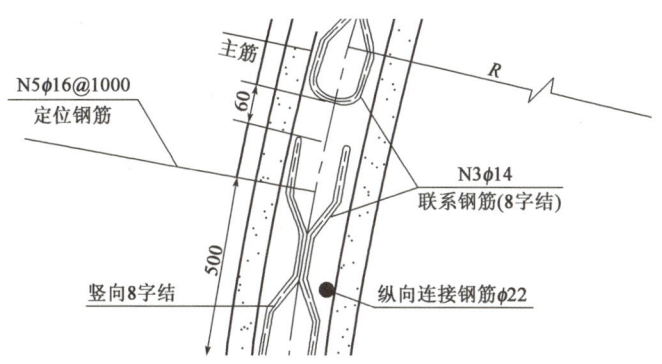
图 3-11 定位系筋布置示意图(尺寸单位:mm)

3.2.3 锁脚锚管

由于隧道采用台阶法开挖,拱部钢架安装后,暂时不能封闭成环,造成初期支护极易出现较大变形。通过锁脚锚管约束钢架拱脚的转动和移动,提高钢架整体稳定性,以防止初期支护出现较大变形。合理的锚管长度和打入角度不仅有利于限制围岩的变形,而且有助于发挥支护结构的承载力。设计在上、中、下台阶拱脚每节点处设置 2 根 $\phi 42$ 小导管(壁厚 5mm,单根长度 4m),外插角 30°~45°,与格栅钢架采用 $\phi 25$ 的 L 形钢筋焊接固定。在围岩软弱段施作时,采取锁脚加倍的措施,在原拱脚每节点处设置相同长度及规格的锁脚锚管 4 根,上下两排布置,排间距不小于 50cm,见图 3-12。

其施工工艺流程为:钻孔→验收孔深→锚管制作及安装→L 形钢筋焊接固定。

(1)钻孔

立架后及时进行锁脚锚管施工,钻孔前先标识出需钻孔的位置,按水平向下倾斜 30°~45°进行钻孔,位置位于拱脚上方 50cm 以内。因作业空间有限,为切实有效保证锁脚锚管钻孔深度及角度,采用"三次钻进法"进行钻孔。依次选用长度为 2m、3m、4m 的钻杆,将钻孔深度按 1.5m、2.5m、4m 的顺序逐步钻进至设计深度。

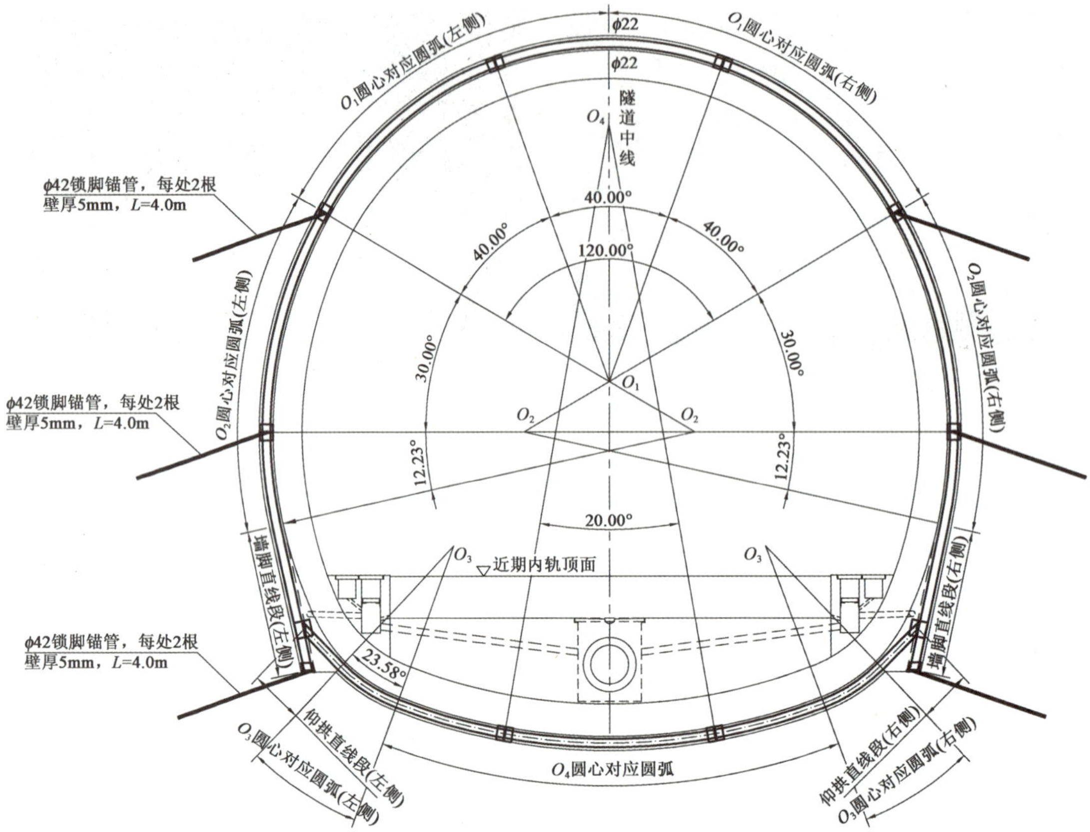

图 3-12 锁脚锚管示意图

（2）锁脚锚管制作及安装

采用 $\phi 42$ 壁厚 5mm 的热轧无缝钢管，上、中、下台阶钢架连接点每处 2 根，分别布置于钢架两侧，安装时用凿岩机接送管器直接将钢管打入孔中。下台阶锁脚锚管采用自制简易平台施工，保证施工角度及质量，见图 3-13、图 3-14。

图 3-13 简易平台施作锁脚锚管

图 3-14 锁脚锚管施工质量

（3）L 形钢筋焊接固定

L 形钢筋采用 $\phi 25$ 的螺纹钢筋，搭接方式采用单面焊接，搭接长度不小于 $10d$（d 为钢筋直径）。

3.2.4 喷射混凝土

1) 主要设备配置

现场主要采用中国铁建重工集团有限公司(下称"铁建重工")HPS3016 型和中铁岩锋成都科技有限公司(下称"中铁岩锋")TKJ-20 型湿喷机械手(详见第 11 章)。

为了保证湿喷机械手的操作空间,上台阶高度设为 4m。对于预留核心土的台阶,在喷射混凝土前进行挖除或局部修整,以确保湿喷机械手有足够的正常作业空间。

2) 施工准备

(1) 复核开挖断面:检查开挖断面净空尺寸是否满足设计要求。

(2) 设置厚度控制标:埋设控制喷射混凝土厚度的标志,现场利用设计的定位钢筋头作为控制喷射混凝土厚度的标志,如图 3-15 所示。

(3) 平整场地:采用挖掘机对初期支护仰拱临时回填面进行平整,确保混凝土喷射台车在稳定、平整的场地上完成支腿工作。

(4) 通风及照明:保证作业区内具有良好通风和照明条件。

(5) 电源接入:检查相关设备及接入的电力线路(湿喷机械手接入电源为 380V)。

(6) 设备调试:检查设备电力线路、液压、气压系统等正常后,启动设备,先少量打入速凝剂试喷,确认液体速凝剂管路畅通。

(7) 喷射基面处理:采用湿喷机械手高压风冲洗受喷面上的浮尘、岩屑。如果受喷面有小股水或裂隙渗漏水,采用土工布包裹 $\phi50$ 盲管引排至排水沟;如有大量积水,采用积水坑集中汇水后用潜水泵排至排水沟;如开挖面有大量渗水,应在施工前进行超前注浆堵水处理。

(8) 环境温度保证:现场保证喷射混凝土作业的环境温度不得低于 5℃,必要时采用暖风机或搭设暖棚进行保温。

3) 湿喷混凝土作业

(1) 初喷

沿隧道开挖断面从一侧拱脚开始喷射,经过拱部直至另一侧拱脚结束,如图 3-16 所示。首次喷射时喷射厚度应控制在边墙 10~15cm,拱部 5~10cm。待混凝土初凝后,按照自下而上的顺序进行复喷。仰拱在喷射时应先喷射中间后喷射两边,中间喷射厚度应大于两边厚度。

图 3-15 埋设喷射混凝土厚度标志

图 3-16 混凝土喷射作业中

(2)复喷

边墙复喷时在第一次初喷基础上直接喷射至设计厚度。拱部每次喷射厚度应控制在 4～5cm,每次喷射间隔 5～10min,这样可以大幅减少回弹量。喷射过程中喷嘴与受喷面间距宜为 1.0～1.5m,喷嘴喷射过程中作连续、缓慢的横向或环向移动。若受喷面被钢架、钢筋网遮挡时,根据具体情况变换喷嘴的喷射角度和与受喷面的距离,将钢架、钢筋网背后喷填密实。

在喷边墙下部(台阶法施工上半断面拱脚)及仰拱时,需将上半断面喷射时的回弹物清理干净,防止将回弹物卷入下部喷层中形成"蜂窝",使初期支护混凝土强度降低。

喷射过程中如遇到受喷面有裂隙渗漏水时,应先喷射无水处,逐渐喷射覆盖至有渗水处,在喷射渗水处时速凝剂使用量可在标准用量的基础上增加 0.5%～2.0% 的掺量,总掺量不得超过水泥用量的 6.0%。

(3)混凝土的养护

喷射混凝土后应立即进行潮湿性养护,一般养护不少于 14d 或养护至隧道拱墙衬砌混凝土施工。喷射混凝土作业的环境温度不得低于 5℃。

4)异常情况的处理措施

(1)超挖过大处理

当出现局部超挖(≤50cm)时,应在喷射过程中分层布设钢筋网片,分层喷射混凝土回填;当出现局部超挖(>50cm)时,应采用埋设注浆管,待喷射混凝土达到 10MPa 后及时注浆填充或泵送 C20 混凝土填充。

(2)其他常见问题处理

常见的设备故障主要有:高压油管爆裂、喷头爆裂及堵管等。可通过及时更换备用易损件快速处理,施工作业前应加强检查。

出现堵管的原因主要有混凝土坍落度偏小、原材料中混入了其他粒径的石料、喷射待料时间间隔过长(大于 40min)、设备故障等。当出现混凝土堵管时,应通过目测和敲击检查确定堵管部位,一般情况下四臂处的软管和底盘处软管容易堵塞,根据检查结果快速处理。

5)质量控制措施

(1)喷射混凝土厚度检测

在施工过程中随时采集断面数据,通过喷射混凝土开始前及结束后断面测量对比以及钻芯取样检测喷射厚度,如图 3-17、图 3-18 所示。

图 3-17 初期支护断面尺寸检查

图 3-18 现场初期支护取芯检查

喷射混凝土的厚度应符合现行《铁路隧道工程施工质量验收标准》(TB 10417)的相关规定,平均厚度大于设计厚度;检查点数的 60% 及以上大于设计厚度;最小厚度不小于设计厚度的 1/2,且不小于 3cm。每一作业循环检查一个断面,每个断面应从拱顶起,每间隔 2m 布设一个检查点检查喷射混凝土的厚度。

(2)喷射混凝土密实度检测

初期支护喷射混凝土背后与围岩之间存在空洞时,会导致围岩松弛,使支护结构产生弯曲应力,从而损伤支护结构的功能,降低其承载力,极大地影响隧道的安全使用。由于初期支护内部和背后的状态是隐蔽的,在现场实践中采用方便快捷的地质雷达连续检测法和效果直观的局部钻芯取样法对初期支护喷射混凝土进行密实度缺陷检测,随时掌握初期支护喷射混凝土质量,以便施工过程中随时调整施工参数和处理措施及时改进施工质量(图 3-19)。

地质雷达法进行质量检测时,采用纵向布线,共布设 7 条测线,分别是隧道拱顶、左右侧拱腰、左右侧边墙和隧底左右侧线路中线;若发现不合格地段时应加密布设。纵向测线每 5m 设置一个里程标,质量检测频率为 100%。地质雷达的数据处理与解释必须使用正式认证或经鉴定合格的软件;当信号幅度较弱,甚至没有界面反射信号时,可判定喷射混凝土为密实。

(3)喷射混凝土强度检测

采用射钉法检测喷射混凝土 1d 抗压强度(图 3-20),检测方法为每一作业循环或每工作班检测一次,每次应检测 3 个测区。

图 3-19 初期支护断面地质雷达扫描检测

图 3-20 射钉法检测 1d 强度

3.3 防排水施工工艺

隧道防排水采取"防、排、截、堵结合,因地制宜、综合治理"的原则。对排水可能影响生态环境或居民生产生活用水的隧道段,根据实际情况采用"以堵为主、限量排放"的原则,采取切实可靠的设计、施工措施,保障结构物和设备不受渗漏水影响,保障行车安全;对地表水和地下水做妥善处理,洞内外形成一个完整的防排水系统。

在富水处开挖前,采用超前注浆或帷幕注浆的方法进行堵水;开挖后,在渗水严重处采用注浆堵水和排水管引入排水沟的办法减小渗水量;剩余的少量渗水在二次衬砌前安装各种排水盲管保证排水系统通畅;施工拱墙衬砌时采用洞内防水板吊挂台架无钉孔铺设,接缝采用橡胶止水带止水,防止地下水渗入拱墙衬砌内形成漏水,二次衬砌采用抗渗混凝土,抗渗等级不低于 P8。

1)排水盲沟

盲管采用双壁打孔波纹管,外裹无纺布加工而成。环向盲管每 8m 设置一环,地下水发育段环向盲管加密或成束设置,直接按 90°弯入排水侧沟。纵向盲管设置双侧墙角,位于水沟底上方 30cm 处,每隔 8~12m 设边墙进水孔一处,在每环衬砌施工缝附近直接按 90°弯入排水侧沟;泄水管的出口应离开水沟内壁一定距离,不得紧贴沟壁表面。

2)防水层施工

在隧道初期支护与二次衬砌之间铺设 EVA 防水板(厚度≥1.5mm),防水板与土工布结合使用,土工布厚度大于 3mm,质量不小于 350g/m²。为确保防水层施工质量,采用无钉孔铺设工艺施工。防水板施工工艺流程见图 3-21。

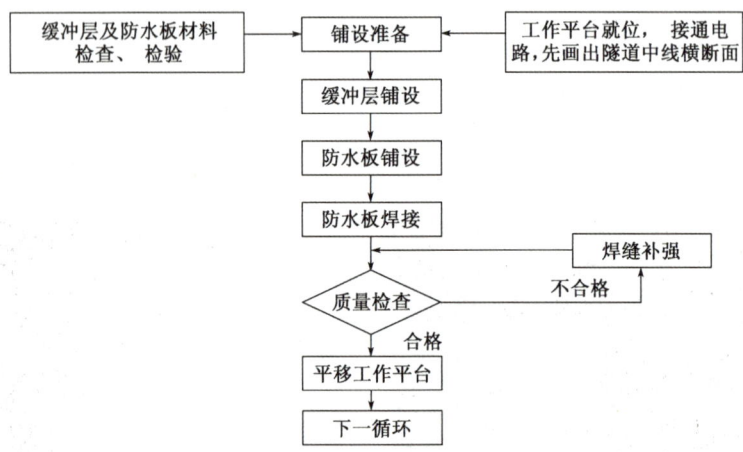

图 3-21 防水层施工工艺流程图

(1)铺设准备

在洞外检查、检验缓冲层材料及防水板质量,其材料标准应符合防水板技术条件。幅宽一般为 2~4m,厚度不小于 1.5mm,耐刺穿性、柔性、耐久性好且应符合设计要求。

用特种铅笔划焊接线、拱顶中线,并按每循环设计长度截取,对称卷起备用;洞内在铺设基面标出拱顶中线,画出隧道中线第一环及垂直隧道中线的横断面线。

(2)缓冲层铺设

铺设土工布首先用简易作业台车将单幅土工布固定到预定位置,然后用专用热熔衬垫及水泥射钉将土工布固定在初期支护基面上。固定点间距:一般拱顶为 0.5~0.8m,拱腰为 0.8~1.0m,边墙为 1~1.5m,呈梅花形排列,并左右、上下成行固定。土工布铺设要松紧适度,使之浇筑混凝土后能紧贴初期支护表面,不致因浇筑混凝土时过紧而撕裂。

(3)防水板铺设

铺设防水板采用专用台车从拱部向两侧边墙悬挂进行,下部防水板必须压上部防水板,松紧应适当并留有余量(一般实铺长度与喷射混凝土面弧长的比值为 1.1~1.2),保证防水板全部面积均能抵到围岩。然后用超声波焊机(图3-22)将防水板焊接在固定土工布的热熔衬垫上。热熔焊点见图3-23。无钉孔铺设防水板固定方法见图3-24。

图3-22　超声波焊机

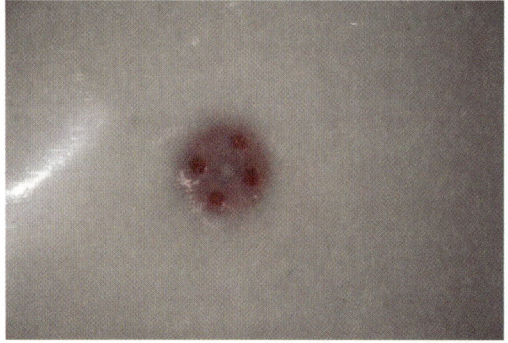

图3-23　热熔焊点

防水板间的焊接用自动双缝热熔焊接机(图3-25)。单条焊缝的有效焊缝宽度不小于15mm,两焊缝间距不小于15cm,分段铺设的防水板边缘部位应预留至少60cm的搭接余量,并对预留部位进行有效的保护。防水板的搭接缝应与施工缝错开1.0~2.0m。

防水板铺设后应进行质量检查。检查防水板有无漏焊、假焊、烧焦和焊穿,焊缝的宽度是否均匀连续,表面是否光滑,有无波形断面。焊缝质量应采用充气法检查。找出漏气部位,用手动热熔器焊接修补后再次检测,直到完全不漏气为止(图3-26)。

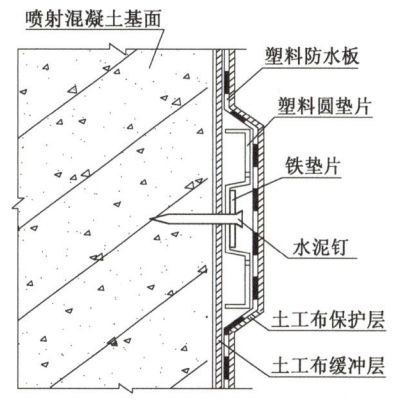

图3-24　无钉孔铺设防水板施工方法示意图

图3-25　热熔焊机

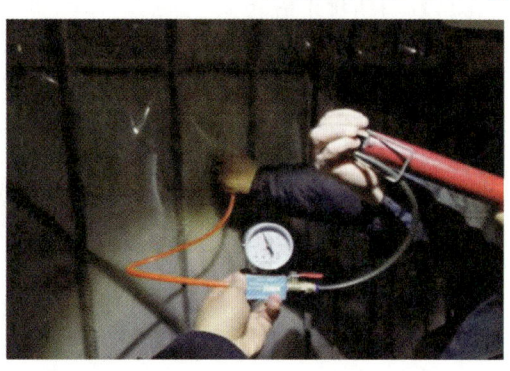

图3-26　防水板气密性试验

附属洞室处铺设防水板时,先按照附属洞室的大小和形状加工防水板,并与边墙防水板焊接成一个整体。

(4)防水板的保护

在铺设时,任何材料、工具应尽量远离已铺设好的地段堆放。不得穿带钉子的鞋在防水层上走动。对现场施工人员加强防水层保护教育,严禁破坏。

在未设保护层处(如拱顶、侧墙)进行其他作业时不得破坏防水层。采用钢筋混凝土衬砌时,要对钢筋端部进行防护,避免损伤防水板。拱墙衬砌铺设防水板后严禁进行焊接作业,特殊情况确需进行钢筋焊接作业时,防水板要用阻燃材料进行覆盖,避免焊火花损伤防水板,现场应配备一定数量的灭火器。在浇筑拱墙衬砌混凝土时,振捣棒不得接触防水层,浇筑时应有专人观察,发现损伤立即修补,同时在混凝土输送泵出口设置防护板,防止混凝土直接冲击防水板。拱墙衬砌中埋设的管料与防水板间距不小于5cm,以防止损坏防水板。

3)结构缝防水

(1)纵向施工缝

凿除纵向施工缝表面(如矮边墙顶面等)的水泥砂浆和松软层,露出的新鲜混凝土面积不低于总面积的75%,采用高压水冲洗干净,并清除积水;采用涂刷2层水泥基渗透结晶型防水涂料防水。

(2)环向施工缝

环向施工缝(含仰拱)设中埋式橡胶止水带+背贴式橡胶止水带防水,仰拱环向施工缝中间,在两层止水带之间增设可维护注浆管。

施工中采用钢筋卡或扁钢对止水带进行定位,避免其在混凝土浇筑过程中发生移位。浇筑混凝土时注意避免混凝土中的尖角石子和锐利的钢筋刺破止水带。止水带全环施作,除材料长度原因外只允许有左右两侧边上两个接头,接头搭接长度不小于10cm,粘接缝长度不小于5cm,采用热硫化工艺粘接。

(3)变形缝防水

隧道基底软硬不均处、明暗分界处,变形缝宽度20mm,变形缝采用中埋式钢边止水带+背贴式橡胶止水带,变形缝内缘以双组分聚硫密封胶封堵,其余空隙采用聚乙烯泡沫板嵌缝密实。

(4)其他防排水方式

隧道设置双侧水沟,距离洞口500m范围内采用保温水沟,主要用于汇集衬砌背后的积水,引排到洞外。

在隧道衬砌背后进行回填注浆,使初期支护和二次衬砌密贴而共同受力,同时达到填塞由于混凝土不密实或开裂形成的缝隙,封堵地下水的来源以起到防水作用。

3.4 二次衬砌施工工艺

3.4.1 二次衬砌仰拱施工工艺

二次衬砌仰拱施工采用自行式仰拱长栈桥,设备见"11.3节自行式仰拱长栈桥应用分析",二次衬砌仰拱施工工艺流程为:仰拱开挖、自行式仰拱长栈桥就位及清底→断面检测→初期支护边墙基面处理→铺设土工布、防水板及纵向盲管→钢筋绑扎安装→止水带及可维护注浆管安装→模板安装→混凝土浇筑→模板拆除和养护。

(1)仰拱开挖、自行式仰拱长栈桥就位及清底

机械开挖为主,人工配合清底;根据施工需要,操作自行式仰拱长栈桥就位;由上至下用高压风、水冲洗将基底清理干净;基底积水时,在基底较低处或仰拱端头靠近掌子面侧设积水坑及时抽排积水;清底过程中对上板二次衬砌仰拱施工缝位置进行凿毛处理,再用压力风、水吹洗干净。

(2)断面检测

采用全站仪及水准仪等测量设备,对仰拱底轮廓断面进行测量,每5m检测一个断面,当基底目测高低偏差较大时,应对偏差较大的断面进行检测,如存在侵限现象,则进行凿除处理或更换基底钢架。

(3)初期支护边墙基面处理

铺设土工布前对小边墙初期支护基面用砂浆抹面的方法进行找平处理,处理后的基面应使凹坑深宽比控制在1:10以内,若出现较大的尖锐石子等硬物,可凿除干净或用1:2.5的水泥砂浆覆盖处理,避免浇筑混凝土时刺破防水板。

(4)铺设土工布、防水板及环、纵向盲管

土工布用热熔衬垫及水泥射钉固定在初期支护基面上;防水板纵向铺设时,铺设高度较土工布低50cm,见图3-27。

图3-27 防水板铺设

在土工布内侧设置环向盲管,纵向间距按4~5m计,地下水发育地段环向盲管间距应适当加密。纵向排水盲管应顺直布置并与初期支护表面紧贴,每板仰拱预留2个泄水孔,泄水孔在环向施工缝前后不小于50cm位置埋设,当初期支护渗水量较大时可增加泄水孔数量,纵向盲管布置时设2%纵坡,方便水流流出,排水盲管应用土工布包裹,阻止泥沙封堵盲管管身的排水孔,在小边墙防水板下端将纵向盲管反包固定。

(5)钢筋绑扎安装

钢筋下料时,考虑二次衬砌净空加大5cm的因素,主筋下料长度适当加长。钢筋绑扎前,用测量仪器在初期支护仰拱面纵向4m一个断面,环向2m放样测点,布设二次衬砌仰拱定位钢筋,在定位钢筋上标出底层和顶层钢筋位置,根据标记安装纵向钢筋,在纵向钢筋上按照设计标出每根主筋位置。为确保保护层及钢筋间距,在绑扎过程中需使用钢筋定位卡,见图3-28~图3-30。

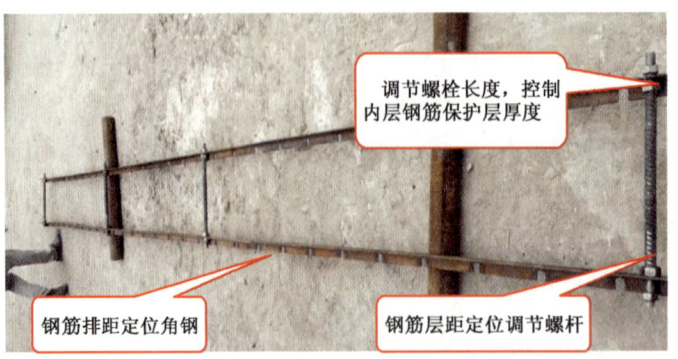

图 3-28　二次衬砌仰拱钢筋卡具

图 3-29　钢筋卡具现场应用效果图

图 3-30　钢筋安装施工

主筋环向连接接头一侧采用套筒机械连接,另一侧绑扎连接,采用直螺纹套筒连接,要求螺纹头部打磨平齐,螺纹扣上满(外露不超过 2 个螺纹扣),且两钢筋头顶端顶紧;绑扎接头时要求搭接长度不小于 $40d$ (d 为钢筋直径),分两端和中间用三道扎丝绑扎;同一连接区(套筒连接时 $35d$,绑扎时 $55d$)同一根钢筋不允许有两个接头,搭接头面积不大于 50%;接头部位应错开施工缝位置。

(6) 止水带及可维护注浆管安装

在二次衬砌仰拱端头环向施工缝处埋设背贴式橡胶止水带、中埋式橡胶止水带及可维护注浆管。安装前在施工缝位置铺设宽度 30cm 的砂浆找平层,找平层轮廓与设计轮廓线相符,在找平层表面铺设背贴式止水带;安装专用钢制弧形堵头板,安装中埋式止水带。将止水带连接面打磨平整后,采用 YH-8030-Ⅱ 止水带焊接机进行止水带热熔硫化焊接。

(7) 模板安装

在矮边墙、填充层侧面及仰拱填充端头设置模板,模板采用定型小钢模拼装,支撑于马镫筋上,马镫筋安装前先测量放样挂线,确保马镫筋布置呈直线形,以保证模板底高程准确;仰拱端头模板在线路的法线方向上测量放样 2 个点位挂线校核端模线形,避免端模偏位;小边墙模板安装时随衬砌台车加大 5cm,边墙纵向施工缝设置在内轨顶面下 30cm 的位置。

模板安装前核实是否存在预埋过轨管或其他预埋件,如有,则根据设计要求放样位置进行过轨管及预埋件安装。模板安装完成后测量复核模板的平面位置、高程是否偏位,并堵塞模板缝隙,对模板进行支撑加固,最后用红色油漆标记混凝土浇筑高度。

(8) 混凝土浇筑

混凝土在拌和站集中搅拌,罐车运输至现场,滑槽入模。混凝土浇筑前保证基底无积水,浇筑时由下至上分层、分段浇筑,分层厚度为 30~50cm,分段长度小于 6m,依次推进,采用溜槽辅助送料;混凝土分层浇筑应连续进行,要保证下层混凝土初凝前上层混凝土浇筑完成(图 3-31)。

 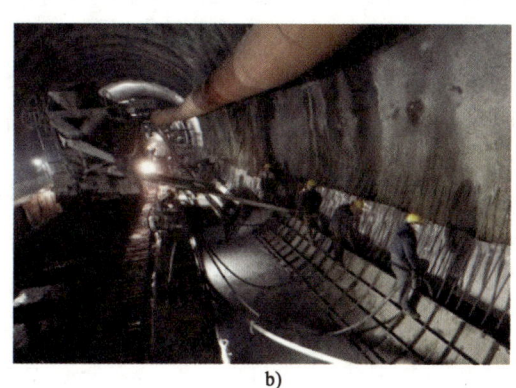

a) b)

图 3-31 二次衬砌仰拱混凝土浇筑

为保证上下层混凝土结合良好,振捣棒插入下层混凝土 5cm。一般每点振捣时间为 20~30s,以混凝土表面呈水平不再显著下沉,不再出现气泡,表面泛出灰浆为准。二次衬砌仰拱及小边墙一次浇筑成形。

二次衬砌仰拱浇筑完成 6h 后,安装仰拱填充边模板,并测量模板高程及标记记号,用于控制仰拱混凝土顶面高程,每 12m 长仰拱高程控制断面不少于 3 个。混凝土顶面高程及平整度应采用 3~4m 长刮板人工整平。

混凝土浇筑完成后应进行两次收面工作,第 1 次在混凝土浇筑完成后采用木抹子进行初次收面,第 2 次在混凝土终凝前(或混凝土浇筑完成 3h 后)用铁抹子进行二次压光收面,防止混凝土表面开裂。

(9)模板拆除和养护

混凝土浇筑完成 24h 后,且强度不低于 2.5MPa 方可拆除模板。洒水保湿养护,养护要持续 7d,养护期间保持混凝土表面湿润状态,以保证混凝土强度满足设计要求。

3.4.2 拱墙衬砌施工工艺

在围岩和初期支护变形基本稳定后,及时施作拱墙衬砌,围岩变形过大或初期支护变形不收敛,又难以及时补强时,可提前施作拱墙衬砌,但拱墙衬砌应加强。变形基本稳定时应符合下列条件:

(1)隧道水平净空变化速度及拱顶或底板垂直位移速度明显下降。

(2)水平收敛连续 7d 平均值小于 0.2mm/d,拱顶下沉收敛速度小于 0.15mm/d。

(3)施做拱墙衬砌前的累计位移值,已达总相对位移值的 90% 以上。

(4)初期支护表面裂隙不再继续发展。

拱墙衬砌施工采取衬砌台车模筑混凝土,水平分层、逐窗入料浇筑工艺,浇筑拱顶混凝土时进行多孔冲顶,并采取脱空预警装置及带模注浆施工工艺,混凝土采用雾炮养护。

1)初期支护断面检测

采用全站仪或断面仪,对拱墙初期支护廓断面进行测量,每 5m 检测一个断面,检查是否存在侵限现象,对出现侵限点位或区域必须进行凿除处理。

2)止水带施工

衬砌环向中埋式止水带采用定型的钢端模固定,被称为挡头板。该钢端模采用"合页"结构设计,分为上下 A1、A2 两部分,A1 为靠近衬砌轮廓线部分,A2 为靠近初期支护轮廓线部分。A1 端头模板采用螺栓连接于衬砌台车侧板边沿,宽度至中埋式止水带位置。A1 与 A2 之间用螺栓连接,实现"合页"结构,满足可开启、关闭功能。A2 与初期支护面间隙采用木模封堵,并采用钢管及斜撑对端头模板进行整体加固,如图 3-32 所示。

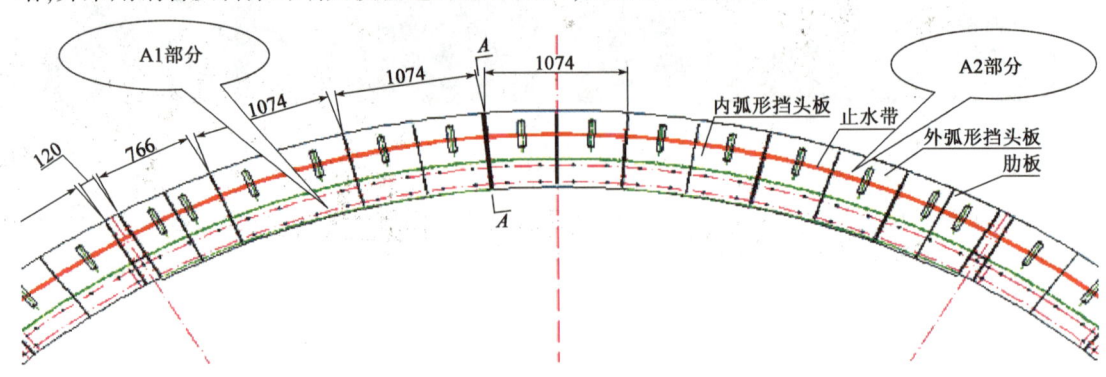

图 3-32 挡头板正面图(尺寸单位:mm)

将止水带连接面打磨平整后,采用 YH-8030-Ⅱ止水带焊接机进行止水带热熔硫化焊接,如图 3-33~图 3-36 所示。

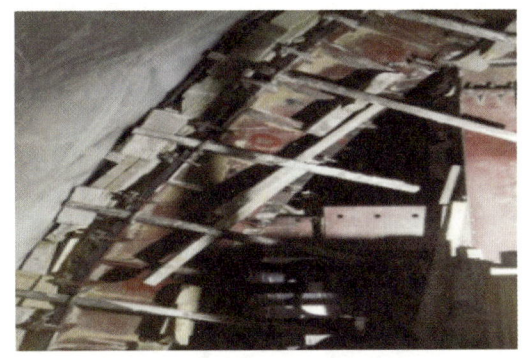

图 3-33 中埋式止水带夹固实体(一)

图 3-34 中埋式止水带夹固实体(二)

图 3-35 止水带搭接面打磨

图 3-36 热熔机止水带焊接

3) 钢筋施工

加工完成的钢筋运至洞内→作业台架到位→安装外侧主筋→安装外侧纵向连接钢筋(调整主筋间距)→安装内侧主筋→安装内侧纵向连接钢筋(调整主筋间距)→安装箍筋→质量检查。

钢筋用专用台车进行安装,安装前用全站仪放样衬砌钢筋内外层环向钢筋轮廓线及定位筋,每板衬砌(12m)放样 3 个断面,每个断面环向间距 2.5m 布置径向定位钢筋,径向定位筋与环向钢筋点焊连接,再通过纵向钢筋将 3 个断面环向、定位筋连接形成衬砌钢筋轮廓控制线,以此为基准,安装剩余拱墙衬砌钢筋,保证拱墙钢筋安装准确性及保护层厚度(图 3-37)。

拱墙环向钢筋与仰拱预留钢筋连接采用螺纹套筒与绑扎连接,钢筋一端头与仰拱钢筋用正反螺纹套筒连接,另一端头采用绑扎连接。在内层钢筋网安装混凝土保护层垫块,垫块混凝土强度等级与衬砌混凝土相同。

衬砌台车就位前,清理小边墙混凝土顶面杂物体,对矮边墙顶面混凝土进行凿毛,用高压风吹扫,并用高压水清洗干净,涂刷水泥结晶防水涂料。

4) 脱空预警安装

(1) 工作原理

利用水泥浆液体导电工作原理,辅助配置相关装置(液位传感器等)。当衬砌混凝土浇筑至拱顶最高点时,混凝土中水泥浆为带水导电材料,最高点电极与衬砌台车电极接通,液位继电器工作,控制继电器线圈使声光报警器报警,从而提醒作业人员和技术(质检)员,判定混凝土浇筑结束。

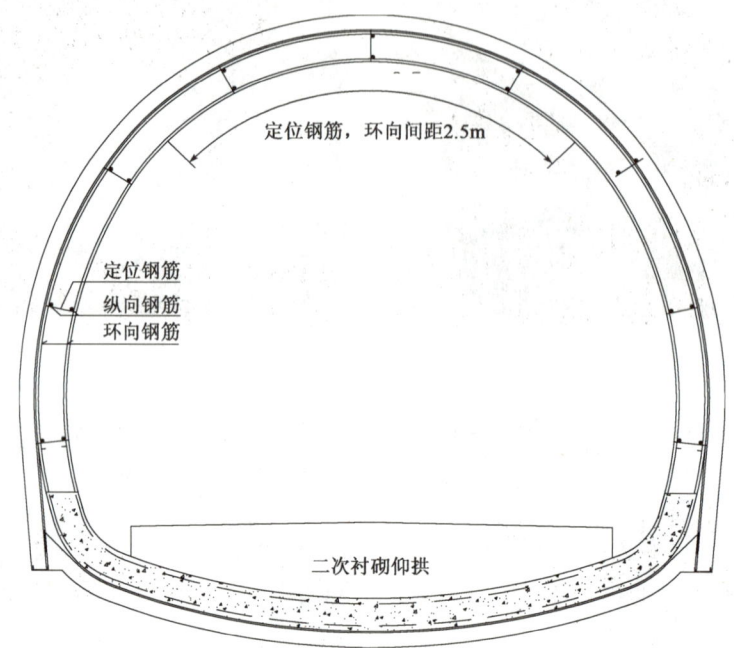

图 3-37　拱墙衬砌钢筋布置图

(2)工艺流程

①根据拱顶初期支护面的平整度情况依序选定最高点并记录(根据拱顶初期支护面平整度情况选取 5 点)。

②利用拱顶中心外层衬砌纵向钢筋布设 5 根导线(均为同极电极,选取正极),导线与纵向钢筋用胶带每米绑扎一次,导线延伸至一处预警点位时将导线端头用胶带固定在防水板面上,防水板与初期支护面要密贴,导线端头预留 2cm 长外露金属线便于导电接触良好性,依次完成剩余 4 根导线预警点端头安装。

③防水板顶 5 个预警点导线接触端头布置完成后,测试导电预警系统是否接触良好。衬砌台车作为预警系统接电极负级,取一节 20m 长导线连通防水板顶预警点接触导线端头与台车,并接通电源,如预警系统发出声光警报,则说明导线布置接触完好有效,依次检测 5 个点位预警接触良好性,见图 3-38。

(3)施工要点

①根据断面实际情况确定出 5 个拱顶的电极安装点,安装电极时切忌和钢筋接触。

②探头安装可采用透明胶带直接贴在防水板上,探头外露,通过连接线引出。

③混凝土冲顶浇筑前,控制箱下排绿色未满指示灯常亮显示;混凝土冲顶过程中,混凝土到达拱顶触发连通后,下排绿色指示灯熄灭,上排警灯响起,红色注满指示灯逐渐亮起。

④配电箱面板上一共为 5 组,每个警报器代表一组探测点。当警报器鸣闪、指示灯亮时仅代表该点浇筑到位。

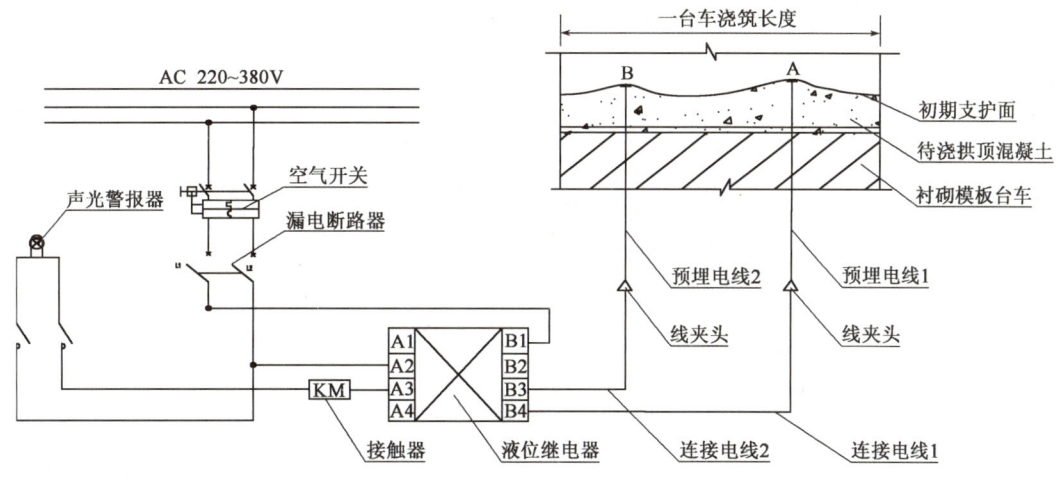

图 3-38　监测器电器线路图

⑤脱空预警装置采用 36V 安全电压,确保施工安全。

⑥检查复位装置的可靠性,避免作业人员误操作等原因使两电极相接触,此时可以按复位开关进行复位,避免给工作人员造成误判。

⑦配电箱进电为 220V 交流电压,开箱切忌上电。

⑧加强洞内有害气体监测,确保有害气体浓度在安全范围以内,才可使用脱空预警装置,防止发生安全事故。

5) 模板台车就位浇筑混凝土

测量放样隧道中线及高程,模板台车行走轨道的中线和轨面高程误差应不大于 ±10mm。模板台车行走到位后精确定位,支撑牢固,并派专人检查合格后安装堵头模板。确保安装紧密、牢固后,连接输送泵管道,准备施作混凝土。

通过混凝土汽车泵将混凝土泵送至主料斗,经主溜槽、分流槽、"三通"分流串筒和入窗溜槽最后入模,通过操作相应的插板阀门,使混凝土流向各工作窗口,实现逐窗进料浇筑,如图 3-39、图 3-40 所示。

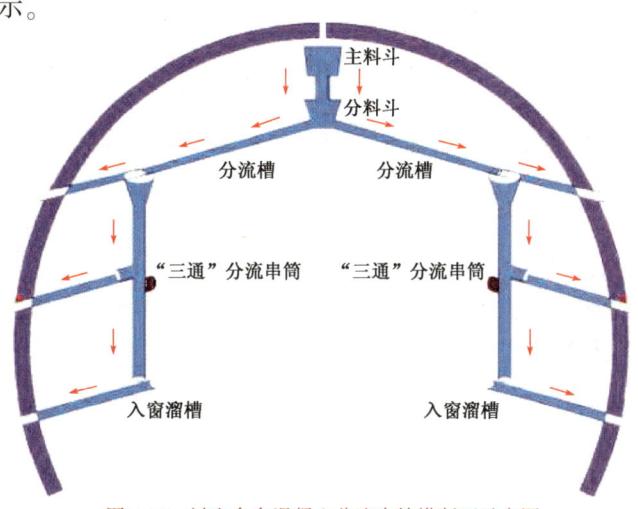

图 3-39　衬砌台车混凝土分流串筒横断面示意图

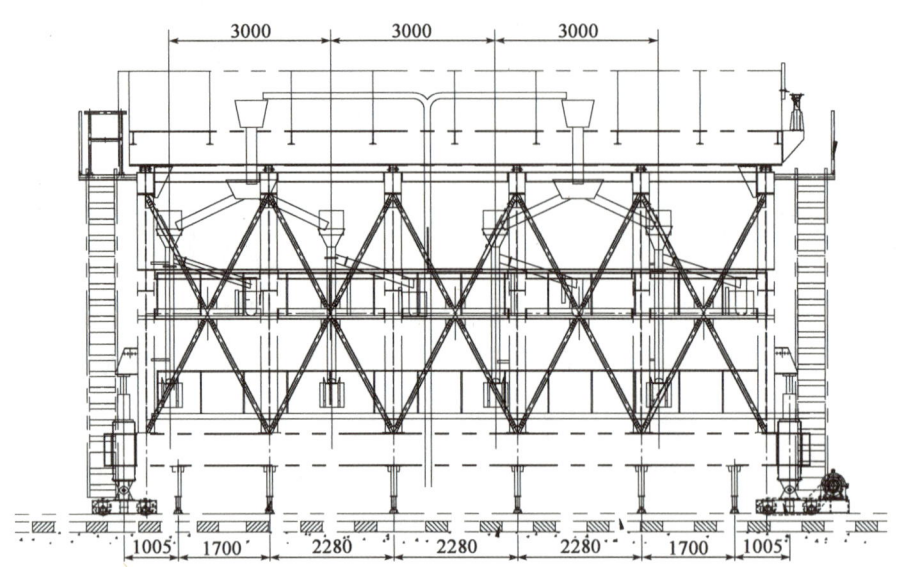

图 3-40 衬砌台车混凝土分流串筒纵断面示意图(尺寸单位:mm)

在混凝土浇筑过程中,设专人对模板、支架进行检查、维护;模板如有变形走样,立即采取措施或根据实际情况要求停止浇筑混凝土。

6)带模注浆

通过对衬砌台车进行改造,在衬砌台车模板中心线位置沿台车纵向设置 4 个注浆孔,并安装注浆用固定法兰,在浇筑混凝土前预埋活性粉末混凝土(RPC)注浆管,混凝土浇筑结束后及时从预埋注浆管处进行注浆。

工艺流程:

(1)预制 RPC 注浆管。RPC 管长 800mm,外径 35mm,内径 12mm,壁厚 11.5mm。将水泥、硅粉、砂、减水剂、水按照试验确定的配合比称重配料,搅拌不少于 300s,强度不小于 C40 混凝土强度,抗折强度必须保证在注浆过程中不至折断。外模采用内径为 35mm、长度为 800mm 的 PVC 管,沿纵向均分为两半,内模采用不易变形的 $\phi 8$ 螺纹钢筋,钢筋外套胶管方便脱模,端部设置 PVC 圆盖封盖。模具涂刷脱模剂。

(2)根据标记和测量,切除 RPC 注浆管多余长度,并在端头切割十字溢流槽,深度 5mm,宽度 3mm(图 3-41)。

(3)安装 RPC 注浆管(图 3-42)。溢流槽端朝上,紧贴防水板或初期支护面;安装注浆连接件,包含定位法兰、连接套管、止浆阀门及快速接头。定位法兰厚度 10mm,外径 120mm,内径 40mm,定位法兰焊接 RPC 注浆管用套管,套管长度 50mm,内径 38mm,用于固定 RPC 注浆管,防止被混凝土挤倒,如图 3-43 所示。

(4)混凝土浇筑。观察各注浆孔是否漏浆,作为混凝土冲顶是否达标的依据。

(5)注浆机就位。安装注浆管及接头,接通电源,调试注浆设备(图 3-44)。

(6)制备高强微膨胀注浆料,水灰比控制在 0.18~0.2,膨胀料控制在 1%~2%。高强微膨胀注浆料强度应高于混凝土强度。

(7)注浆。由主注浆孔(即靠近上一板拱墙衬砌的注浆孔)向台车端模 2 号、3 号注浆孔依次进行注浆,4 号孔为备用。

第3章 黄土隧道施工工艺

图 3-41 量测 RPC 管实用长度

图 3-42 RPC 管安装

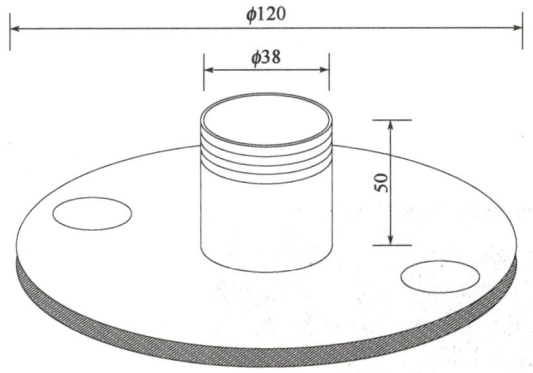

图 3-43 定位法兰尺寸图(尺寸单位:mm)

图 3-44 安装注浆连接件

当下一个注浆孔出浆,且与制浆桶浆液密度一致时,则更换至下一个注浆孔。当注浆压力表达到1MPa时,直接跳转至下一个注浆孔。

(8)各孔注浆结束。当台车端模最高处出浆,且与制浆桶浆液密度一致时,则可结束带模注浆。每孔结束注浆后,关闭止浆阀门。

(9)待注浆完成24h后,进行衬砌台车脱模,并敲断露在外面的RPC注浆管。

7)混凝土养护

拱墙衬砌混凝土强度达到8MPa时方可脱模,且时间不小于24h,混凝土养护主要采取雾炮机喷雾养护,养护期不少于7d,以混凝土表面湿润为准。

3.5 水沟电缆槽施工工艺

铁路隧道水沟及电缆槽施工目前常采用的施工方法有两种,一种是使用定型小块组合钢模板施工技术,另一种是水沟电缆槽一体机整体施工技术。

1)组合钢模板施工

组合钢模板施工是较早的一种施工方法,其施工特点为加工与设计水沟电缆槽等高尺寸,长度1~2m定型钢模板,在现场进行人工拼装加固施工,该方法依据模板数量情况一般每一循环施工20~50m。

组合钢模板施工存在很多不足之处,包括作业耗时长、投入人力大、加固支撑多、整体外观欠佳、质量难控制,且施工现场交叉作业时施工难度大,施工成本比较高等,目前该施工方法已经较少使用。

2)沟槽一体机整体施工

水沟电缆槽一体机为近年来施工技术改进的一种施工方法,其施工特点为加工设计9~12m(与二次衬砌仰拱施工长度同步考虑)整体性钢模板,将整体钢模板与行走台架、液压提升系统、支撑系统连接形成整体移动模架,该施工方法具有机械化、快速、高效、高质量的施工特点。

工程采用的轨行式液压水沟电缆槽台车(图3-45)主要由桁架支撑系统、走行系统、液压系统、模板系统等组成,保障了沟槽施工质量和快速施工。为了满足不同断面尺寸的施工需求,设备通过加装加宽块来实现断面调节。若遇到隧道断面变化,不需要拆卸台车,仅通过调整加宽机构来实现断面尺寸调整。

图3-45 轨行式液压水沟电缆槽台车

施工过程包括测量放样、钢筋施工、预埋件设置检查、台车模架就位、混凝土浇筑、拆模及养护。

(1)测量放样

测量放样出隧道中线、水沟电缆槽高程及施工边线位置控制点,每循环测量放样3个断面高程及控制边线点位,施工放样点应布设于水沟电缆槽外模靠线路侧10cm,避免施工过程中点位被模板遮挡或点位被破坏。

(2)钢筋施工

施工水沟电缆槽墙身钢筋,将衬砌引出的综合接地钢筋接长并焊接于墙身最上面一根纵向通长钢筋,按综合接地要求通长钢筋必须每100m断开一次。

(3)预埋件设置检查

将衬砌排水盲管接出,安装横向排水管。电缆槽与侧沟之间预留泄水槽,焊接接地端子和接出过轨钢管。所有预埋件必须保证安装牢固。

(4)台车模板就位

移动模架模板通过液压系统和整体台车进行加固,其电缆槽外模侧通过在仰拱填充混凝土上植入钢筋进一步加固;表面每 6m 通过角钢钢架限制相对位置并加固;端头模板利用钢模端头焊接圆箍,再插入钢管固定。

(5)混凝土浇筑

混凝土均匀分层浇筑,一次性浇筑完成。因沟槽断面小,不能直接用罐车入模,需要用铁皮制成平口 U 形溜槽,便于引导混凝土入模,使模内混凝土面均匀上升。坍落度宜控制在 14~16cm。

(6)拆模及养护

混凝土洒水养护不得少于 14d。由于拆模全部通过液压系统操作,容易破坏混凝土,因此要求拆模前养护不得少于 12h。拆模时,应先拆除端头模板及加固设施,再通过液压系统拆除外模,最后通过升降系统将模板整体上移。拆模过程中禁止启动横向液压系统,以避免模板横向移动破坏水沟电缆槽结构。图 3-46 所示为正在施工的水沟电缆槽。

图 3-46 一体机施工的水沟电缆槽

3.6 辅助导坑施工技术

采用斜井作为辅助坑道增辟新工作面,斜井净空根据运输能力要求,结合地质条件、支护类型、机械设备、各种管线设置、人行道、安全间隙等因素确定,同时兼顾大型挖装机及混凝土罐车的通行需要。单车道宽 5.0m,高 6.0m;双车道宽 7.5m,高 6.20m。洞口及斜井与正洞交叉口段采用曲墙式模筑衬砌,一般地段采用曲墙式喷锚衬砌。

辅助坑道施工工法根据工程地质和水文地质条件、开挖断面大小、工法转换的难易、机械设备配置及环境制约等因素综合研究确定。Ⅱ、Ⅲ级围岩采用全断面法,Ⅳ、Ⅴ级围岩采用台阶法,台阶高度可结合现有施工机械、围岩情况进行调整。黄土地段采用机械开挖,预留 20cm 人工修边。

3.6.1 斜井三岔口施工技术

斜井进入正洞交叉口受力复杂,施工风险极大,施工中应尽量减少对围岩的扰动,加强支护措施,制订专项施工方案和应急预案。施工应遵循"超前支护、分部开挖、加强支护、快速封闭、加强监测"的原则。斜井进正洞可根据实际情况选用"横向棚架法"或"纵向爬坡导洞法"。

以岳家1号隧道新增1号斜井为例详述"横向棚架法"的施工过程。

岳家1号隧道位于延安市宝塔区元龙寺乡,隧道起讫里程 DK350+819~DK352+592.51,全长1773.51m。新增1号斜井采用无轨运输方式,为单车道斜井,与线路交会里程为 DK351+000;斜井长129m(平距),与线路平面交角为63°。斜井内坡段最大坡度为10.0%,综合坡度8.37%,如图3-47所示。

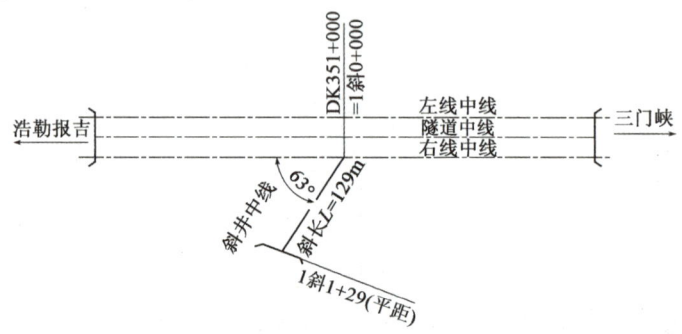

图3-47　斜井与正洞平面关系示意图

岳家1号隧道新增1号斜井最大埋深121m,斜井洞身地层主要为黏质老黄土,土质均匀,局部含钙质结核,呈大块状压密结构,具弱膨胀性。地下水主要是第四系孔隙潜水。

交叉口施工时,接近正洞的斜井20m段和与斜井交叉段正洞40m范围提升一个支护等级进行加强。挑顶施工过程中加强超前地质预报和监控量测,超前地质预报采用地质素描及超前钻孔等方法,以便及时探明掌子面前方是否存在不良地质及地下水发育情况,掌握围岩变形情况,以便提前采取相应措施。

横向棚架法施工示意见图3-48、图3-49。施工工序见表3-3。

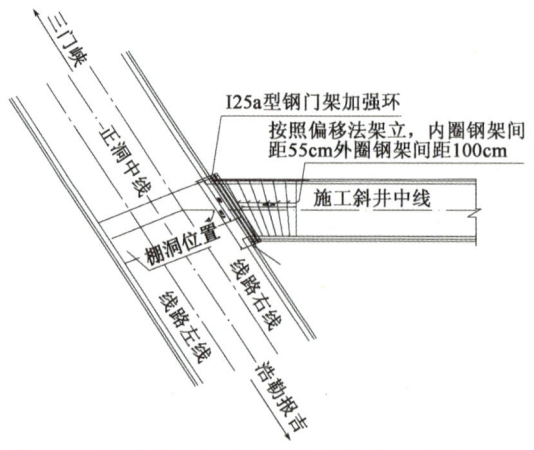

图3-48　横向棚架法挑顶平面图(正洞预留沉降量25cm)

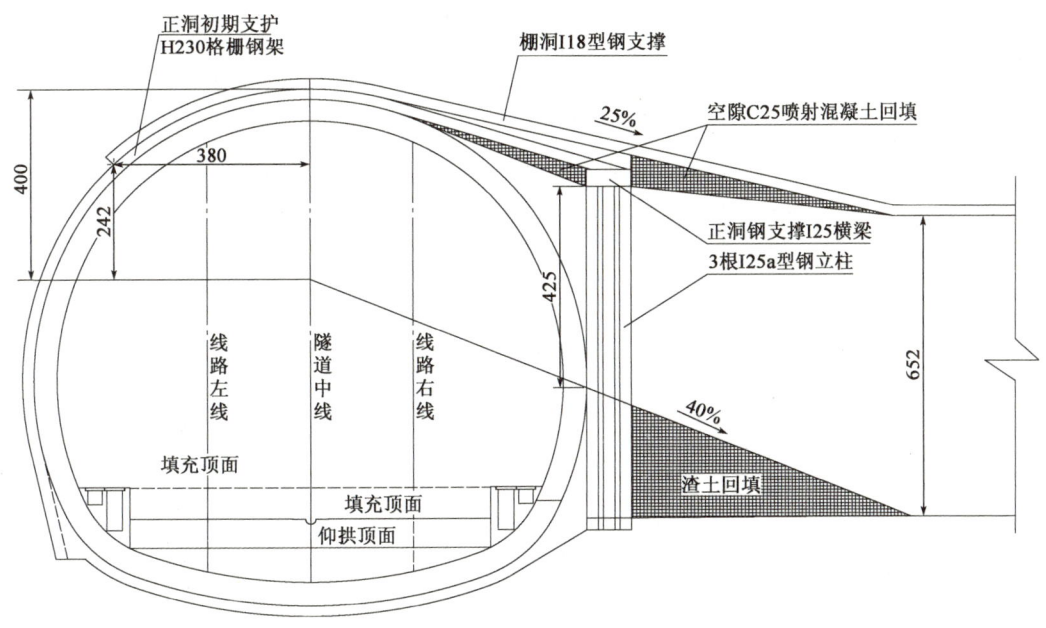

图 3-49 横向棚架法挑顶纵断面示意图(尺寸单位:cm)

横向棚架法施工工序 表 3-3

施工顺序	示意图	说明
1		施工斜井掘进接近正洞相交里程时,逐渐抬高施工斜井拱顶高程,接长钢架。拱顶抬高坡度控制在30%以内
2		施工斜井掘进至正洞开挖轮廓线后,在交叉口处施作加强环。及时施作施工斜井交汇段衬砌
3		在施工斜井与正洞相交处,采用棚洞进入正洞,棚架斜向上爬坡至正洞拱顶后,以平坡向前开挖至正洞外侧上台阶拱脚位置
4		在棚洞内施作正洞上台阶初期支护

施工中采用地质素描及超前钻孔等方法进行超前地质预报,及时探明掌子面前方是否存在不良地质体及地下水发育情况,以便提前采取相应措施。

1)斜井接近正洞段施工

(1)支护加强

斜井接近正洞20m范围(1斜0+20~1斜0+00)围岩级别为Ⅳ级黄土,支护类型选用单车道黄土Ⅴ级围岩衬砌(图3-50),超前支护采用超前小导管。

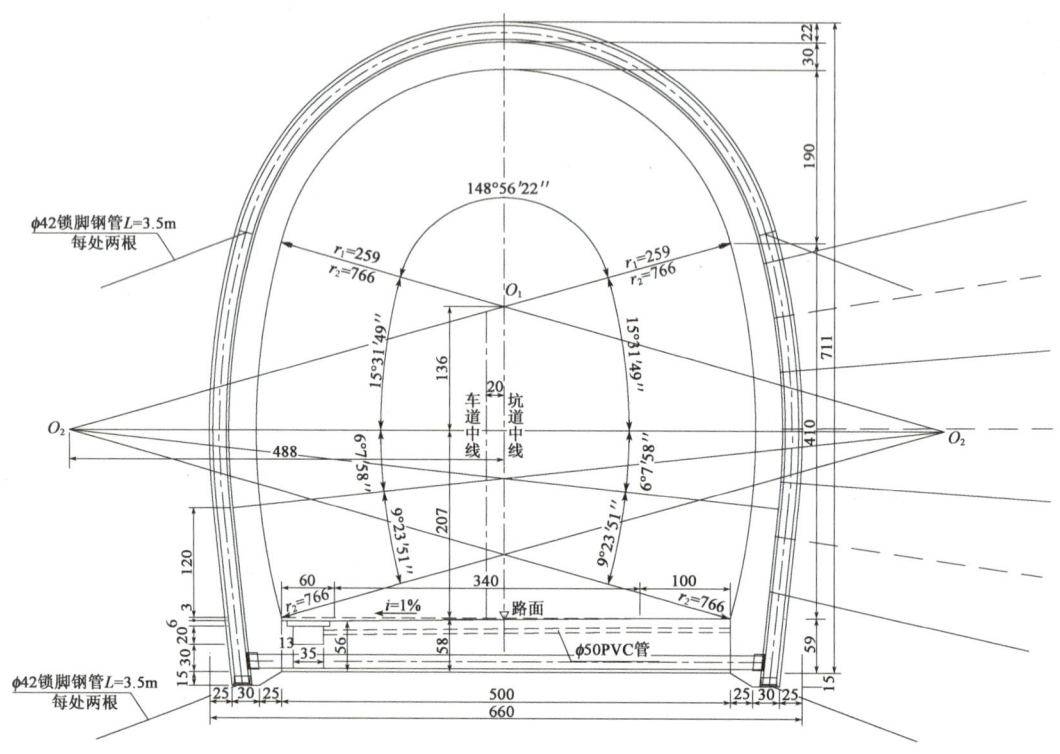

图3-50 黄土Ⅴ级围岩单车道斜井衬砌横断面(尺寸单位:cm)

支护参数:全环设置H180格栅钢架,间距1m,锁脚锚杆采用φ42、壁厚5mm的无缝钢管,单根长度4m,钢架每节点处4根;C25喷射混凝土厚度25cm;取消边墙砂浆锚杆;拱墙设置φ8钢筋网片,网格间距20cm×20cm(环×纵);铺底混凝土厚度58cm(含初期支护),增加单层φ16钢筋网片,网格间距20cm;该段拱墙设置二次支护,采用格栅钢架喷射混凝土结构,以代替拱墙模筑混凝土,H180格栅钢架间距0.75m/榀,在钢架内外侧设置双层φ8钢筋网片,网格间距20cm×20cm(环×纵),喷射C25混凝土厚30cm。

(2)斜井洞身加高

为保证进入交叉口后大型机械作业空间,在接近正洞衬砌外轮廓不小于5m处,逐渐抬高施工斜井拱顶高程,接长钢架。拱顶抬高坡度控制在30%以内,结合岳家1号隧道实际情况,抬高坡度选用25%,即每榀钢架抬高25cm。

(3)偏离法线架立钢架

对于斜井与正洞存在夹角的情况,采用偏移法架立钢架,根据实际情况可利用5~10榀钢架将钢架平面偏移过渡至与正洞线路方向平行,并及时封闭成环,如图 3-51 所示。图中 n 为钢架榀数,L 为钢架内侧总长度,外面钢架间距 1m,内侧为 L/n。

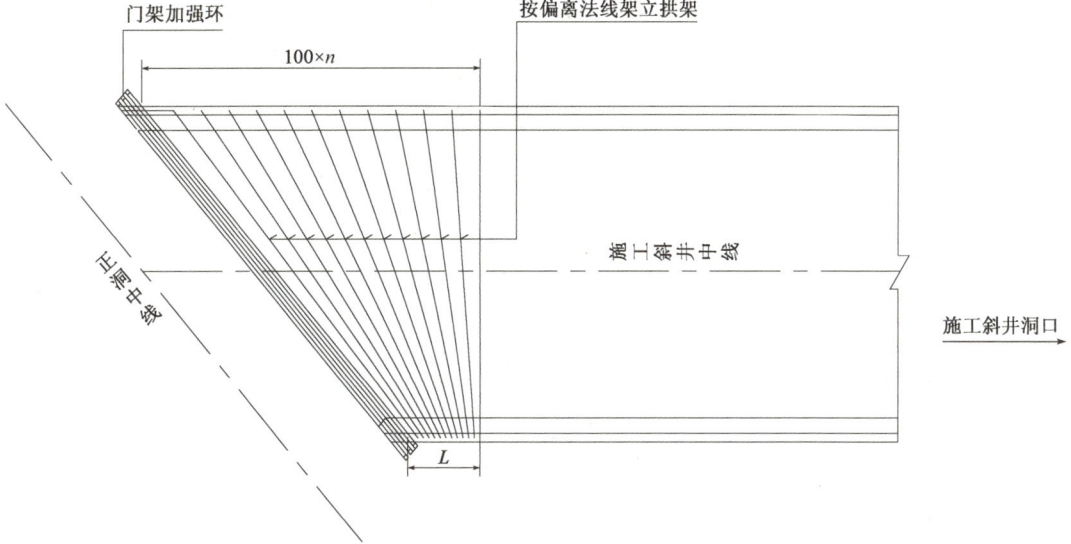

图 3-51 偏离法架立钢架示意图(尺寸单位:cm)

(4)交叉口二次支护

为保证结构安全,斜井至正洞衬砌外轮廓 20m 范围内需要进行二次支护。开挖揭示,斜井至正洞交叉口围岩上部为黏质老黄土,下部为黏质老黄土及强风化泥岩夹层,无渗水(图 3-52),较为稳定。因此采用增加一层初期支护代替模筑衬砌作为二次支护,有利于支护结构快速封闭。二次支护施工参数及施工方法与初期支护基本相同。

图 3-52 斜井接近正洞加强支护现场

(5)底板施工

交叉口二次支护施工完成后,需立即施作斜井底板,使斜井支护结构封闭成环,形成整体受力结构。为确保门架加强环范围内正洞隧底钢架有可靠支撑点,需在不影响斜井排水的情况下,在底板混凝土内预埋一根地梁,结合底板厚度及侧沟底面线位置,选用 I25 型钢作为地梁与正洞隧底钢架进行连接。此处正洞隧底钢架需根据实际情况调整尺寸与地梁顺接,连接方式采用焊接,隧底初期支护与正洞二次衬砌之间空隙采用 C30 混凝土回填,回填后其顶面与底板、仰拱填充顶面平齐(图 3-53)。

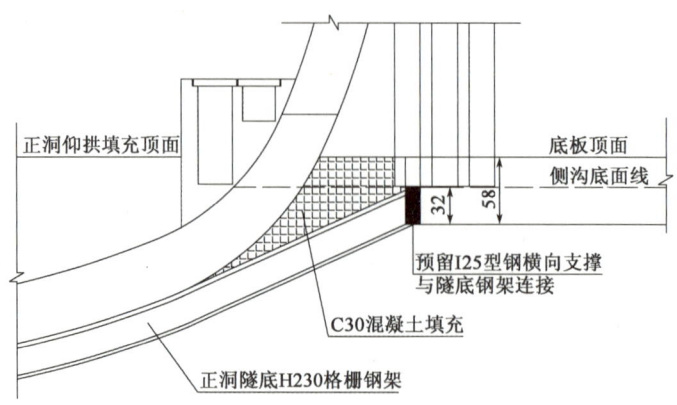

图 3-53 底板预留 I25 型钢横向支撑示意图(尺寸单位:cm)

2)门架加强环施工

为保证正洞钢架有稳固落脚点,斜井与正洞交叉口采用 3 榀 I25a 工字钢并排焊接在一起作为立柱和横梁,3 榀钢架必须可靠焊接为一体形成加强环,为增加门架加强环的支承能力,型钢间的间隙须以与初期支护同等级的混凝土回填密实。立柱置于正洞边墙底,严格控制横梁和立柱平面位置,不得侵入正洞初期支护范围,喷射 C25 混凝土覆盖加强环、焊联短钢架柱,横梁范围暂不喷射,待正洞钢架落脚后一并喷射。

由于作业空间受限,需专门加工小型作业台架作为作业平台,交叉口加强环及正洞初期支护钢架连接如图 3-54 所示,施工现场如图 3-55 所示。

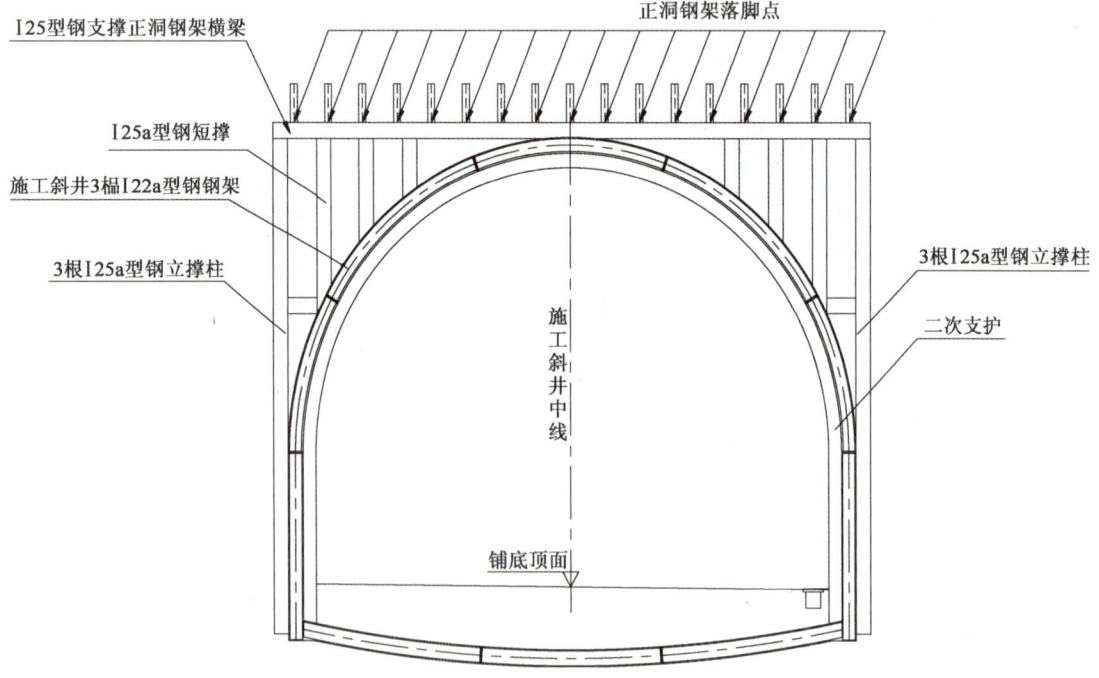

图 3-54 门架加强环构造示意图

图 3-55　门架加强环现场施工(小作业台架)

3)棚洞施工

门架加强环施工完成后以棚洞进入正洞。

(1)考虑机械施工作业空间,门架至隧道中线范围棚洞高度不小于 4m,宽度 5m,其余据隧道正洞尺寸渐变。因施作门架而开挖的土石,应顺接回填至棚洞底面,以便于设备通行,隧道中线至另一侧边缘为平坡。

(2)棚洞拱墙采用 I18 型钢钢架,底部设置 I20a 型钢钢架横向支撑作为临时仰拱。棚洞拱墙喷射 30cm 厚 C25 混凝土,顶部挂 $\phi 8$ 钢筋网,间距 20cm×20cm,搭接 1~2 个网格,逐点焊接,如图 3-56 所示。

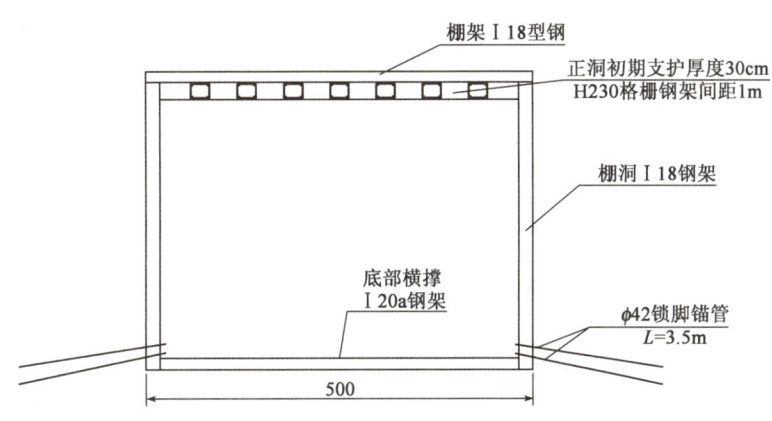

图 3-56　棚洞断面图(尺寸单位:cm)

(3)为便于下一步快速拆除两侧棚洞,棚洞两侧不设置钢筋网片,棚洞两侧与顶部及临时仰拱之间连接处喷射混凝土采用土工布隔离,钢架间采用螺栓连接并以土工布进行包裹隔离,只需割除连接钢筋、拆除钢架连接螺栓即可快速拆除两侧棚洞。施工现场如图 3-57 所示。

图 3-57 棚洞施工现场

4)棚洞内正洞初期支护施工

棚洞施工完成后,随即在棚洞的保护下施工正洞初期支护,棚洞范围内正洞初期支护一次性成型。

(1)加强支护

斜井与正洞交叉口的正洞 40m 范围内支护刚度提高一级,支护参数为:初期支护钢架 H230 间距 0.6m,每节点 4 根锁脚锚杆,喷混凝土厚度全环 30cm,拱墙衬砌为 50cm 厚 C40 钢筋混凝土。

(2)正洞钢架落脚

正洞钢架与门架加强环关系如图 3-58 所示。

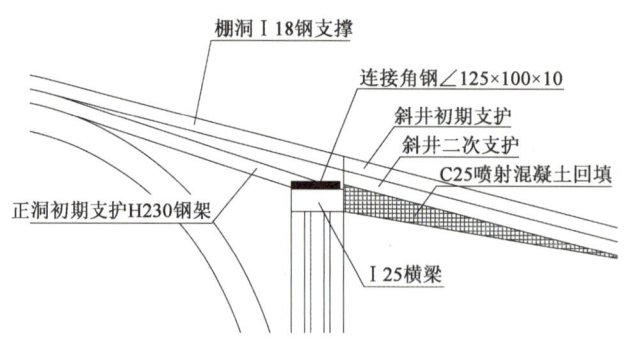

图 3-58 正洞钢架与门架加强环关系示意图

5)体系转换

棚洞内正洞初期支护施作完成后拆除一侧棚架,按三台阶法转入正洞上、中台阶施工,台阶长度 4~6m。待正洞一侧上台阶施工 15m 后停止该掌子面掘进并以 20cm 厚 C25 喷射混凝土封闭掌子面。拆除另一侧棚洞,以三台阶法转入另一侧正洞上、中台阶施工并掘进至 15m,此时已经有足够空间施作交叉口下台阶+隧底,待下台阶+隧底封闭成环后转入正常掘进工序(图 3-59、图 3-60)。

待掌子面掘进至有足够空间时,及时施作交叉口二次仰拱、拱墙衬砌,形成稳定受力体系。

图 3-59　斜井转入正洞施工现场(上台阶)

图 3-60　转序成功后正洞掘进

3.6.2　斜井封堵及排水

辅助坑道需作为通风、排水或其他用途时,根据使用需求进行处理;不予利用时,需按要求进行封闭回填处理。辅助坑道与正洞相交处封堵墙厚度 3m,采用 C25 片石混凝土,靠斜井侧用 M10 浆砌片石砌筑"之"字形拦水墙,封堵墙底部"之"字拦水墙末端处预埋 5 根 φ100PVC 排水管,排水管引入正洞排水沟。如施工期间水量较大,可适当加大排水管直径或增加根数,见图 3-61、图 3-62。

封堵墙宜在正洞贯通后斜井不再作为作业通道后施作,以利于材料、设备周转及模板加固。由于斜井口正洞衬砌与封堵墙间存在间隙,衬砌厚度加大,与另一侧形成不对称受力,浇筑时需加强衬砌台车横向支撑。

辅助坑道洞口封堵墙厚度 3~5m,采用 C25 片石混凝土,洞口外侧与洞门端墙面平齐,见图 3-63。

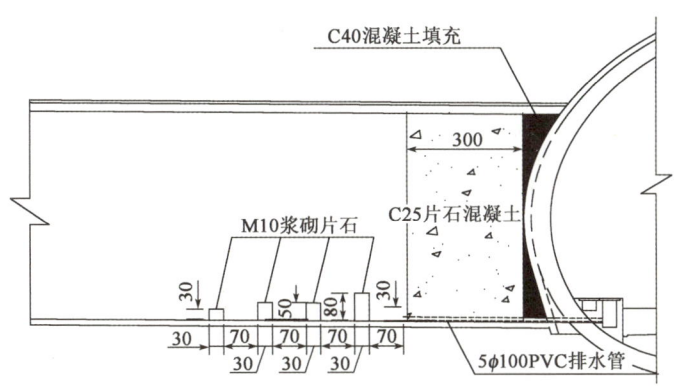

图 3-61　辅助坑道与正洞相交处封堵纵断面图(尺寸单位:cm)

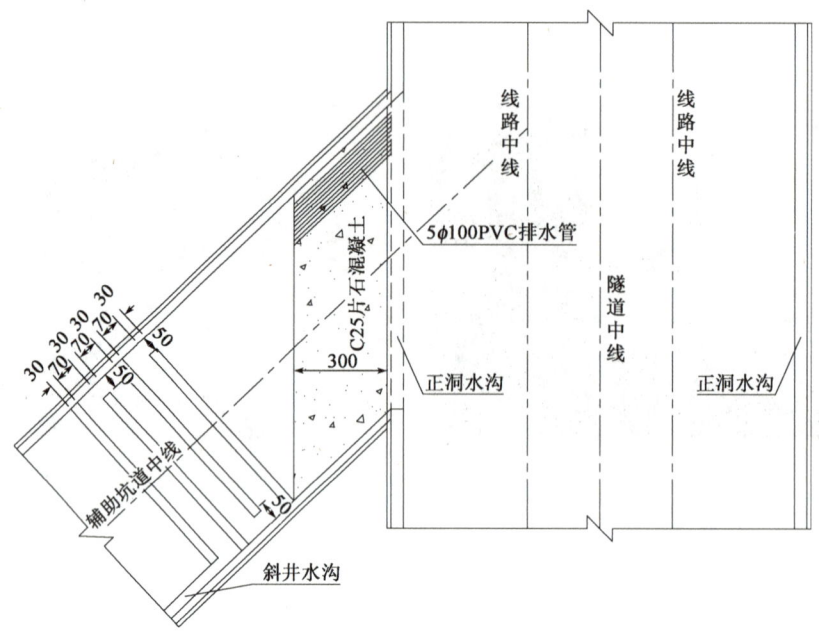

图 3-62　辅助坑道与正洞相交处封堵及排水平面图(尺寸单位:cm)

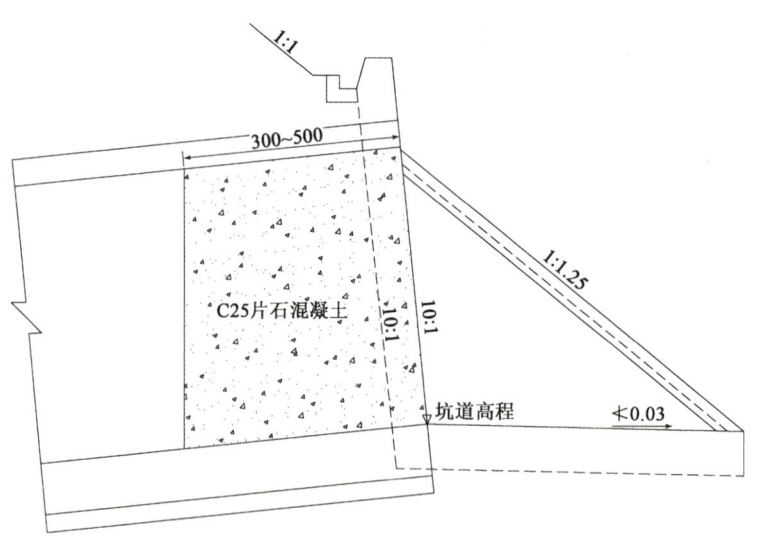

图 3-63　辅助坑道洞口封堵示意图(尺寸单位:cm)

3.7　小　　结

(1)蒙华铁路黄土隧道施工针对黄土工程地质特性,坚持"快挖、快支、快封闭"的原则,以三台阶工法(包含三台阶预留核心土法和三台阶临时仰拱法)为主,通过加强超前支护和合理设置台阶参数，坚持"两紧跟"原则，实现了初期支护的快速成环和大型机械化施工，形成了大断面黄土隧道施工关键技术，有效控制了隧道大变形，确保了隧道施工质量、进度和安全。

（2）在初期支护施工方面，初期支护钢架和钢筋网片实现了大型钢构件工厂化集中加工与配送，提高了初期支护结构加工质量；全面采用推行湿喷机械手喷射混凝土，混凝土的密实性及强度均得到提升，有效改善了洞内作业环境，提高了作业工效；按照"顶死、锁牢、喷实"作业要求，施作"格栅钢架＋锁脚锚管＋喷射混凝土"初期支护体系，确保了初期支护总体施工质量。

（3）采用自行式仰拱长栈桥和沟槽一体机，改进了二次衬砌仰拱填充及水沟电缆槽施工工艺，提升了施工质量，提高了作业效率。

（4）隧道拱墙衬砌施工中，通过改装衬砌台车、设置脱空预警装置、配置制储注一体注浆机，推行逐窗入料、分层浇筑、多孔冲顶、脱空预警、带模注浆和喷雾养护的成套施工技术，实现了拱墙衬砌内实外美的质量要求。

（5）辅助导坑洞口段与正洞交叉口段采取"格栅钢架＋喷射混凝土"双层支护方案，与正洞交叉口段采取横向棚架法进行挑顶施工，确保了施工安全，提高了施工工效。斜井后期封堵采取了可靠的排水措施，确保了隧道运营期不受地下水的影响。

第4章 隧道洞口段施工技术

洞口段施工是隧道施工的重点和难点,洞口坡体稳定性关系到隧道能否顺利进洞并展开洞内施工。隧道洞口段一般处于受地表水侵蚀严重、风化裂隙发育的坡体内,加上洞口段隧道埋深往往较浅,结构上部土体难以形成承载拱,稳定性较差。

黄土土质疏松、孔隙率大、垂直节理发育,土颗粒在水平方向的连接力较弱;在受水浸湿后,土颗粒间的黏结力迅速削弱,承载能力下降,受施工扰动影响常会发生较大变形。黄土隧道洞口段施工中主要问题包括洞口上方地表开裂和洞口边仰坡破坏。

4.1 洞口段施工问题成因及防治措施

4.1.1 地表开裂及其防治措施

1)开裂成因

隧道洞口以及隧道浅埋段在施工过程中容易对上覆土体产生较大扰动,引起土体下沉开裂,最终在地表产生裂缝;此外,受灌溉用水及雨水下渗浸泡作用,土体含水率增大,隧道上部的压力明显增加,隧道上部土体沿破裂面形成楔形漏斗。上覆土的松动荷载基本都作用在初期支护上,当仰拱未及时紧跟,初期支护未及时封闭成环时,不能形成一个封闭的受力结构,导致承载能力不足,从而引起地表和拱顶下沉,产生裂缝。另外,黄土隧道地基承载力不足也会使隧道拱脚下沉而产生裂缝。

2)防治措施

施工前期,应在详细勘察的基础上,分析预测可能发生的地表变形类型;此外,选择合理的隧道开挖方法对预防裂缝的发生有一定的作用。在施工过程中如果有裂缝出现,应首先对裂缝延伸段落和陷穴陷坑回填压实,其次加强裂缝区地表防排水系统,在裂缝发育区5m以外布设环向截水沟,防止地表水坡面流水渗入和灌入裂缝,并在截水沟周边铺设土工膜进行防渗处理,建立裂缝和地表沉降观测系统。

4.1.2 边仰坡滑塌成因以及防治措施

1) 滑塌成因

黄土的滑坡与地貌类型有关,地貌类型不同,黄土滑坡强度亦不同。一般黄土滑坡的地层结构是典型的二元结构地层,大气降水到达表层黄土后,因上覆砂质黄土的透水性良好,水迅速下渗,至黏质黄土顶层时,因黏质黄土的相对隔水性集存于黏质黄土顶面,使黏质黄土表层泥化,甚至泥化为流塑体,力学强度急剧降低,在泥化层倾向临空面时,根据泥化程度和上覆砂质黄土的情况可能产生滑动,导致斜坡变形破坏,形成滑坡。

从内在机理讲,在影响黄土斜坡稳定性的各种因素中,通过改变其应力和强度,使二者之间的平衡被打破,即发生破坏。影响洞口边仰坡稳定的因素众多,包括土体结构和性质、大气降水和地下水、植被发育情况、人类活动、环境诱发等。

(1) 土体结构和性质:黄土自身的土体结构会对隧道边仰坡的稳定性产生影响。老黄土结构密实,强度较高,抗风化能力强,所以老黄土构成的边坡比新黄土边坡稳定得多。

(2) 大气降水和地下水:在工程施工过程中,隧道的开挖可能破坏原有的稳定控制界面,将原有的控制界面带间的地下水系统破坏,形成渗流通道,使得界面上的黏性参数大幅降低,抗滑力下降,导致边坡的滑移破坏。另外,地下水对于土体的强度有很大的影响,如果开挖面位于地下水位以下,则必须做好必要的防排水措施,以减少地下水的影响。

(3) 植被发育情况:边坡植被根系的加固作用会使土壤表层强度得到提高,由于隧道施工常常破坏洞口部位原有植被,从而对洞口边仰坡的稳定性产生一定的影响。

(4) 施工扰动:施工措施的不合理也对隧道洞口边仰坡稳定有很大影响,例如路堑开挖是边坡滑坡的直接诱发因素,由于边坡较高,坡脚应力集中,且黄土黏结强度较低,在施工过程中,坡脚的开挖过程使上部土体形成临空面,失去支撑,减弱了抗滑阻力,在重力、雨水、渗水等作用下,向坡脚下滑动,形成"牵引"型滑坡。

(5) 外荷载影响:坡顶堆载以及行车会引起隧道洞口边仰坡坡体上部的滑动力增加,而在抗滑力不变的情况下,坡体的安全稳定系数将会下降。因此,在隧道施工过程中以及竣工后要特别注意对洞口边仰坡的保护和防护。

2) 防治措施

滑坡防治应根据滑坡类型、规模、稳定性,并结合工程地质条件、建筑类型及分布情况、施工设备和施工季节等条件,选用截水、抗滑桩、预应力锚索、格构锚固、挡土墙、注浆、减载压脚以及植物防护等多种措施综合治理。施工中应加强隧道洞口围岩位移和边坡位移的监测,特别是边坡土体的地质观察和监测,及时提供信息,采取措施。对于地质状况较差的黄土边坡采用"支挡为主,卸载为辅"的主导方针,配合完善的排水系统,对隧道边仰坡进行综合防治。

4.2 开工前现场核对

蒙华铁路全面开展开工前施工图现场核对,采取"不核对,不开工"的程序,根据现场地形、地貌判定设计方案的合理性,为设计优化提供真实数据。

4.2.1 现场核对目的及原则

完善和优化施工图设计,确保工点设置合理,强化使用功能,减少或避免后续变更设计,合理使用投资。

施工图现场核对按照分级、分段、分专业的原则进行。指挥部优先核对具备核对条件的标段。未经现场核对和完善的工点不得开工。施工单位先核对(重难点及控制性工程现场核对必须由施工单位职能部门组织相关人员进行现场核对),将核对意见报指挥部,指挥部再组织现场核对。分段:按照标段组织核对,每个标段第一批和第二批分别组织一次,剩余工程原则上现场核对不超过两批次。

4.2.2 现场核对流程及主要内容

施工单位放样→施工、监理单位现场核对→指挥部组织、设计、设计审核、施工、监理单位进行现场核对(必要时邀请专家)。

(1)隧道的出入口(斜井)洞门处是否有溜塌、陷穴、岩堆、滑坡等不良地质现象。其仰坡开挖防护措施、排水系统是否完善,是否增设明洞,明洞设置是否合理。洞门处的防护措施是否满足运营安全的要求。

(2)隧道洞身顶部山体是否有冲沟、陷穴、油气井,其规模发展程度是否对洞身的开挖造成威胁。

(3)洞身穿越影响范围内的水源、油气井、等级道路、民居及其他构筑物防护或监控措施是否有效和完善。

(4)现场水源、水量、电力等供应是否满足施工和生活要求。

(5)弃土场设置是否合理,其防护(复耕)措施是否满足环水保的要求,相关协议是否已办理。

4.2.3 MHTJ-7 标段现场核对成果

(1)青化砭 1 号隧道

出口明暗交界里程为 DK345+604,在隧道出口 DK345+590 线左侧约 20m 处(洞口征地界内),地表存在一处直径约 4m、深度约 5m 的陷穴。要求进一步调查陷穴与线路的位置关系，按设计要求做好回填及防排水措施，确保边仰坡稳定。

（2）青化砭2号隧道

进口明暗交界线处边坡为直立陡坎，存在施工安全风险。经现场核对，增设安全防护措施。

（3）岳家1号隧道

进口处于滑坡体上，经现场踏勘核对，滑坡体范围存在不确定性。滑坡体范围比原设计阶段有了进一步发育，先后进行了两次补勘，重新进行了方案设计。

（4）姚店隧道

出口为高位洞口，与附近210国道路基高差33m，洞口场地狭小，洞口便道及施工场地实施困难，洞口下方有6户32间民房拆迁问题短期内无法解决，施工无法按期正常开展。原设计刷方进洞，为减少地表扰动，在隧道出口段增设一处横洞，从洞内管棚出洞。

（5）麻科义隧道

原设计2号斜井位于延安市姚店镇胡家沟村水塘上游，位于线路前进方向左侧，设计长度为645m，与正洞交叉里程为DK362+500，综合坡度为7.64%，与正洞大里程方向夹角105°，该处地势陡峭，场地狭窄，便道距离长，施工困难，施工干扰大。现场核对后将该斜井进行了调整，减少了施工干扰，缩短了便道距离。

（6）郑庄隧道

出口坡陡，仰坡刷方量大，现场核对后采用设置接长套拱，零开挖进洞。

4.3 洞口施工方案

陕北黄土高原地区自然生态环境相对脆弱，隧道洞口常存在大量陷穴、溜塌、滑坡体或潜在的不稳定边坡等不良地质，土体稳定性较差，施工安全风险较高。

（1）进洞方案

隧道进出口按照"早进晚出，保护环境"的原则，坚持"一洞一方案一研究"的工作方针，结合地貌及自然环境、地质条件确定进出洞位置，减少扰动，少刷坡或不刷坡。洞口段严禁大面积开挖坡脚，尽量维持原地貌，并加强洞口植被保护，需要时适当接长明洞确保边仰坡稳定。

当隧道洞口覆盖层较薄、地形显著偏压或单压、高陡边坡等地貌时，设置护拱、加长套拱或锚固桩防护，采取回填暗挖进洞或护拱暗挖进洞，以确保边仰坡稳定和进洞安全。

当洞口位于砂层、素填土和富水黄土等松散土体或穿越滑坡体时，按照"先加固，预支护，后开挖"的原则施工。洞口段支护适当加强，及时封闭成环形成锁口圈。采取加固坡脚、加强坡面防护和排水等综合措施，确保洞口段整体稳定。

（2）滑坡、溜塌、陷穴治理

滑坡治理一般采取清方减载、回填反压、抗滑桩加固或几种措施的组合。

隧道溜塌体施工坚持"不刷坡、少扰动、先挡护"的原则，坡脚严禁挖方卸载，须采用回填反压进行护脚，边坡尽量避免刷坡造成二次扰动。溜塌体坡脚设置抗滑桩。黄土隧道溜塌体洞口采用水平旋喷桩施工。

洞顶陷穴采用三七灰土分层回填夯实,回填完毕后地表覆盖彩条布,周围做好临时排水沟,确保雨水不浸入陷穴,周围增设变形观测点,加大监测频率。

(3) 洞口预加固与预支护

在隧道施工过程中,预加固对于洞口处理起关键作用,注浆加固和回填反压是常用的措施。注浆技术对隧道围岩具有充填、加固和减渗作用。反压填土是在滑坡体前缘堆土加载,以增加抗滑力。

隧道进洞的超前支护优先采用小导管,根据具体地质情况,可采用单排、密排或双排形式;特殊地质条件下采用大管棚或地层预加固措施,黄土地层超前支护施工时不采用水钻,导管及管棚采用水泥砂浆进行填充。

(4) 临建工程

开工前必须对临建工程及施工便道进行系统规划,不可在隧道洞口上方设置高位水池、材料堆放场、钢筋加工厂等设施,且其引入不能影响洞口的施工和安全。在洞口段进行土体扰动作业时,需评估对附近黄土稳定性的影响,必要时可采取填土修建临时工程及施工便道。

(5) 洞口段变形监测

为了及时搜集洞内外变形信息,掌握施工中隧道的稳定状态,对洞内拱顶下沉和水平收敛以及洞顶地表沉降进行布点量测。通过对监测数据及时处理和反馈,分析判断隧道稳定性随掌子面开挖的变化情况,判断地表沉降的影响规律和影响范围,预测地表沉降稳定的时间,用以科学指导隧道施工。

4.4 零开挖进洞案例介绍

4.4.1 工程概况

蒙华铁路青化砭1号隧道全长1371.18m,最大埋深为138m。Ⅳ级围岩段1220m,Ⅴ级围岩段122m。该隧道基本处于曲线上,直线段仅有368m。隧道为单面坡,坡度及坡长依次为 -5‰/212m,-10.457‰/1159.18m。进口与小麻沟2号大桥相连,隧道出口与跨包西铁路特大桥相连。

隧道进口处地质情况为第四系上更新统砂质新黄土,浅黄色、硬塑,呈松软结构。洞口处穿越小型溜塌体上部,根据现场开挖揭示表层土为砂质新黄土,下层为黏质老黄土,新老黄土交界面较明显。地表水通过交界面渗透出地表,导致溜塌体坡脚前缘土体含水率较高,局部达到液限,呈流塑状,现场原地貌见图4-1,地形见图4-2。

图4-1 现场原地貌

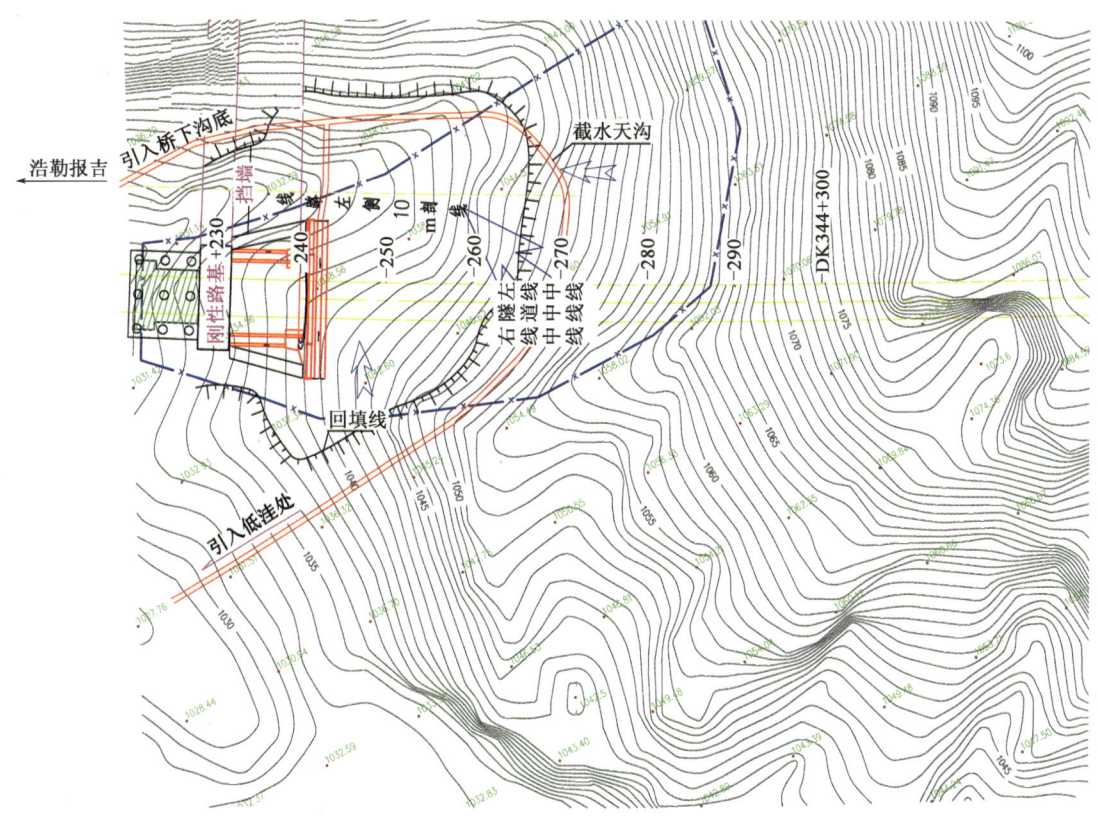

图 4-2 青化砭 1 号隧道地形图(单位:m)

4.4.2 施工方案

由于该隧道进洞施工时已临近冬季,考虑到洞口附属工程冬季施工保温措施投入大、费用高,为保证安全前提下加快进度,提早进入暗洞施工,采用初期支护逆作法。

(1)施工顺序

①进行地表清理,对于溜塌体前缘含水率较大的土体换填三七灰土并夯实。

②施作地表以上部分的初期支护格栅钢架并打设锁脚锚管固定,在格栅钢架背面铺设木板后喷射初期支护混凝土。

③待地表以上初期支护结构成形 3d 后施作护拱,护拱施作前对护拱基础进行加固,加固方式采用打设 φ89 厚度 5mm 的钢管桩。

④线左侧反压回填后进行暗挖掘进。

(2)主要技术参数

①DK344+240~DK344+262 采用暗挖掘进,暗洞延长 22m,洞门变更为双侧挡墙式暗洞门,隧道缺口里程调整至 DK344+228.42。超前支护采用密排小导管;采用 $V_{b\pm}$ 复合式衬砌;

H230 格栅钢架,间距 0.6m,φ8 钢筋网片,网眼尺寸 20cm×20cm,厚度 30cm 的 C25 喷射混凝土;拱墙及仰拱衬砌采用 C40 钢筋混凝土,厚度 50cm。DK344+240 横断面、纵断面分别见图 4-3、图 4-4,DK344+250 横断面见图 4-5。

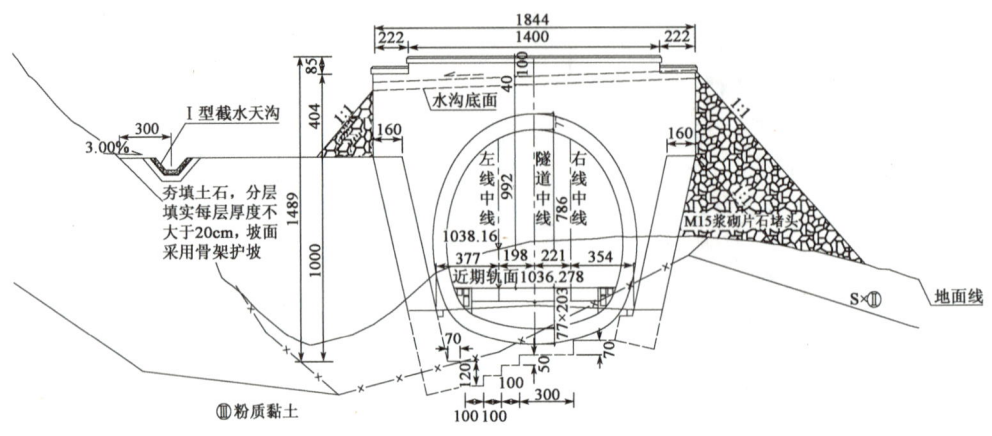

图 4-3　DK344+240 横断面(尺寸单位:cm)

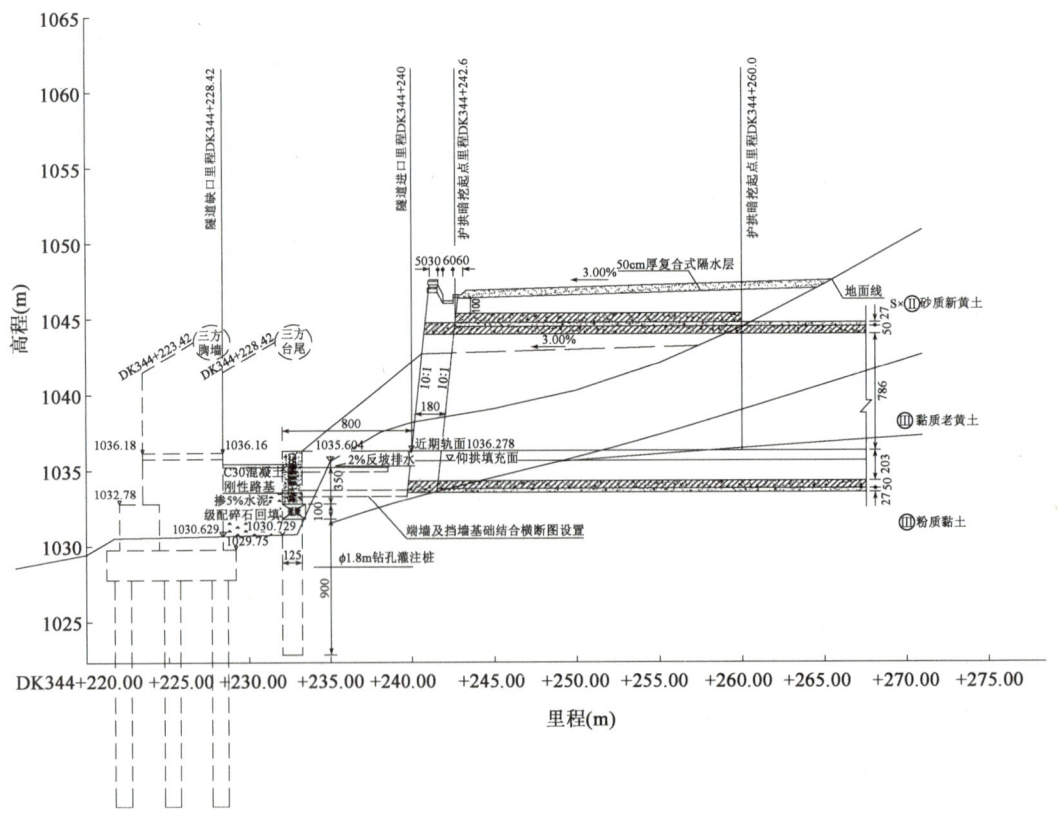

图 4-4　DK344+240 纵断面(尺寸单位:cm)

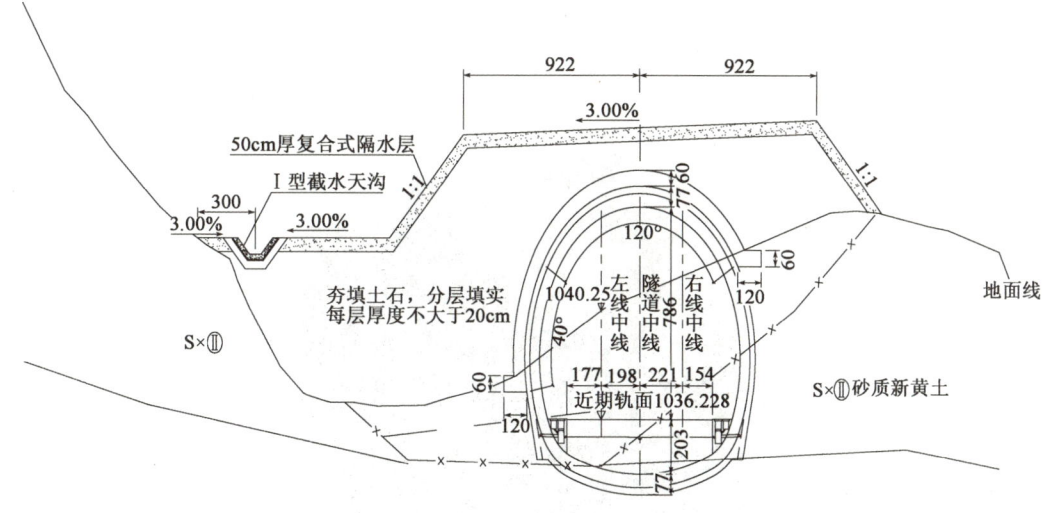

图 4-5 DK344+250 横断面(尺寸单位:cm)

②隧道溜塌体前缘及侧面采用填土反压,前部设置 C20 混凝土挡土墙,挡墙底部设置桩基。

③沟内进行填土反压,夯填土高度与右侧原土体平衡,洞身段土体填筑至拱顶以上,削成拱形。

④开挖护拱基础施作钢筋混凝土护拱,护拱采用厚 60cm 的 C30 钢筋混凝土浇筑而成,护拱基础宽度 1.2m,厚 0.6m。护拱基础下设置 3 排 ϕ89 钢管桩,纵向间距 1m,单根长 8m,管内注普通纯水泥浆。钢管桩下部嵌入硬质黏土层不小于 2m。

⑤护拱完成后施作洞顶排水系统,再施工护拱下洞身段初期支护。

4.4.3 施工工艺

根据现场地形情况,先施作部分初期支护结构作为护拱的底模,再施作上部护拱结构,最后进行暗洞开挖掘进。主要施工工序为:原地表处理→地表以上初期支护结构施工→护拱施工→反压回填→正洞掘进。

1)原地表处理

线路左侧溜塌体前缘土体含水率较高,局部达液限状态。采用的软弱地基加固方法为机械挖除后换填三七灰土并分层夯实,现场实际开挖揭示软弱土层厚度约 1.5~2m。软弱土层底部为黏质老黄土,坚塑状,围岩稳定性较好。分层夯实每层虚铺厚度不大于 30cm,由于场地面积较小,作业空间有限,采用蛙式打夯机进行夯实。石灰采用新鲜消石灰粉,其颗粒不得大于 5mm,且不得含有未熟化的生石灰颗粒及其他杂质,也不得含有过多的水分。

2)地表以上初期支护结构施工

对原地表进行清表后测量人员放出拱脚部位边线并做标记,根据施工高度搭设作业平台架设钢架。初期支护混凝土采用挂底模法喷射施工,在钢架内侧满铺 5cm 厚木板并固定牢固。格栅钢架与木模间设置 3cm 厚垫块,保证初期支护混凝土保护层厚度满足设计要求。为保证施工安全,每次喷射分段长度不大于 5m。现场初期支护立架及喷射混凝土见图 4-6。

图 4-6　现场初期支护立架及喷射混凝土

3) 护拱施工

(1) 护拱采用 0.6m 厚 C30 钢筋混凝土,内部设置 $\phi 25$ 环向主筋间距 0.20m,纵向 $\phi 16$ 钢筋间距 0.25m。钢筋配置见图 4-7。

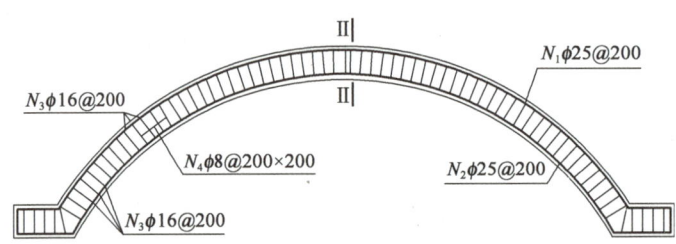

a) 护拱钢筋布置图

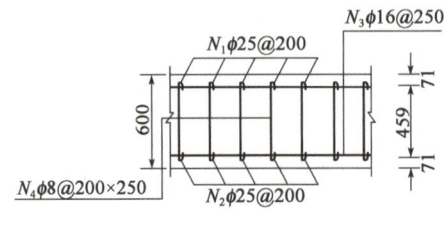

b) Ⅱ-Ⅱ 剖面图

图 4-7　护拱钢筋配置图(尺寸单位:mm)

(2)护拱基础宽度 1.2m,厚 0.6m,基础下设置 3 排 ϕ89 壁厚 5mm 的钢管桩,纵向间距 1m,单根长 8m,管内灌注 1:1 水泥浆,注浆压力 0.5~1.5MPa。钢管桩采用机械成孔,孔径 110mm,当成孔困难时,采取套管跟进法施工。护拱布置横断面见图 4-8。

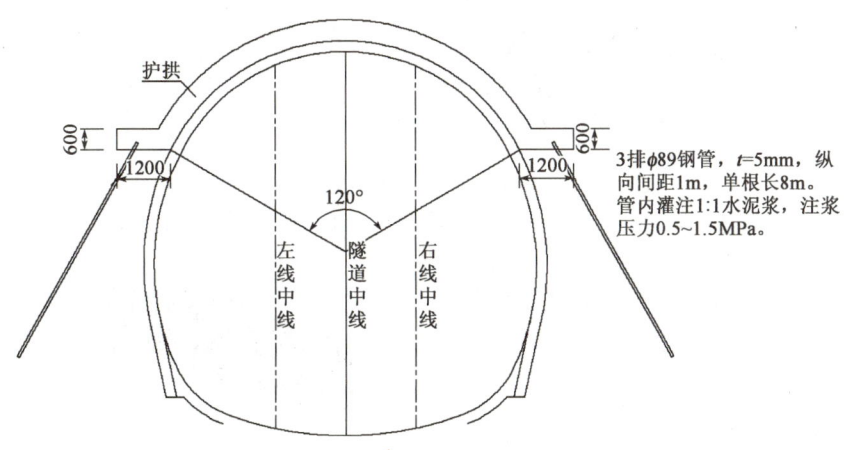

图 4-8　护拱布置图(尺寸单位:mm)

(3)注浆时,当注浆压力达到设计注浆终压并稳定 10~15min,注浆量达到设计注浆量的 80%时,可结束该孔注浆。注浆顺序先两侧后中间,可隔孔注浆。浆液先稀后浓,注浆量先大后小,注浆压力由小到大。

(4)护拱施工前必须对已施做初期支护结构进行临时加固,防止护拱浇筑过程中初期支护结构受力过大而产生较大沉降。加固措施采用洞内安装临时支撑结构,采用 ϕ108 壁厚 6mm 钢管支撑拱顶及拱脚。加固施工现场照片如图 4-9 所示。

图 4-9　支护加固施工现场图

(5)护拱钢筋安装前先对初期支护表面进行清理,设混凝土垫块保证钢筋保护层厚度。

(6)安装护拱背模,背模采用 5cm 厚木板,背模外部采用 ϕ22 钢筋裹紧,钢筋布置间距 1m。加固钢筋连接采用单面搭接焊,焊缝长度不小于 22cm。

(7)护拱混凝土浇筑分两次进行,先浇筑两侧护拱基础及以上 50cm 部分,再浇筑剩余部分。浇筑采用汽车泵进行,浇筑过程中保证布料均匀左右对称浇筑。混凝土振捣采用插入式振捣棒,护拱浇筑完毕及时覆盖洒水保湿养护 7d。护拱背模施工现场见图 4-10。

图 4-10　护拱背模施工图

4）反压回填

护拱混凝土强度达到设计要求后开始进行线路左侧及拱部反压回填。回填材料采用原状土,土体中不得含有垃圾、树根、较大石块、泥炭等杂物。

反压回填施工时要注意保证护拱结构两侧受力均匀。采用蛙式打夯机等小型设备分层夯实,每层厚度不大于 20cm,密实度不小于 0.8。回填期间应严密注意初期支护结构监控量测情况,发现异常情况时及时采取应对措施。

5）护拱段正洞开挖支护

反压回填完毕后进行正洞掘进,开挖工法采用三台阶预留核心土法,上、中台阶长度不大于 6m,初期支护成环距掌子面距离不大于 1 倍洞径。上台阶高度 4m,每循环进尺上台阶不大于 1 榀,中、下台阶及初期支护成环进尺不大于 2 榀。正洞掘进施工现场图片见图 4-11。

图 4-11　正洞掘进施工现场

上台阶掘进距洞口 12m 时,暂停掌子面掘进,开始下台阶及仰拱封闭成环施工。下台阶边墙脚处支垫 I36a 槽钢控制拱脚位移,上、中台阶钢架拱脚底部设置轻质泡沫铝垫板支垫,确保钢架底部密实。

锁脚锚管用 YT-28 风枪打入土体,每节点设置 4 根,锁脚锚管与钢架之间采用 $\phi 25$ "L" 形钢筋焊接牢固。锁脚锚管内灌注 M20 砂浆,以增强管体强度。

6)超前支护

护拱段正洞掘进完毕后进入暗洞施工时,超前支护措施采用超前密排小导管,上台阶拱部 150°范围内设置 $\phi 42$ 厚度 3.5mm 的无缝钢管,钢管环向间距 20cm,单根长 4m。

管内灌注 1∶1 水泥浆。纵向每 3 榀钢架设置一环,钢管外插角 10°~15°。

4.4.4　实施效果

青化砭 1 号隧道进口施工效果见图 4-12。该段围岩级别为 V 级,衬砌类型为 $V_{b\pm}$,按照监控量测布设要求,在 DK344+281、DK344+271 断面分别设置地表监控量测点,其中 DK344+271 断面布设 5 个测点,DK344+281 断面布设 4 个测点。为及时收集洞身施工期间变形情况,在 DK344+265 断面设置 1 个拱顶下沉监测点和 2 排水平收敛监测点。施工期间护拱段地表监控量测数据见图 4-13 和图 4-14,拱顶下沉及水平收敛监测数据见图 4-15。

施工期间 DK344+271 断面地表最大变形为地表 3 号测点,累计变形 87.6mm,最大变形速率 9.8mm/d。

施工期间 DK344+281 断面地表最大变形为地表 1 号测点,累计变形 50.1mm,最大变形速率 6.8mm/d。

施工期间 DK344+265 断面拱顶下沉 GD 累计值 51.1mm。水平收敛 SL1 累计值 8.59mm,最大变形速率 2.5mm/d。水平收敛 SL2 累计值 1.2mm,最大变形速率 1mm/d。

通过监控量测数据分析可知,前期初期支护结构未封闭成环时拱顶下沉较大,封闭后拱顶下沉值趋于稳定。在该方案实施过程中,该段初期支护未出现混凝土起皮、开裂和钢架扭曲等异常情况,初期支护结构整体较稳定,监控地表沉降曲线和拱顶下沉趋势呈现收敛状态。

图 4-12　青化砭 1 号隧道进口施工效果

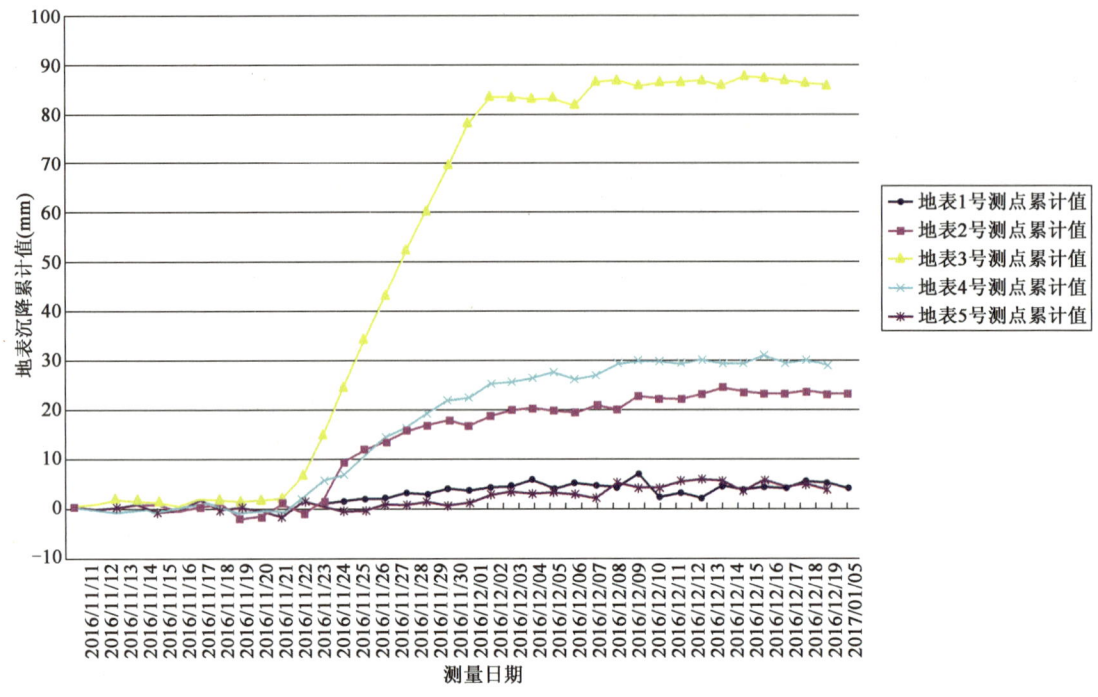

图 4-13　DK344+271 地表沉降监测曲线

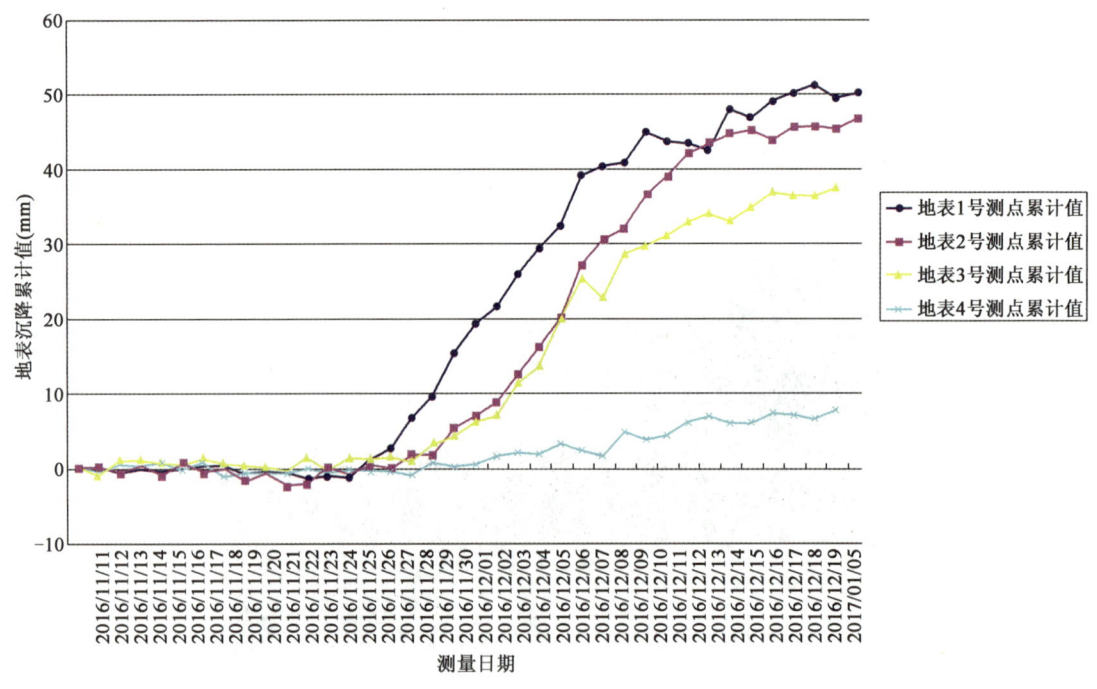

图 4-14　DK344+281 地表沉降监测曲线

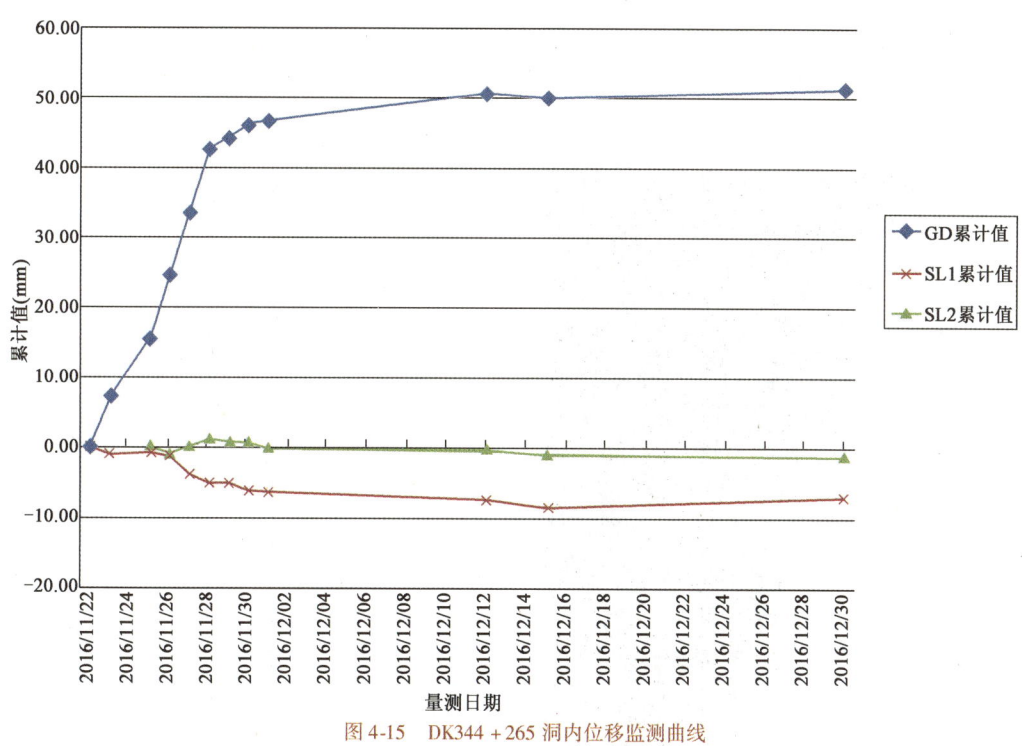

图 4-15 DK344+265 洞内位移监测曲线

4.5 穿越滑坡体案例介绍

4.5.1 工程概况

蒙华铁路岳家 1 号隧道隧址区为黄土梁峁及冲沟地貌,地形起伏较大,山坡自然坡度约 40°~70°。隧道区域地层岩性以黏质新黄土、黏质老黄土及泥岩夹砂岩为主,局部土石分界含大块钙质结核。

隧道进口位于 DK350+819,自进口起沿线路大里程方向 141m 洞身段地表发育滑坡,并于 DK350+920 通过滑动面附近。

1)岳家 1 号隧道进口滑坡体地质特征

针对岳家 1 号隧道进口滑坡体,设计单位进行了多次现场勘察,调查可见坡面拉裂缝,表现为圈椅状陷穴发育,且后缘明显,为明显的牵引式滑坡,坡脚土石界面渗水,滑坡纵长约 160m,平均宽度约 161.0m,滑体厚度 2.9~27.0m,体积约 38 万 m^3,属于中型土质滑坡;主滑方向 353°,与线路轴线夹角约 29°。依据滑动面埋藏厚度属中层滑坡,滑面为饱和黄土软弱面,为黄土滑坡,滑坡前缘沿新黄土与泥岩面剪出,开挖揭示剪出面位于土石分界,高程为 993m。综合分析,该滑坡为第四系土质牵引式滑坡,长期降雨入渗诱发并加剧了滑坡的滑动。

岳家 1 号隧道进口滑坡体平面见图 4-16,地质纵断面见图 4-17,现场施工情况见图 4-18。

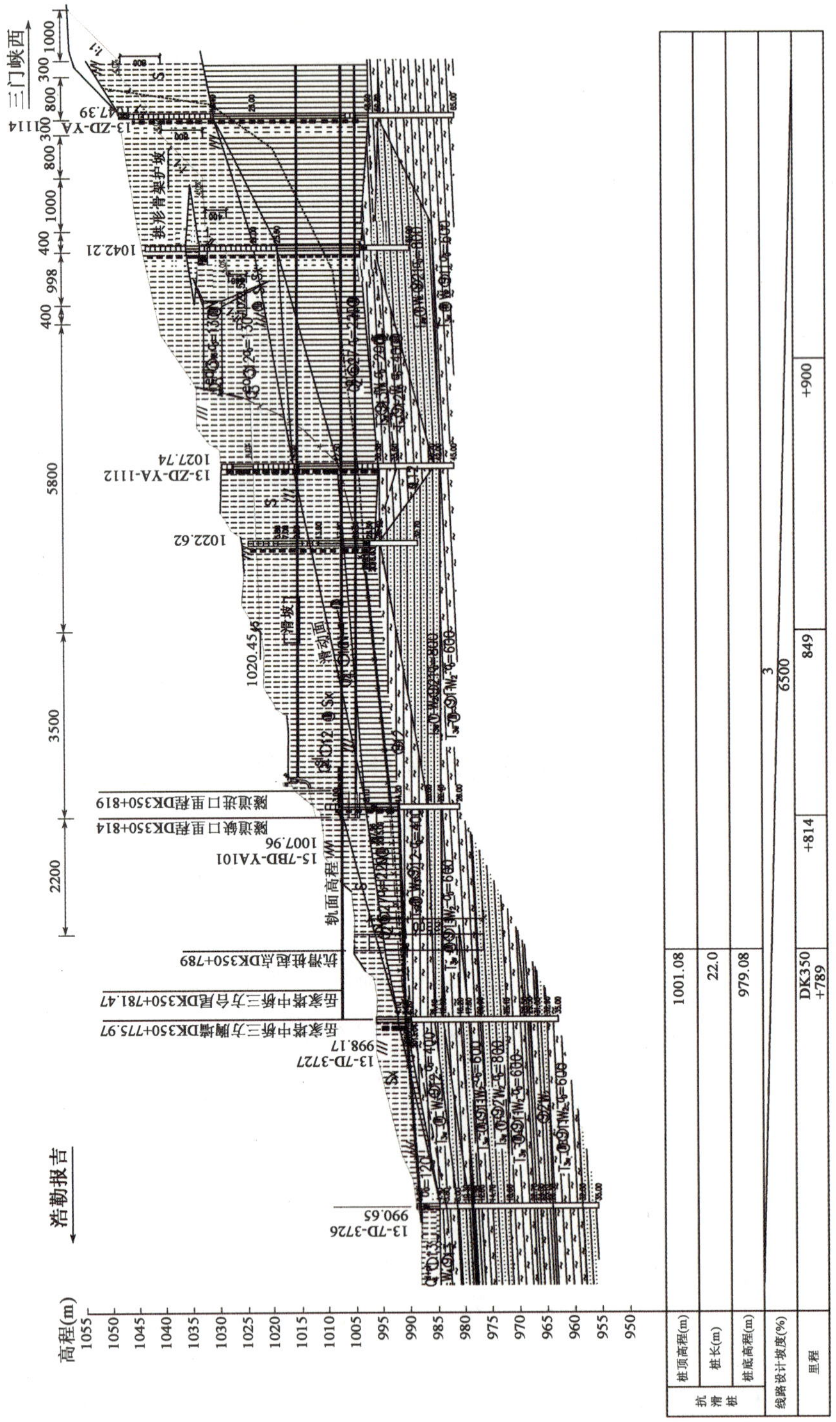

图 4-16 岳家1号隧道进口滑坡体平面示意图(尺寸单位:cm)

第4章 隧道洞口段施工技术

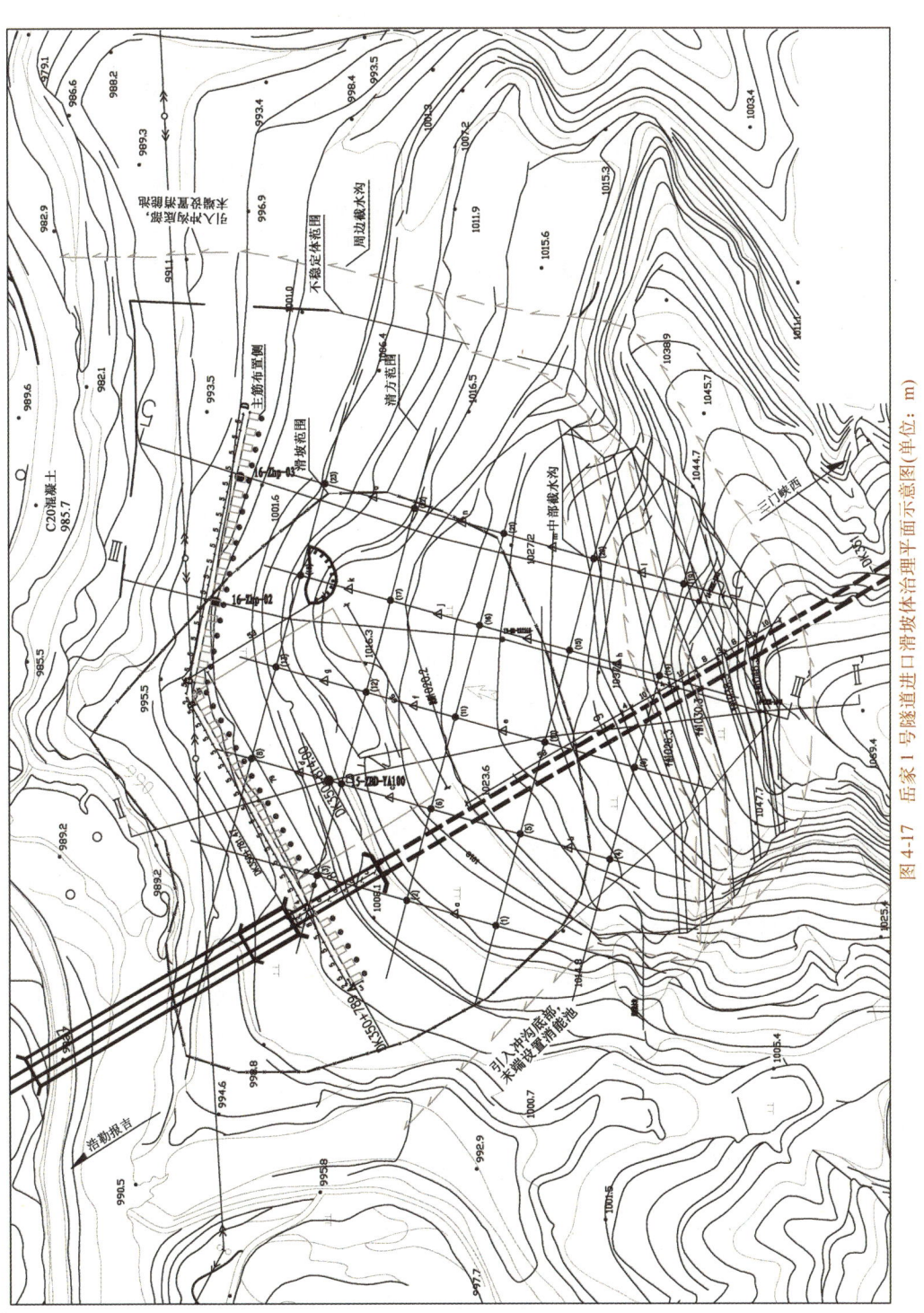

图 4-17 岳家1号隧道进口滑坡体治理平面示意图(单位:m)

图 4-18　现场施工情况

2）滑坡体影响分析

经勘探调查研究，对滑坡体进行细致分析后，推断出该滑坡体与岳家 1 号隧道进口段洞身施工相互之间有以下影响：

(1)大气降雨渗入诱发滑坡体滑动，对隧道施工带来安全隐患及干扰。

(2)隧道进口位于滑坡体前缘，地表水下渗使新黄土含水率较高，洞口边仰坡及明洞开挖无法保证其稳定性，极易发生滑坡。

(3)隧道暗洞穿越滑坡体时，开挖作业过程中易对滑坡体造成扰动，使得隧道洞身在与滑坡体的相互作用下产生错动，从而导致隧道结构的破坏。

(4)隧道地下水在洞身开挖后两侧水均流向洞身排泄，水的渗流作用将导致地层沉陷，地层沿滑动面滑移。

4.5.2　施工方案

结合岳家 1 号隧道进口滑坡体的特殊地质情况，及其与隧道洞身之间的相互作用，研究确定了"先治理、再加固、后贯通"的施工方案，从而顺利稳住了滑坡体，确保了隧道施工的安全，保质保量地实现了隧道贯通。

1)"先治理"：滑坡体治理措施

岳家 1 号隧道进口滑坡体属于中厚型滑坡，受降雨后地表水下渗诱发滑动；施工中坚持了滑坡治理优先的原则，采取了"一排、二减、三挡、四填"的四步治理措施。

(1)"一排"：设截水沟排地表水

为了避免因降雨流入滑坡范围后下渗加剧滑坡体滑动，在滑坡范围外沿施作周边截水沟，与自然水系连通，及时将地表水沿滑坡范围外沿排出，周边水沟位置详见滑坡体平面图。周边截水沟为梯形断面，采用 M7.5 浆砌片石，底部换填三七灰土垫层，水沟末端设置消能池。截水沟断面如图 4-19 所示。

(2)"二减"：清方减载

为了避免清方减载施工时扰动滑坡体，造成坡体滑移，所以待抗滑桩施工完成后，再进行滑坡后缘清方减载处理。在抗滑桩支挡作用下，更能快速有效的及时清除滑坡土方。

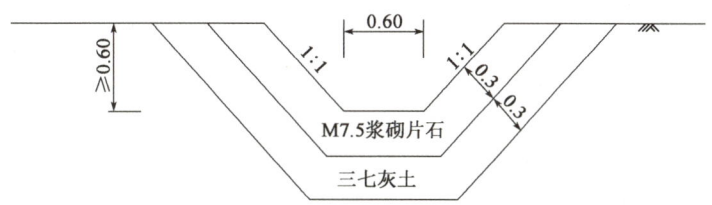

图4-19 截水沟断面图(尺寸单位:m)

岳家1号隧道进口滑坡体后缘清方自上向下分五级进行,边坡坡率为1:1,每级平台高度一般为8m。纵断面边坡参数见表4-1。

纵断面边坡参数(单位:m)　　　　　　　　　　表4-1

边坡等级	一级	二级	三级	四级	五级
平台宽度	58.0	10.0	10.0	3.0	3.0
边坡宽度	4.0	4.0	8.0	8.0	10.0

清方后边坡开挖一级防护一级,边坡防护形式为拱形骨架护坡。骨架以M7.5浆砌片石砌筑,截水槽部分采用C25素混凝土预制块砌筑,平台水沟与周边水沟相连通。拱形骨架护坡设计参数见表4-2。

拱形骨架护坡设计参数(单位:m)　　　　　　　　　　表4-2

骨架材料	主骨架净距	主骨架宽度	伸缩缝处主骨架宽度	主骨架厚度	拱骨架净距	拱骨架宽度	拱骨架厚度
M7.5浆砌片石	3	0.4	0.6	0.4	3	0.4	0.4

(3)"三挡":设置抗滑桩

根据设计单位勘察结果,滑坡体前缘抗滑桩设置处地层为砂质新黄土,饱和,稍密,含水率较大,土体稳定性差。考虑到人工挖孔过程中的施工安全,在单根抗滑桩桩周沿护壁外侧施作一排旋喷桩。旋喷桩桩径0.6m,间距0.5m,咬合布置。人工挖孔前在抗滑桩桩周打设旋喷桩,防止抗滑桩开挖过程中桩壁土体向内坍塌。旋喷桩打设长度根据现场地质情况确定,为了有效地起到超前防护作用,旋喷桩伸入基岩(风化泥岩)至少0.5m。旋喷桩布置如图4-20所示。

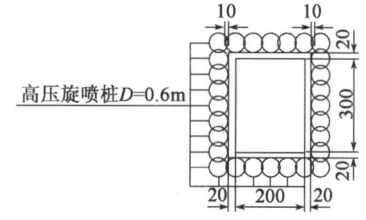

图4-20 旋喷桩布置图(尺寸单位:cm)

抗滑桩分布在岳家1号隧道进口左右侧,采用I型矩形桩,桩长22m,桩径2m×3m,共计38根。其中1号~20号、21号~38号桩截面垂直于AB、CD方向3.0m,平行于AB、CD方向2.0m,桩间距均为5m。抗滑桩分布见图4-21。

(4)"四填":滑坡体前缘回填反压

滑坡前缘沿原地面挖台阶,台阶高度不小于1m,填筑C组土夯实整平,压实标准同路基基床底层即压实系数不低于0.9,填土坡率1:1.5,每8m一级,级间设置2m宽平台,填土顶面撒草籽,坡面采用拱形骨架护坡防护。

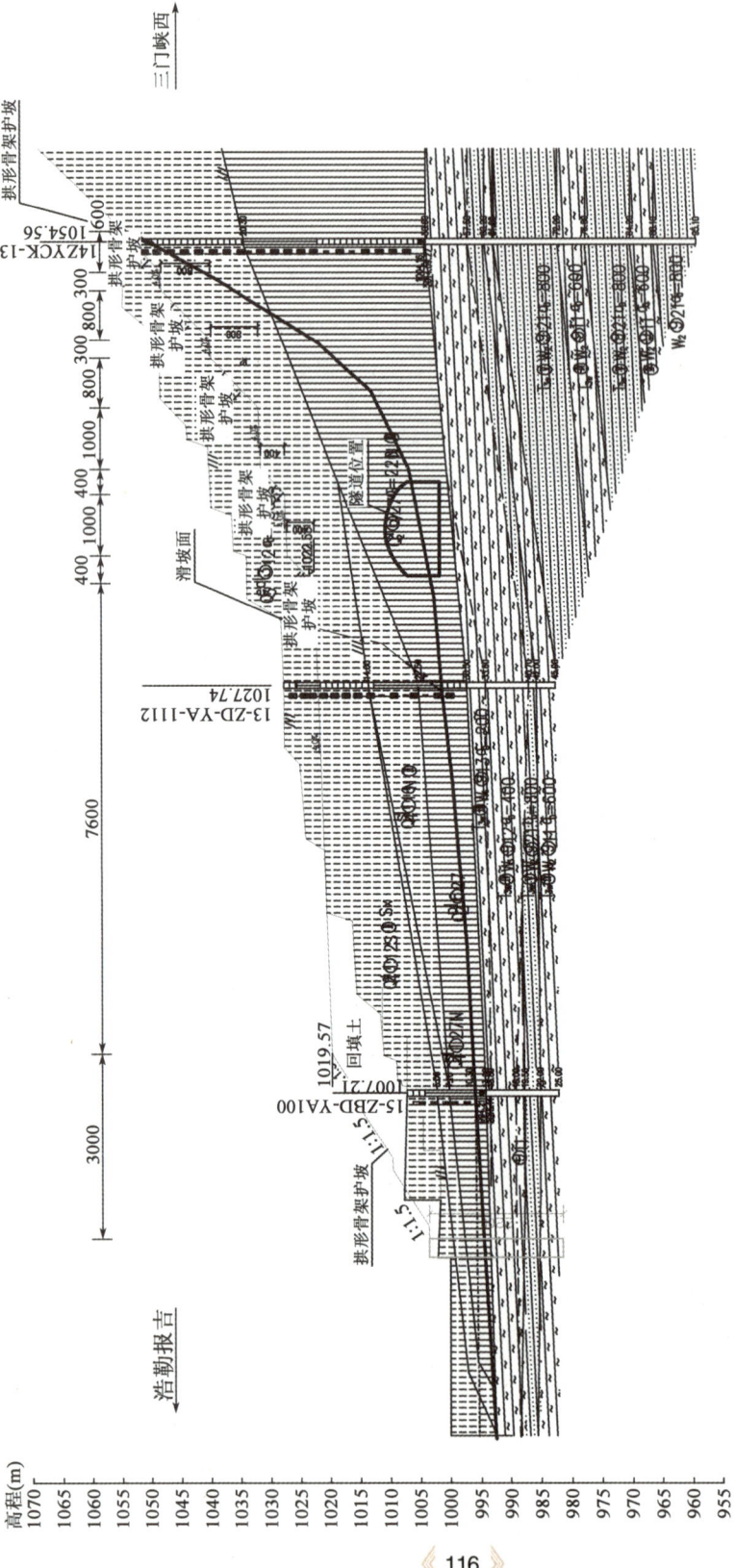

图 4-21 主滑动方向 Ⅱ-Ⅱ 纵断面示意图(尺寸单位:cm)

2)"再加固":隧道洞身穿越滑坡段的地表加固

待滑坡体治理施工结束,且进行滑坡体变形监测稳定,方可开展隧道洞身穿越滑坡段的地表加固施工。

加固措施主要对相关段落地表进行深层水泥土搅拌桩加固,避免隧道施工引起的水土流失造成滑坡体沉陷、坍塌。加固段里程为DK350+814~DK350+920,共106m,加固宽度为隧道中线左右侧各8m范围,加固深度为自地表至土石界面,桩长20~27m。水泥土搅拌桩桩径φ80cm,按等边三角形布置,边长75cm。搅拌桩布置如图4-22所示。桩位布置情况详见图4-23~图4-25。

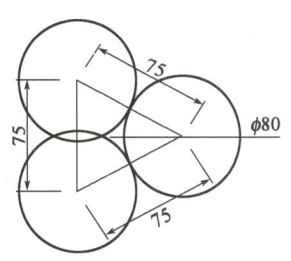

图4-22 搅拌桩布置图
(尺寸单位:cm)

3)"后贯通":隧道洞身贯通

水泥土搅拌桩完工28d后,经检测桩身无侧限抗压强度及单桩承载力均满足设计要求。结合滑坡体治理期间监控量测数据及滑坡体地表加固效果综合分析,滑坡体趋于稳定,具备正洞施工条件,当即进行正洞施工。

DK350+819~DK350+870段明洞变更为暗洞,采用Ⅴ级围岩V_c型复合式衬砌。开挖工法为三台阶法;超前预支护措施为拱部150°范围设置超前密排小导管;初期支护全环设置H230格栅钢架,钢架间距调整为0.5m,C25喷射混凝土厚度为全环30cm;二次衬砌仰拱及拱墙衬砌均采用C40钢筋混凝土,衬砌厚度为二次衬砌仰拱60cm、拱墙衬砌55cm。正洞进洞采用φ42超前密排小导管进洞,设置范围为拱部150°,环向间距20cm;贯通方式为进口端与斜井小里程方向相对掘进。

4.5.3 施工工艺

根据施工方案,采用的施工工艺有"先治理"中的设截水沟排地表水、清方减载、设置抗滑桩、滑坡体前缘回填反压工艺等,"再加固"中的地表深层水泥土搅拌桩加固工艺,"后贯通"中的洞身施工工艺等。由于"先治理"中的施工工艺比较常见,在此不再赘述。仅对饱和新黄土旋喷桩加固、地表深层水泥土搅拌桩加固和洞口进洞施工工艺进行介绍。

1)饱和新黄土旋喷桩加固

本滑坡体抗滑桩施工段落地质为饱和新黄土,局部呈软塑或流塑状态。为确保施工安全,在抗滑桩挖孔前采用高压旋喷桩对桩身周围土体进行加固,旋喷桩桩径0.6m,加固深度根据现场基岩出露情况,实际施作桩长9~13m,间距0.5m,咬合布置,以确保抗滑桩安全成孔。高压旋喷桩施工效果见图4-26。

旋喷桩施工流程:施工准备→测量定位→机具就位→钻孔至设计高程→旋喷开始→提升旋喷注浆→旋喷结束注浆。施工流程见图4-27。

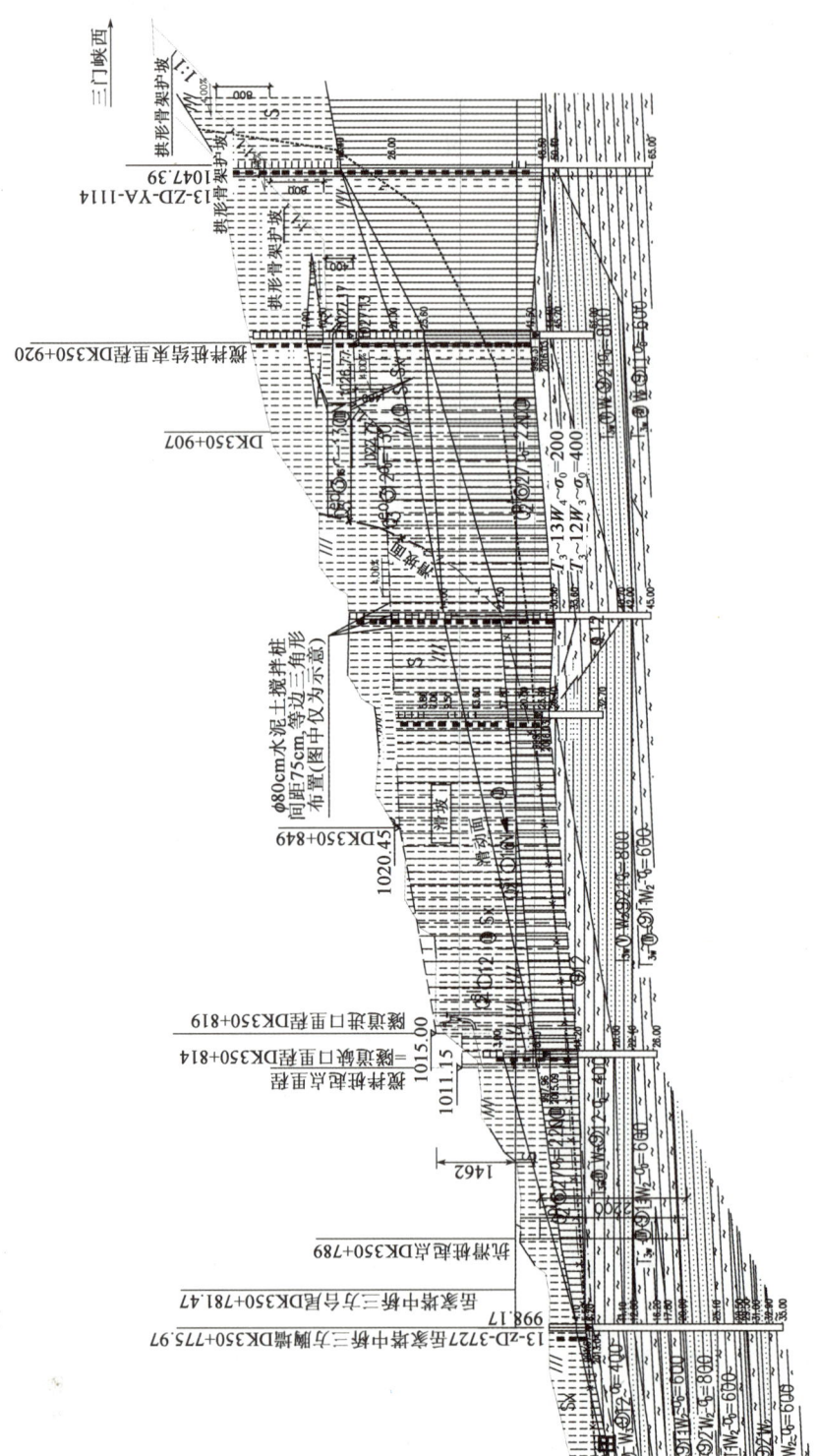

图 4-23　岳家 1 号隧道进口水泥土搅拌桩加固纵断面图（尺寸单位：cm，高程：m）

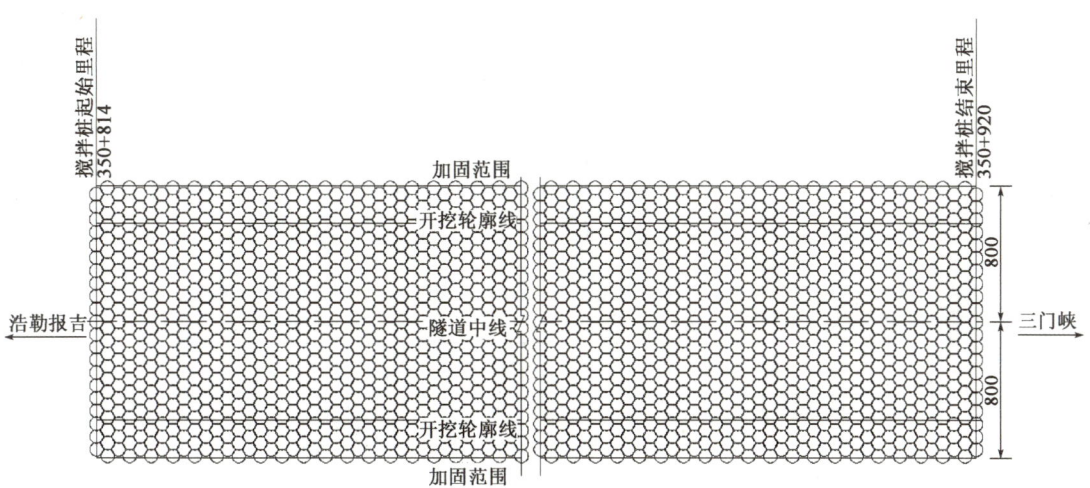

图4-24 岳家1号隧道进口水泥土搅拌桩加固平面布置示意图(尺寸单位:cm)

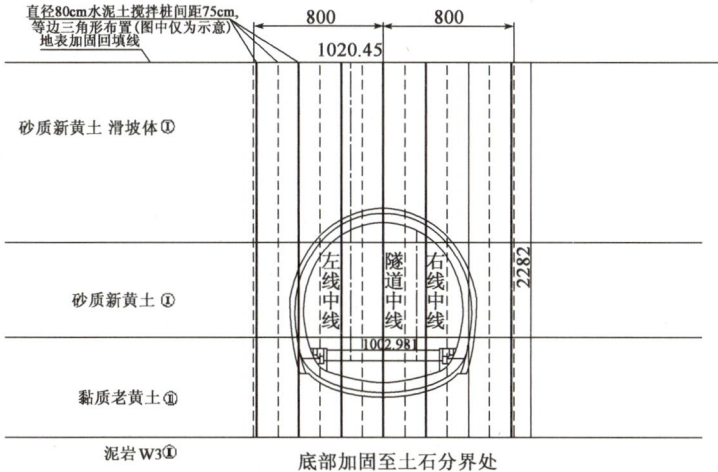

图4-25 岳家1号隧道进口水泥土搅拌桩加固横断面图(尺寸单位:cm)

a)

b)

图4-26 高压旋喷桩施工效果

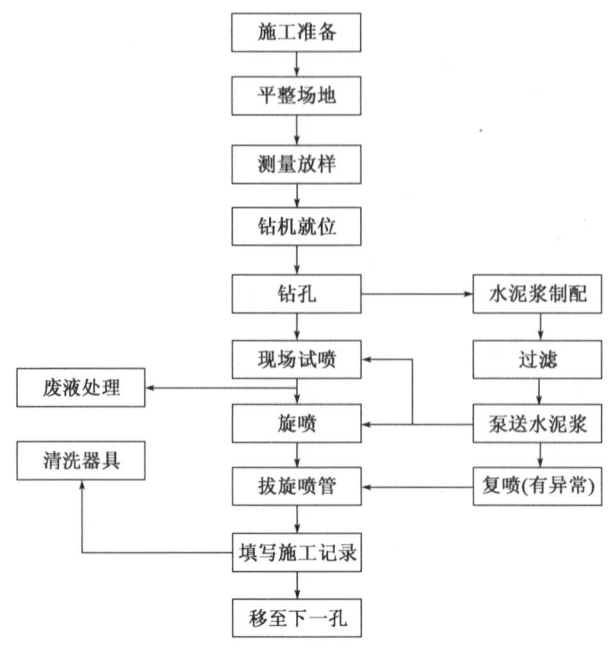

图 4-27　旋喷桩施工流程

(1) 主要参数

成桩工艺通过现场试桩确定,试桩不少于 3 根,根据试桩检测结果编制试桩总结报告,得到主要参数如下:

①浆液配比:P42.5 水泥掺入量 45%,水灰比为 (0.8~1.2) : 1;具体数据经现场试桩确定。

②钻进速度:1.0m/min;提升速度:0.05~0.25m/min。

③浆液输送到高压嘴的时间:3~5s。

④注浆量:50~75L/min。注浆压力:20~24MPa。

(2) 施工工艺

①平整场地。原地面清理、整平,并用挖掘机碾压密实。挖好排浆沟,设置回浆池,浆液回收处理,防止污染环境。

②钻机就位。钻机采用 PH-5D 深层搅拌桩机,钻机就位后,必须进行水平校正,使钻杆轴线垂直对准孔位,并固定好钻机。现场施工见图 4-28。

③钻孔。启动钻机钻进至预定深度,孔位纵横向偏差不大于 50mm,孔深不小于设计深度,垂直度偏差不大于 1%。

④喷射注浆作业。孔位及孔深校验后即可下入注浆管到预定深度。在下管之前,必须进行地面试喷。将注浆管下到预定深度后,进行地下试喷,试喷正常后即可自下而上进行喷射作业,并随时做好记录,如遇故障及时排除。

⑤冲洗器具。喷射作业完成后,通常把浆液换成水,在地面上喷射,以便把注浆泵、注浆管和软管内的浆液全部排除。

图 4-28 钻机就位图

(3)施工质量控制措施

①钻机就位应平稳,立轴、转盘与孔位对正,高压设备与管路系统应符合设计及安全要求,防止管路堵塞,密封良好。

②在高压喷射注浆过程中,当出现压力突增或突降、大量冒浆或完全不冒浆时,应查明原因,采取相应措施。

③隔两孔施工,防止相邻喷孔施工时串浆。相邻的旋喷桩施工时间间隔不少于 48h。

④当钻头提升至地面以下 0.5m 时,喷浆机应停止。喷射管分段提升的搭接长度不得小于 100mm。

⑤喷射管达到孔底启动并正常运转后,要在原地喷射 30s 后方可提升。如遇孤石或在抛石层中采用复喷工艺。

⑥喷射注浆:在插入旋喷管前先检查高压设备和管路系统,设备的压力和排量必须满足设计要求。并做高压水射水试验,合格后方可喷射浆液。

⑦浆液制作必须按照试验配比提前拌制,最少搅拌时间不得小于 2min。

⑧喷射时,先应达到预定的喷射压力、喷浆旋转 30s,水泥浆与桩端土充分搅拌后,再边喷浆边反向匀速旋转提升注浆管,提升速度 0.05~0.25m/min,直至距桩顶 1m 时,放慢搅拌速度和提升速度。

⑨喷浆过程应连续均匀,若喷浆过程中出现压力骤然上升或下降,大量冒浆、串浆等异常情况时,应及时提钻出地表,排除故障;复喷接桩时应加深 0.5m 重复喷射接桩,防止出现断桩。因地下孔隙等原因造成返浆不正常或漏浆时,应停止提升,用水泥浆灌注,直至返浆正常后才能提升。

⑩喷射成桩结束后,应采用含水泥浆较多的孔口返浆回灌,防止因浆液凝固后体积收缩,桩顶面下降,以保证桩顶高程满足设计要求。

(4)验收标准

成桩 7d 后,在浅部开挖桩头,目测搅拌的均匀性和量测桩径;成桩 28d 后,取芯检测无侧限抗压强度,强度值不得小于1.2MPa,单桩承载力不得小于200kPa;检测频率为总桩数的2‰。在旋喷桩施工过程中精确控制桩位,确保桩与桩之间咬合,使其对抗滑桩挖孔周围黄土达到有效加固及防护。

2)地表深层水泥土搅拌桩加固

岳家1号隧道在DK350+814~DK350+920段进行地表加固,采用水泥土搅拌桩处理,设置范围为隧道中线两侧各8m,加固深度至土石界面。

(1)施工工艺及技术要求

①水泥土搅拌桩桩径$\phi 80$,按等边三角形布置,边长为75cm。

②水灰比为0.7,浆液配制采用42.5级的普通硅酸盐水泥。施工过程中必须严格控制水灰比。

③定位放样:施工放样需每排定位一次。具体做法为:在每排桩超出边桩2m外设置护桩,并在护桩上与桩机底盘顶面(或选定其他参照物)大致平齐处挂线,挂线位置以操作人员视线可及处为宜,线上标示刻度,参照物可选取桩机底盘的某一边或某一固定点,在参照物上挂垂球,桩基移位时需使垂球的吊线密贴两护桩之间所挂的线上移动。施工定位见图4-29。

图4-29 搅拌桩施工定位图

④启动钻机,钻机安平后钻头正钻,待搅拌钻头接近地面,启动自动记录仪,正钻预搅下沉;钻至接近终孔深度时,应用低速慢钻。

⑤下沉钻进达到终孔条件,关闭送气阀门,打开送料阀门,喷送加固浆液至钻头。

⑥确认加固料已喷至孔底时,钻头反钻提升,同时喷浆。当提升到距离桩顶50cm处停止喷浆。

⑦重复搅拌至设计深度后在提升搅拌至桩顶,具体喷搅次数根据试桩工艺成果确定。

⑧严格控制钻进速度、提升速度、喷浆量及压力,确保成桩质量。

⑨水泥掺量为被加固土体重量的17%,经测算每延米水泥土搅拌桩需水泥134.9kg。

⑩水泥浆液配比0.7,密度为1673kg/m³。现场采用直径1.2m、高1.2m铁筒作为水的衡量工具。

(2)机械操作要求

①钻进速度1m/min,提升速度0.8m/min。钻进、提升管道压力0.1~0.2MPa,喷浆管道压力0.4~0.6MPa。

②在提升时喷浆。每次搅拌为全桩长范围,桩顶50cm范围内不喷浆。

③桩机操作者与搅拌施工员保持联系,保证搅拌机喷浆时连续供浆。因故需要暂停时,为防止断桩,等恢复供浆时应在断浆面上或下重复搭接0.5m喷浆施工。因故停机超过3h,应在原桩位旁边进行补桩。

④成桩过程中应严格控制钻进和提升速度、高程及数量,确保成桩质量。

⑤桩长不小于设计规定,搅拌桩的垂直偏差不得超过1.5%,应保证导向架的垂直度。

3)洞口进洞

进口端按设计坡比开挖边、仰坡并喷锚防护。洞口开挖分三次到位,第一次预留核心土开挖上台阶部分,待上台阶开挖支护5m后,同步开挖中台阶,待中台阶开挖支护5m后,同步开挖支护下台阶和隧底,然后平行流水作业直至贯通,预留沉降量20cm,如图4-30所示。

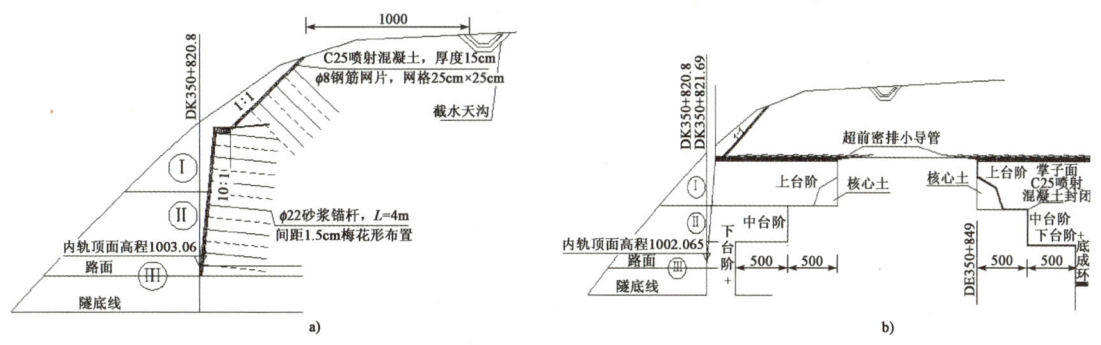

图4-30 进洞开挖纵断面示意图(尺寸单位:cm,高程:m)

除洞门挡墙范围内边坡按1:0.25施作外,洞口边、仰坡坡率均为1:1。临时边仰坡采用喷锚网防护,锚杆采用$\phi22$砂浆锚杆,$L=4.0$m,间距1.5m×1.5m,梅花形布置;喷射混凝土采用15cm厚C25网喷混凝土,钢筋网采用$\phi8$钢筋,网格25cm×25cm。

4.5.4 实施效果

岳家1号隧道进口施工效果见图4-31。

1)滑坡体位移监测

根据岳家1号隧道滑坡体位置及现场地形,在DK350+775~DK350+866段地表布设16个滑坡体位移监测点,2017年4月14日开始监测至2017年9月4日。测点最大累计位移23.2mm,最大累计沉降19.6mm。从开始监测至监测结束,各测点均无明显位移迹象,数据处于动态平衡状态。

图 4-31　岳家 1 号隧道进口施工效果

2）地表及洞内沉降观测

岳家 1 号隧道进口段围岩级别为 Ⅴ 级，衬砌类型为 V_c，受现场地形限制，只在 DK350+835 断面从线左至线右横向设置 5 个地表沉降监测点，其中 3 号点在隧道轴线位置。为及时收集洞身施工期间变形情况，在 DK350+835 断面设置 1 个拱顶下沉监测点和 2 排水平收敛监测点。施工期间护拱段地表监控量测数据随时间变化见图 4-32。施工期间地表最大变形为地表 3 号测点，累计变形 29.9mm，最大变形速率 3.5mm/d。

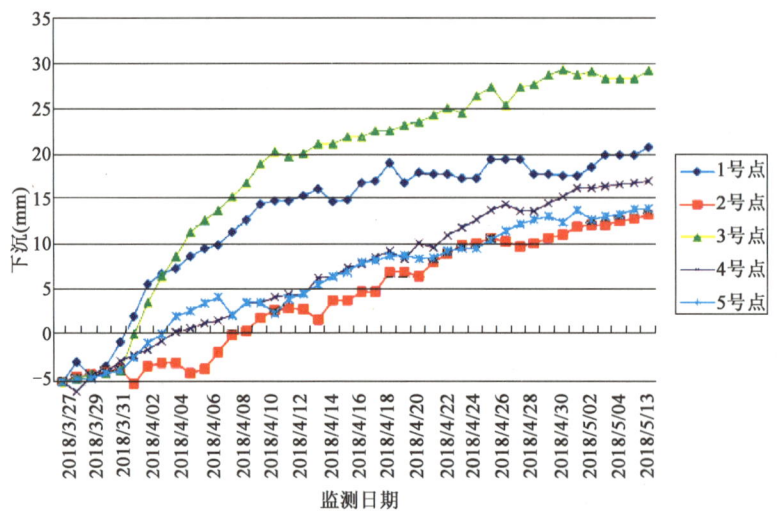

图 4-32　DK350+835 地表下沉监测曲线

施工期间 DK350+835 断面洞内拱顶下沉 GD 和水平收敛 SL 监测数据随时间变化情况如图 4-33 所示，拱顶下沉 GD 累计值 24.5mm，最大变形速率 4.5mm/d；水平收敛 SL_1 累计变形 3.6mm，最大变形速率 -1.7mm/d；水平收敛 SL_2 累计变形 1mm，最大变形速率 4.86mm/d。

通过监控量测数据分析可知，前期初期支护结构未封闭成环时拱顶下沉速率较大，封闭后拱顶下沉值减缓趋于基本稳定。在该方案实施过程中，该段初期支护未出现混凝土起皮、开裂和钢架扭曲等异常情况，初期支护结构整体较稳定，地表沉降及洞内变形监测显示初期支护成环后变形趋于收敛状态。

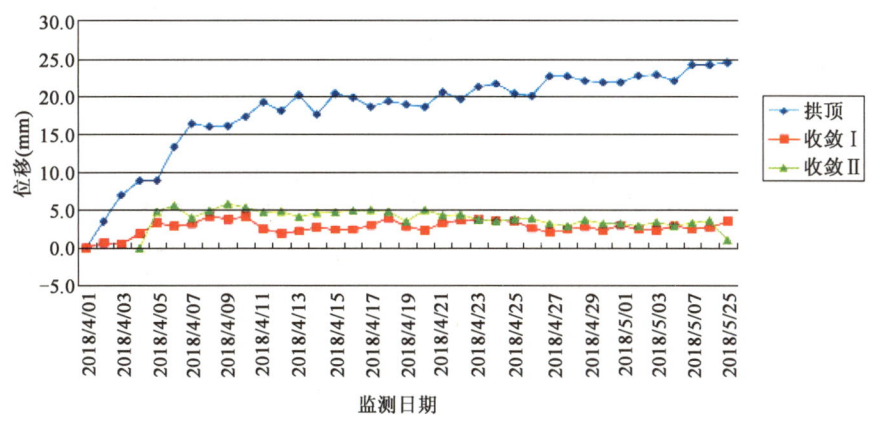

图 4-33　DK350+835 断面洞内位移监测曲线

4.6　小　　结

黄土隧道洞口土体稳定性差、风险大，施工容易引起坡体溜塌和滑坡等灾害，针对这种情况，蒙华铁路采用清方减载、抗滑桩支挡、回填反压、搅拌桩加固等措施确保了隧道边仰坡、滑坡体的稳定和安全进洞。

（1）黄土隧道洞口附近土体稳定性较差，施工中根据现场地形地貌和自然环境，以不刷坡或少刷坡、减少施工扰动的原则，采用初期支护逆作、施作护拱、回填反压、超前支护等措施，在确保边坡稳定基础上实现了零开挖进洞；并对护拱方案进行优化，取消了人工挖护拱底模及修整护拱轮廓，大大加快了施工进度，减少了土方的开挖运输费用。

（2）对于滑坡体，依据"先治理、再加固、后贯通"施工原则，采取后缘清方减载、前缘抗滑桩支挡和回填反压等综合治理措施，从根本上消除了滑坡的诱因。在隧道覆盖层较薄时，利用水泥土搅拌桩技术对隧道穿越滑体段进行地层加固，改善土体质量，大大降低隧道穿越滑坡体的施工风险。施工中辅以监控量测手段，对施工过程中洞口地表沉降、洞内水平收敛进行严密的实时监控，确保安全通过滑坡体。

第5章　富水黄土隧道施工关键技术

富水黄土隧道围岩软弱、含水率高、自稳能力差,隧道施工风险大。为解决富水黄土隧道施工难题,在蒙陕段富水黄土隧道使用了地表水泥土搅拌桩加固围岩、洞内高压旋喷桩隧底加固等地层改良技术,选用了超前小导管和帷幕注浆等预支护(加固)方式,采取了三台阶(或三台阶临时仰拱)开挖方法和加强支护措施,并设置洞内临时排水体系,有效地保证了隧道施工和运营期间洞室的稳定性。

5.1　富水黄土隧道地质特性

蒙陕段富水黄土隧道洞身穿越地层多为砂质新黄土、黏质新黄土、砂质老黄土、黏质老黄土,含水率较高,部分段落含水率大于20%、局部可达29%,掌子面、各台阶底部及边墙、仰拱底部受水浸泡,泥化非常严重。浅埋黄土隧道和隧道浅埋段围岩含水率受大气降水影响更为显著,洞室稳定性更差,施工过程中掌子面容易发生滑塌现象,严重时会诱发隧道塌方、冒顶,给隧道施工带来极大风险。

如郑庄隧道浅埋偏压段,素填土中上层滞水较丰富,渗透系数 $K=0.55\text{m/d}$,正常涌水量 $318\text{m}^3/\text{d}$,最大涌水量 $636\text{m}^3/\text{d}$。

如郭旗隧道浅埋偏压段埋深 14.88~38m,地表下约10m范围内为富水层,沟谷内含水率高,实测砂质新黄土含水率达 23.1%~25.5%;洞身围岩多为富水黄土,含水率高达20%以上,竖向裂隙发育,开挖后拱顶有掉块现象,呈大块状散体结构,施工风险大。

5.2　富水黄土隧道施工面临的风险和难点

当隧道穿越富水黄土地层时,隧道开挖后成为地下水的汇集廊道,隧道周围土体含水率不断增大,甚至逐步达到饱和状态,出现"泥化"现象,其强度与稳定性迅速下降。富水黄土隧道施工灾害及其机理研究如下：

(1) 渗水漏水

黄土渗水漏水严重程度与其水文条件有紧密的联系，主要以隧道洞身的渗水和淌水为主。其机理主要是：黄土孔隙发育、大孔骨架式架空结构的结构类型和垂直节理发育的构造形式造就了黄土成为良好的含水层，地表水更容易通过垂直入渗的方式与地下水形成联系，加快了入渗速度。当隧道开挖经过此含水层，将改变原有的渗流路径、渗流方向以及渗透水压力，导致原黄土含水层的地下水沿着黄土的垂直节理向隧道渗入，从而导致渗水、漏水，严重时可爆发携带大量泥沙的突泥。

(2) 隧道塌方

塌方是隧道修建过程中最为常见的一种灾害事故，发生的规模一般较大，具有突发性。其发生机理主要是：围岩自承能力不足，黄土隧道中黄土的黏聚力较低和内摩擦角较小，在开挖过程中，隧道周边一定范围内变形加快，使得围岩松弛、整体强度变低，当土压增加时，局部发生塑性变形，在围岩内部出现空洞，空洞造成围岩局部下沉，塑性区进一步扩大，土压力剧增导致整体失稳而塌方。不仅围岩自身属性对塌方有巨大的影响，地下水也是塌方的影响因素之一。黄土由于垂直节理发育，地表水下渗速度快，破坏了原有结构联结力，黄土的强度和承载力下降，当开挖至饱水黄土层时，围岩易失去支撑而塌方，同时黄土遇水沉陷下沉造成围岩侧压力增大，造成拱脚变形加大，围岩失去自稳，导致围岩塌方。

(3) 地表变形破坏

黄土隧道地表变形破坏主要表现为地表的裂缝、陷穴等，是较为普遍的一种地质灾害，其发生和许多因素有关，如地表水的入渗、农业灌溉和大气降水等。发生机理主要是：黄土垂直节理发育且侧向围压较小，当黄土拱顶下沉时，垂直节理切割的土柱发生垂直位移，这种位移传递到地表则会产生裂缝和陷穴。

5.3　富水黄土土体改良加固技术

含水黄土强度指标低，自稳能力差，受施工扰动极易产生掌子面滑塌、洞室失稳，需预先进行土体改良加固，增强围岩的稳定性。为此，蒙陕段含水黄土采用水泥土搅拌桩、地表袖阀管注浆和高压旋喷桩等手段进行了土体加固。

5.3.1　地表水泥土搅拌桩加固技术

水泥土搅拌桩是利用水泥作为固化剂，通过特制的搅拌机械，在地基深处将软土和固化剂强制搅拌，利用固化剂和软土之间的一系列物理化学反应，使软土硬结成具有整体性、水稳定性的水泥土桩的一种地基处理技术。搅拌桩适合于加固各种成因的饱和软黏土。目前，国内常用于加固淤泥、淤泥质土、粉土和含水率较高的黏性土。

郑庄隧道素填土浅埋段选用深层水泥土搅拌桩作为超前加固措施。水泥土搅拌桩桩径

80cm,按边长75cm的等边三角形布置;加固范围:横向为隧道中线左右两侧各11m,竖向为原地面向下至老黄土界面下0.5m;要求加固区渗透系数不大于10~7cm/s;水泥土搅拌桩水泥掺量不小于17%;水灰比0.7~1;加固区28d无侧限抗压强度不小于1.0MPa。水泥土搅拌桩加固平面布置见图5-1,水泥土搅拌桩加固横断面见图5-2。

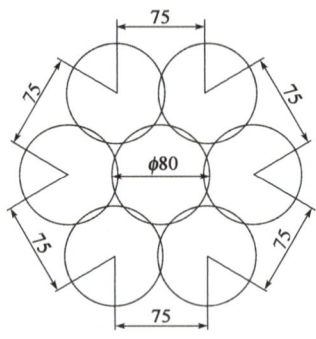

图 5-1　水泥土搅拌桩加固平面布置图(尺寸单位:cm)

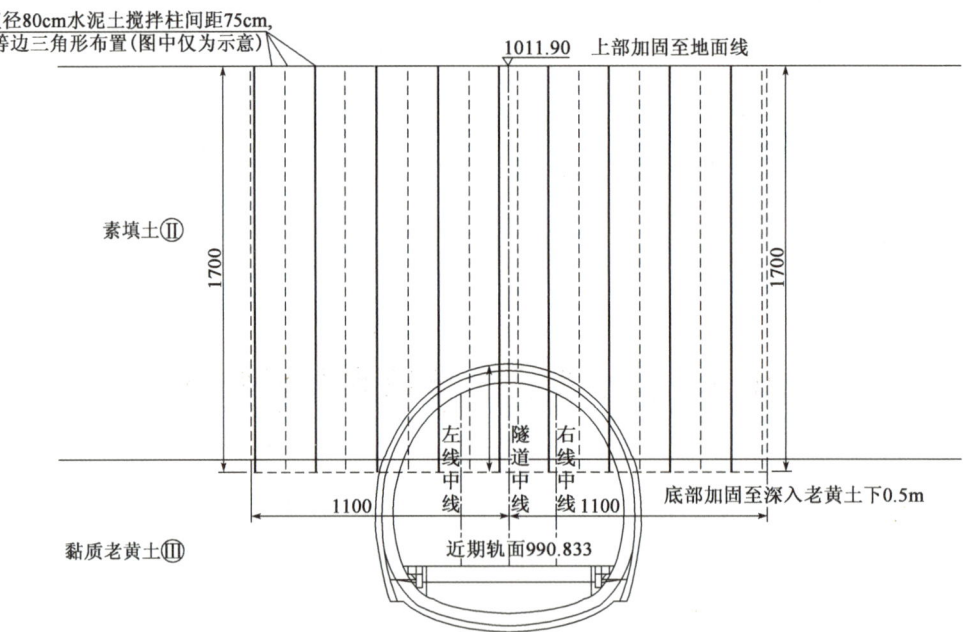

图 5-2　水泥土搅拌桩加固横断面图(尺寸单位:cm)

1)地表水泥土搅拌桩加固施工流程

施工流程:原地面的处理→测量放样→钻机就位→搅拌钻进→喷浆、搅拌、提升→复拌、提升搅拌→钻机移位。流程详见图5-3。

(1)原地面处理

清除地表1m厚种植土,堆码在指定位置,为后期复耕做准备。

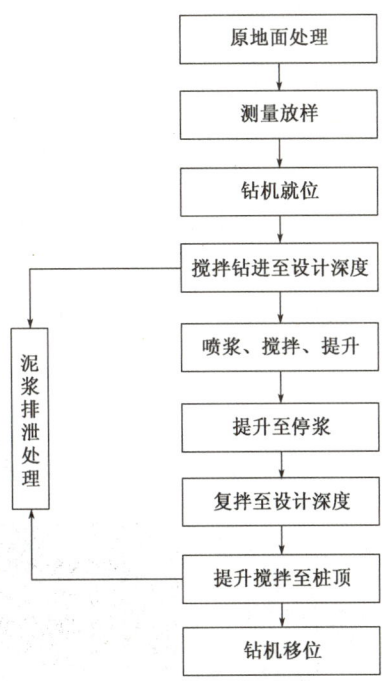

图 5-3 水泥土搅拌桩施工流程

(2) 测量放样

测量放出桩位的中心点,撒上白灰。经检验无误后,进行施工,并做好记录。

(3) 钻机就位

钻机按设计桩位就位,对正桩位,保证钻杆垂直。

(4) 搅拌钻进至设计深度

启动钻机下钻,待搅拌机钻头接近地面启动空压机送气,开始钻进,钻进至设计深度。

(5) 喷浆、搅拌、提升至停浆面

钻到设计深度时,关闭送气阀门,开启灰浆泵,泵送浆液,确认浆液已到桩底时,再匀速搅拌提升钻头至设计桩顶,并停止喷浆。

(6) 复拌至设计深度,提升搅拌至桩顶

重复搅拌至设计复搅深度,每次搅拌为全桩长范围。

2) 施工要点

(1) 施工前应施作不少于 3 根试桩以确定施工工艺、参数、浆液配比、钻进和提升速度等,保证单桩承载力要求。

(2) 桩机操作人员与搅拌施工人员保持密切联系,保证搅拌机喷浆时连续供浆。因故需暂停时,为防止断桩,恢复供浆后应在断浆面上或下重复搭接 0.5m 喷浆施工;因故停机超过 3h,在原桩位旁进行补桩。

(3) 水泥土搅拌桩成桩过程中应严格控制钻进和提升速度、高程及数量,确保成桩质量。搅拌机喷浆提升的速度和次数必须符合施工工艺要求,深度记录误差不得大于 50mm,时间记录误差不得大于 5s。

(4)桩长不小于设计规定,搅拌桩的垂直试验偏差不得超过1.5%,应保证导向架的垂直度。

(5)施工前应探明地下埋着物,并完成地下管线的迁改,对影响施工的高压线应进行迁改或架高。

(6)施工用水应符合规范要求,施工中产生的废水、废渣应符合当地环保要求,不得随意排放、堆弃,做到文明施工。

(7)搅拌桩施工完成28d内任何机械不得在上面行走,施工完成28d后按设计要求进行桩身质量检测。

(8)搅拌桩施工顺序采用从线路中心向两侧的顺序推进,施工现场见图5-4、图5-5。隧道开挖揭露水泥土搅拌桩加固效果如图5-6所示。

图5-4 地面处理

图5-5 钻机就位地基加固

a)

b)

图5-6 水泥土搅拌桩洞身开挖局部效果图

3)成桩效果检测

(1)成桩7d后可采用浅部开挖桩头,深度宜超过停浆面以下0.5m,通过目测的方式检查搅拌的均匀性、量测成桩直径。检测频率为总桩数的2‰且不少于3根。

(2)搅拌桩完成28d后,采用钻芯取样法在桩径1/4处、全桩长范围内垂直钻芯,取3个不同深度的芯样试件做无侧限抗压强度试验,要求不低于1.2MPa,检测频率为总桩数的2‰且不少于3根。

4)水泥土搅拌桩加固技术评价

(1)优点

①水泥土搅拌法由于将固化剂和原地基软土就地搅拌混合,最大限度地利用了原土。

②不存在水对周围的影响,且不会使地基侧向挤出,对周围原有建筑物的影响很小,无振动、无噪声、无污染,可在密集建筑群中进行施工。

③根据上部结构的需要,可灵活地采用柱状、壁状、格栅状和块状等加固形式。

④与钢筋混凝土桩基相比,可节约钢材并降低造价。

(2)缺点

①水泥土搅拌桩桩体水泥掺入量较小。

②水泥土难以搅拌均匀;上部强度较高,而下部强度较低;水泥土芯样存在成块的土团和水泥浆凝固体;成桩质量难以保证。

③桩土共同作用难以协调,需要在桩顶设置垫层或土工织物加筋层。

④桩间距较小,既破坏了土体的天然结构,又导致造价增加。

5.3.2 高压旋喷桩隧底加固技术

黄土隧道开挖完成以后,其原始基底的承载力往往难以满足隧道结构的受力要求,在隧道修建完成以后,基底会产生较大的变形,因此,为了隧道施工过程及后期运营的安全,必须对地基进行加固处理。

黄土隧道常见的隧道基底加固方法主要有:挤密桩法、高压旋喷桩法、袖阀管注浆法。其中高压旋喷桩适用于松软土(软土)层厚度大、富水、沉降控制难度较大段落。

高压旋喷桩是以高压旋转的喷嘴将水泥浆喷入土层与土体混合,形成连续搭接的水泥加固体。高压旋喷桩施工占地少、振动小、噪声较低,但容易污染环境,成本较高,对于不能使喷出浆液凝固的土质不宜采用。

1)高压旋喷桩适用范围

(1)高压喷射注浆法适用于处理淤泥、淤泥质土、流塑、软塑或可塑黏性土、粉土、砂土、黄土、素填土和碎石土等地基。

(2)当土中含有较多的大粒径块石、坚硬黏性土、含大量植物根茎或有过多的有机质时,对淤泥和泥炭土以及已有建筑物的湿陷性黄土地基的加固,应根据现场试验结果确定其适用程度。应通过高压喷射注浆试验确定其适用性和技术参数。

(3)高压喷射注浆法对基岩和碎石土中的卵石、块石、漂石等呈骨架结构的地层以及地下水流速过大和已涌水的地基工程、地下水具有侵蚀性,应慎重使用。

郭旗隧道 DK368+582~DK368+638.6 段属于富水黄土段落,该段采用高压旋喷桩加固基底。

2)高压旋喷桩施工参数

(1)高压旋喷桩成桩约 50min/根,一个单元加固完成约需 7d。

(2)高压旋喷桩参数:桩径 0.5m,桩间距 1.0m×1.2m(环×纵),梅花形布置。采用单管旋喷,水泥:水:外加剂 = 1:0.60:0.005;高压旋喷桩设计水泥浆密度 1.41g/cm^3,现场实际测量水泥浆密度 1.43~1.6g/cm^3;钻进速度 1.0m/min,提升速度 0.3~0.4m/min;浆液输送到高压嘴的时间 3~5s,注浆速度 60~75L/min;注浆压力 20~24MPa。

3)高压旋喷桩效果检测

在隧道规范中未明确规定基底处理措施的检测方法及频率,根据隧道洞内实际情况并结合业主单位相关文件要求,检验参照现行《铁路工程地质原位测试规程》(TB 10018)及《铁路工程地基处理技术规程》(TB 10106)。选定检测方法及标准如下:

高压旋喷桩质量检验包括桩身完整性、强度和复合地基承载力,检测通过平板载荷试验确定,桩身完整性及强度采用钻芯取样确定,蒙华铁路复合地基承载力不小于200kPa,强度不小于3.0MPa。

经检测,有效桩径为53~60cm,单桩复合地基载荷试验均满足200kPa,桩长钻孔取芯,芯样呈柱状、块状,搅拌均匀,28d强度为4.5~6.8MPa(不小于3MPa)。

高压旋喷桩有效地解决了郭旗隧道DK368+570处沉降明显,控制难度大的问题。现场施工状况见图5-7。

a)　　　　　　　　　　　　　　b)

图5-7　高压旋喷桩基底加固

5.4　富水黄土段支护措施

富水黄土隧道围岩自稳性差,开挖后容易引起掌子面滑塌、洞室变形难以控制,因此蒙华铁路在富水黄土区段,根据黄土特性和洞室稳定情况有针对性地选用了不同的超前支护(加固)措施,取得了良好的效果。

5.4.1　超前预支护(加固)

富水黄土隧道采用的预支护或预加固措施视围岩特点及稳定性来确定,当黄土整体性较好,采用超前小导管支护形式;当浅埋偏压地段、掌子面易发生溜塌、自稳能力较差,采用超前短管棚支护形式;当黄土含水率高、自稳能力差、掌子面易滑塌且采用短管棚措施后掌子面稳定性改善效果不明显时,采用帷幕注浆进行超前加固。

超前小导管和短管棚详见第2章相关内容。超前小导管施工见图5-8,短管棚施工见图5-9。

图 5-8　超前小导管施工

图 5-9　短管棚施工

在富水新黄土、掌子面易坍塌、初期支护变形异常段落,采用帷幕注浆进行超前加固。

1)注浆孔布置

全断面帷幕注浆单循环施工长度 25m,设计注浆孔 68 个,其中 25m 注浆孔 48 个(图 5-10),15m 补孔断面设计注浆孔 20 个(图 5-11);注浆加固范围为隧道开挖轮廓线外 5m;注浆方式采用钻孔后退式注浆。注浆设计参数见表 5-1。

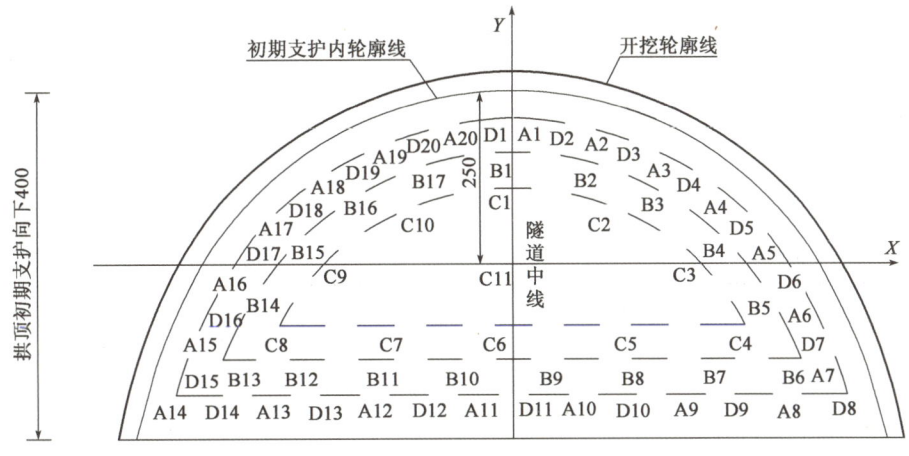

图 5-10　注浆开孔图(尺寸单位:cm)

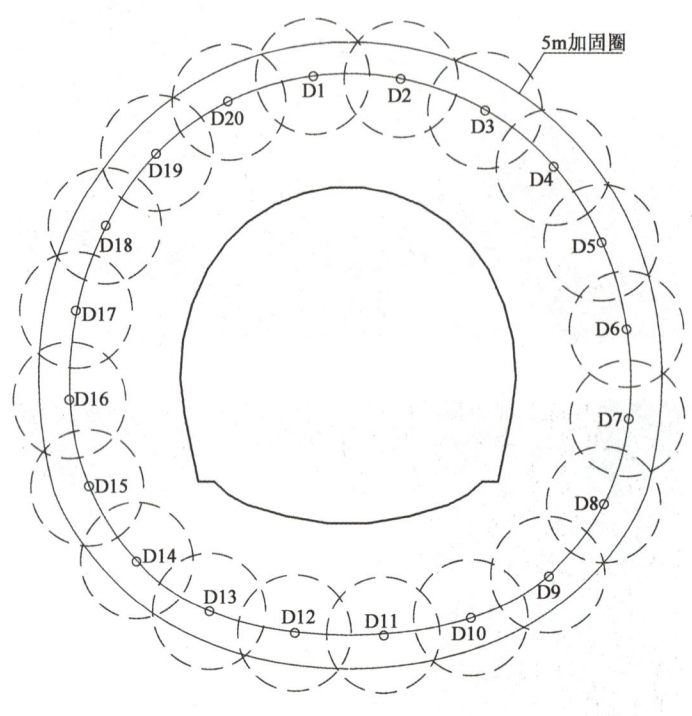

图 5-11　15m 断面终孔图

注浆设计参数表　　　　　　　　　　　　　　　　　　　　　　表 5-1

序号	参数名称		全断面参数	备注
1	纵向加固段长		单循环 25m	含止浆墙
2	加固范围		全断面开挖轮廓线外 5m	
3	浆液扩散半径		2m	
4	注浆速度		10~90L/min	
5	注浆终压		4~6MPa	施工时可适当调整
6	终孔间距		≤3m	
7	注浆方式		钻杆前进式注浆结合后退式注浆	
8	钻孔数量	注浆孔	单循环 68 个	塌孔区域可补孔
		检查孔	5 个	

2）注浆顺序

在正式注浆施工开始前，先通过注浆孔对止浆墙前方 6m 范围回填洞渣进行注浆固结，并对止浆墙和初期支护之间的缝隙进行封堵。

全断面注浆顺序：

一序孔：A15，A17，A19，A7，A5，A3，A1，A9，A11，A13，B13，B15，B17，B11，B9，B7，B5，B3，

B_1,C_5,C_7,C_9,C_1,C_3。

二序孔:A_{14},A_{16},A_{18},A_{20},A_{12},A_{10},A_8,A_6,A_4,A_2,B_{12},B_{14},B_{16},B_{10},B_8,B_6,B_4,B_2,C_4,C_6,C_8,C_{10},C_2。

三序孔:D_{15},D_{17},D_{19},D_7,D_5,D_3,D_1,D_9,D_{11},D_{13},D_{14},D_{16},D_{18},D_{20},D_{12},D_{10},D_8,D_6,D_4,D_2,C_{11}。

3) 浆液配比

注浆材料采用水泥-水玻璃双液浆为主,普通水泥为辅。浆液配合比见表5-2,施工过程中根据涌水情况及地层吸浆情况进行材料种类及配比的适当调整。

原材料——普通硅酸盐水泥:P.O 42.5;水玻璃浓度:35~38Be′;模数:2.4~2.8。

浆液配比参数表 表5-2

序号	名 称	配 合 比
1	普通水泥单液浆	$W:C=(0.8\sim1):1$
2	水泥水玻璃双液浆	$C:S=1:1$(体积比),水玻璃浓度:35~38Be′

4) 帷幕注浆工艺

(1) 施工前准备

①反压回填。

对注浆工作面附近反压回填形成作业平台,便于机械设备和材料运抵作业面;宜采用干的黏质老黄土回填,而不采用含水率较高的新黄土及砂质黄土,原因是黏质老黄土具有很好的隔水性能同时承载力较高,利于后期施工,而新黄土及砂质黄土遇水承载力明显下降,会造成后期施工难度增加。

回填时由出渣车运至洞内,挖掘机进行修整成平台并设置斜坡,坡脚控制在30°左右,为后期施工做好相关准备工作。

回填完成后立即采用厚度不小于10cm的C25喷射混凝土对掌子面进行封闭,同时斜坡及钻孔平台表面硬化30cm厚C20混凝土。

②套拱施工。

为确保帷幕注浆时,止浆墙附近12m范围的隧道初期支护的稳定,提前对其进行套拱加固。套拱采用H230格栅钢架全环锁口加固,钢架设φ22纵向连接钢筋,间距0.75m,钢架每节点处设4根φ42锁脚锚管,锁脚锚管长度4m,钢架间喷射27cm厚C25混凝土。

③径向注浆。

初期支护背后径向注浆采用单液浆,水灰比1:1,压力1.5~2.5MPa,注浆孔孔径52mm,孔口管采用φ50壁厚3.5mm的热轧无缝钢管,管长1m,孔口管安装止浆阀,注浆孔按照梅花形布置,孔口环向间距170cm,孔底环向间距250cm、纵向间距200cm,注浆采用由下而上的顺序,按两序孔进行,即先跳打跳排注一序孔,然后注剩下的二序孔。

④止浆墙施工。

止浆墙施工高度为作业平台底面至拱顶,在相应位置的初期支护周边先打设2排φ22连接钢筋,单根长度2m(埋入1m,外露1m),间距0.5m,排距0.5m。模板采用竹胶板背方木组成,止浆墙采用C25混凝土一次浇筑完成。在浇筑时注意观察模板加固情况,降低浇筑速度,防止发生爆模等情况。

(2)钻孔及孔口管安装

现场采用红油漆标定孔位,确定对应孔位钻进角度后,采用 $\phi 130$ 钻头低速钻进至 1.2m,安设孔口管,孔口管采用 $\phi 108$ 壁厚 5mm 的无缝钢管加工,管长 1.2m,孔口管外壁缠绕 50~80cm 长的麻丝成纺锤形,采用钻机冲击安设到设计深度,并用水泥基锚固剂锚固,以保证孔口管安设牢固不漏浆。

(3)钻孔及注浆施工

孔口管安设完毕后进行钻孔施工。钻孔先用 $\phi 91$ 钻头通过孔口管将止浆墙钻穿,退出钻杆。再采用干钻钻 $\phi 91$ 孔,钻孔至设计深度后,先拆除 2m 钻杆后进行注浆,该段注浆达到设计结束标准后,再拆除 2m 钻杆进行注浆。现场帷幕注浆如图 5-12 所示。以此循环,直至结束该孔注浆。机械设备采用钻灌一体机。

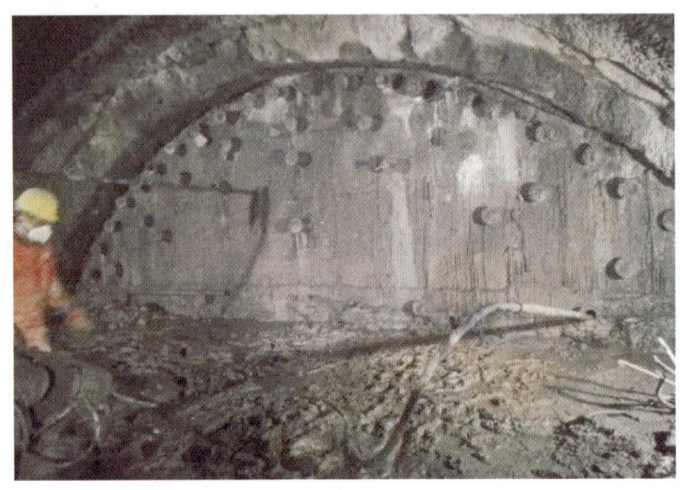

图 5-12 现场帷幕注浆

(4)注浆压力结束标准

①单孔结束标准。

注浆压力逐步升高至设计终压(4~6MPa),则继续注浆 10min 以上,进浆量小于初始进浆量的 1/4,检查孔涌水量小于 0.2L/min。

②全段注浆结束标准。

所有注浆孔均符合单孔结束条件。

(5)检查孔设置

施工完成后对薄弱区域施作检查孔,重点检查,每循环设置 5 个检查孔。检查孔采用风钻成孔,不得加水。检查项目:成孔状态,孔渣含水率,钻进速度等。

(6)注浆效果评价

注浆效果评定采用注浆 P-Q-T 曲线分析法和孔内成像检查孔法。

①注浆 P-Q-T 曲线分析。

施工过程中记录各时间段 T 对应的注浆压力 P、流量 Q,并根据所记录的数据绘制 P-Q-T

曲线。典型孔 B5 孔、D14 孔的 P-Q-T 曲线分别见图 5-13、图 5-14。

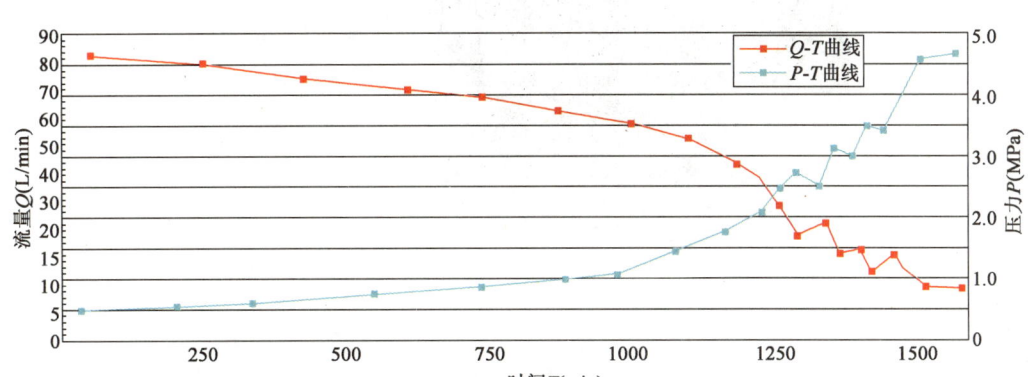

图 5-13　B5 孔注浆 P-Q-T 曲线

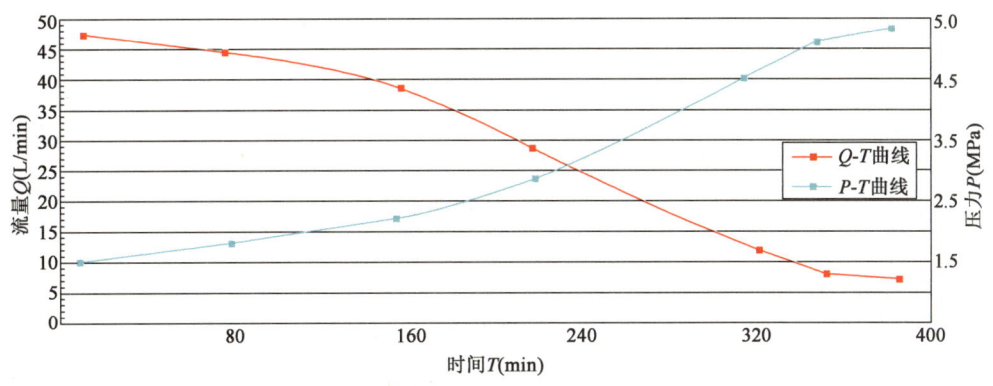

图 5-14　D14 检查孔注浆 P-Q-T 曲线

从 B5 孔 P-Q-T 曲线可以看出，B5 孔初始压力 0.5MPa，初始注浆流量 83L/min，注浆前期注浆压力没有明显上升，经过一段时间（1530min）注浆，岩层经过填充、劈裂最终达到设计压力 5.6MPa，注浆流速降至 9L/min。

从 D14 孔 P-Q-T 曲线可以看出，D14 孔初始压力 1.0MPa，初始注浆流量 46L/min，390min 后较快达到（相对前期注浆孔）设计压力 5.6MPa，注浆流量降至 8L/min。

根据绘制的检查孔 P-Q-T 曲线显示，注浆施工中的 P-T 曲线总体呈上升趋势，Q-T 曲线总体呈下降趋势。

根据补孔注浆情况，注浆很快达到设计压力，并且注浆量较小，另外佐证了前方加固段落地层孔隙已经得到有效填充。

②孔内成像仪法。

成孔状态采用孔内成像仪检测。图 5-15 为代表性 J4 孔孔内成像影像。

通过孔内成像仪观测可以看到，检查孔成孔良好，无水，无塌孔，孔壁浆液脉络清晰可见，证明此段地层孔隙填充良好，满足设计要求。

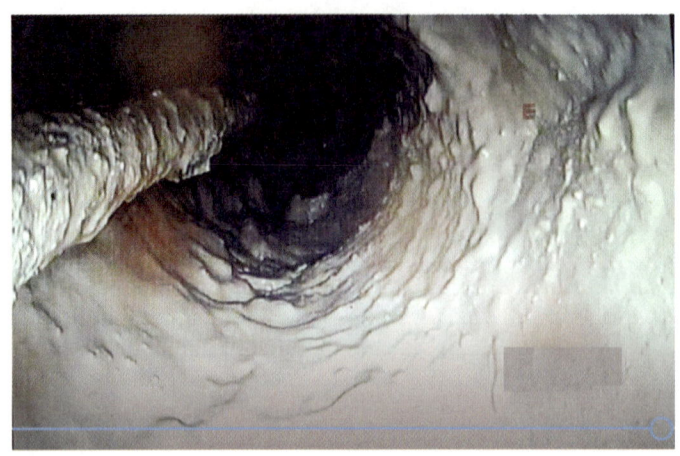

图 5-15　J4 孔孔内成像影像

5.4.2　支护结构设计

采用了帷幕注浆的富水黄土段采用三台阶法施工；未进行帷幕注浆且开挖后初期支护变形速率较大(出现了量测数据预警)的富水黄土段采用三台阶临时仰拱法施工，上、中台阶设置临时仰拱，每两榀钢架施作一道临时支撑，临时支撑采用 I18a 型钢，喷射厚度 24cm 的混凝土。

富水段衬砌类型按照宁强勿弱原则进行选择，采用 $V_{b±}$ 复合式衬砌，初期支护钢架为 H230 格栅钢架，间距 0.5~0.6m，喷射混凝土厚度 30cm，预留变形量根据地质情况调整，设置范围 15~30cm；二次衬砌采用 C40 钢筋混凝土，厚度 50cm。

5.5　临时排水措施

富水黄土隧道施工时，经各种降水措施试验，黄土含水率仍较高，难以有效排除黄土中的孔隙水，降水效果不明显，因此采用了加强临时排水措施。

(1)对掌子面至仰拱端头未施工仰拱段落，在距两侧拱脚不小于 1m 处，人工配合挖掘机修筑 0.5m 宽临时排水沟，在距仰拱端头 1 板仰拱位置开挖临时集水井；为尽量减少积水渗漏，集水井可采用埋设开口的油桶或塑料桶改装而成，利用水泵将水抽排至洞外。

(2)仰拱施工时，设置 0.75kW 污水泵连接消防软管，将水抽至已施工仰拱填充的两侧排水槽中，确保仰拱施工无水。

(3)在仰拱排水措施为反坡无法排出时，采用多级泵站接力排水系统进行排水。在主洞开挖掘进至下一永久泵站前设置移动泵，用消防软管抽排至永久泵站，永久泵站(3m×2m×

1m)设置于线路右侧大避车洞位置(间隔400m),内设功率30kW的污水泵,两个永久泵站之间采用1根DN150钢管进行连接,利用排水系统将水排出洞外。

5.6 小　　结

富水黄土隧道围岩软弱、含水率高、力学性质差、掌子面稳定性差、隧道变形大,施工时需要进行土体改良加固、超前支护、加强支护和施工排水等措施,以提高围岩自稳能力,增强隧道稳定性,保证施工安全。

(1)地表水泥土搅拌桩加固技术将固化剂和原地基软土就地搅拌混合,极大地提高了围岩的力学指标,增强了围岩的稳定性,确保了施工安全。

(2)洞内高压旋喷桩隧底加固技术,可有效解决黄土隧道基底承载能力低、变形大等问题,增强施工过程和运营期间隧道结构的安全性。

(3)通过灵活设置富水黄土隧道超前支护和预加固措施,即在黄土整体性较好的地层采用超前小导管支护形式,在黄土含水率高、自稳能力差地层采用帷幕注浆进行超前加固,确保了施工安全和隧道稳定性。

(4)鉴于黄土中孔隙水难以通过降水措施快速、有效排出,设置了临时排水系统,避免施工中地下水浸泡拱脚、结构容易整体失稳等施工风险的发生。

第6章　深埋黄土隧道大变形控制技术

深埋黄土隧道施工时变形量大(拱顶下沉和水平收敛累计值均达到100mm以上)、变形持续时间较长,支护结构设计不合理时,常造成结构开裂、钢架压屈等现象。针对黄土隧道变形特征,蒙华铁路蒙陕段黄土隧道通过采用合理的开挖方法(三台阶法)、优化支护结构及参数、引入限阻器、套拱加固及加强锁脚等手段,成功地控制了深埋黄土围岩大变形,保证了初期支护结构的安全性。

6.1　深埋黄土工程特性

6.1.1　工程地质特征

黄土的工程性质与其成因、时代、含水率和埋深有关,深埋黄土多为老黄土,其厚度不小于50m,土质致密、压缩性低、强度高、无湿陷性,具有良好的工程性质。深埋黄土的垂直节理会影响隧道位移形态,但不会影响破坏模式,有无结构性强度对位移形态与破坏形态的影响不大,区别是量值上的。

6.1.2　水文地质特征

深埋老黄土一般不具有湿陷性,含水率一般为10%~30%,但含水率对隧道变形影响比较大,黄土遇水围岩力学性质变差,常导致隧道支护强度不足而发生较大变形,容易造成隧道坍塌。

如郑庄隧道大部分地区覆盖厚层黄土,其中 DK373+740~DK374+430 段埋深为 96~195.5m,现场开挖掌子面地质情况:上台阶为砂质老黄土,黄褐色,中密,稍湿~潮湿,垂直节理较发育,下部为黏质老黄土,棕黄色,软塑~硬塑,含少量钙质结核。开挖后,掌子面有水渗出,实测含水率范围 18.2%~25.6%,综合判定围岩级别为Ⅴ级。开挖支护后初期支护变形量大,已封闭成环段初期支护背后有渗水,上台阶与中台阶连接处初期支护表面曾发生局部起皮掉块现象,如图6-1所示。

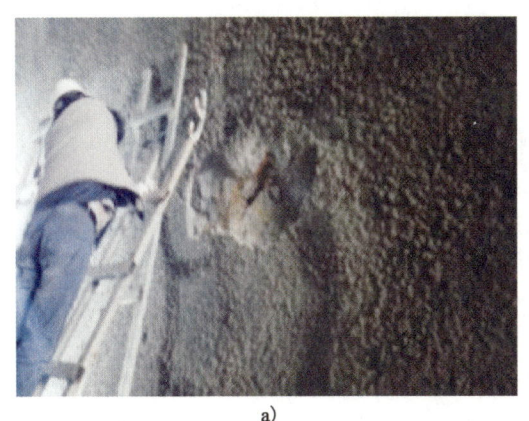 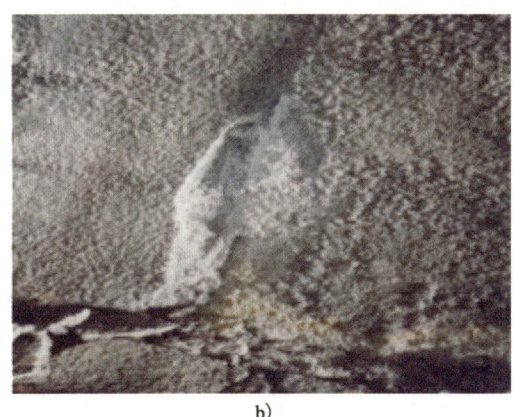

a)   b)

图 6-1 初期支护起皮现象

6.2 深埋黄土隧道存在问题及其变形机理

6.2.1 深埋黄土隧道施工问题

(1) 围岩力学指标低、变形大

对于埋深较大的黄土隧道,与隧道所处位置地应力水平相比,围岩强度较低,强度应力比小,易发生塑性变形,在隧道施工中拱顶下沉和拱脚收敛变形较大,整体上呈现出变形量大、变形持续时间较长的特点。黄土隧道一般采用柔性初期支护,若支护强度不够,隧道易变形过大导致坍塌。

(2) 含水率对变形影响大

深埋黄土隧道在施工过程中,含水率对隧道变形影响比较大,遇水围岩性质变差,荷载增大,导致隧道支护强度不足而发生较大的变形,容易造成隧道坍塌。

(3) 初期支护结构容易变形破坏

深埋老黄土隧道的围岩压力监测结果表明,隧道拱顶、拱腰处围岩压力普遍较大,拱顶和拱腰处初期支护结构容易发生破坏、钢架容易出现扭曲变形。

6.2.2 深埋黄土隧道变形机理

黄土围岩地质条件复杂,随着开挖断面的增大,掌子面前方与洞周不良地层极易引发支护结构开裂、溃屈掉块、塌方等灾害。目前对围岩失稳方面问题研究主要集中在事后治理措施及事故原因分析方面,而对黄土围岩失稳过程及其机理尚未有系统研究。

大断面黄土隧道围岩失稳模式及变形机理主要研究方法有理论分析、模型试验、数值分析及现场测试等,主要研究成果有剪切滑移破坏理论和压力拱理论。

(1)剪切滑移破坏理论

无支护条件下,隧道围岩失稳直观过程表现为以下四个阶段:局部裂隙产生→局部裂隙扩展→裂隙急剧贯通→残余强度。深埋黄土隧道破坏首先沿最小主应力方向形成剪切破坏,随着荷载的分级施加,边墙处剪切裂隙贯通形成掉块,进而拱部围岩因边墙临空而显著下沉。拱部松动区范围内径向应力随着加载的进行先增大后减小,其他位置径向应力随荷载的施加而增大;边墙环向应力均随荷载增加而增大,距洞周越近环向应力值增长幅度越大。可见,拱顶松动塌落是在边墙剪切滑移破坏的基础上出现的。

对兰渝、郑西线等多座大断面黄土隧道围岩失稳案例分析表明:围岩失稳破坏首先表现在边墙部位沿最小主应力方向形成楔形滑移体,垂直节理普遍发育加剧了剪切滑移向围岩深部的发展趋势,表现为大量剪切变形集中在相对狭窄的变形区域;随着围岩应力场重新调整,边墙剪切破坏向拱顶、拱底发展从而削弱相关部位围岩整体性,黄土围岩较弱抗拉强度导致拱顶部位发生松动塌落。

(2)压力拱理论

由于黄土结构特性与大孔隙特征,围岩压力拱效应较为显著。压力拱形成过程为围岩自我调整的结果,拱内土体把拱后与拱外围岩压力传递到拱脚及更远的原岩应力区,演化成为一种有利于围岩稳定的受力模式。在围岩深部存在环向应力升高区,这部分承担着自重与外部土体荷载的围岩是主要的承载区,形成显著的压力拱效应。自洞壁向围岩深部依次可分为:松动区—压力拱—原岩应力区。

随围岩破坏的发展,拱部压力拱范围扩展相对较快,最终形成稳态扁平型压力拱;围岩进入塑性状态后变形速率大幅增长,围岩压力拱逐渐向外扩展,拱体内环向应力减小。压力拱有利于保持洞室稳定,黄土高原普遍存在的窑洞即充分利用了拱效应保持自身稳定。

6.3 深埋黄土隧道变形控制技术

以郑庄隧道为例来阐述深埋黄土隧道大变形的控制技术,郑庄隧道大变形典型特征是已封闭成环段落出现监控量测黄色预警(拱顶下沉累计值预警范围为75~150mm;水平收敛累计值预警范围为35~50mm),初期支护出现裂缝、起皮等现象,监控量测数据显示持续性变形,呈现不收敛状态。大变形段落中、下台阶渗水明显且部分成小股状流出,如图6-2所示。

针对上述变形及破坏情况采取了以下控制措施。

6.3.1 排水措施

地下水的存在常会加剧深埋黄土的隧道大变形,所以在施工时应加强排水和施工用水的管理。具体措施如下:

(1)在边墙初期支护表面径向打设单根长度3.5m的ϕ42钢花管,间距按2m×2m梅花形布置,并应根据地下水情况进行适度调整;外露部分接排水软管排出,降低初期支护背后水量。

(2)隧底初期支护成环后,回填材料尽量选用透水性材料,如块石、砂砾等,在低口段设置集水井,深度至初期支护仰拱表面,汇集后排出。

(3)若回填材料采用回填土时,其表面人工修筑临时排水沟,在距边墙不小于1m位置设置,汇集至集水井后排出。

图6-2 洞内股状水

6.3.2 适宜的开挖方法

深埋段落以老黄土为主,围岩整体性相对较好,开挖过程中无大面积溜塌情况,根据初期支护变形特征分析,施工方法应力求简化,以满足机械化作业的需求。若掌子面前方黄土稳定性很差,可通过超前加固改良或超前支护等实现安全施工,施工方法不宜复杂于三台阶预留核心土法。以郑庄隧道为例,郑庄隧道选择的开挖方法为三台阶法,对于变形异常段落通过加强初期支护的方式进行处理。

(1)开挖进尺

上台阶开挖进尺控制在2榀钢架间距(1.0~1.6m)以内,掌子面及周边土体稳定性较差时开挖进尺为1榀钢架间距;中台阶开挖进尺控制在2榀钢架间距;下台阶及初期支护仰拱开挖进尺控制在3榀钢架间距以内。

(2)台阶长度

采用微台阶开挖,台阶长度控制在6.0m以内。为了便于机械化作业,上台阶高度为4.0m,中台阶高度为3.5m,下台阶高度为2.4~2.7m。仰拱封闭距离为1~1.5倍洞径。

上台阶有溜塌情况时可适当调整各级台阶高度,上台阶高度调整为 3.0m 或采用四台阶方式进行施工。

(3)土体开挖

采用挖掘机配合松土器进行机械开挖、自卸汽车无轨运输方式出渣。开挖时安排专人对开挖作业进行指挥,严格控制机械作业界限,以防碰撞已施工完成的初期支护。根据土体稳定情况,隧道周边预留 10~30cm 厚土体人工修整,避免大型机械扰动和超挖。当地层为整体性较好的老黄土、在开挖过程中无掉块情况下,可不预留土体,一次性开挖到位。

6.3.3 合理的支护结构

(1)超前支护

深埋段落拱部为老黄土时,其整体性较好,开挖时无掉块、溜塌等情况发生,采用超前小导管支护;当存在砂层时,采用密排小导管支护形式。

超前小导管采用 $\phi42$ 壁厚 3.5mm 的热轧无缝钢管,环向间距 40cm,钢管长 3.5~4m,外插角 $10°~15°$,搭接长度不小于 1m,施作范围拱部 $120°$。

(2)初期支护结构

现场进行了大量的不同间距、不同型号的钢架结构形式试验,如 $V_{a土}$ 复合式衬砌采用间距 0.6m、0.7m、0.75m、0.8m 的 H180 格栅钢架,$V_{b土}$ 复合式衬砌采用间距 0.5m、0.6m、0.7m 的及设置限阻器的 H230 格栅钢架。现场工程实践表明,上述钢架型号及间距都无法控制围岩变形,初期支护破损严重;设置限阻器后可有效地控制应力释放,初期支护表面无裂纹、起皮现象出现。因此在埋深大于 100m 的黄土隧道富水段应采用设置限阻器的大刚度初期支护结构,建议优先选用型钢钢架或 H230 格栅钢架。

以郑庄隧道为例,郑庄隧道深埋黄土富水段采用 $V_{b土}$ 复合式衬砌,初期支护钢架为 H230 格栅钢架,间距 0.5~0.6m,喷射混凝土厚度 30cm,预留变形量根据地质情况调整,设置范围 15~30cm,二次衬砌采用 C40 钢筋混凝土,厚度 50cm;在深埋黄土无水段采用 $IV_{土}$ 复合式衬砌,初期支护钢架为 H150 格栅钢架,间距 1m,喷射混凝土厚度 22cm,预留变形量根据地质情况调整,设置范围 8~12cm,二次衬砌采用 C40 钢筋混凝土,厚度 45cm。

6.3.4 尽早施作二次衬砌仰拱

变形监测数据显示,初期支护结构变形较大,且趋于稳定时间较长;但在二次衬砌仰拱(包含二次衬砌矮边墙)施工完成后变形很快趋于稳定,二次衬砌结构表面未出现裂缝,因此在深埋段落应加快二次衬砌仰拱的施工,以减小围岩变形。

6.3.5 套拱加固

深埋黄土段落出现持续性不收敛情况时,应及时采取以增设套拱为主的加强措施,如图 6-3 所示。套拱采用不小于 I20a 型钢钢架进行支护,间距一般为 1m,每个套拱加固单元不少于4榀钢架,并采用全环设置。套拱与初期支护间设置无纺布进行隔离,套拱钢架设置纵向连接筋,参数同初期支护相关要求,喷射C25混凝土,厚度不小于25cm。

套拱加固段待喷射混凝土达到设计强度后,综合初期支护变形情况和是否侵限等情况,制订专项技术方案进行处理,确保隧道结构安全。监控量测数据显示,增设套拱后变形减小并逐步趋于稳定状态。

6.3.6 设置钢架双锁脚

锁脚锚管是支撑格栅钢架稳定、防止其沉降的重要构件,对隧道开挖后所产生的水平变形也起着一定的稳定作用,因此在大变形段,各节点处的锁脚锚管由原设计的2根增加到4根(图6-4),以增强隧道的安全性。锁脚锚管为$\phi 42$壁厚5mm的钢管,每根长4m,锚管与水平夹角30°~45°,锁脚锚管与钢架使用$\phi 25$钢筋"L"焊接,必须确保与钢架焊接牢固。富水老黄土段落可按原设计设置单排2根锁脚。同时锁脚锚管采用砂浆填充密实,增加其刚度。

图6-3 增设套拱施工

图6-4 大变形段设置双锁脚

6.3.7 限阻器支护方案及效果

实践表明,单纯的调整支护参数并不能有效解决深埋黄土隧道大变形问题,隧道支护结构受到的压力为围岩变形带来的形变压力,单纯地依靠支护阻力来硬抗是不可行的,尤其是在遇到大变形问题时,不宜采用"强支硬抗"的措施,而应采用允许发生一定变形、可部分吸收围岩中储存能量的结构,进行"放抗结合"的支护手段来解决。

限阻器是利用低碳钢钢板较好的变形延伸能力和峰后承载能力,通过在受力过程中钢板的屈服塑性变形,实现限制结构内力、释放围岩压力的目的。

1)限阻器设计

(1)设计原则

限阻器用于与隧道初期支护的环向连接,其设计原则为:

①限阻器峰值须大于仰拱闭合前结构内力,并小于结构极限抗压强度,保证初期支护的施工期安全稳定与后期限阻变形。

②限阻器须保证一定的恒阻值,控制支护变形速度和收敛时机在工程可接受范围内。
③限阻器须留有足够的恒阻变形空间,确保围岩压力能够释放到结构可支护能力之内。

(2)结构组成

限阻器由上下连接钢板和竖向限阻钢板组成,上下连接钢板平行放置,竖向限阻钢板垂直焊接在上下连接钢板上,如图6-5所示。

(3)限阻器与支护结构连接方式

为保证限阻器与隧道初期支护结构的有效连接和共同工作,限阻器与结构连接采取如下措施:

①与格栅钢架环向连接方式:在连接钢板上开螺栓孔,格栅钢架和限阻器通过接头螺栓连接。

②与喷射混凝土环向连接方式:在连接钢板上垂直焊接连接钢筋,通过连接钢筋保证限阻器和喷射混凝土的有效连接,并在限阻器1.0m范围内挂双侧钢筋网,防止局部应力集中导致混凝土开裂。

③限阻器的纵向连接方式:对齐前后两榀限阻器的上下连接钢板,采用钢筋或钢板进行帮焊连接,使各榀限阻器在隧道纵向上连接成一条纵梁,如图6-6所示。限阻器现场施作效果如图6-7、图6-8所示。

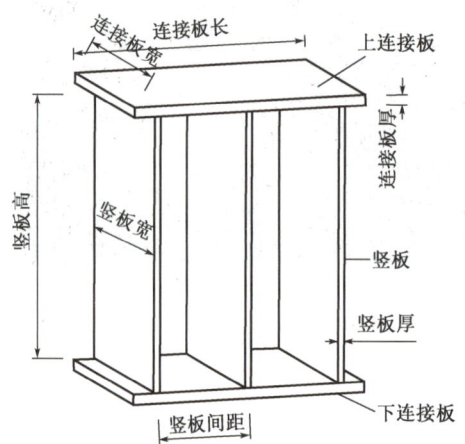

图6-5 钢板型限阻器构造示意图

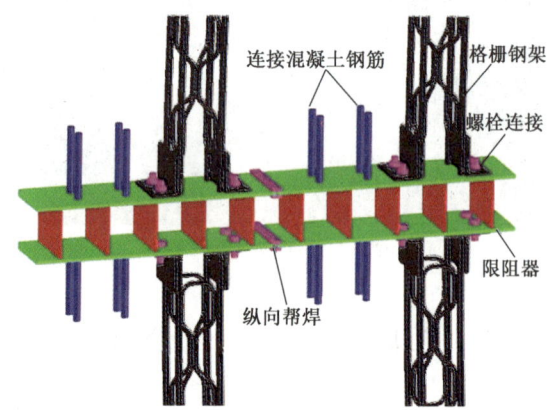

图6-6 限阻器组装示意图

图6-7 郑庄隧道限阻器现场施作图

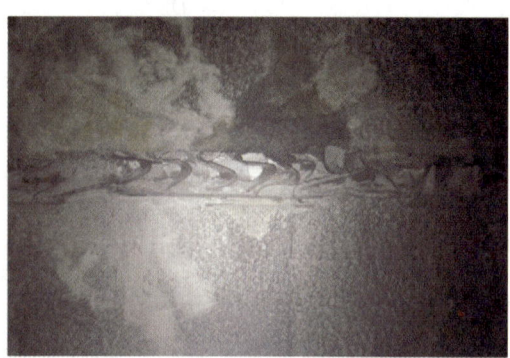

图6-8 郑庄隧道限阻器变形图

2) 实施效果

从设置限阻器段落和未设置限阻器段落分别选取一个断面,其中设置限阻器段落的典型断面为 DK374+035,未设置限阻器段落的典型断面为 DK373+802;除了限阻器外,两个断面的衬砌类型及相关支护参数相同,量测数据趋势图分别如图 6-9、图 6-10 所示。

(1) 根据量测数据统计,设置限阻器段落变形累计值大于未设置限阻器段落变形累计值;如设限阻器的典型断面 DK374+035,其拱顶下沉 GD 累计值为 161.15mm,上台阶水平收敛 SL_1 累计值为 178.9mm,中台阶水平收敛 SL_2 累计值为 252.98mm。未设置限阻器的典型断面 DK373+802,其拱顶下沉 GD 累计值 94.1mm,水平收敛 SL_1 累计值为 160.34mm,水平收敛 SL_2 累计值为 183.94mm。

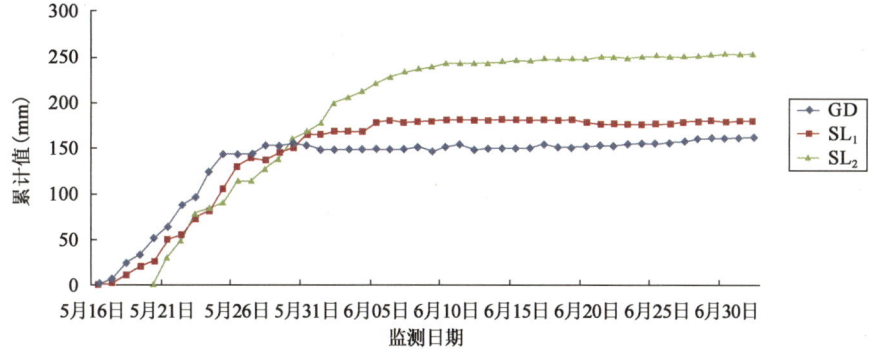

图 6-9 设置限阻器断面(DK374+035)监控量测趋势图

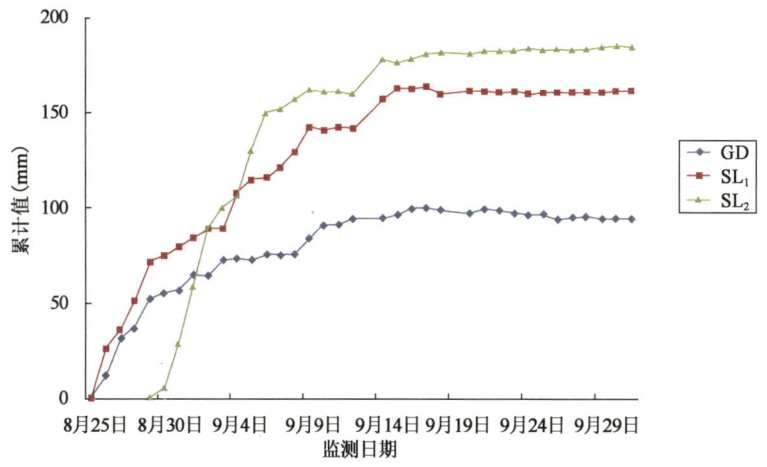

图 6-10 未设置限阻器断面(DK373+802)监控量测趋势图

(2) 设限阻器的典型断面 DK374+035 初期支护未成环时监测数据,拱顶下沉 GD 累计值为 63.9mm,占总体变形量的 39%。上台阶水平收敛 SL_1 累计值为 53.93mm,占总体变形量的 30%。中台阶水平收敛 SL_2 累计值为 47.7mm,占总体变形量的 19%。初期支护成环后,拱顶下沉 GD 累计值占总体变形量的 61%,上台阶水平收敛 SL_1 累计值占总体变形形量的 70%,中台阶水平收敛 SL_2 累计值占总体变形量的 81%。通过对监测数据分析,设置限阻器的段落变形主要发生在初期支护成环后的 5~10d 内。

(3)未设限阻器的典型断面 DK373+802 初期支护未成环时监测数据,拱顶下沉 GD 累计值为 64.3mm,占总体变形量的 68%。上台阶水平收敛 SL_1 累计值为 84.24mm,占总体变形量的 53%。中台阶水平收敛 SL_2 累计值为 58.96mm,占总体变形量的 32%。初期支护成环后,拱顶下沉 GD 累计值占总体变形量的 32%,上台阶水平收敛 SL_1 累计值占总体变形量的 47%,中台阶水平收敛 SL_2 累计值占总体变形量的 68%。

变形量测数据表明,与未采用限阻器的初期支护相比,采用限阻器的支护结构可以有效释放围岩形变压力,减小最终作用支护结构上的荷载,提高了结构安全性,在深埋黄土隧道大变形段有较好的适用性。

6.4 小　　结

(1)深埋黄土具有力学参数低、强度应力比小和遇水稳定性变差等特点,隧道开挖后变形量大、且持续时间较长,施工时变形控制难度大。

(2)蒙陕段深埋黄土段落地层以老黄土为主,局部存在砂质黄土,在开挖工法选择时应力求简化,以满足机械化作业的需求,施工方法不宜复杂于三台阶预留核心土法。

(3)深埋富水黄土隧道围岩变形较大时,应合理优化支护参数,建议采用可适度释放围岩应力的结构装置(限阻器),可有效避免初期支护破坏,确保初期支护结构稳定,且可降低建设成本。

(4)深埋黄土富水时应适度提高初期支护刚度。当初期支护成环前变形速率较大,且无明显收敛迹象时,建议初期支护采用大刚度的型钢钢架或 H230 格栅钢架,防止初期支护后期因变形过大而发生起皮、开裂等破坏现象。

(5)富水深埋黄土隧道应加强临时排水,以降低水对围岩的弱化作用,避免影响初期支护结构稳定。

(6)及时进行隧道监控量测数据分析,初期支护成环后,若初期支护量测数据不收敛时,尽早施作二次衬砌仰拱及填充,必要时采取安装型钢套拱等加固措施。

第7章 砂质黄土隧道施工关键技术

砂质黄土结构较为松散、力学指标低,在地下水作用和开挖扰动时容易发生掌子面溜塌、拱部变形坍塌等现象,洞室稳定性差。蒙华铁路在砂质黄土隧道施工中,通过运用超前深孔真空降水、真空轻型井点降水和重力式真空深井降水等降水技术,为施工创造了良好的工作条件;通过水平旋喷桩超前加固、洞内帷幕注浆和地表袖阀管注浆等加固措施,提高围岩的稳定性;通过适当加大预留变形量、加强支护参数、控制开挖步距和仰拱封闭距离,确保砂质黄土隧道安全、顺利施工。

7.1 砂质黄土围岩地质特征

7.1.1 工程地质特征

蒙华铁路陕北段线路地形起伏较大,地层岩性类型多,地质情况复杂,表层为第四系上更新统坡洪积新黄土、细砂,中间层为第四系中更新统冲洪积老黄土、细砂和粉砂,下伏层为第三系新统粉质黏土、粉砂和细砂。如麻科义隧道洞身穿越的地质情况为细砂层、细圆砾土以及各土层间结合交差的土层,开挖后易发生剥落,从而产生坍塌。

以麻科义隧道 DK359+900~DK360+035 段为例,根据施工揭露情况,洞身断面拱部 1~3m 范围内为中砂、黄褐色、密实、稍湿、砂质均匀、呈松散结构,其余部分由上至下依次为砾岩、砂岩夹泥岩,其中砾岩呈灰褐色,碎屑结构,块状构造,强风化~弱风化;砂岩夹泥岩呈灰褐色,砂质结构,层状构造,强风化~弱风化,呈角砾碎石状松散结构。其中 DK359+943 断面掌子面地质素描如图 7-1 所示。

7.1.2 水文地质

陕北段线路区内黄土梁峁及残塬区沟谷极发育,地势陡峭,大气降水多形成地表径流补给地表水,沿沟谷坡面向低洼处排泄,入渗补给地下水较少。沟谷深切入基岩段落,地下水多以泉水形式侧向补给地表水。地表水排泄方式主要为径流排泄及蒸发排泄。

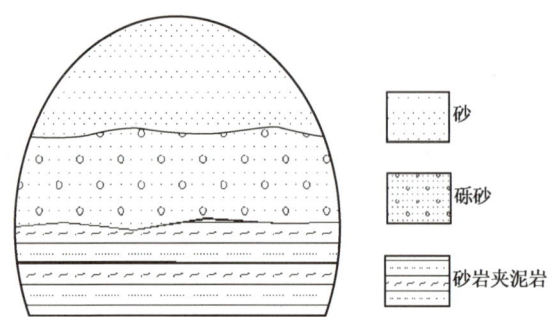

图 7-1　DK359+943 断面掌子面地质素描图

根据地下水的埋藏条件、含水层岩性、分布范围、富水性,可将黄土隧道地下水划分为第四系全新统孔隙水和第四系中上更新统孔隙裂隙水。第四系孔隙潜水主要赋存于沟谷或山坡、山梁上第四系松散堆积物以及新、老黄土所夹数层砂砾石层中,沟谷中有小股泉水涌出;孔隙潜水水量受季节影响较大,雨季时孔隙水多沿土石界面股状涌出,旱季时水量较少。如麻科义隧道洞身共穿越浅埋冲沟 10 处,其中 1 号斜井至 2 号斜井之间有 6 处,两斜井之间地质复杂多变,涌水量较大,应引起重视。

7.2　砂质黄土施工面临主要问题

砂质黄土区段隧道拱部黄土稳定性差、雨季时含水率增高,开挖后掌子面自立能力差,拱部容易发生掉块现象,存在较大施工安全隐患;下部石质岩体爆破振动会使得上部土层松动、垮落,形成较大空洞,危及洞室稳定。

隧道施工面临的主要问题有:

(1)含水砂质黄土隧道掌子面自立能力差,施工过程极易引起掌子面溜塌,影响洞室稳定性。

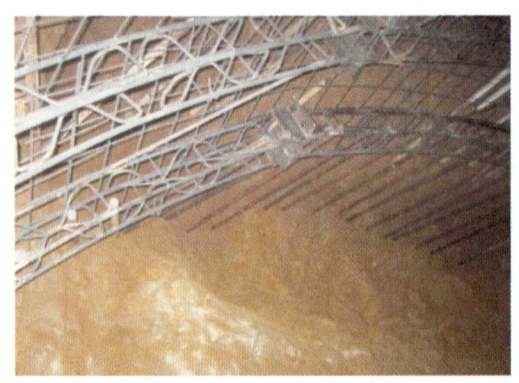

图 7-2　拱部砂层垮塌

(2)隧道土体开挖后,在钢架支护的过程中,由于拱部砂质土层不稳定,经常会发生掉块漏砂现象,给下方施工人员带来安全隐患。

(3)隧道开挖区域拱部为中细砂层,自稳性较差,其余部分为砾石土、砂岩夹泥岩,需要爆破开挖,在爆破扰动下,拱部砂层垮塌严重,拱部易形成较大空洞,如图 7-2 所示。

(4)隧道浅埋段,由于上覆砂质黄土地层较薄,土层结构松散,物理力学性质较差,开挖后围岩自身难以形成承载拱来维持洞室稳定,极容易诱发围岩大变形和地表下沉、开裂。

7.3　砂质黄土施工技术

为了提高隧道施工期间的洞室稳定性,对含水地层运用多种措施进行了降水,在洞内对围岩进行水平旋喷桩加固、帷幕注浆加固等土层改良,浅埋段进行地表袖阀管注浆加固,形成了砂质黄土隧道洞内降水及地层改良等关键施工技术。

7.3.1　降水技术

位于富水地层中的隧道,施工期间的防、排水措施一直是困扰工程施工的难题。如果处理不当,会造成土体软化和泥化,导致地基土承载力降低和变形加大,对隧道稳定极为不利。

根据砂质黄土段水文地质特征,本着"先降水、后施工"的原则,采用了超前深孔真空降水、真空轻型井点降水和重力式真空深井降水等多种方法进行了降水施工,以减小地下水对隧道稳定性的不利影响。

1)洞内超前深孔真空降水

原理:将加设过滤网的降水管,按照设计位置通过钻孔向掌子面前方以一定的倾角布设,封闭孔口,利用主动降水设备在不扰动地层本身结构的情况下,将掌子面前方的水抽出,使地下水位降至隧底以下,保证隧道安全顺利施工。

(1)设备

①钻孔设备:XY-2PC 地质钻机 1 台(钻杆为 $\phi 73$ 套管),3SNS-A 液压泵 1 台。

②降水设备:YBZSZ-2 型 7.5kW 真空泵 30 台,自吸泵 10 台。

(2)材料

$\phi 75$ 钢丝软管、$\phi 75$ 钢管、$\phi 32$ 钢丝软管、$\phi 32$ PPR 管、100 目滤网、碎石滤料、球形阀门、土工布、胶带及万能胶等。

(3)降水管加工与安装

①降水管加工:降水管采用 $\phi 32$ PPR 管,管壁钻 $\phi 8$ 的圆孔,间距 10cm,梅花形布置,管端 2m 及管头 0.5m 段不设降水钻孔。每根管钻孔完毕后用土工布包裹两层,外缠 100 目滤网一层,缠完后每间隔 20cm 用扎丝绑紧。

②降水管安装:钻孔采用 XY-2PC 地质钻机成孔,降水管随套管钻进,送管到位后退出套管。

(4)超前深孔真空降水布置

①核心土超前 $\phi 32$ 真空降水管长 9m,每 3m 设置一环,横向间距 0.5m,向上倾角 15°~30°;上台阶边墙超前 $\phi 32$ 真空降水管长 6m,纵向间距 0.5m,外插、向前倾角 30°。

中台阶垂直 $\phi 32$ 真空降水管长 4m,横向间距 1.0m,纵向排距 3.0m;中台阶边墙超前 $\phi 32$ 真空降水管长 6m,纵向间距 0.5m,外插、向前倾角 30°。

下台阶垂直 φ32 真空降水管长 6m,横向间距 1.0m,纵向排距 3.0m;下台阶边墙超前 φ32 真空降水管长 6m,纵向间距 0.5m,外插、向前倾角 30°。如图 7-3 所示。

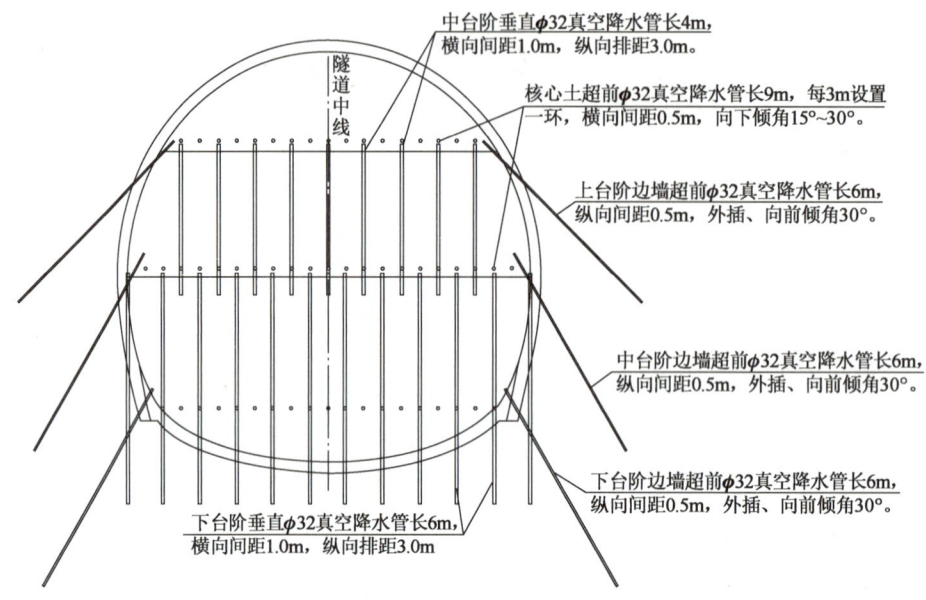

图 7-3 深孔降水管横断面布置示意图

②每排真空降水管与 φ75 主管连接,主管接入真空泵,每台真空泵接入 10 支支管,支管采用 φ32PPR 管外包土工布及密目网。支管和主管之间设集水器,集水器采用 φ75 加壁厚钢管制作,并在连接部位加设阀门,控制井管降水,支管和集水器采用 φ32 钢丝软管连接,主管和真空泵连接采用 φ75 钢丝软管连接,如图 7-4 所示。

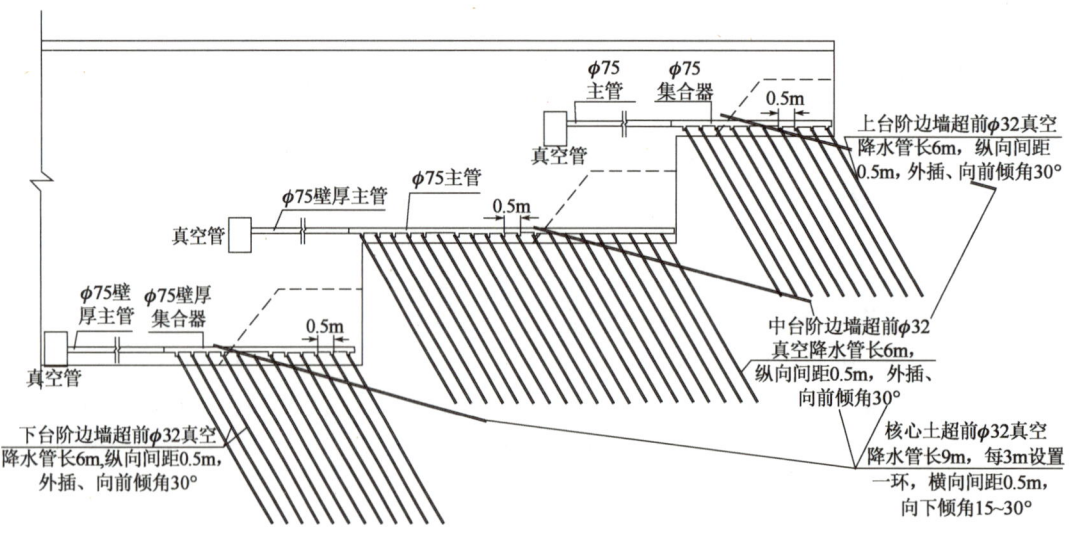

图 7-4 真空降水管纵向布置示意图

③降水管布设完成后,施作厚度 10cm 的 C25 喷射混凝土对掌子面进行全封闭,以防止管壁漏气,影响降水效果。

④降水过程中,真空负压控制在 -0.06MPa 以下,如果负压升高,必须对降水管进行逐根排查,看有无漏气,同时检查插入土层中的降水管是否密封到位,漏气部位用胶布缠紧。

⑤井点使用前应进行试抽水,确认无漏水、漏气等异常现象后,应保证连续不断抽水。应备用双电源,以防断电。

⑥顺坡开挖隧道,主要采用顺坡自然排水,只在开挖面与仰拱区间设抽水设备,将施工废水抽至成形的水沟内自然顺坡排至洞外污水处理池,或排至斜井底部泵站集中抽排至洞外污水处理池,经处理达标后排放。

⑦反坡开挖的隧道,主要采用潜水泵紧跟开挖作业面,在洞内设移动水仓,将开挖作业面的水抽到移动水仓内,从移动水仓中用抽水机将水抽至洞外污水处理池,或抽至斜井底部泵站集中抽排至洞外污水处理池,经处理达标后排放。

2)真空轻型井点降水

原理:利用真空原理,使土中的水分和空气受真空吸力作用而产生水气混合液,经管路系统向上被吸入到水气分离器中。由于空气比水轻,空气经分离器上部由真空泵排出。在降水深度范围内,土体的重度由原来的浮重状态逐步改变为饱和重度,土体内部应力改变,增加了垂直附加土压力,土层在增加的自重应力作用下逐渐固结,增大土体抗剪强度,提高围岩的稳定性。

(1)施工材料及机具

①滤管:$\phi 32$ PPR 冷水管,长 $4.0 \sim 6.0$ m,管壁钻 $\phi 5$ 的圆孔,孔距 25mm,滤管端头用 100 目纱网封堵,滤管外(大于滤管长度 20cm 为宜)用 100 目纱网包两层作为滤网,每隔 $50 \sim 60$ mm 用 10 号铅丝绑扎一道,滤管另一端与井点管连接。

②井点管:$\phi 32$ PPR 冷水管。

③连接管:采用 $\phi 32$ 钢丝软管,集水器将井点管和总管连接,8 号铅丝扎紧以防漏气。

④总管:$\phi 75$ 钢丝软管。

⑤抽水设备:以真空泵为主,局部辅以自吸泵。

⑥水枪:$\phi 50$ 壁厚 5mm 的无缝钢管,下端焊接一个 $\phi 16$ 的枪头喷嘴,上端与高压胶管连接。

⑦蛇形高压胶管:压力应达到 1.50MPa 以上。

⑧高压水泵。

⑨集水器:$\phi 75$ 钢管,长度 5m,每隔 25cm 加工安装 $\phi 32$ 钢管,钢管端头设置球形阀门。

(2)施工工艺流程

施工准备→测量定点→高压水成孔→安装井管、滤水管→孔口封堵→管线连接→试抽与检查→正式抽水→排水。

(3)轻型井点布置

轻型井点按双排线形布置,沿台阶两侧纵向布置,间距不小于 0.5m,防止距离太小串孔。降水井点布置图如图 7-5 所示。

施工过程中可根据现场实际情况动态调整,即在降水前或降水过程中发现问题及时处理,达到安全施工。

降水系统运行 $3 \sim 5$d 后,掌子面围岩达到中湿状态,无明水,具备开挖条件后,进行开挖支护。如果发现降速太慢或达不到开挖条件，应及时加密降水管，加强降水。1 台真空泵接入 10~15 支降水支管。

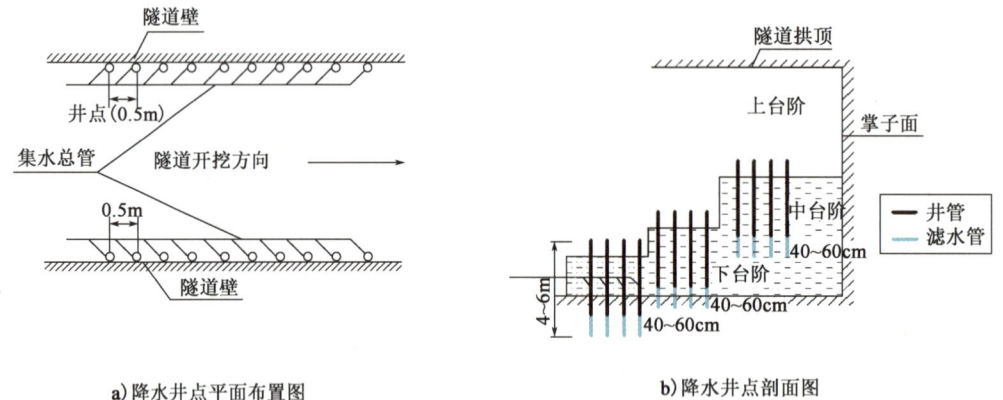

图 7-5　降水井点布置图

（4）施工注意事项

①一套抽水设备的主管长度不宜大于 6m。当主管过长时，可使用多套抽水设备；井点系统可以分段，各段长度应大致相等，宜在拐角处分段，以减少弯头数量，提高抽吸能力；分段宜设阀门，以免管内水流紊乱，影响降水效果。

②集水总管高程宜尽量接近地下水位线并沿抽水水流方向有 0.25%~0.50% 的上仰坡度，水泵轴心与总管齐平。

③降水过程中，真空压力控制在 -0.06MPa 以下，如果压力升高，必须对降水管逐根排查，看有无漏气，同时检查插入土层中的降水管是否密封到位，漏气部位用胶布缠紧。

④降水的设备（主要是潜水泵、深井泵和真空泵）在施工前及时做好调试工作，确保降水设备在降水运行阶段运转正常。

⑤现场要备足抽水泵，数量多于井数的 50%。使用的抽水泵要做好日常保养工作，应经常检查泵的工作状态，一旦发现不正常应及时换泵，坏泵应立即修复，无法修复的应及时更换。

⑥降水工作应与隧道开挖施工密切配合。

⑦降水井在降水运行阶段，必须保证充足的电源，必要时设置双电源，确保降水井正常运行。

⑧为保证降水效果，避免循环降水，务必做好排水系统。同时对于反坡隧道，除做好距离掌子面附近 2~3m 处的集水坑外，对于已完成隧道底板的段落，宜每隔 4~6m 设置一道截水槽，每隔 20~30m 设置 1 处集水坑，集水坑位置在截水槽的一端或两端，以避免已完成底板部分的压力水回灌到工作面处，影响正常施工。

3）重力式真空深井降水

原理：在常规大口径管井降水井的基础上，利用地面安装的真空泵，通过管路连接，使井管内产生负压，利用井管内外压力差，抽吸、加快地下水的渗流流动速度，迫使降水区域内的地下水位快速下降，达到降低地下水、疏干的目的。

降水目标：将地下水通过真空抽排的作用降至仰拱底部 5m 以下，形成降水漏斗，从而降低洞内水位线,减小地下水对施工的不利影响,使洞内各工作面条件达到施工要求。

(1)降水井结构

重力式真空深井降水成孔直径35cm,井径20cm,井深10~15m(按地层条件决定),井管采用 φ200PVC 管,滤水管为圆孔式滤水管,外围包裹100目密目网两层,滤料采用粗砂,封孔材料采用膨润土,封孔深度不小于1m。

①井口:高出隧道底面以上0.30m,以防止地表污水渗入井内。

②井壁管:井壁管均采用 PVC 管,井壁管的外径为200mm。

③过滤器(滤水管):滤水管外包二层100目的密目网,滤水管的直径与井壁管的直径相同。

④沉淀管:沉淀管主要起到过滤作用,不致因井内沉砂堵塞而影响进水的作用,沉淀管在滤水管底部,直径与滤水管相同,长度为1.0m,沉淀管底口封死。

⑤填砾料(粗砂):潜水降水井底面以上围填粗砂作为过滤层。

⑥填黏性土封孔:为防止地面污水的渗入及确保真空效果,在砾料的围填面以上采用优质黏土围填至地表并夯实,厚度不小于50cm,并做好井口管外的封闭工作,其封闭深度详见图7-6。

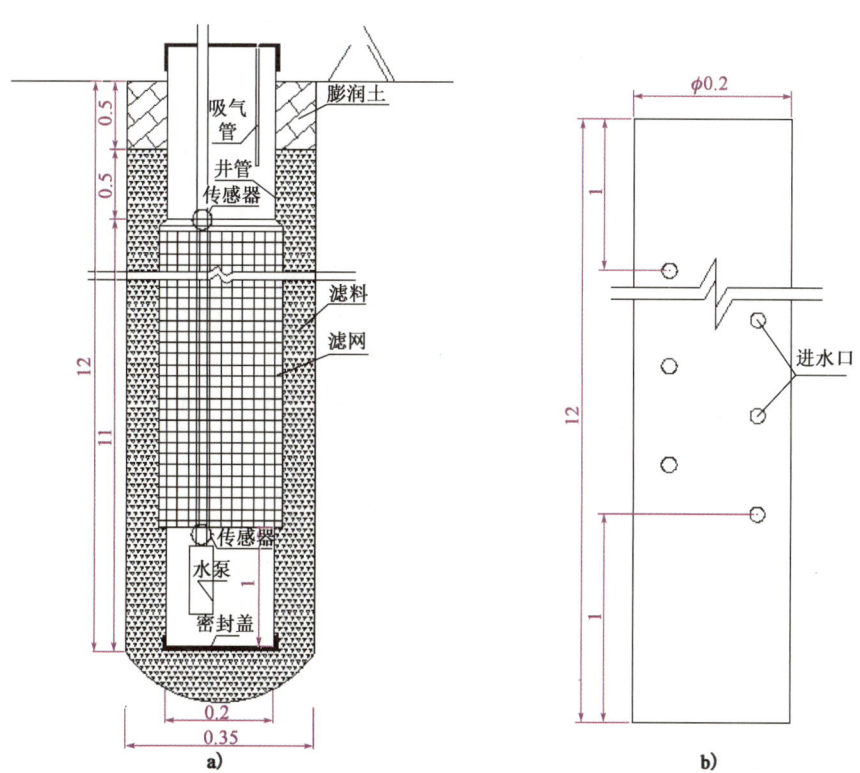

图 7-6 降水井结构示意图(尺寸单位:m)

(2)降水孔布置

降水孔在正洞下台阶两侧边墙内50~100cm处设置,纵向间距3m,施工过程中视降水效果进行调整,如图7-7所示。

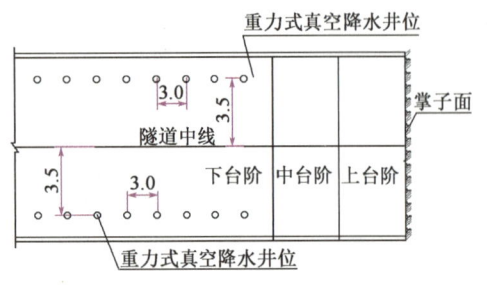

图 7-7　重力真空深井降水平面布置图
（尺寸单位：m）

(3) 降水施工流程

成井施工流程：测放井位→埋设护口管→安放钻机→钻进成孔→清孔换浆→下井管→填砾料→井口封闭→洗井→安泵试抽→排水。

①测放井位：根据井位平面布置示意图测放井位，如果现场施工过程中遇到障碍或受到施工条件的影响现场可做适当调整。

②埋设护口管：护口管底口插入原状土层中，管外用黏性土填实封严，防止施工时管外返浆，护口管上部高出地面 0.10~0.30m。

③安装钻机：机台安装稳固水平，大钩对准孔中心，大钩、转盘与孔中心三点成一垂线。

④钻进成孔：开孔孔径均为 350mm，一钻到底，钻孔施工达到设计深度时，宜增加钻深 0.3~0.5m。在钻进过程中，轻压慢钻，要确保钻机的水平，以保证钻孔的垂直度，成孔过程中及时补充泥浆，以防止孔壁坍塌。

⑤清孔换浆：下井管前的清孔换浆工作是保证成井质量的关键工序，为了保证成孔在进入含水层部位不形成厚的泥皮，当钻孔钻至含水层顶板位置时即开始加清水调浆。钻进至设计高程后，在提钻前将钻杆提至离孔底 0.50m，进行冲孔，清除孔内杂物，同时将孔内的泥浆密度逐步调至接近 $1.05g/cm^3$，孔底沉淀小于 0.30m，返出的泥浆内不含泥块为止。第一次清孔换浆将直接影响成井质量，为了保证成井质量，施工时清孔换浆工作没有达到规定的要求不得进入下一道工序施工。

⑥下井管：井管进场后，应检查过滤器的圆孔是否符合设计要求。下管前必须测量孔深，孔深符合设计要求后，开始下井管，下管时在滤水管上下两端各设一套直径小于孔径 5cm 的扶正器（找正器），以保证滤水管能居中，井管焊接要牢固、垂直、不透水，下到设计深度后，井口固定居中。下井管过程应连续进行，不得中途停止，如因机械故障等原因造成孔内坍塌或沉淀过厚，应将井管重新拔出，扫孔、清孔后重新下入，严禁将井管强行插入坍塌孔底。

⑦填砾料：填砾料前应用测量绳测量井管内外的深度，两者的差值不应超过沉淀管的长度，填砾料过程中应随填随测砾料的高度。填砾料工序也应连续进行，不得中途终止，直至砾料下入预定位置为止。最终投入滤料量不应少于计算量。

⑧井口封闭：在采用膨润土封孔时，为防止围填时产生"架桥"现象，围填前需将膨润土做成 1~3cm 泥球。围填时应控制下入速度及单次填入量，沿着井管周围按少放、慢下的原则围填。然后在井口外做好封闭工作。

⑨洗井：采用"气吹法+活塞抽排"洗井。洗井应在下完井管、填好滤料后立即进行，一气呵成，以免时间过长，护壁泥皮逐渐老化，难以破坏，影响渗水效果。绝不允许搁置时间过长或完成钻探后集中洗井。

⑩安泵试抽：潜水降水施工结束后，应及时下入潜水泵，接真空管，敷设排水管道、电缆、地面真空泵安装等，抽水与排水系统安装完毕，即可开始试抽水。现场要在电缆与管道系统上进行标识，以避免在抽水过程中损坏设备。

⑪排水：洗井及降水运行时应用管道将水排至集水池内，通过排水管道将水排入场外预设

的排水沟渠中,场外预设的排水管道应定时清理,确保排水系统的畅通。

(4)深井降水运行

①抽水方法。

潜水降水井采用真空泵和潜水泵联合抽水的方法降低潜水位。每口降水井单独设置一台潜水泵,两口降水井共用一台真空泵,要求潜水泵的抽水能力大于单井的最大出水量,真空管路的真空压力低于 -0.06 MPa,潜水泵和真空泵同时开启,要求开挖前的抽水时间不能少于 4d。

②降水运行。

潜水降水井施工完成一口井即投入运行一口井,及时降低地下潜水水位,确保隧道开挖效果。

试运行之前,需先测定各井口静止水位;然后开始试运行,以检查抽水设备、抽水与排水系统能否满足降水要求。

安装前应对泵身和控制系统做一次全面细致的检查。检查电动机的旋转方向是否正确、各部螺栓是否拧紧、润滑油是否充足、电缆接头的封口有无松动、电缆线有无破损等情况,然后在地面上运转 1min 左右,如无问题,方可投入使用。潜水发动机、电缆及接头应有可靠绝缘,每台泵应配置一个控制开关。安装完毕应进行试抽水,满足要求后再转入正常工作。

7.3.2 水平旋喷桩加固技术

水平旋喷桩广泛应用于砂层、粉土等不稳定地层加固中,其加固效果良好,施工安全可控。但常规设计中水平旋喷桩基本按照普通超前支护模式进行设计,未考虑自身施工工艺要求,导致水平旋喷桩施工后在施工衬砌时周边桩需要凿桩,掌子面桩存在断桩现象,给施工安全带来较大隐患;且从已施工工点经验总结中看,还存在掌子面断桩、浅埋段及隧道贯通段坍塌等风险。

1)水平旋喷桩施工参数

根据施工揭示的砂层位置及厚度设置周边水平旋喷桩,采用 $\phi600$ 旋喷桩,环向间距 400mm,桩与桩之间咬合 200mm;为保证掌子面稳定,在掌子面内部设置水平旋喷桩,按等腰三角形布置,间距 2m×2m;当采用台阶法施工时,台阶锁脚设置 $\phi600$ 锁脚旋喷桩(先旋喷后插入 $\phi42$ 小导管),长度 6m,下插角度为 45°,如图 7-8 所示。

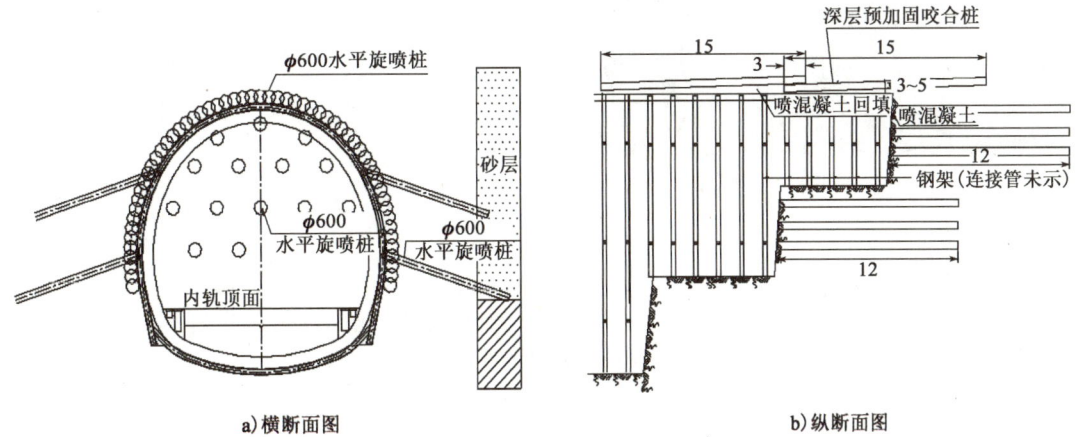

图 7-8 水平旋喷桩断面图(尺寸单位:m)

水平旋喷桩单循环每根长度应结合施工机械能力确定,长度过长会导致旋喷桩端头外挑角度过高,影响超前支护效果,一般水平旋喷桩单根长10~12m,搭接长度3m,外挑角度8°~9°,端头处外挑高度至初期支护轮廓外约40cm,如图7-9所示。

2)设备选型

水平旋喷桩施工机械选择建议采取小型灵活的施工机械,虽然意大利ST60进口设备施工速度较快,但其弊端也同样明显,且设备昂贵,现场操作不如TY400国产设备使用方便,如图7-10所示。

3)水平旋喷桩施工要点

(1)施工准备

根据现场实际情况,按设备工况要求进行准备,包括掌子面封闭、场地平整、测量放样、浆液配置、泥浆池施作等,同时做好专用电力线、专用信息传输联络系统准备,确保现场满足施工要求。

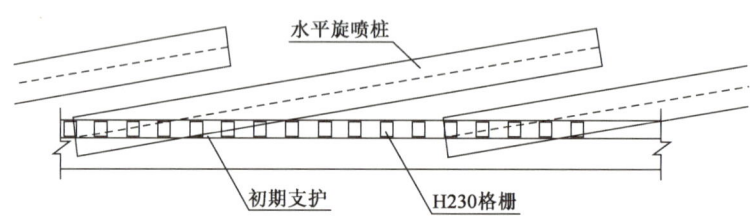

图7-9 水平旋喷桩端头处外挑

图7-10 TY400钻机施工

(2)钻孔定位

分孔计算每根桩的偏角和仰角,并形成交底,现场技术人员和钻机司机在钻孔之前按钻孔方位角进行点位复测和角度定位调整,确保施工精度。

(3)钻孔旋喷

旋喷前,复核各项注浆参数,设置好钻机旋喷的转速和提拔速度;开始旋喷后时刻关注孔口返浆情况,及时调整提拔速度,并做好记录。旋喷完成后应及时清洗注浆泵和旋喷钻头。

(4)回浆倒运

旋喷回浆收集至泥浆池后,采用泥浆泵抽送至罐车,运输至洞外。

(5)插入无缝钢管

旋喷完成后应及时插入无缝钢管或钢筋;每节钢管长度视现场具体情况而定,6~9m最佳,两节钢管之间采用内插$\phi22$螺纹钢并焊接的方式进行对接。

(6)施工监测

为了保证施工过程中隧道结构的安全,防止因旋喷或注浆压力过大而引起围岩、初期支护局部发生变形等,施工期间需对工作面后方进行监测,监测范围掌子面后方30m,监测频率2次/d,如出现特殊情况,立即停止旋喷,查明原因,采取相应措施。施工效果见图7-11。

图7-11 水平旋喷桩施工效果

4)水平旋喷桩施工风险

(1)凿桩风险

受到已施作完成初期支护及格栅的影响,下一循环施作水平旋喷桩时,水平旋喷桩与未施作初期支护存在一定范围的重叠和冲突,具体详见图7-12中阴影部分,重叠长度约4m,即每循环7m水平旋喷桩施作范围中,有4m与未施作初期支护存在冲突现象。

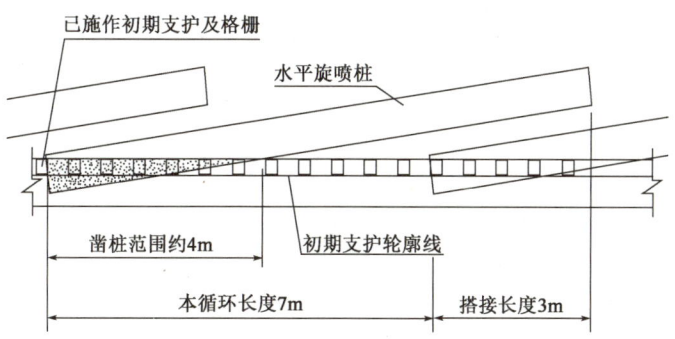

图7-12 水平旋喷桩与初期支护重叠

施工时一般采取的方法是对侵入初期支护限界范围的旋喷桩予以凿除。由于凿除时对旋喷桩以及周边围岩扰动较大,凿除时很难实现预期的凿除目的,很容易将整根桩都凿断,且凿除后,原设计范围的水平旋喷桩厚度大大减少,根部甚至难以实现咬合目的,对于隧道拱顶的砂层等不稳定地层的防护作用大为减弱,极有可能产生局部溜砂现象,甚至拱顶坍塌风险。

(2) 掌子面断桩风险

从图 7-8 中可以看出,软弱地层为了保证隧道掌子面的稳定性,掌子面也设置了部分旋喷桩,类似于土钉加固的效果,达到稳固掌子面的目的。但实际施工中,掌子面会出现应力重分布并且存在一定扰动,水平旋喷桩为水泥土浆结构,抗剪强度较差,开挖时常存在部分旋喷桩断桩掉落现象,极易砸坏下方机械或砸伤现场作业人员。

(3) 高压旋喷桩对周圈地层的挤出风险

由于水平旋喷桩施工阶段采取高压喷浆,压力高达 35~40MPa,根据相关研究显示,高压水平旋喷桩施工期间周围土体会受到挤压,隧道埋深较浅时,存在地表隆起风险;当隧道即将贯通时,单侧水平旋喷桩施工会影响对面掌子面的稳定性,造成掌子面失稳或者坍塌,此类风险在现场施工中已经存在类似案例,值得引起关注。

(4) 施工工法风险

水平旋喷桩施工工法受旋喷桩施工设备影响较大,当采用意大利进口设备 ST-60 时,由于设备自身空间较大,底座位于下台阶面上,施工工法一般优先采用台阶法。当采用国产设备 TY400 时,由于设备高度约 2.5m,履带式行走,具备爬行到各个台阶的能力,一般采用台阶法施工。采用旋喷桩施工的地层基本是稳定性极差的地层,无论采用台阶法或全断面法都存在掌子面不稳定的风险。

5) 旋喷桩施工风险应对措施

(1) 凿桩风险应对措施

结合水平旋喷桩施工工艺及隧道支护衬砌要求,对现场施工的凿桩风险问题提出几种解决方案。

①局部初期支护整体抬高方案。

局部初期支护抬高方案主要是初期支护标准段施作 3.5m 后,剩余的 3.5m 初期支护整体抬高 59cm,为下循环水平旋喷桩施工提供空间(图 7-13),达到类似设置工作室的要求,抬高段待下循环水平旋喷桩施作完成后再补喷混凝土与标准段断面轮廓一致,达到铺设防水板的表面平顺要求。

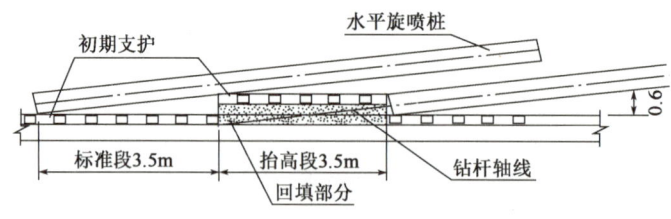

图 7-13 局部初期支护整体抬高图

②局部初期支护渐变抬高方案。

将整体抬高段初期支护改为渐变抬高,目的是为了控制隧道断面开挖量,减少回填范围。渐变抬高段初期支护内轮廓与钻杆轴线的距离需满足施工机械的施工要求,如图 7-14 所示。

③方案对比。

常规设计方案未采取支护抬高,不存在回填,但需要凿桩,导致超前支护减弱,存在安全问题,同时凿桩会扰动周边松散地层,加大围岩荷载。

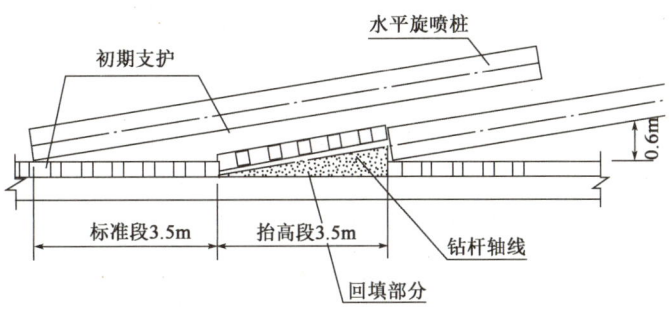

图 7-14　局部初期支护渐变抬高图

整体抬高方案不需要凿桩且抬高段为统一断面，钢架加工及现场施工较为便利。但抬高段混凝土回填量较大。

渐变抬高方案不需要凿桩且由于支护渐变，渐变段回填量较小。但由于支护渐变，渐变段钢架需要采取不同的型号规格，现场加工较困难。

④结论。

从上述方案对比可以看出，常规方案由于需要凿桩风险极高，渐变抬高方案钢架加工规格较多，施工不便利，且由于旋喷桩实际应用于松散砂层、软塑～流塑状软土地层，在实际施工中，旋喷桩以下土体有时较难保留。因此常规设计方案以及渐变抬高方案实际都存在拱顶超挖严重现象，回填量均较大，与整体抬高方案相比回填量相差不多，因此综合考虑利弊，对于旋喷桩设计施工，采用局部整体抬高方案施工优势较为明显。

(2) 掌子面断桩风险应对措施

掌子面断桩本质原因在于掌子面土层受到扰动以及旋喷桩桩体抗剪强度较低的缘故，由于掌子面施工扰动不可避免，因此应对措施只能考虑提高旋喷桩抗剪能力。可考虑在旋喷桩内增设钢管或钢筋来提高抗剪抗拉能力。

根据开挖进尺，单循环进尺 0.6m，考虑施工误差，按照 0.8m 考虑，单循环旋喷桩需要外露凿除长度约 0.8m，重量约 6.5kN，假设内设 $\phi14$ 螺纹钢，螺纹钢与旋喷桩黏结力按照 1.5MPa 考虑，则单循环开挖钢筋提供的摩阻力为 52kN，单根钢筋自身提供的抗拉能力为 51kN，均远超出旋喷桩重量，也就是说旋喷桩断桩后也不会掉落，会被钢架拉住，不会对掌子面下方施工人员造成安全风险。

因此，对于掌子面加固的旋喷桩，均建议在旋喷桩中心增设等长的 $\phi12$～$\phi14$ 的螺纹钢，施工工序一般是在旋喷桩施工完成后，补充钻孔，塞入钢筋，再对钻孔注浆封堵即可。

(3) 对周圈地层挤出风险的应对措施

①高压旋喷桩对周圈地层的影响。

根据相关研究显示，高压水平旋喷桩对周圈地层影响主要受到注浆压力、提钻速度、注浆量的影响。注浆压力越大、注浆量越大、钻杆提钻速度越小，成桩直径越大，对周圈地层的扰动范围越大。隧道内旋喷桩直径一般为 600mm，旋喷压力为 35～40MPa，根据模拟计算，单根旋喷桩对周圈土体的扰动范围约为 13 倍桩径，也就是单根旋喷桩对土体的扰动范围约 8m 左右。

②隧道贯通旋喷桩施工风险应对。

隧道接近贯通时，由于旋喷桩施工距离对面掌子面较近，其高压易将对面掌子面挤出造成坍塌,并且由于其对周圈土体的挤压扰动,产生的附加荷载会对对面掌子面上中台阶未封闭段支护带来风险。因此当旋喷桩端部距离对面掌子面小于 8m 时,应考虑加强措施,加强措施可考虑支护加强以及掌子面稳固加强。支护加强主要是对上中台阶未封闭段设置临时仰拱封闭成环,便于支护结构受力;掌子面稳固可依靠回填反压措施,利用隧道出渣进行反压堆填,原则上台阶堆土宽度不小于 8m,以达到抵消旋喷桩压力的效果,同时,对面反压回填也有利于结构受力及稳定,保障隧道贯通安全,具体见图 7-15。

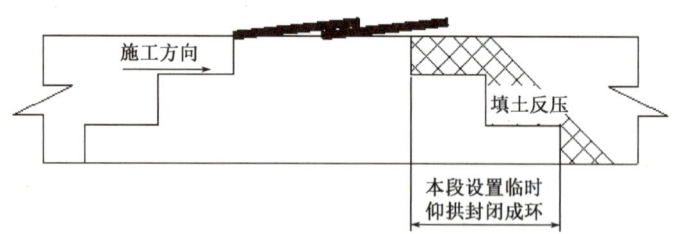

图 7-15 隧道贯通旋喷桩施工加固示意图

③隧道洞口旋喷桩施工应对措施。

洞口旋喷桩施工主要考虑旋喷桩对地表隆起的影响,避免旋喷桩压力过高导致洞口仰坡失稳。

从上述论述可以看出,当旋喷桩施工覆土小于 8m 时,旋喷桩施工会造成地表隆起现象,应结合现场实际情况来确定对应施工控制措施。

a. 洞口仰坡较缓。此类情况由于仰坡稳定,旋喷桩施工只需要注意地表构筑物即可,如地表存在构筑物,可减少旋喷桩喷浆压力,减少成桩直径。如地表不存在构筑物,可适当控制喷浆压力即可,局部地表隆起并不影响隧道后续施工。

b. 洞口仰坡较陡或存在溜塌等不良地质。此类情况需要考虑旋喷桩施工带来的不利影响,如洞口仰坡产生溜塌或原有不良地质发育加剧等问题。

洞口存在不良地质时,应先对不良地质加固后方可实施旋喷桩施工;不存在不良地质时,当覆土小于 8m,旋喷桩压力应逐渐减弱到 20MPa 左右,桩径建议不超过 500mm,另外根据现场施工情况,场地具备条件时,可在仰坡坡脚适当堆渣反压,避免仰坡失稳。

(4)施工工法风险应对措施

针对施工工法选择带来的掌子面稳定性风险,一般采取掌子面增设水平旋喷桩及掌子面喷射混凝土封闭两种加固措施。从现场实际施工效果来看,台阶法配合上述两种措施基本能满足掌子面的稳定性要求;全断面法配合上述两种措施,掌子面仍然存在局部混凝土开裂溜砂现象,掌子面不能完全直立,需要设置一定的斜坡才能满足掌子面稳定性要求。

因此,从施工安全角度考虑,水平旋喷桩施工宜采用台阶法施工。

7.3.3 洞内帷幕注浆加固技术

富水砂质黄土地层含水率大、承载力小,不能满足施工需要,因此要对地层提前做好超前预加固改良工作,确保施工安全。

蒙华铁路蒙陕段共对 14 座隧道、16 个掌子面、4 处地表黄土段落进行了预加固处理,确保了施工的平稳推进。其中郭旗隧道进口掌子面地层主要为砂质新黄土,层状结构,含水率高达 29.2%。线路右侧拱脚处含水率较高,有清水不断渗出,土体松软,承载力低。采用洞内帷幕注浆加固技术对郭旗隧道进口掌子面进行预加固,其注浆施工以及效果分别如图 7-16、图 7-17 所示。洞内帷幕注浆主要施工技术参照第 5 章相应章节。

图 7-16 郭旗隧道帷幕注浆施工图

图 7-17 郭旗隧道帷幕注浆效果图

帷幕注浆后,通过检查土体注浆后含水率情况、观察注浆后浆脉情况进行分析。注浆前土体实测含水率为 24%~29.2%,注浆后开挖土体实测含水率 13%~16%,土体含水率明显降低,约为 11%,土体自稳性明显提高。

7.3.4 地表袖阀管注浆加固技术

袖阀管注浆工法是在浆液经过注浆泵加压后,通过连通管进入注浆管,聚集到袖阀管注浆管段,然后通过钻有直径为 6mm 的泄浆孔的钢花管(即袖阀管),在内压力的作用下,将包裹在钢花管外的橡胶圈胀开并将套壳料挤碎。当压力逐渐增大到一定程度,被加压的浆液就会沿着地层结构产生充填、渗透、压密、劈裂流动,此时由于供浆量小于进入量,压力会自动恢复到平衡状态,后续的浆液在压力作用下,使得劈裂裂缝不断向外延伸,浆液在土体中形成固结体,从而达到增加地层强度,降低地层渗透性的目的。

隧道砂质黄土浅埋段通过地表钻孔、注浆进行了袖阀管注浆加固,具体施工方法参见第 9 章相关内容。

7.3.5 其他变形控制技术

1)支护参数及预留变形量设计

(1)麻科义隧道砂性黄土段因围岩稳定差,衬砌类型均为 $V_{b土}$,采用三台阶、适当预留核心土开挖方法,初期支护钢架为 H230 四肢格栅钢架,间距 0.6m;混凝土强度等级为 C25,喷射厚度为 30cm;钢筋网片采用 $\phi8$ 钢筋,单层,网格尺寸为 20cm×20cm。在上、中、下台阶每节点处打设 4 根 $\phi42$ 壁厚 5mm 的锁脚锚管,每根长 4m,向下 30°~45°进行施作,在施工前使用 1:1 水泥浆对锁脚锚管进行预注浆处理,增强锁脚锚管的抗压强度。

(2)拱墙衬砌采用厚 50cm 的 C35 模筑混凝土,含水砂层段主筋为 $\phi22$ 螺纹钢,无水砂层段主筋为φ20 螺纹钢,排距 20cm,层间距 36.6cm,分布筋为φ14 螺纹钢,间距 25cm,φ8 勾筋满布。

(3)无水砂层段预留变形量按 10~15cm 设置,含水砂层段的预留变形量为 15cm,根据监控量测数据进行动态调整。

2)施工安全步距控制

根据砂层段变形速率大、易失稳的特点,在中国铁路总公司相关文件要求的基础上,结合蒙华公司施工理念以及现场围岩特性,隧道开挖掘进过程中,应缩短二次衬砌仰拱与初期支护仰拱的距离,下台阶与初期支护仰拱同时封闭成环,并紧跟上台阶施工,封闭成环距离掌子面不宜大于 2 倍洞径(23m),二次衬砌仰拱及拱墙衬砌应及时紧跟。

7.4 砂质黄土段施工效果

经过降水处理、地层加固和土体改良后,隧道施工期间洞室变形得到了较好的控制,大大增强了隧道围岩的稳定性。

以麻科义隧道为例,浅埋砂层段按 5m 间距设置量测断面,每个断面埋设 5 个观测标。麻科义隧道砂层段落长 135m,埋设监测断面 28 组,共埋设 140 个观测标。

选取断面 DK359+940、DK360+020 为典型断面,所选典型断面均为所选段落中拱顶下沉量和水平收敛累计值最大的断面,段落所选断面的监测数据可以体现出砂层段的变形特征,所选典型断面的变形趋势分别如图 7-18、图 7-19 所示。

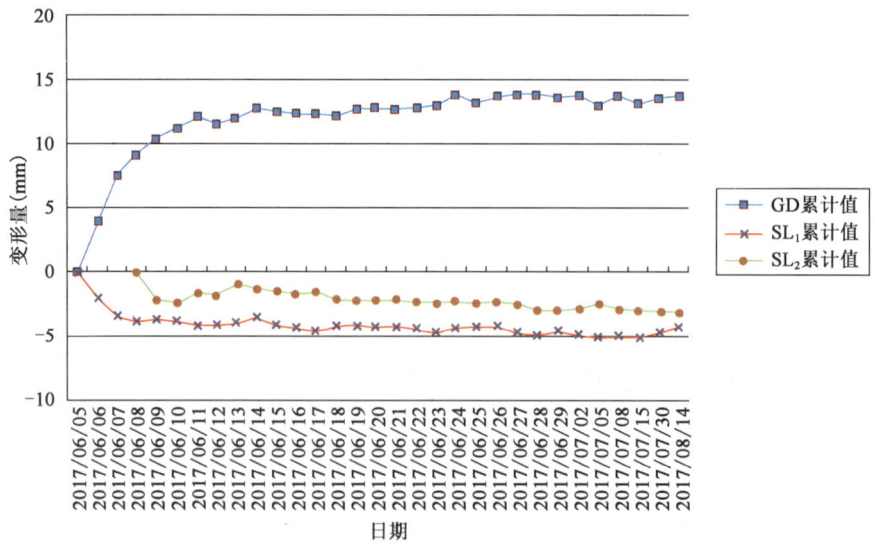

图 7-18 麻科义隧道 DK359+940 典型断面变形量-时间曲线

DK359+940 上台阶施工时间 2017 年 6 月 4 日,中台阶施工时间 2017 年 6 月 7 日,下台阶施工时间 2017 年 6 月 24 日。DK359+940 断面拱顶累计沉降量 13.8mm,水平收敛 SL_1 累计变形量 -4.2mm,水平收敛 SL_2 累计变形量 -3.2mm。初期支护外观无异常。

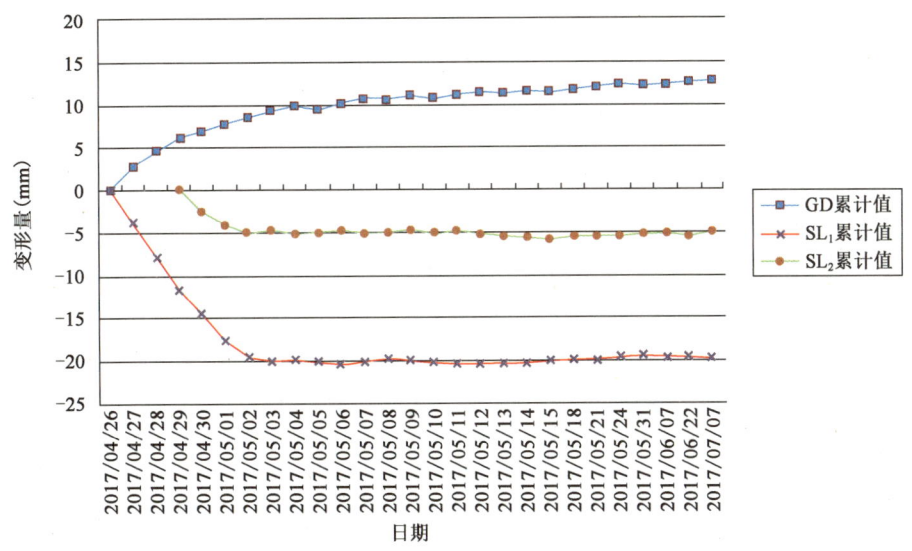

图 7-19　麻科义隧道 DK360+020 典型断面变形量-时间曲线

隧道 DK360+020 上台阶施工时间 2017 年 4 月 26 日,中台阶施工时间 2017 年 4 月 29 日,下台阶施工时间 2017 年 5 月 11 日。DK360+020 断面拱顶累计沉降量 12.6mm,水平收敛 SL_1 累计变形量 -19.9mm,水平收敛 SL_2 累计变形量 -5.2mm。初期支护外观无异常。

麻科义隧道砂层段典型断面变形统计结果如下:

(1) DK359+940 拱顶下沉量在初期支护成环时变形量占总变形量的 81%,水平收敛在初期支护成环时变形量占总变形量的 69%。DK360+020 拱顶下沉量在初期支护成环时变形量占总变形量的 88%,水平收敛在初期支护成环时变形量占总变形量的 74%。初期支护成环时间需 7~10d,各断面在初期支护成环后变形数据均已稳定。通过以上数据比对分析,初期支护变形主要发生在初期支护成环以前,故控制上中台阶开挖支护时的初期支护变形和压缩上台阶开挖至初期支护成环的时间间隔,可减少初期支护累计变形量。

(2) 通过分析累计变形值可知,采用超前加固和超前支护措施的麻科义隧道砂层段初期支护收敛值 SL_2 大于拱顶下沉 GD 和收敛值 SL_1,其变形特征主要以收敛变形为主,且拱顶下沉和水平收敛变形均在可控范围之内,整体上看初期支护变形累计值均不大(20mm 以内)。

(3) 砂层段变形统计结果表明,拱顶下沉 GD 累计最大值 13.8mm,其最大变形速率 3.9mm/d。水平收敛 SL_1 累计最大值 -19.9mm,其最大变形速率 -4.1mm/d。水平收敛 SL_2 累计最大值 -17.06mm,其最大变形速率 -4mm/d。

(4) 麻科义隧道在采用超前加固和超前支护措施后,各量测断面在施工过程中均未出现初期支护外观起皮开裂等异常情况。

7.5 小　　结

通过现场工程实践,总结得出砂质黄土隧道洞内降水、地层加固和土体改良等施工关键技术。

(1)砂质黄土隧道含水率较大,尤其在雨季施工时,极易造成掌子面失稳、拱顶垮塌等事故,采用超前深孔真空降水、真空轻型井点降水和重力式真空深井降水等技术,降低了地下水位,为施工创造了良好的工作条件。

(2)水平旋喷桩对砂层加固效果明显,但应对凿桩风险、掌子面断桩风险、高压旋喷桩对周圈地层的挤出风险和施工工法风险等有足够的重视,并制订相应的风险应对措施。

(3)在地层超前预加固措施中,超前水平旋喷桩适用于粉细砂层段,帷幕注浆适用于深埋富水砂性黄土,袖阀管注浆适用于浅埋富水砂性黄土、浅埋冲沟软土层及浅埋富水土石分界段等。

(4)通过工程实践,形成了砂质黄土段隧道洞内施工降水、洞内水平旋喷预加固和帷幕注浆、地表袖阀管注浆土体改良、适当加大预留变形量、加强支护参数、缩短封闭距离等关键施工技术,有效地控制了隧道围岩变形,确保了洞室稳定。

第8章 土石分界段隧道施工技术

土石分界地层是一种上土下岩、软硬不均的特殊地质,形成机理较为特殊。在土石分界的地质条件中进行隧道施工,除了土石分界处地层的岩性与分布各不相同外,往往还存在地下水富集区对于分界层的进一步软化作用,以及隧道的浅埋与偏压等因素,围岩会出现变形,应力也会不均衡。一旦实际施工中没有采用与之对应的合理支护措施,或是开挖方法不当,就很有可能造成掌子面前方支护变形,甚至塌陷的严重后果。所以,对于土石分界段隧道施工技术措施必须合理选择。

选择具有代表性的麻科义隧道为例,通过采用超前支护、管井降水、合理的开挖方法、控制爆破、超欠挖控制和快速支护技术等综合措施,适度增强支护刚度,降低地下水位,严格控制隧道结构变形,确保了隧道安全施工。

8.1 土石分界段的地质特征

麻科义隧道线路穿越土石分界段共3289m,占整座隧道的37.68%,地质情况复杂。

8.1.1 工程地质特征

麻科义隧道隧址区内地层岩性较复杂,岩体破碎、稳定性较差,构造带附近含水率高,突泥、突水可能性大,且粉质黏土、黏质老黄土、泥岩皆具有弱膨胀性。根据实际揭示的情况大致分为两种。

一种情况是上部为粉质黏土,下部为泥岩夹砂岩,土石界面呈水平状分布。具体为:拱顶下0~5m为粉质黏土,呈棕红色,硬塑,局部含块状钙质结核;下部为泥岩夹砂岩,呈薄层状,产状近水平,岩体破碎,节理裂隙发育,强风化~全风化,土石界面及基岩存在地下水,局部呈股状水。典型断面DK361+350掌子面地质素描见图8-1,现场掌子面岩层见图8-2。

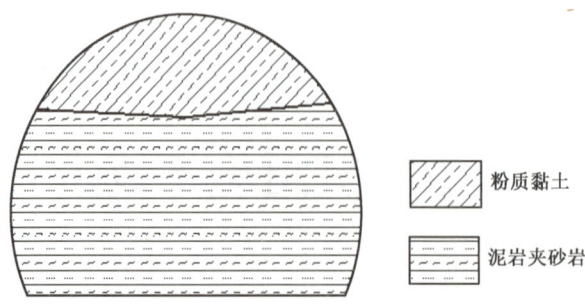

图 8-1 DK361+350 掌子面地质素描图

图 8-2 DK361+350 掌子面岩层

另一种情况是上部为黏质老黄土和粉质黏土,下部为泥岩夹砂岩,土石界面呈不规则形状分布。具体为:土层分布均在距拱顶 0~8m 范围内,土层主要为第四系黏质老黄土,局部夹有第三系粉质黏土,颜色呈棕黄色~棕红色,硬度为软塑~硬塑,局部钙质结核,有弱膨胀性;下部为三叠系泥岩夹砂岩,颜色呈灰绿色~灰褐色,强风化~弱风化,呈碎石状结构,薄~中厚层状构造,层间为泥钙质胶结,岩层水平,节理裂隙发育;局部存在裂隙水。DK360+856 典型段掌子面地质素描图见图 8-3,现场掌子面岩层见图 8-4。

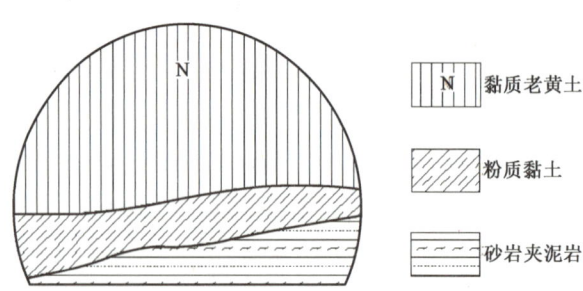

图 8-3 DK360+856 掌子面地质素描图

8.1.2 水文地质特征

麻科义隧道进口靠近延河,洞身穿越多个常年流水沟谷,正洞最大涌水量达 $21075m^3/d$。

图 8-4　DK360+856 掌子面岩层

1）地表水

(1) 隧道进口至 DK362+800

隧址左侧沟谷发育一条小河，常年有水，水量较大，其中小河上游 DK361+000~DK362+800 段落分布多个水塘。

(2) DK365+000 至隧道出口

隧址左右均分布有小河，常年有水，流量较大，其中 DK365+000~DK366+000 段落右侧 800m 处分布有一水塘，面积约有 0.25km², 水塘最深处约有 5.0m。

2）地下水

隧址区地下水主要为第四系孔隙水，主要受大气降水及河水补给。地下水水位、水量随季节变化，雨季水量较大，旱季水量相对较小。其中 DK359+850~DK362+800 段落地下水给排关系复杂，主要存在两层地下水。

(1) 孔隙水

第四系孔隙水主要赋存于沟谷或山坡、山梁上第四系松散堆积物以及新、老黄土所夹的数层砂砾石层中，沟谷中也有小股泉水涌出。

隧道洞身孔隙潜水主要分布在 DK360+020~DK366+920.25 段，对隧道施工将造成一定影响。孔隙潜水水量受季节影响较大，雨季时孔隙水多沿土石界面股状涌出，干旱季节时水量较少。

由于受远处地下水侧向补给和大气降水补给，新老黄土与第三系粉质黏土分界处潜水水量较大，沿地势向地形低洼处排泄。隧址区第三系粉质黏土剥蚀侵蚀处露出多为水塘，以第三系粉质黏土为相对隔水层。

(2) 基岩裂隙水

基岩裂隙水主要赋存于三叠系砂岩及泥岩中，隧道区砂岩及泥质砂岩裂隙发育，岩体破碎，由于降水渗入，容易在砂岩体风化带内形成囊状富水带，局部水量较大。

土石界面处承压水，受远处地下水侧向补给，在切割较深沟谷处以泉水的形式出露。泉水流量较大，可供农田灌溉。

3）涌水量

麻科义隧道正洞分段涌水量见表 8-1。

麻科义隧道正洞分段涌水量　　　　　　　表 8-1

里 程 段 落	长度 （m）	渗透系数 （m/d）	正常涌水量 （m³/d）	最大涌水量 （m³/d）
DK358 + 192.4 ~ DK358 + 605	412.6	—	—	—
DK358 + 605 ~ DK360 + 200	1595	0.16	1803	3606
DK360 + 200 ~ DK360 + 900	700	0.2	1394	2788
DK360 + 900 ~ DK362 + 410	1510	0.18	3254	6508
DK362 + 410 ~ DK365 + 450	3040	0.16	3857	7714
DK365 + 450 ~ DK366 + 920.95	1470.95	0.01	148	459
总计	8728.55	—	10456	21075

8.2　土石分界段施工面临主要问题

土石分界段落施工时，上部围岩的自稳能力较差，下部泥岩夹砂岩爆破施工扰动大，常存在较大的施工安全隐患。

（1）拱部土质软弱，洞室稳定性差

麻科义隧道土石分界段落拱部 0 ~ 5m 范围内围岩主要由粉质黏土、黏质老黄土构成，自稳能力差，隧道开挖后容易发生掉块、垮塌等现象。

（2）地下水和弱膨胀性围岩的组合，容易造成初期支护失稳

现场取样检测结果显示，粉质黏土、黏质老黄土和泥岩三者均具有弱膨胀性，如麻科义隧道 DK361 + 729 掌子面围岩取样检测指标中自由膨胀率 F_s 为 60%（判定标准 $F_s \geqslant 40\%$），蒙脱石含量 M 为 42.54%（判定标准 $M \geqslant 7\%$），满足膨胀土的判定标准《铁路工程岩土分类标准》（TB 10077—2001）；另外，构造带附近含水率高，有水渗出，使得围岩膨胀性更强，开挖时局部会出现拱部掉块现象；初期支护完成后，围岩受到支护结构限制，随着时间推移，围岩膨胀力逐渐增大，导致初期支护表面开裂，严重的会造成钢架变形。

（3）下部石质围岩爆破扰动，容易诱发洞室失稳

隧道下部石质围岩泥岩夹砂岩进行爆破施工时，将会对上部土体产生较大冲击扰动，危及初期支护结构的安全性，降低洞室稳定性。

8.3　土石分界段施工关键技术

麻科义隧道土石分界段部分位于沟谷处，埋深小，地下水发育，提前采取地表管井降水措施将地下水位降至隧底以下；为控制土石分界段隧道变形，开挖工法采用三台阶法，推行微台

阶工法,落实"快挖、快支、快成环"施工组织措施;石质部分采取控制爆破,利用分区起爆的方式,降低爆破对周边围岩的扰动程度;隧道支护参数选择遵循"宁强勿弱,动态优化"的原则,采取Ⅴ级围岩中支护参数最强的$V_{b土}$,并根据监控量测数据进行动态调整;针对土石分界段极易出现超挖的问题,及时采取喷射混凝土或泵送混凝土对初期支护背后空洞进行回填密实。

8.3.1 地表管井降水

为解决 DK361+970～DK362+040 段隧道软岩富水难题,经过对注浆法、搅拌桩加固法、降水法等三种方法多方讨论,确定采用地表管井降水方案,如图 8-5 所示。

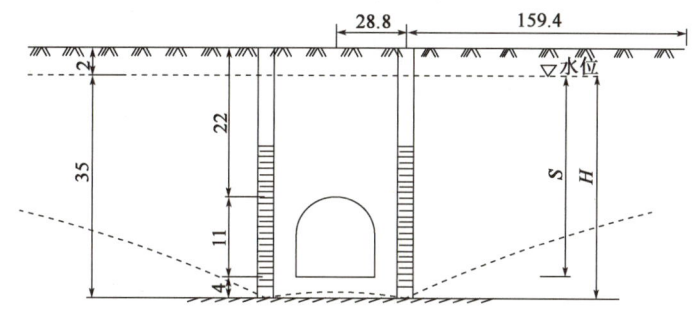

图 8-5 管井降水结构立面示意图(尺寸单位:m)

1)管井设计参数计算

(1)隧道涌水量预测

隧道埋深 22m,隧道开挖高度按 12m 计,考虑降水水位至隧底基底以下 4m,降水范围拟定在隧道开挖线外侧 5m 处,距中线距离 11m。

根据结构出水特点,结合现场两个勘探钻孔水平,依据设计院在本场地钻孔降水井抽水试验结果,计算时采用的渗透系数按 0.224m/d 考虑。依据《建筑施工手册》(第五版),选用均质含水层潜水完整井基坑涌水量的计算公式:

$$Q = 1.366K \frac{(2H-S)S}{\lg \frac{2b}{r_0}} \quad (8\text{-}1)$$

$$r_0 = \eta \frac{a+b}{4} \quad (8\text{-}2)$$

$$R = 2S\sqrt{HK} \quad (8\text{-}3)$$

式中:Q——隧道涌水量(m^3/d);

R——影响半径(m);

r_0——洞身横断面等效降水引用半径(m);

K——为渗透系数(m/d),取值 $K=0.19$m/d;

H——含水层厚度(m),取值 $H=34$m;

a——隧道降水区域长度(m),取值 $a=80$m;

b——隧道降水区域宽度(m),取值 $b = 22\text{m}$;
η——修正系数,取值 $\eta = 1.13$;
S——降水深度(m),取值 $S = 34\text{m}$。

① 根据式(8-3)计算 R:
$$R = 2 \times 34 \times \sqrt{34 \times 0.19} = 172.832(\text{m})$$

② 利用"大井法"(即把不同形状的基坑所占面积设想为一个圆形的大井)预测隧道坑道涌水量,根据式(8-2)计算洞身开挖降水的引用半径 r_0:
$$r_0 = \eta \frac{a+b}{4} = 1.13 \times \frac{80+22}{4} = 28.8(\text{m})$$

③ 根据式(8-1)计算隧道涌水量 Q:
$$Q = 1.366K\frac{(2H-S)S}{\lg\frac{2b}{r_0}} = 1.366 \times 0.19 \times \frac{(2\times34-34)\times34}{\lg\left(\frac{2\times22}{28.8}\right)}$$
$$= 1630.056(\text{m}^3/\text{d}) = 0.019(\text{m}^3/\text{s})$$

(2)降水方式及单井出水量

根据降水工程的经验做法及现场实际情况,决定采用管井降水方式,管井成孔直径 0.705m,管井外直径 0.4m,内直径 0.3m,管井深度 37m,井管采用水泥管,其中滤管长度 8m,滤管外层包裹两层尼龙网或土工布,井管周边采用 φ3~φ7 天然砂卵石圆砾滤料回填,潜水泵扬程不小于设计井深 37m,水泵抽水能力 20m³/h,单井抽水量按 480m³/d 计算。

(3)管井数量计算

① 单井涌水量 q 计算:
$$q = 120\pi l r_s \sqrt[3]{k} \tag{8-4}$$

式中: r_s——过滤器半径(m),取值 0.15m;
l——过滤器进水部分长度(m),取值 8m;
k——含水层的渗透系数(m/d)。

$q = 120\pi l r_s \sqrt[3]{k} = 120 \times 3.14 \times 8 \times 0.15 \times \sqrt[3]{0.19} = 259.942(\text{m}^3/\text{d}) = 0.003(\text{m}^3/\text{s})$

② 管井数量 n 计算:
$$n = 1.1\frac{Q}{q} = 1.1 \times \frac{0.019}{0.003} = 7(\text{孔})$$

共需设置 7 孔管井,才能满足降水要求。

2)管井布置设计

根据降水工程的经验做法及现场实际情况,采用管井降水方式,在隧道埋深最浅沟谷处 DK361+970~DK362+040 段,隧道范围两侧交错布置降水井,降水井单侧间距 30m,共布设 7 孔管井,隧道上游布设 4 孔,下游布设 3 孔,管井距隧道开挖线 5m。降水井成孔直径 705mm,全孔采用 φ400 水泥砾石滤水管,滤水管外包 2 层 150g/m² 透水土工布。井深范围内水泥砾石滤水管和降水井内壁之间回填 φ3~φ7 砂卵石滤料,如图 8-6 所示。

3)降水井施工

成孔施工机械设备选用小型冲击钻机,采用冲击钻成孔工艺,人工配合机械下放井壁管、

滤水管,围填圆砾石、黏性土等。其工艺流程如下:

(1)测量井位

根据井位平面布置图测放井位,当布设的井点受地面障碍物或施工条件影响时,现场可做适当调整。

(2)埋设护口管

护口管底口插入原状土层中,管外用黏性土填实封严,防止施工时管外返浆,护口管上部高出地面0.5m。

(3)安装钻机

钻机座安装稳固、调平,钻头对准钻孔中心。

(4)钻进成孔

降水井开孔孔径为ϕ705,一径到底,钻进开孔时应吊紧钻头钢丝绳,采用短冲程钻进,以保证开孔钻进的垂直度。

(5)清孔

钻孔钻进至设计高程(隧道仰拱底以下4m)后,提钻至离孔底0.5m,进行冲孔,清除孔内杂物。

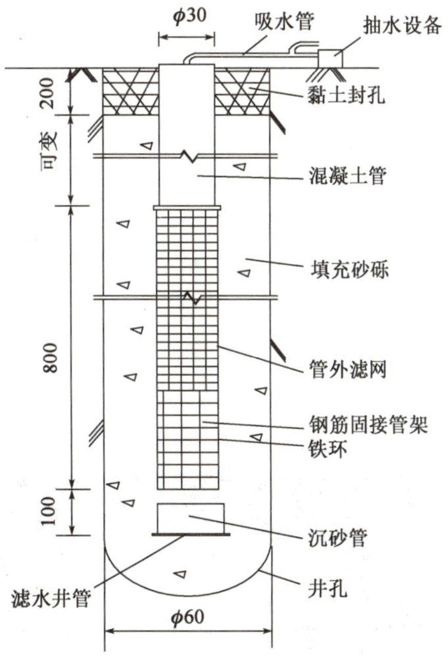

图8-6 管井构造示意图(尺寸单位:mm)

(6)下井管

管子进场后,检查过滤器的缝隙是否符合设计要求。下管前必须测量孔深,孔深符合要求后,开始下井管,下管时在滤水管上下两端各设一套直径小于孔径5cm的扶正器,以保证滤水管能居中,下到设计深度后,井口固定居中。

(7)填滤料

填入ϕ3~ϕ7砂卵石滤料,并随填随测填料的高度,直至滤料下入井口顶面以下2m位置为止,以保证降水井具有良好的过滤作用和透水性。滤料填筑过程中应注意以下几点:

①当井管全部下入井孔后,应立即进行填料,以防泥浆沉淀或塌孔而造成滤水管堵塞。

②滤料围填必须随时丈量,并记录填入数量。每填3~5m高度后,须测量一次,用铅丝拴上一根长度0.5~1.0m的铁棍,要求铁棍两端呈光圆形,以免提动时受阻。

③回填滤料应均匀从井管四周向井孔内慢慢均匀投撒,要防止滤料填不到预定位置,而中途篷塞。

(8)井口封闭

井口顶面以下2m采用优质黏性土围填至地表,围填时控制下入速度及数量,沿着井管周围少放慢下进行围填,然后在井口管外做好封闭工作。

(9)洗井

洗井要求到达"水清砂净",下管、填料完成后应立即进行洗井,成井到洗井间隔时间不能超过24h,采用水泵洗井。如果泥浆中含泥沙量较大,可先捞渣再洗井。

(10)安装与试抽

成井施工结束后,在降水井内下入潜水泵,地面铺设管道、电缆等。安装完毕,即开始潜水泵的试抽水。注意在抽水过程中电缆与管道系统不得被挖掘机、起重机等设备碾压、碰撞等。

4)管井运行

根据管井数量及单井出水量,现场配备了 8 台污水泵(1 台备用),水泵采用并联方式布置,抽水控制采用自动液位控制器控制抽水深度,设定抽水水位在隧道仰拱底以下 2m 处,当水位高出该水位时自动抽水。

5)降水效果比较

(1)降水前

管井降水前掌子面距二次衬砌仰拱距离一般为 120~150m,该段落在二次衬砌仰拱端部布置 2 台 18.5kW 污水泵(每台 60m³/h),抽水量约为 1500~2900m³/d;现场掌子面拱顶围岩及拱顶初期支护呈淋雨状渗水,水量较大,拱顶极易出现掉块,围岩稳定性较差;因渗水严重,初期支护表面喷射混凝土凹凸不平不密实;洞内道路泥泞,需穿雨鞋才能靠近掌子面;初期支护仰拱开挖时基底有渗水。现场洞内地下水状况如图 8-7~图 8-10 所示。

图 8-7 掌子面面状涌水

图 8-8 拱顶雨状渗水

图 8-9 初期支护面渗水不平整

图 8-10 洞内道路泥水严重

(2)降水后

地表经过 7 孔管井同时降水后,掌子面距二次衬砌仰拱采用 2 台 7.5kW 水泵(每台 20m³/h)即可抽排洞内渗积水,日抽水量约为 200~300m³;管井降水后,隧道洞内渗涌水量明显减少,掌子面呈无水或偶有渗水状,围岩较稳定;因拱顶无水,初期支护表面能够喷射平整密实;洞内积水较少不用雨鞋可靠近掌子面,初期支护仰拱开挖时呈无水或少量渗水现象,降水后现场状况如图8-11~图8-13所示。

图8-11 掌子面无水渗出

图8-12 初期支护表面较平整偶有渗水

图8-13 洞内道路泥水减少

隧道地下水的存在对隧道开挖过程中软岩的软化作用较强,降低了围岩承载力,影响围岩自稳性,增大了施工安全风险。采用管井降水提前截排隧道周边地下水渗涌至隧道内,降低地下水位至作业面以下,提高了围岩自身稳定性,可大大降低隧道开挖风险。

8.3.2 开挖工法

麻科义隧道土石分界段落围岩破碎,且地下水发育,均为Ⅴ级围岩,衬砌类型主要为$V_{b土}$,采用三台阶法施工,上、中台阶为粉质黏土及黏质老黄土,下台阶为石质围岩,先对石质部分采用钻爆法开挖,然后对黄土部分采用人工配合机械的方式进行开挖。

三台阶法上台阶长度 4~6m,台阶高度 4m;中台阶长度 20m,台阶高度 3.5m;下台阶高度 2.4~2.7m,初期支护仰拱与下台阶同步施工,及时封闭成环。三台阶法施工时初期支护仰拱距上台阶掌子面不大于 25m,中、下台阶间设置短栈桥,以便车辆通行。

根据围岩及掌子面稳定情况,严格控制开挖进尺,Ⅴ级围岩进尺不超过 2 榀钢架;上台阶钢架紧跟掌子面,初期支护成环紧跟下台阶。

具体施工步骤为:

(1)首先下台阶及初期支护仰拱按爆破参数进行钻爆施工,随后上、中台阶使用带松土器的挖掘机开挖、出渣,如图 8-14 所示。

(2)上、中台阶开挖完成后及时安装格栅钢架,并进行下台阶及初期支护仰拱的出渣;格栅钢架安装时,拱脚设置铝制或混凝土大垫板以控制沉降,上、中台阶的钢架施作情况如图 8-15 所示。

图 8-14　现场出渣

图 8-15　上、中台阶钢架施作

(3)下台阶及隧底出渣完成后,在中、下台阶间设置短栈桥,以便车辆通行。施工人员安装下台阶及初期支护仰拱格栅钢架,拱脚设置纵向槽钢。

(4)上、中台阶钢架及锁脚锚管安装完成后,使用湿喷机械手对上、中台阶依次喷射混凝土。

(5)上、中台阶喷射混凝土施工完成后,湿喷机械手后退至下台阶,进行下台阶喷射混凝土施工,下台阶喷射混凝土完成后继续进行下一循环钻的钻孔、装药、爆破开挖等施工。以此形成循环作业。每循环上、中、下台阶同步作业,同步向前推进,形成空间全断面作业。

8.3.3　石质围岩控制爆破、超欠挖控制

黄土隧道在土石分界段施工时,"控制爆破"技术往往是工程成败的关键,离开了开挖轮廓和爆破震动的控制,保护围岩、利用围岩自承能力的"新奥法"原则就无从谈起。故爆破采用"多炮眼,少装药"的方法,两炮眼间可增加导向空眼,单孔装药量要少,恰当的装药量所产生的能量应既满足破岩所需、又不造成围岩的过度破坏,必要时采取上、中、下台阶分次爆破,以喷锚结束,待初期支护达到一定强度后再爆破为宜。

有别于全断面石质围岩,土石分界段的爆破,只需根据石质部分的具体分布而划分爆区。

现场所采用的炸药为乳化炸药,单根长度20cm,直径3.2cm,单根重量0.2kg,使用瞬发毫秒管起爆。起爆顺序为:掏槽眼→辅助眼→周边眼。根据围岩破碎的程度,掏槽眼单孔装药量1.2~1.4kg;辅助眼单孔装药量一般0.6~0.8kg;周边眼单孔装药量一般0.2~0.3kg;若遇到十分破碎的围岩,周边眼可采用隔空装药的方法来减少爆破对围岩的扰动。

为进一步减小爆破作业对围岩的扰动,利用雷管时差对起爆网络进行优化,将上、中台阶中需要爆破的区域分为五个爆区,下台阶为两个爆区,称为"非对称复式掏槽分区组合起爆网络"(把最大段的掏槽药量一分为三,由10.4kg分解为一个3.2kg和两个3.6kg)。即一区为掏槽区,二区为右辅助区,三区为左辅助区,四区为右上压爆区,五区为上下压爆区,分区起爆网络见图8-16、图8-17。

第一爆区掏槽孔由传统的8孔变为10孔,炸药量由10.4kg一段分解为一个3.2kg和两个3.6kg,大大减轻了地震波对周围围岩的扰动程度。

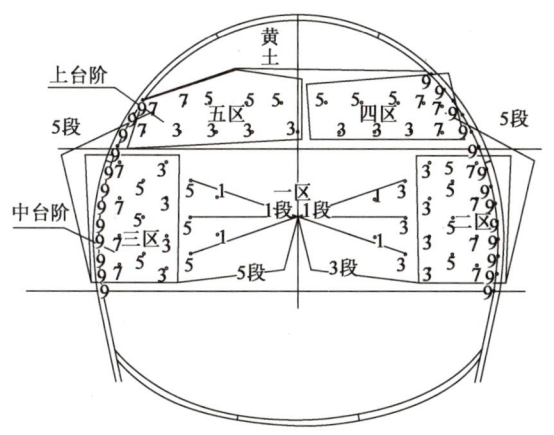

图8-16 上、中台阶分区组合起爆网络

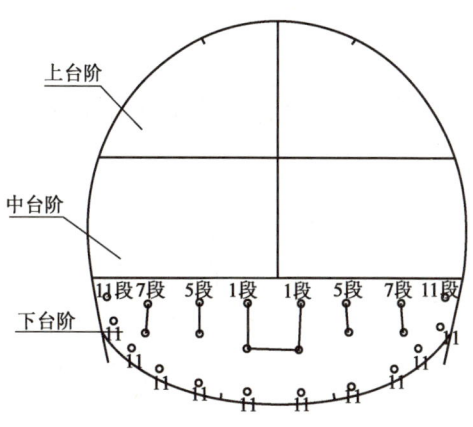

图8-17 下台阶起爆网络

8.3.4 隧道支护设计

土石分界段落采用复合式衬砌,初期支护采用间距0.6m的H230四肢格栅钢架,预留变形量控制在20~25cm之间。

(1)超前支护主要采用长导管,设置于拱部120°范围,采用$\phi60$壁厚5mm的无缝钢管,环向间距为40cm;每循环长导管中钢架8榀,每环$\phi60$长导管配合3环$\phi42$小导管共同使用。其余参数同超前小导管,其设计参数见表8-2。

超前长导管施工参数　　　　表8-2

围岩级别	钢架间距(m)	$\phi42$导管长度(m)	$\phi60$导管长度(m)	每循环钢架榀数(榀)	$\phi42$导管环数(环)	$\phi60$导管环数(环)
$V_{b土}$	0.60	3.5	6.0	8	3	1

土质段小导管内采用M15水泥砂浆填塞,石质段采用0.5:1~2:1泥浆注浆,以加大拱部围岩的加固范围,形成类似棚洞的拱圈,并且可以起到封堵拱部裂隙水、有效防止裂隙水软化

围岩的作用。

(2) 当黏土或黄土掉块超挖严重时,需先初喷至少 4cm 厚 C25 混凝土封闭围岩,以维持围岩短暂稳定再进行后续施工。

(3) 定位系筋、网片、连接筋、锁脚锚管需按设计要求施作,特别是锁脚锚管的打设角度、长度、数量均应满足要求。

(4) 若围岩极差、掉块严重,需缩小每循环开挖进尺和钢架间距。

支护结构施作时需确保初期支护施工质量。先使用 $\phi16$ 钢筋作为定位系筋,环向 1m 间距确定出钢架的位置,保证钢架的垂直度。钢架脚板必须放置在坚硬牢固的基础上,土质的基础预留 10cm 进行人工开挖,开挖后将虚土清理干净,在拱脚处支垫铝合金板或混凝土预制板,保证拱脚坐落在牢固的基础上。安装钢架时,每节钢架连接板间使用螺栓连接牢固、密贴,如连接板间不密贴,要使用钢板在缝隙中夹焊牢固。采用 $\phi8$ 间距 20cm×20cm 的钢筋网片,网片搭接长度不小于 1~2 个网格,点焊连接,最后使用 $\phi22$ 纵向连接筋"八"字形连接,连接筋的环向间距 1m,单面焊接,焊缝长度不小于 22cm。

8.3.5 初期支护背后回填技术

当存在超挖现象时,初期支护背后会出现空洞,需对初期支护背后进行注浆填充。当初期支护背后超挖厚度 50cm 以内,且超挖方量不大于 $3m^3$ 时,超挖部分设置多层钢筋网片(网片层间距为 20~30cm),直接采用 C25 喷射混凝土回填密实。

初期支护背后回填应预先在拱部超挖最大的位置埋设 $\phi89$ 壁厚 5mm 钢管,钢管距离超挖顶面预留 5cm,外露 15cm,根据拱部回填范围确定预留钢管根数,通常预留 2~3 根。回填时间一般在上台阶初期支护完成后 3d 左右,喷射混凝土 3d 强度约为 10MPa 以上。根据拱部需要回填的方量可分为两种情况进行回填注浆:

(1) 回填方量不大于 $10m^3$,可直接使用车载泵进行拱部回填。泵送速度不得超过 $10m^3/h$,采用间歇式泵送,并时刻观察初期支护变形监控数据,每 15min 采集一次数据,当两次采集的累计数据大于 5mm 时应立即停止泵送,加强临时支撑系统,确保泵送回填时原初期支护的稳定性。

(2) 回填方量大于 $10m^3$,需要在已支护好的上台阶钢架处设置支撑,并布置监控量测点进行观测。

8.4 土石分界段落施工原则

土石分界段施工,坚持"导管要长、扰动要轻、周边要控、支护要快、锁脚要够、测量要勤、仰拱要紧跟"的七要原则,以控制超欠挖和围岩稳定性。

1) 导管要长

土石分界段落拱部土质较差,会经常性出现掉块现象,造成极大的安全隐患。为了稳定拱部围岩,应合理地选择超前支护措施及开挖进尺。超前支护主要采用超前长导管,若掌子面稳定性很差或地处浅埋段时采取超前短管棚支护,支护参数见表 8-3。

超前短管棚施工参数 表 8-3

围岩级别	钢架间距（m）	φ42 导管长度（m）	φ89 短管棚长度（m）	每循环钢架榀数（榀）	φ42 导管环数（环）	φ89 短管棚环数（环）
$V_{b±}$	0.60	3.5	10.0	9	2	1

超前短管棚采用 φ89 壁厚 5mm 的短管棚与 φ42 壁厚 3.5mm 的超前小导管进行预支护,一般设置范围为拱部 120°。需要保证超前小导管长度 3.5m,对密实的粉质黏土应嵌入下一循环 1m 以上,以保证导管两端的承载能力。超前小导管及短管棚承载着拱顶上部的垂直压力,设计要求 31 根,环向间距 0.4m,考虑到最大压力在隧道拱顶轴线处,因此对轴线两侧 2m 范围内的超前小导管进行加密,间距由 0.4m 加密至 0.2~0.3m,以增强其载荷力。拱部超前支护加密还能起到提高围岩稳定性的目的,减少拱部掉块伤人的风险。

超前支护施工是否规范直接影响拱部围岩的超欠挖及稳定性,因此准确控制超前支护的打设角度及间距尤为重要,关键点有以下 5 个方面。

(1)首先在掌子面处测量放线,确定每根超前支护的位置,在方案确定的范围布设。

(2)若开挖台架长度不能满足施工小导管的要求,则先采用 2m 的短钻杆预先成孔,完成后更换成 3.5m 的长钻杆成孔,以确保施作的角度。

(3)超前小导管和超前长导管外插角应控制在 10°~15°,钻孔时风枪前端位于钢架腹板上固定孔位处,且保证距离掌子面 1m(与线路中线平行)处风枪枪身高度为 18~27cm。

(4)φ89 超前短管棚每 5.4m 施工一环,每环 37 根,每根长 10m,环向间距 3 根/m,纵向搭接不小于 3m,外插角度控制在 7°~11°。

(5)采用的管棚机型号为:ZGYX-420B 潜孔钻机,钻孔直径为 90~130mm,最大钻孔深度 30m。该型钻机配套动力标准分为玉柴四缸 YC4D80、电动 30kW 两种型号,配置 φ76B 型钻杆。钻孔时,从两侧拱脚向拱部方向依次打设,成孔后及时插管,此目的是防止塌孔;地质复杂段,需跟管钻进。图 8-18 为管棚施工现场。

2)扰动要轻

隧道掘进的扰动主要是爆破时产生的地震波对破碎围岩的振动破坏。扰动要轻指的是强度和频率。振动强度大对围岩的扰动必然大;扰动次数(频率)多,对围岩产生扰动的累计叠加也是不容忽视的。

首先采用了"多钻孔、少装药"的方法,针对围岩松散破碎的特点,细化钻爆设计,增加钻爆班组的劳力资源配置,适度增加炮眼数量,并控制每个炮眼的单孔装药量和每循环的总装药量。根据揭示的围岩情况,设备若遇到十分破碎的围岩,周边眼可采用隔空装药的方法来减少爆破对围岩的扰动。

图 8-18 管棚施工

其次运用了多区爆破的方法,将掌子面的爆破区域划分成多个爆区,利用雷管时差优化起爆网络,采用非对称复式掏槽分区组合起爆网络进行起爆,降低爆破强度,设法将爆破作业对隧道围岩的扰动降到最低。

3)周边要控

要保护周边围岩,控制周边围岩超挖。土石界面及石质围岩的层理均呈水平状分布,隧道拱腰是隧道受力最薄弱的部位,爆破后的排险、出渣、立架和喷射混凝土等工序至下一循环大约需要 11~14h,此时拱腰围岩产生较大的应力集中和剪切应力,风险直线上升。因此,控制超挖保持边壁平整也可避免应力集中,保护隧道的作业安全。

严格控制周边孔炮眼间距,一般控制在 30~40cm;钻孔一定要定位准确,在钻孔前先根据现场实际需要爆破的围岩绘制断面图,确定炮眼间距、数量,再使用全站仪精确定位炮眼,控制钻孔作业人员的站位和外插角的角度。石质部分爆破完成后,土质部分使用松土器开挖,一般预留 5~10cm 进行人工修整,如图 8-19 所示。

4)支护要快

虽然各种围岩在暴露后都会有一定的自稳能力,但这个时间都不会太长,所以在隧道开挖完成后应及时喷射混凝土和安装钢架,减少围岩暴露时间。

配足施工人员及机械设备,做到快速支护和工序零衔接。以上、中台阶为例,爆破完成并通风后,挖掘机应立即达到掌子面进行施工;根据弃渣场的距离,出渣车不应少于 3~4 辆,保证洞内装渣作业不间断。出渣时优先采用挖掘机将上台阶洞渣扒至中台阶,再人工配合清理拱脚,随后进行上台阶初期支护钢架安装及中台阶出渣。钢架支护人员不能少于 12 人,要提前 10~20min 准备好支护所需各种材料,待各台阶出渣完毕后由两台装载机将材料一次运送到位,及时进行钢架安装作业。上中台阶同时施工作业如图 8-20 所示。

图 8-19 松土器开挖土质部分

图 8-20 上中台阶同时快速支护

5)锁脚要够

锁脚锚管是保证格栅钢架稳定和防止其沉降的重要构件,同时对隧道开挖后所产生的水平压力也起着有效的稳定作用。为便于施工,锁脚锚管一般采用 $\phi 42$ 壁厚 5mm 的无缝钢管,土石分界段在各节点处的锁脚锚管由原设计的 2 根增加到 4 根(图 8-21),以增强隧道的安全性。

锁脚锚管施工流程:立钢架→钻孔及验收→锚管制作(预灌注 1:1 水泥浆)及安装→L 形连接筋焊接。

锁脚锚管的长度和角度的选取很重要。蒙华铁路采用 $\phi 42$ 壁厚 5mm 的锁脚锚管,每根长 4m,锚管与水平夹角按 30°～45°设置,锁脚锚管与钢架间使用 $\phi 25$ 钢筋 L 形焊接,必须确保焊接牢固。

6) 测量要勤

沉降、收敛的测量要准确,监测频率不少于每天 1 次;开挖炮孔要精准定位;定人定岗,并在立架前对爆破后的超欠挖进行测量扫描制图;钢架测量放线前,复核上一循环初期支护喷护情况;量测整体走向是否有偏差;断面净空是否符合规定的预留量。如有偏差本循环施工要及时进行调整。

图 8-21 每节点四根锁脚

7) 仰拱紧跟

隧道开挖掘进过程中,应缩短二次衬砌仰拱与初期支护仰拱的距离,下台阶与初期支护仰拱同时封闭成环,并紧跟上台阶施工,封闭成环距离掌子面不宜大于 23m(2 倍洞径),二次衬砌仰拱距离掌子面不宜大于 70m。

8.5 施工效果评价

通过采取地表管井降水、实行三台阶开挖工法,落实控制爆破,合理选择支护参数等系列措施,有效地控制力隧道结构变形,并解决了土石分界段极易产生过大超欠挖难题。

1) 初期支护变形控制效果

在麻科义隧道土石分界段落选取Ⅴ级围岩 DK361+600～DK361+700 段进行分析,量测断面间距为 5m,每个断面布置 5 个测点,分别量测拱顶下沉和上、中台阶水平收敛。

量测结果显示,该段落拱顶下沉累计值范围 28.8～51.3mm,最大累计值 51.3mm,出现在 DK361+660 断面;上台阶收敛累计值范围 11.7～19.6mm,最大累计值 19.6mm,出现在 DK361+650 断面;中台阶收敛累计值范围 33.9～88.2mm,最大累计值 88.2mm,出现在 DK361+655 断面。该段落初期支护表面未出现起皮、开裂及钢架扭曲变形等异常情况。

开挖过程中,拱顶下沉最大变形速率为 9.6mm/d,上台阶收敛最大变形速率为 13.5mm/d,中台阶收敛最大变形速率为 18.8mm/d。初期支护成环后,拱顶下沉变形速率范围 0.2～3mm/d,上台阶收敛变形速率范围 0～2.6mm/d,中台阶收敛变形速率范围 0.1～2.9mm/d。

现选取该段落中最小埋深与最大埋深各一个断面进行分析,其中最小埋深断面为 DK361+655,埋深 21m;最大埋深断面为 DK361+685,埋深 46m。量测数据趋势分别如图 8-22、图 8-23 所示。

根据断面量测数据趋势图对变化规律进行总结如下:

(1) 根据量测数据统计,最小埋深段落累计值大于最大埋深段落累计值;如最小埋深段落的典型断面 DK361+655，拱顶下沉 GD 累计值 49.2mm，水平收敛 SL_1 累计值 16.1mm，水平收敛 SL_2 累计值 88.2mm。最大埋深段落的典型断面 DK361+685，拱顶下沉 GD 累计值 12.8mm，水平收敛 SL_1 累计值 13.6mm，水平收敛 SL_2 累计值 14.1mm。

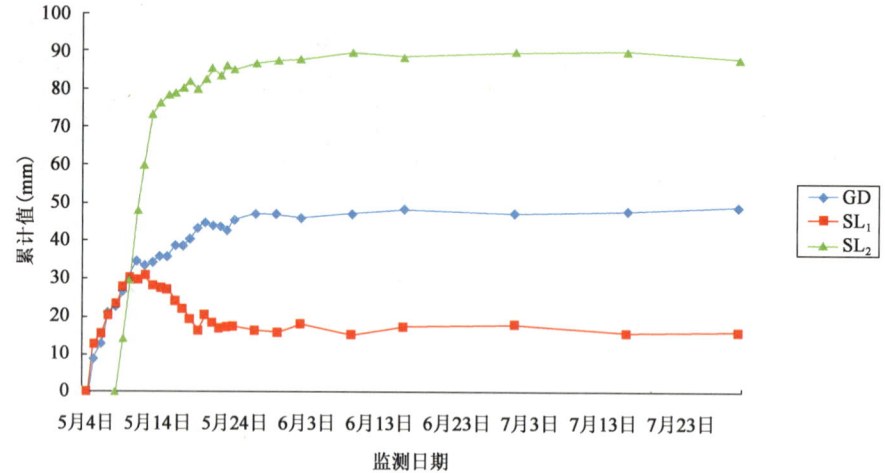

图 8-22　DK361+655 断面监控量测趋势图（埋深 21m）

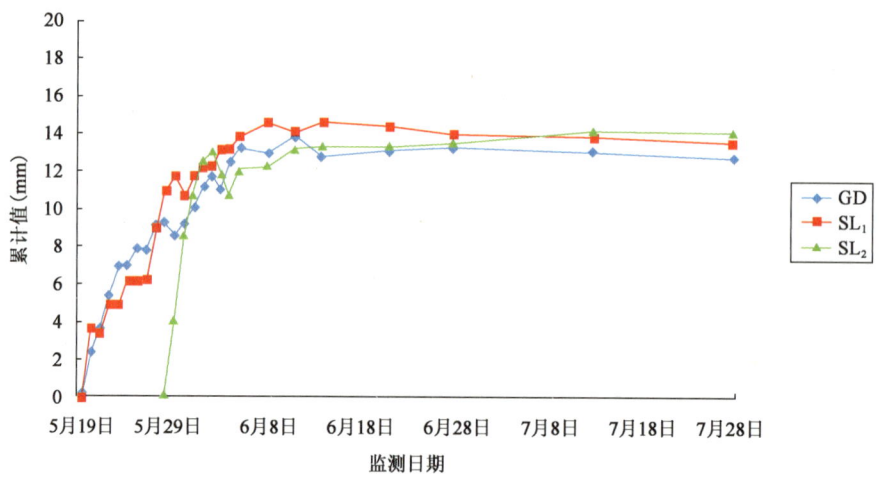

图 8-23　DK361+685 断面监控量测趋势图（埋深 46m）

（2）通过两个断面监测数据累计值的分析可知，水平收敛 SL_2 累计值大于水平收敛 SL_1，水平收敛 SL_2 大于拱顶下沉 GD。

（3）最小埋深的典型断面 DK361+655 断面初期支护未成环时监测数据，拱顶下沉 GD 累计值 35.9mm，占最终变形总量的 73%；上台阶水平收敛 SL_1 累计值 27.3mm，占最终变形总量的 59%；中台阶水平收敛 SL_2 累计值 78.5mm，占最终变形总量的 89%。初期支护成环后，拱顶下沉 GD 累计值占最终变形总量的 27%，上台阶水平收敛 SL_1 累计变形占最终变形总量的 41%，中台阶水平收敛 SL_2 累计变形占最终变形总量的 11%。通过对监测数据分析，最小埋深段落变形主要发生在初期支护未成环之前。

最大埋深段落的典型断面 DK361+685 断面初期支护未成环时监测数据，拱顶下沉累计沉降 10.1mm,占最终变形总量 79%;上台阶水平收敛 SL_1 累计变形 11.8mm,占最终变形总量 87%;中台阶水平收敛 SL_2 累计变形 10.8mm,占最终变形总量 77%。初期支护成环后,其拱顶下沉累计沉降占最终变形总量 21%,其上台阶水平收敛 SL_1 累计变形占最终变形总量 13%,其中台阶水平收敛 SL_2 累计变形占最终变形总量 23%。通过对监测数据分析,最大埋深段落变形主要发生在初期支护成环之前。

(4)埋深越小、初期支护成环越晚,则变化速率越大,累计值越大,一般在初期支护成环完成后变形速率将逐渐呈现基本稳定状态。

2)超欠挖控制效果

以麻科义隧道土石分界段落 DK360+075~DK360+175 的 21 个断面为例,各断面超挖面积 0.17~6.49m²,超挖厚度 8.2~44.6cm,超挖主要发生在拱顶、两侧拱腰、土石分界面附近、隧底等部位。

造成超挖的主要原因有:

(1)土石分界附近地下水发育,且围岩较松散。

(2)松动爆破时装药量过大,爆破控制效果不佳。

(3)隧道围岩存在水平层状节理,现场超前支护设置不合理,在拱腰部位极易出现坍塌掉块。

采取控制开挖进尺、改进钻爆设计和合理调整超前支护等措施改进后,各断面欠挖面积 0~1.18m²,欠挖厚度 0~8.4cm,主要欠挖部位为两侧边墙脚。

欠挖最严重的 DK360+105 断面如图 8-24 所示。

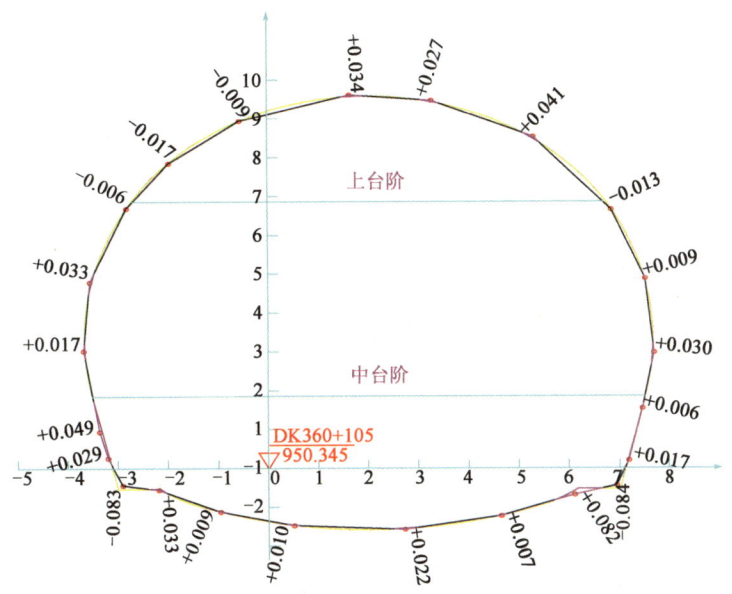

图 8-24 DK360+105 超欠挖断面图(单位:m)

DK360+105 断面土石分界位于中台阶,距拱顶 6.69m。通过该开挖断面图测量结果可知:超挖面积为 0.17m²,最大超挖为 8.2cm,位于隧底,平均超挖值为 4.5cm,满足验标要求;欠挖面积为 1.18m²,最大欠挖为 8.4cm,位于线左侧边墙脚,可采用人工风镐处理到位。

8.6 小　　结

通过对蒙华铁路中土石分界段隧道工程施工实践,总结出了"上土下岩"地层合理的洞室支护参数、开挖方法和关键施工技术。

(1)土石分界段落拱部为粉质黏土及黏质老黄土,且具有一定的膨胀性,宜采用小导管超前支护、钢架间距加密的复合式衬砌支护结构形式。

(2)土石分界段地层推荐采用三台阶开挖方法,下部岩石开挖时应依据"多炮眼,少装药"的原则进行爆破设计,避免超欠挖和对上部围岩产生过大扰动。

(3)施工时要坚持"导管要长、扰动要轻、周边要控、支护要快、锁脚要够、测量要勤、仰拱要紧跟"的七要原则,确保洞室稳定性。

第9章　黄土隧道基底加固技术

由于黄土特殊的力学特性和结构特征,围岩稳定性差、承载力低成为黄土隧道施工面临的主要问题。运营期的黄土隧道,尤其是重载铁路隧道,在长期列车振动荷载作用下基底极易产生沉降变形,严重时导致行车条件恶化,危及行车安全。因此,根据黄土的工程特性,采用合理可行、有效耐久的基底加固处理技术,提高基底的承载能力是重载黄土铁路隧道建设亟须解决的工程难题。

蒙陕段隧道基底地层种类较多、性质各异、水文地质条件差异也较大,涉及地层有砂质新黄土、黏质新黄土、黏质老黄土和泥岩夹砂岩,根据地层特性有针对性地选用了水泥土挤密桩、袖阀管注浆、高压旋喷桩和钢管桩等多种隧道基底加固技术,通过工程实践,有效地提高了基底承载力,成功地解决了基础软弱、沉降变形大等问题。

9.1　黄土隧道隧底地质特征

蒙华铁路黄土隧道为重载铁路隧道,隧道基底的加固效果是衡量工程建设成败的关键指标。蒙陕段黄土隧道隧址区为典型的黄土峁梁地貌,从北向南,大的地貌单元依次为毛乌素沙漠、黄土高原、黄龙山山区,分布有砂土层、砂质新黄土、黏质新黄土、土石界面(局部段落有杂填土层);新黄土具有湿陷性,黏质老黄土具有弱膨胀性,土石界面有裂隙水渗出。陕北黄土峁梁地貌如图9-1所示。

蒙华铁路 MHTJ-7 标段黄土隧道共有 8 座,包括青化砭 1 号隧道、青化砭 2 号隧道、岳家 1 号隧道、岳家 2 号隧道、姚店隧道、麻科义隧道、郑庄隧道、郭旗隧道,隧道长度和隧底地层统计情况见表 9-1。

其中,第四系上更新统砂质新黄土,浅黄色,硬塑,呈松软结构,具有湿陷性;黏质老黄土地层,硬塑~坚硬,土质均匀,局部含钙质结构,呈大块状压密结构,具膨胀性;粉质老黄土,硬塑~坚硬,局部含钙质结核;砂岩夹泥岩地层,薄~中厚层状结构,强风化~弱风化,岩体较破碎,呈碎石状镶嵌结构。

a)

b)

c)

图 9-1 陕北黄土峁梁地貌

蒙华铁路 MHTJ-7 标段黄土隧道长度及基底地层统计　　　表 9-1

隧道名称	长度(m)	进口段基底地层特性	洞身段基底地层特性	出口段基底地层特性
青化砭1号隧道	1358.18	砂质新黄土	粉质黏土、黏质老黄土、砂质新黄土	砂质新黄土
青化砭2号隧道	4396.72	砂质老黄土、粉质老黄土	砂岩夹泥岩地层	砂质新黄土地层
岳家1号隧道	1721.51	砂质新黄土	黏质老黄土地层、砂岩夹泥岩地层	砂质新黄土地层
岳家2号隧道	266.46	砂质新黄土	黏质老黄土	砂质新黄土，局部隧底存在圆砾土
姚店隧道	3722.91	砂质新黄土	黏质老黄土、砂岩夹泥岩地层	砂质新黄土地层

续上表

隧道名称	长度(m)	进口段基底地层特性	洞身段基底地层特性	出口段基底地层特性
麻科义隧道	8725	砂质新黄土、黏质老黄土	粉质黏土、黏质老黄土、中细砂层、砂岩夹泥岩地层	砂质新黄土
郑庄隧道	4335.89	砂质新黄土	砂质新黄土、黏质新黄土、砂质老黄土、黏质老黄土、素填土、细砂层	砂质新黄土
郭旗隧道	1923.69	砂质新黄土	砂质新黄土、砂质老黄土、黏质老黄土	砂质新黄土

地表水位于隧址区部分沟谷中,随季节变化幅度大。隧址区地下水主要为第四系潜水及基岩裂隙水。第四系孔隙潜水主要赋存于沟谷或山坡、山梁上第四系松散堆积物以及新、老黄土所夹数层砂砾石层中;水量受季节影响较大,雨季时孔隙水多沿土石界面涌出,干旱季节时水量较少。基岩裂隙水赋存于砂岩、泥质砂岩中,局部水量较丰富,雨季孔隙水多沿土石界面或节理裂隙发育段涌出。地下水主要接受大气降水补给,地下水水位、水量随季节变化明显。施工扰动打通了地下水的排泄通道,造成初期支护表面渗滴水现象明显。

由于黄土特殊的物理力学性质和结构特征,无论在建设期还是在运营期,黄土隧道基底处理一直是关注的难点、重点问题。调查表明,仰拱开裂是运营期黄土隧道的主要病害之一。其主要原因是由于前期基底处理措施不当或加固效果不好,在后期运营过程中由于地下水和长期列车振动荷载的作用,使隧道仰拱发生较大沉降或不均匀沉降,引起结构产生较大的附加应力,最终导致结构开裂。因此,为避免黄土隧道后期运营可能出现的隧底病害,在施工期就要做好基底的加固和处理,不留工程隐患。

9.2 黄土隧道基底加固机理及技术方案

9.2.1 黄土隧道基底加固机理

重载铁路隧道根据基底土质地层和石质地层情况可归纳为劈裂注浆和渗透注浆两种基底加固机理。

对于土质地层,采用劈裂注浆的机理,对仰拱下方一定范围内的土体进行加固;对于富水软弱不均、遇水变软的石质地层,采用渗透充填注浆的机理,能够对仰拱下方岩体进行加固,封堵水流通路。

劈裂注浆与渗透注浆设计参数主要体现在注浆孔间距、长度和注浆压力方面。

注浆孔按梅花形布置,注浆孔与仰拱面垂直,劈裂注浆孔环、纵向间距为 150cm × 150cm,渗透注浆孔环、纵向间距为 200cm × 200cm;注浆孔采用风钻开孔,孔径 50mm;注浆管采用 $\phi 42$

壁厚3.5mm的钢花管,劈裂注浆管长5m,渗透注浆管长3.5m;注浆浆液材料采用(0.6~0.8):1水泥浆液。劈裂注浆压力4~7MPa,渗透注浆压力0.5~1MPa。注浆完毕后,用干稠水泥浆将注浆孔填满捣实。劈裂注浆孔布置如图9-2所示,渗透注浆孔布置如图9-3所示;劈裂注浆主要应用方法为袖阀管注浆和高压旋喷桩两种,渗透注浆主要应用方法为钢管桩。

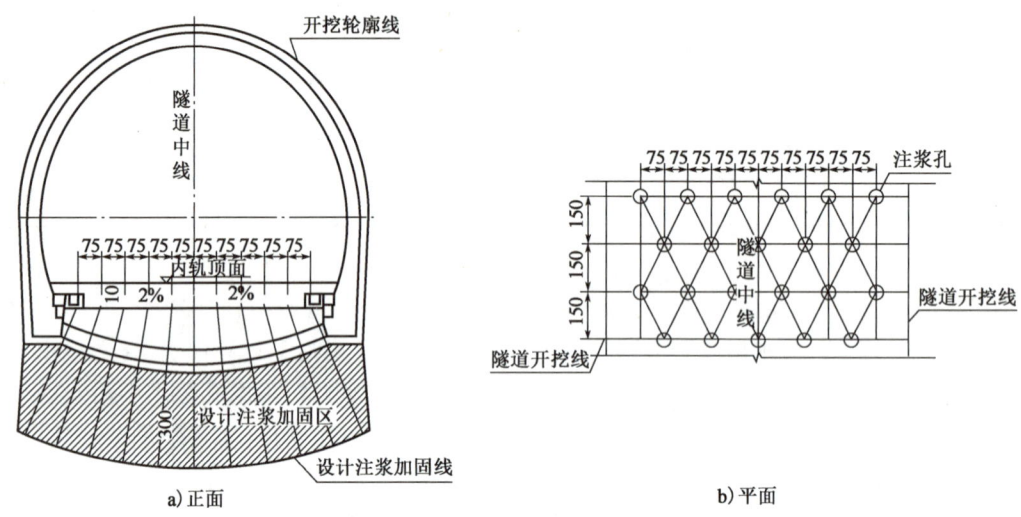

图9-2　土质地层注浆孔布置图(尺寸单位:cm)

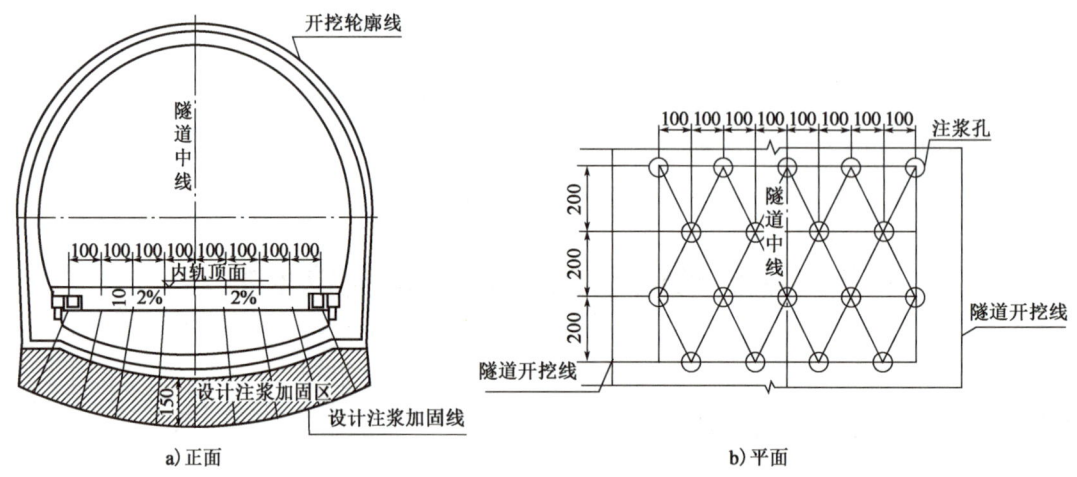

图9-3　石质地层注浆孔布置图(尺寸单位:cm)

9.2.2　隧道基底加固技术

蒙陕段使用的隧道基底加固技术主要有挤密桩、高压旋喷桩、袖阀管注浆。

1)挤密桩

挤密桩法是利用冲锤或锤击打入的方式,对拟加固的地基土冲击挤密成桩孔,原来处于桩孔部位的土被挤入周围土体中,然后在桩孔中分层填入水泥土、灰土等填充料,并分层冲击挤密成桩。通过这一挤密过程,消除加固范围内土层的湿陷性并提高承载力。

挤密桩有以下特点:

(1) 固化料为消石灰或水泥,桩体材料可就地取材,可用多种工艺施工,如冲击、沉管、先掏小孔再冲击扩孔、人工挖孔和人工夯实等。

(2) 设备简单,便于推广,施工速度快,造价低廉。

(3) 桩体强度可达到 0.5~4MPa,复合地基承载力可达到 250kPa,桩间土经消除湿陷性并大幅提高承载力。

挤密桩法适用于隧道基底位于土质地层,且土体含水率不大于 24% 或饱和度不超过 6 时,且地基承力不满足设计要求地段的明挖地基加固以及暗挖段湿陷性黄土地基加固。

2) 袖阀管注浆

袖阀管注浆是在土体中设置钻孔,在钻孔完成后,灌注套壳料,孔底返浆后,放置袖阀管,袖阀管将永久留置在土中,袖阀管下部每隔一段距离留设出浆孔,在出浆孔外设置封堵装置。

注浆时,将带限流阀的注浆管置入袖阀管内,对需要注浆部分进行注浆。浆液以钻孔为中心,在土体裂隙中形成树根网状浆脉复合体。

袖阀管主要适用于松散土体、淤泥层、回填土及破碎地层等不良地质段加固,根据地层特征,袖阀管注浆可分为渗透注浆、压密注浆和劈裂注浆三种类型。

例如郭旗隧道 DK369 + 185~DK369 + 220 段邻近土石分界面,采用了袖阀管注浆,注浆管设置情况如图 9-4 所示。袖阀管注浆具有施工速度快,经济效益高等优点。

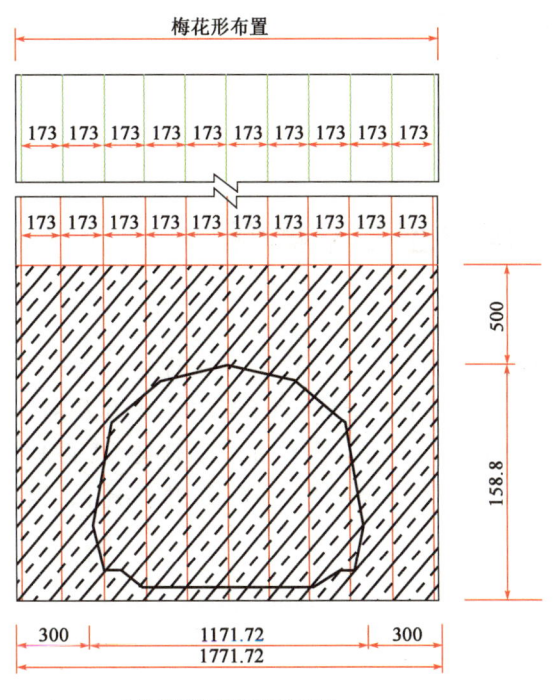
a) 袖阀管注浆加固剖面图

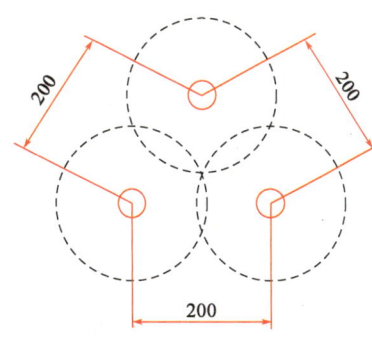
b) 袖阀管注浆扩散大样图

图 9-4

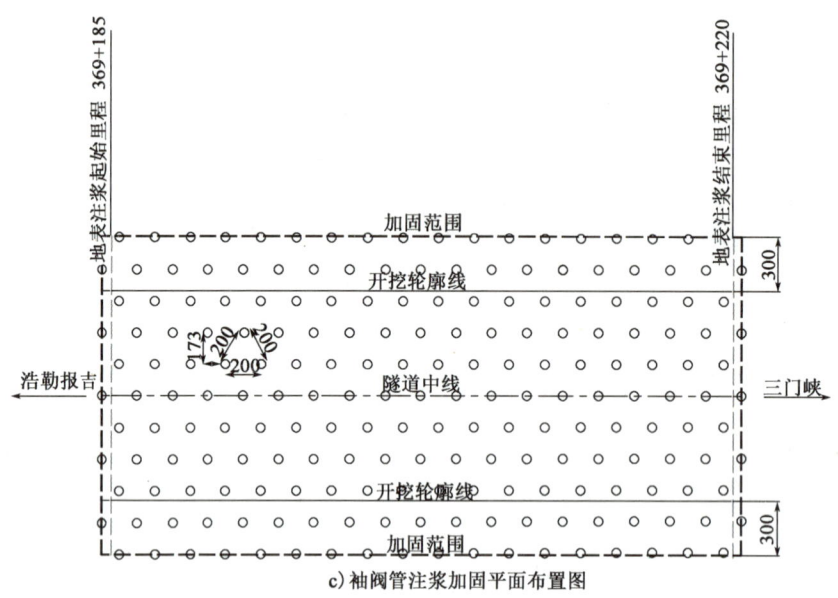

c) 袖阀管注浆加固平面布置图

图 9-4　袖阀管注浆加固布置示意图(尺寸单位:cm)

此外还有高压旋喷桩(见第 5 章)、钢管桩、深层水泥土搅拌桩加固方式。

洞身均为黄土地层,隧底邻近土石界面(一般土石界面距离边墙脚不大于 6m 时)的隧道基底宜采用钢管桩加固。

深层水泥土搅拌桩主要用于地表加固,岳家 1 号隧道在 DK350+814~DK350+920 段进行地表加固,采用水泥土搅拌桩处理,搅拌桩直径 800mm,按等边三角形布置,中心距为 750mm;设置范围为隧道中线两侧各 8m,加固深度至土石界面。

9.3　隧道基底加固典型工程案例

蒙陕段隧道基底地层种类较多、性质差异较大,主要有砂质新黄土、黏质新黄土、黏质老黄土和泥岩夹砂岩,根据地层特点有针对性地选用了水泥土挤密桩、袖阀管注浆、高压旋喷桩和钢管桩等隧道基底加固技术,通过工程实践,有效地提高了基底承载力,成功地解决了基础软弱、沉降变形大等问题。现以郭旗隧道和岳家 1 号隧道为例来详细介绍上述基底加固技术及工艺。

9.3.1　水泥土挤密桩

1)隧底地质特性

郭旗隧道进口段砂质新黄土地层,湿陷性 $\delta_s=0.015\sim0.105$,为自重湿陷场地,湿陷等级为 Ⅱ 级(中等)~Ⅳ 级(很严重),结构松散,遇水易崩解、坍塌,选用水泥土挤密桩进行基底加固。

2）施工设备选型

受蒙华铁路隧道断面尺寸限制,在进行隧底地基加固时最小净空高度只有6.8m,需要配备小型化设备以满足施工空间要求。为方便施工和设备的移动,要求机架的高度以及所有工具的提升高度不宜超过6.5m,故选择采用电动提升式卷扬机、0.5t夯锤,支架高度3.5m。

3）施工工艺

（1）施工参数设计

水泥土挤密桩桩径0.4m,桩长按照设计要求进行施作,桩位采用梅花形布置,间距1m×1m。水泥土挤密桩布置范围按照设计要求,隧道明洞段桩顶铺设50cm厚灰土垫层,灰土垫层压实系数不小于0.95。洞内水泥土挤密桩布置如图9-5所示。

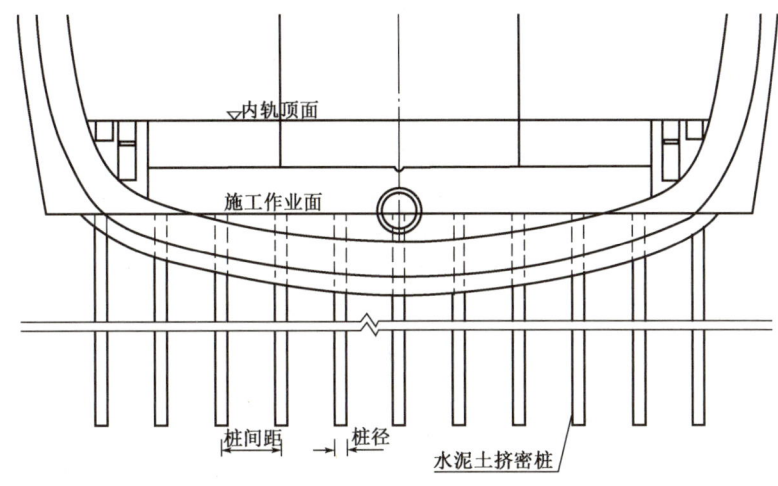

图9-5 水泥土挤密桩布置示意图

（2）施工工艺流程

水泥土挤密桩施工工艺流程:测量放线→场地平整→桩孔放线→设备组装→成孔→成孔检查→夯填→取样试验→送检→交工验收→设备退场,如图9-6所示。

（3）施工工序

①试桩工作。

试桩的目的是检验施工工艺和验证设计参数,承载力能否满足设计要求。

②室内配合比试验。

利用现场获取的土样与水泥进行配合比试验,采用42.5级普通硅酸盐水泥对搅拌后的水泥土进行轻型击实试验,以确定最大干密度和最佳含水率。按照设计要求,水泥掺量为土体质量的12%~20%,对水泥土的最大干密度和最佳含水率进行击实试验,根据试验结果,水泥掺入量为16%。

③室外试验。

根据现场施工情况,水泥土挤密桩选在郑庄隧道洞口明暗交界线至正洞5m范围内进行原位试桩。采用洛阳铲成孔,水泥掺入量为16%,每个单元7根,总共划分为2个单元,水泥土挤密桩14根。桩径40cm,间距1m×1m,桩长6m,按三角形布置。

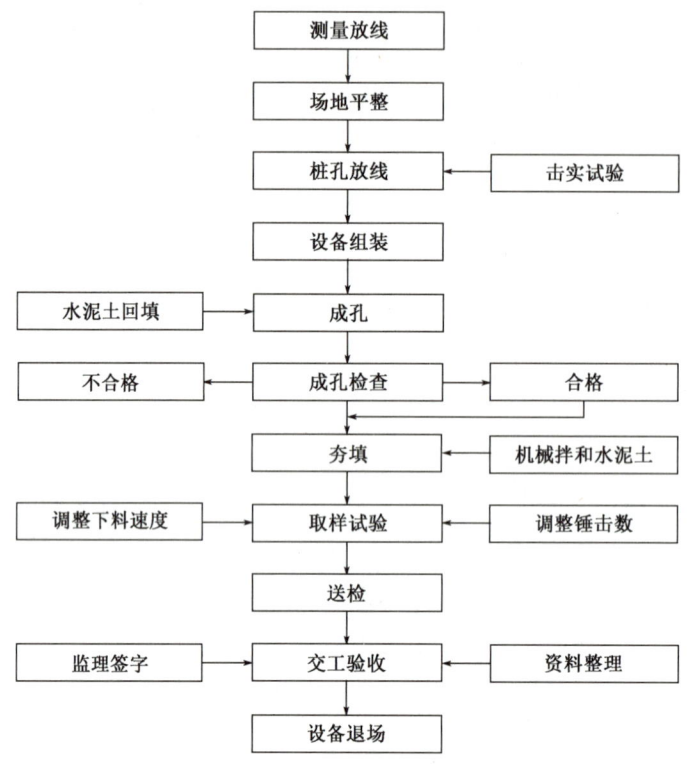

图 9-6　水泥土挤密桩施工工艺流程

试桩参数的选用：

a. 单元 1 采用电动卷扬机提升式夯实机分层夯填，水泥土填料每层 $0.03m^3$，锤重 0.5t，每层夯实遍数为 10 次，选取三根桩分别落距 2m、2.5m。

b. 单元 2 采用电动卷扬机提升式夯实机分层夯填，水泥土填料每层填料 $0.03m^3$，锤重 0.5t，每层夯实遍数为 10 次，选取三根桩分别落距 1.5m、2m。

根据现场试桩情况，选择单元 2 参数进行施工。

④测量放样。

施工前，根据平面布置图及桩位图，测量放样，采用钢钎打入地下 200～300mm、然后灌入白灰的方法标记桩位。根据场地情况，桩位放样工作一次完成，一次不能放完的，要引水泥保护桩，以减少系统误差，桩位放线误差小于 20mm。放样结束后，经检验无误并经现场监理确认后方可施工，做好记录。

⑤钻机就位。

水泥土挤密桩采用洛阳铲施工，钻机就位后，用洛阳铲机具架身的前后中垂线检查塔身导杆，校正位置，使铲头垂直对准桩位的中心，确保垂直度偏差不大于 1.5%。

⑥水泥土拌和。

水泥土采用现场机械拌和，各种用料计量准确，配合比符合设计要求，水泥土混合料外观颜色一致，拌和均匀，无灰团、灰条和花面现象。混合料中不得含有大于 15mm 的土块，拌和后确保水泥土含水率接近最佳含水率，使含水率控制在最佳含水率的 ±2% 左右。现场可用"手握成团,落地开花"的标准进行含水率鉴定。

水泥土拌制根据回填要求随拌随用,已拌成的水泥土不得超过 6h 或隔夜使用,被浸泡的水泥土严禁使用。

⑦成孔。

钻机就位后,洛阳铲头应对准灰点后方可开孔。钻机开始时,先慢后快,这样既能减少洛阳铲头摇晃,又容易检查钻孔的偏差,以便及时纠正。在成孔过程中,如发现摇晃过大时,放慢进尺,否则易导致桩孔偏斜、发生位移。当钻头达到设计桩长预定高度时,铲头底面停留在孔底,在孔口对应位置处做标记,作为其他钻孔施工时控制孔深的依据,深度接近时,以测绳量测为准。当铲头底面达到标记处桩长即满足设计要求。

为保证桩间土的挤密效果,采用隔排跳打法施工,依次逐排由外向里进行。

⑧桩孔检查。

成孔后要及时对桩孔进行检查。对桩径、孔深、垂直度进行检查及观察有无缩径、塌孔、回淤等现象。局部桩径不够,可采取填碎砖、石灰渣、干土块等硬料回填复打处理。如遇塌孔现象,则采取回填水泥土复打处理。回填复打可进行数次,若经多次回填复打无效时,可采取其他可行性方法进行处理。

⑨水泥土回填夯实。

成孔后检验合格及时夯填,在向孔内填料前先清底夯实。夯填前测量成孔深度、孔径,做好记录,并对发现的问题及时进行分析处理。

水泥土分层回填夯实,回填过程中不得间隔停顿或隔日施工,逐层以斗车定量向桩孔内下料,斗车方量为 $0.03m^3$,每层回填虚铺厚度 25~30cm,桩顶高出设计桩顶高程 50cm,挖土时将高出部分铲除。采用电动卷扬机提升式夯实机分层夯实,要按所确定的参数夯填,下料速度和锤击次数互相匹配。水泥土拌和均匀,颜色一致,严格控制好填料的含水率。对每根桩的夯填过程及回填方量做好记录。

⑩移位。

施工机具移位,重复上述步骤进行下一根桩施工。

⑪桩顶处理。

桩施工完成后清除地基上部 0.5m 的桩头、桩间松土,并进行碾压整平。

⑫质量控制与检验。

严格按照操作工艺进行施工,确保水泥土在初凝时间内完成拌和及回填。严禁使用过时、过夜水泥土。严格控制土的含水率为标准试验的最佳含水率,拌和土应均匀,禁止出现灰条、灰团、拌和土,应准确计量,禁止随意拌和。对已成好的孔及时回填夯实,不得长时间空孔放置。

施工过程中,现场技术人员监督成孔及回填夯实的质量。如发现地基土质与设计资料不符,立即停止施工,查明情况,待设计人员确认及采取有效措施后,方可继续施工,并详细记录锤击次数和振动沉入时间、出现的问题和处理方法。在成桩过程中,随时观察地面升降和桩顶上升情况,桩顶上升过大意味着断桩,要及时调整成桩施工工艺。水泥土挤密桩施工属隐蔽工程,施工完毕报监理工程师签认后方可进行下一道工序施工。

施工过程见图 9-7。

图 9-7 施工过程

4)施工效果评价

蒙华铁路隧道水泥土挤密桩加固地基指标为:桩间土要消除湿陷性,湿陷系数不大于0.015,桩间土平均挤密系数不小于0.93,最小挤密系数不小于0.88,地基承载力不小于200kPa。

(1)成桩质量检验——单桩复合地基载荷试验

①仪器设备。

100t分离式液压千斤顶1套;精密等级为0.4级耐振精密压力表1块;沉降量观测系统1套;基准钢梁2根;面积0.87m² 的圆形承压板1块;反压装置压重平台1套。

②试验方法。

a.试验前采取措施,防止试验场地地基含水率变化或地基土扰动,以免影响试验结果;由1人统一指挥摆放好试验设备,将压重平台安置好,如图9-8所示。

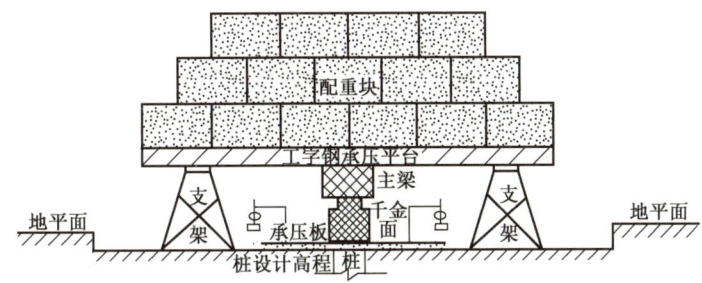

图9-8 单桩复合地基载荷试验示意图

b.加载分8级进行,最大加载压力为设计要求压力值的2倍,每级荷载施加后,第一小时按5min、10min、15min、15min、15min测读一次测降量,以后每隔0.5h测读一次沉降量。当1h内沉降量小于0.1mm时,加下级荷载。

c.卸载级数为加载级数的一半,等量进行,每卸一级,间隔0.5h,读记回弹量,待卸载全部荷载后间隔3h读记总回弹量。

d.试验终止条件。

当出现下列情况之一时,试验即可终止。

(a)沉降急剧增大,土被挤出或承压板周围出现明显的隆起。

(b)承压板的累计沉降量已大于其宽度或直径的6%。

(c)某级荷载作用下沉降量大于前一级沉降增量的5倍或者大于前一级沉降量的2倍并经24h尚未稳定。

(d)当达不到极限荷载且最大加载压力已不小于设计要求压力值的2倍。

③检测结果。

检测结果如图9-9所示,承载能力达到设计要求。

(2)土体挤密系数检测

郭旗隧道DK368+498、DK368+503、DK368+506里程部位分别取样,取土深度分别为2m、4m、6.5m和9m,实测干密度1.62~1.72g/cm³(判定标准≤1.77g/cm³),最小挤密系数均为0.92(判定标准≥0.88),平均挤密系数分别为0.94、0.95、0.94(判定标准≥0.93),土样挤密系数均符合相关要求。

(3)施工成本分析

根据现场实际情况对隧道每延米水泥土挤密桩处理费用及工期进行分析,隧道每延米水泥土挤密桩的处理费用2220元,平均所需时间为1200min。水泥土挤密桩在基底处理时施工速度相对较慢,但相对费用较低。

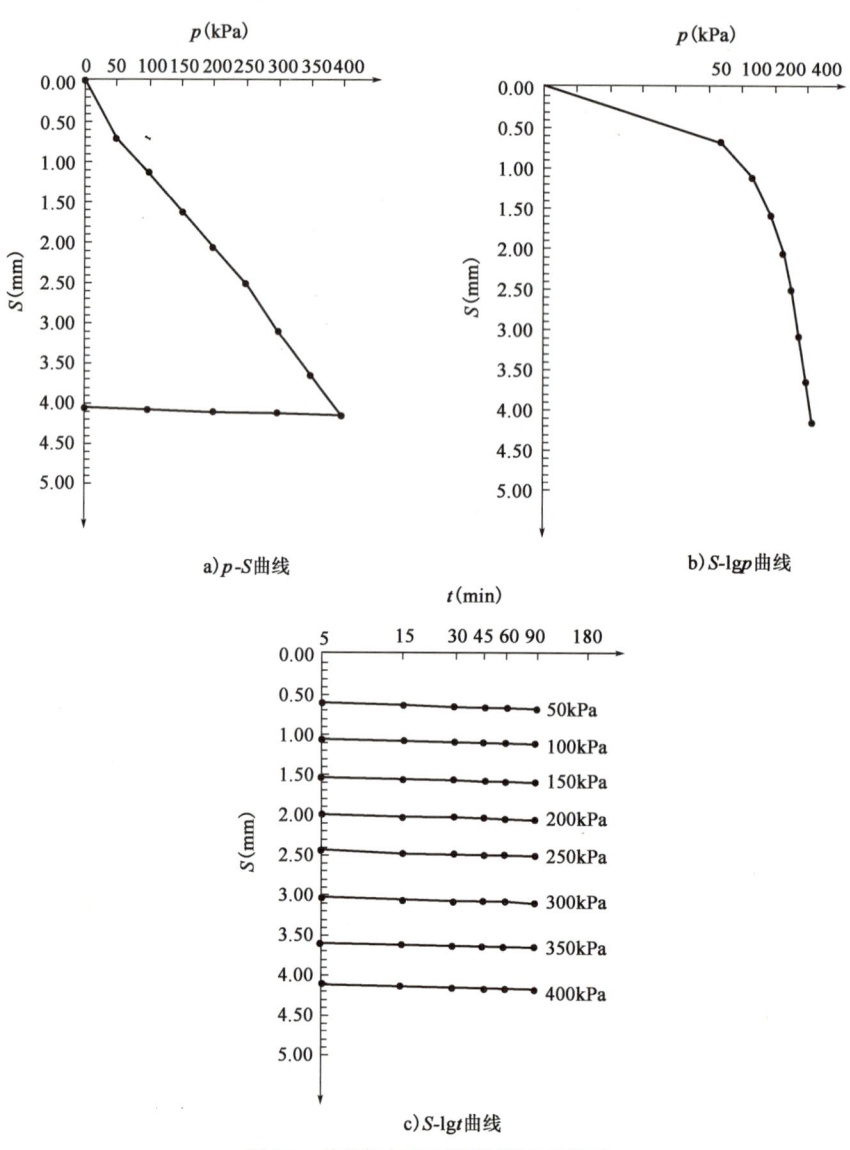

图9-9 单桩复合地基载荷试验检验结果

9.3.2 高压旋喷桩

1)隧底地质特征

郭旗隧道进口段在施工过程中出现了洞内和地表沉降较大,日沉降最大达55mm,基底沉降控制困难等情况。在郭旗隧道DK368+570断面距离中线左侧3.0m位置处进行地质补勘显示:0~-0.9m为砂质新黄土,松散状,潮湿;-0.9~-2.6m为砂质新黄土,稍密,饱和土;-2.6~-12.2m为黏质新黄土,软塑;-12.2~-20.4m为黏质老黄土,硬塑;20.4m以下为风化泥岩。

图9-10为DK368+570地质柱状图。对于这种软土层厚度大、沉降控制难度大的砂质地层采用了高压旋喷桩加固的方法。

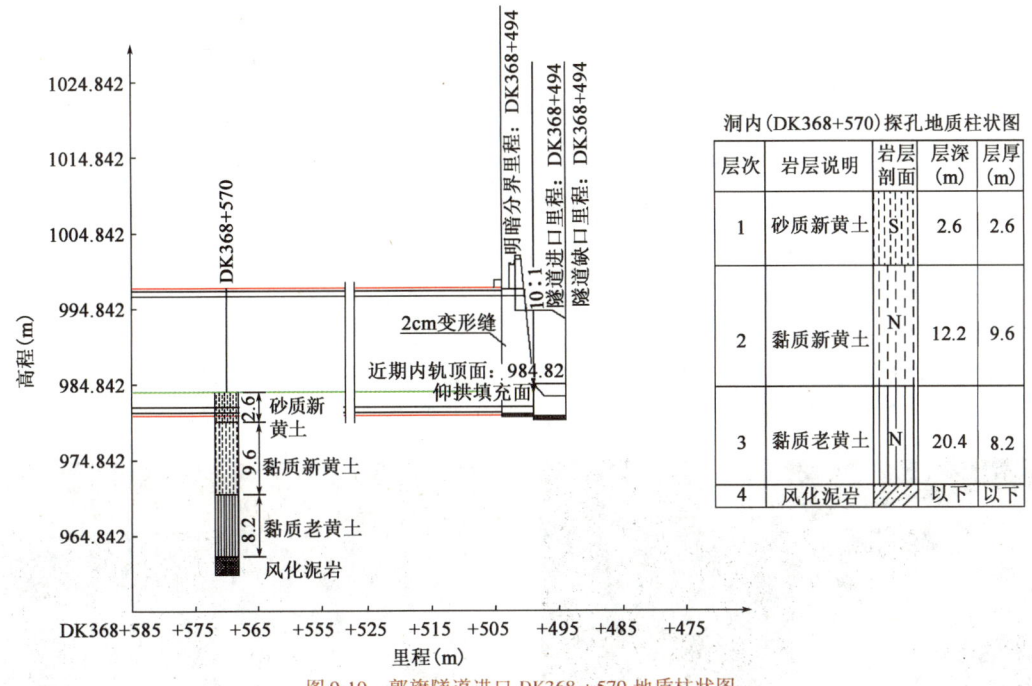

图9-10 郭旗隧道进口DK368+570地质柱状图

2)设备选型

选择GXPZ-30低架旋喷桩钻机,外形尺寸3.2m×0.9m×3m,成桩直径400~600mm,该设备优点为:施工速度快,最高钻速可达到150r/min;设备较小,适合在洞内施工,施工干扰较小;回转器压力30kN,可保证施工质量。

3)施工方案及工艺

(1)施工参数设计

洞内旋喷桩基底加固以二次衬砌仰拱填充顶面为施工平台,桩径500mm,有效桩长11m(深入黏质老黄土地层0.5m以上),间距1.0m×1.0m(横向×纵向),呈梅花形布置,如图9-11所示。

经过试桩现场确定的成桩施工参数为:

浆液配比1:0.60:0.005(水泥:水:外加剂),水灰比0.60,设计水泥浆密度1.41g/cm³,现场实际测量水泥浆密度1.43~1.6g/cm³。注浆压力20~24MPa,提升速度0.3~0.4m/min,浆液输送到高压嘴的时间3~5s,注浆速度60~75L/min,形成有效桩径55cm、53cm、60cm。

(2)施工工艺流程

旋喷桩点位放样定位→预埋PVC管→初期支护仰拱引孔(地质钻机)→钻机就位→成孔钻进至设计深度→旋喷注浆提升→必要的补浆喷射→成桩、拔管→机械清洗→机械移位。

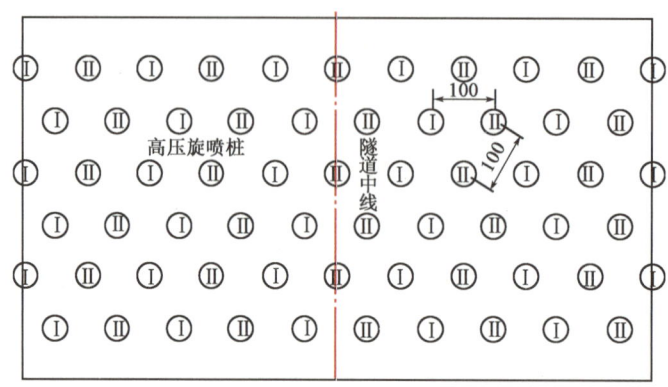

图 9-11　高压旋喷桩桩点布置图(尺寸单位:cm)

(3)施工工序

①旋喷桩点位放样定位。

清理完成初期支护仰拱顶回填的洞渣后,在二次衬砌仰拱钢筋绑扎前,按照设计间距进行旋喷桩的点位放样,并做明显标示。定位时应避开初期支护钢架位置,以防后期施工时破坏初期支护钢架。放样定位如图 9-12 所示。

a)放样定位

b)预埋PVC管

图 9-12　初期支护仰拱旋喷桩点位放样定位与 PVC 管预埋

②预埋 PVC 管。

根据测量点位进行 PVC 管预埋,采用仰拱钢筋进行固定。

③仰拱及填充混凝土浇筑。

仰拱及填充混凝土浇筑时,注意保护 PVC 管,由监理单位或业主单位随机指定点位作为后期检测点位,在该点位预留 1.5m×1.5m 凹槽不浇筑混凝土。浇筑完成在仰拱填充顶面放置钢板,并做警示标志。

④初期支护仰拱引孔。

仰拱填充浇筑完成后在预留 PVC 管位置采用地质钻机在初期支护仰拱表面进行引孔。

⑤钻机就位。

钻机安放在点位位置,使钻头对准孔位中心,钻机沿隧道纵向摆放,纵、横向偏差均不得大于 50mm。为保证钻孔达到规范要求的垂直度偏差 1% 以内,钻机就位后,必须进行水平校正,使钻杆轴线垂直对准孔位,并固定好钻机。钻机就位时注意与隧道开挖支护等工序的干扰问题,隧道出渣及喷射混凝土时,进行位于靠边墙位置点位的施工;开挖及立架时,进行靠中线位置点位的施工,确保施工正常及连续性。为保证施工安全,在钻机附近放置明显的安全防护措施。

⑥钻孔。

钻孔的目的是为了把注浆管置入到预定深度,钻孔方法根据地层条件、加固深度和机具设备等条件确定。成孔后,校验孔位、孔深及垂直度是否符合规范要求,孔位纵、横向偏差均不大于50mm、孔深不小于设计深度、垂直度偏差不大于1%。根据现场实际情况经试桩采用的钻进速度为1m/min。

⑦旋喷注浆作业。

钻孔合格后即可下入注浆管到预定深度。在下管之前,必须进行地面试喷,检验喷射装置及浆液发生装置是否正常。将注浆管下到预定深度后,进行地下试喷,一切正常后即可自下而上进行旋喷作业。施工过程中,先达到预定的喷射压力、喷浆旋转30s,水泥浆与桩端土充分搅拌后,再边喷浆边反向匀速旋转提升注浆管,按0.3~0.4m/min的速度进行提升,直至距桩顶1m时,放慢搅拌速度和提升速度。必须时刻注意检查浆液初凝时间、浆液流量及压力、提升速度等参数是否符合设计要求,并做好记录,如遇故障要及时排除。施工时隔两孔施工,防止相邻高喷孔施工时串浆。相邻的旋喷桩施工时间间隔不少于48h。

⑧冲洗器具。

喷射作业完成后,应把注浆管等机具设备冲洗干净,管内机内不得残存水泥浆。将浆液换成水在地面上喷射,以便把注浆泵、注浆管和软管内的浆液全部排除。

⑨移动机具。

将钻机等机具设备移到新孔位上。施工现场见图9-13。

a) b)

图9-13 施工现场图

(4)施工过程中特殊情况处理

①喷浆过程连续均匀,若喷浆过程中出现压力骤升或骤降,大量冒浆、串浆等异常情况时,应及时提钻出地表;故障排除后,复喷接桩时加深0.4m重复喷射接桩,防止出现断桩。

②因地下孔隙等原因造成返浆不正常、漏浆时,应停止提升,用水泥浆灌注,直至返浆正常后才能提升。

4)施工效果评价

(1)桩身完整性、强度检测

隧道规范中未明确规定基底处理措施的检测方法及频率,根据隧道洞内实际情况并结合业主单位相关文件要求,检验参照《铁路工程地质原位测试规程》(TB 10018)及《铁路工程地基处理技术规程》(TB 10106),选定检测方法及标准如下:

高压旋喷桩质量检验包括桩身完整性、强度和复合地基承载力;检测通过平板载荷试验确定;桩身完整性及强度采用钻芯取样确定;蒙华铁路复合地基承载力≥200kPa,强度≥3.0MPa。

①钻芯取样。

选用地质钻机进行钻芯取样,如图9-14所示。

a)DK368+565.6-1号桩

b)DK368+568-2号桩

c)DK368+565.6-8号桩

图9-14 钻芯取样

②桩身完整性及桩身强度检测。

在DK368+530~DK368+618.6里程段检测3根高压旋喷桩,钻取深度均为11.2m。在钻取深度范围内,芯样呈柱状、块状,搅拌均匀;无侧限抗压强度均满足设计要求。

(2)单桩复合地基承载力检测

试验方法与水泥土挤密桩检测方法相同,在DK368+530~DK368+618.6里程段检测3

根高压旋喷桩单桩复合地基容许承载力均满足设计要求。

在 DK368+565.6-1、DK368+565.6-8、DK368+568-2 等 3 个试验点号进行单桩复合地基荷载试验,最大加载量 400kPa,最大沉降量 7.40~8.71mm,极限承载力 400kPa,结果按相对变形($s=7.56$mm)承载力实测值 367kPa、>400kPa、375kPa,按 $P_{max}/2$ 承载力实测值均为 200kPa,均满足复合地基容许承载力 200kPa 的要求。

在 DK368+565.6-1 试验点号最大沉降量 8.71mm,最大回弹量 1.84mm,回弹率 21.1%。检测结果表明,高压旋喷桩单桩复合地基载荷满足设计要求。

(3) 成本效益分析

根据现场实际情况对隧道每延米高压旋喷桩处理费用及工期进行分析,隧道每延米高压旋喷桩的处理费用 23100 元,平均所需时间为 500min。高压旋喷桩在基底处理时施工速度快,但相对费用较高。

9.3.3　袖阀管注浆

1) 特殊隧底地质情况

郭旗隧道 DK369+185~DK369+220 段为冲沟浅埋段,最小埋深 18m。地表下约 10m 范围内为淤积土,含水率大(在沟谷内),洞身内 DK369+235 掌子面为黏质老黄土,黄褐色~棕黄色,硬塑,含水率大。在隧道 DK369+235 上台阶位置进行钻孔取芯,检测含水率达到 23.1%~25.5%,竖向裂隙发育,开挖后拱顶掉块,呈大块状散体结构,隧底 3.5m 处为土石分界。该浅埋段淤积土地层采用地表袖阀管注浆加固措施。

2) 施工方案

运用地表袖阀管注浆加固技术,在洞身注浆加固的同时,也对隧底进行了加固。注浆方式采用后退式分段注浆,隧道横向加固范围为轮廓线外左右两侧 3m,隧道竖直方向上部加固至开挖轮廓线拱顶以上 5m,底部加固至土石分界面以下 0.5m。

地表注浆孔按照 2m×2m 等边三角形布置,钻孔直径 110mm,共 203 个注浆孔。注浆以普通水泥浆单液浆为主,隧道洞身开挖区域及开挖轮廓线外两排采用水泥-水玻璃双液浆,注浆设计参数见表 9-2。

注浆设计参数表　　表 9-2

参　数　名　称	参　数　值
浆液扩散半径(m)	1.1
注浆终止终压(MPa)	2.0~4.0
注浆速度(L/min)	10~100
浆液配比(水:灰)	0.8:1
水泥-水玻璃双液浆	$W:C=0.8:1, C:S=1:1$
套壳料配比(水:灰:土)	1.5:1:1
注浆分段长(或称注浆步距)(m)	0.5~1.0

单孔注浆结束标准:单孔注浆方式以定压为主,根据地层实际情况,注浆终压力为2~4MPa,当单孔注浆压力达到设计终压并维持10min以上时结束该孔。

全段结束标准:设计的所有注浆孔均达到注浆结束标准且无漏注现象。

3)施工工艺

(1)整体施工顺序

临时用地征用→修筑进场便道→场地平整→专用设备及材料进场→袖阀管注浆施工→注浆效果评定→出口掌子面跟进施工→直至注浆完成。

(2)地表袖阀管注浆施工前准备工作

①进场便道及场地平整。

经实地考察,进场便道由郭旗隧道进口位置进行修筑,长度1km,采用新建单车道标准进行修筑,确保施工设备及材料进场使用。场地平整时进行清表50cm并将清表土在指定位置进行堆放。

②掌子面封闭。

出口掌子面停止掘进,并喷射混凝土封闭。注浆断面里程距离掌子面里程大于15m时,掌子面正常施工,但注浆断面里程与掌子面里程不得小于15m。

(3)注浆工艺

①注浆施工工序。

注浆施工工序见图9-15。

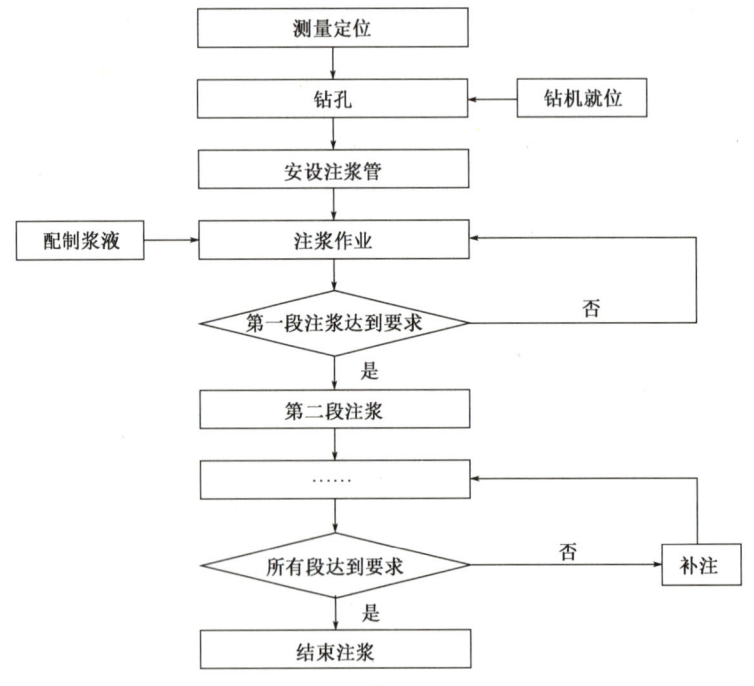

图9-15 袖阀管注浆施工工艺流程图

②施工工艺。

施工工艺如图9-16所示。

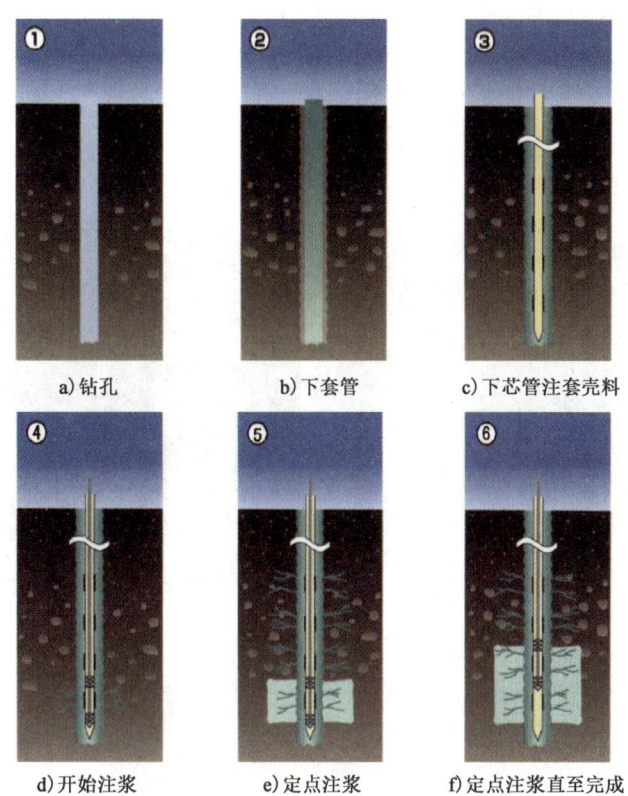

图9-16 袖阀管注浆施工工艺

③钻孔。

采用全站仪、钢尺等工具定出注浆孔孔位。采用地质钻机按标出的孔位垂直于地面进行钻孔,孔位水平偏差≤5cm,垂直度误差≤1/150。在钻孔过程中,做好详细的钻孔记录,对钻孔进行地质描述,进行指导下一步钻孔和注浆作业施工。成孔后人工下入袖阀管,注入套壳料。

④安设袖阀管。

钻孔完成后先退钻杆,分节下放 $\phi50$ 刚性袖阀管至孔底,袖阀管底部加工成锥形,每节连接使用外套管接头满焊连接,将注浆管沿套管下到孔底,在孔口部位采用速凝水泥砂浆填充,以防止注浆时返浆。袖阀管安装完成后注入套壳料,套壳料配比为水∶灰∶土 = 1.6∶1∶1。

⑤注浆。

注浆方式:注浆机械采用 KBY90/16 液压式双液浆注浆机,连接注浆芯管和止浆塞,采用后退式分段注浆。注浆分段步距50~100cm,注浆速度10~100L/min,注浆压力4~6MPa。每孔首次注浆完毕后立即用清水冲洗注浆管,确保再次注浆时管道畅通,当首次注浆由于串浆、漏浆,注浆量未达到注浆效果时,要进行二次注浆,必要时可适当提高注浆压力使浆液在地层中均匀扩散,确保注浆效果。

a. 注浆顺序:为达到注浆效果,合理安排注浆顺序,奇、偶数跳孔注浆,先施作外围注浆孔,后施作芯部注浆孔;单孔需要注入两种不同浆液时,先注入普通水泥单液浆,再注入水泥—水玻璃双液浆,使整个加固范围内浆液扩散更加均匀、有效。

b. 注浆结束标准:注浆时采用注浆压力和注浆量双重控制。注浆压力逐步升高,当达到设计终压并继续注浆 10min 以上;注浆结束时的进浆量 5L/min 以下;如单孔(或每段)压力达不到设计终压,但注浆量达到设计注浆量。

注浆施工过程见图 9-17。

a)桩位放样

b)钻机就位

c)袖阀管制作

d)注浆施工(一)

e)注浆施工(二)

图 9-17　袖阀管注浆施工过程

(4)注浆效果检查及评定

采用分析法和检查孔法进行效果评定。

①注浆量分析。

根据每个钻孔的注浆量和注浆长度,反算延米注浆量,并绘制延米注浆量随时间变化效应图(图9-18)。

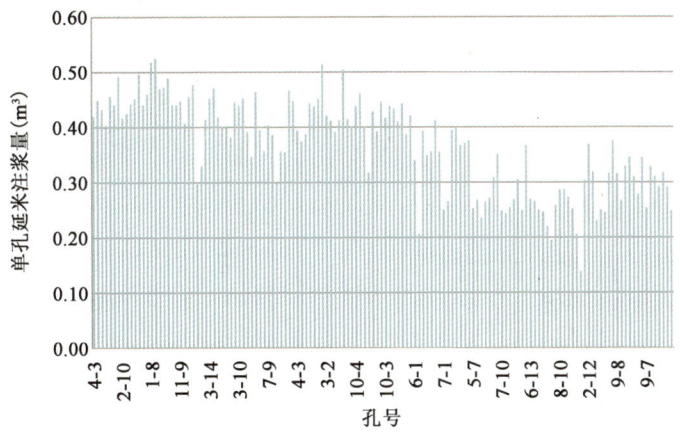

图 9-18　袖阀管注浆施工单孔延米注浆量随时间变化效应图

由图 9-18 可以看出,前期地层空隙率大,达到设计注浆压力需要的注浆量比较大,单孔单延米注浆量超过设计单延米注浆量,表现为地层空隙填充注浆,单孔延米注浆量偏大。随着注浆的进行,地层中的空隙逐渐被充填密实,达到设计注浆压力需要的注浆量逐渐减小,单孔单延米注浆量基本不超过设计单延米注浆量。

②填充率分析。

浆液填充率计算公式如下:

$$\alpha = \frac{Q}{1.1Vn(1+\beta)} \times 100\%$$

式中:α——浆液填充率;

Q——注浆量;

V——加固体体积;

n——地层孔隙率或裂隙度;

β——浆液损耗率。

将现场测试数据代入上式,得:

$$\alpha = \frac{1929.34}{1.1 \times 17430 \times 0.1 \times 1.1} \times 100\% = 91.5\%$$

按照现场测试及施工经验,孔隙率为 10%,浆液损耗率为 10%,浆液地层流失系数取值 10%。

③注浆 P-Q-T 曲线分析。

根据本循环钻孔注浆施工过程,注浆量和注浆压力随注浆时间变化情况绘制 P-Q-T 曲线,主要表现为以下三种形式,如图 9-19 ~ 图 9-21 所示。

图 9-19 所示为一序孔注浆过程表现出来的 P-Q-T 曲线,从图中可以看出,注浆过程中,第一次注浆压力较低,注浆流量一般在 55 ~ 65L/min,注浆过程压力长时间不上升,主要是浆液以充填裂隙为主。

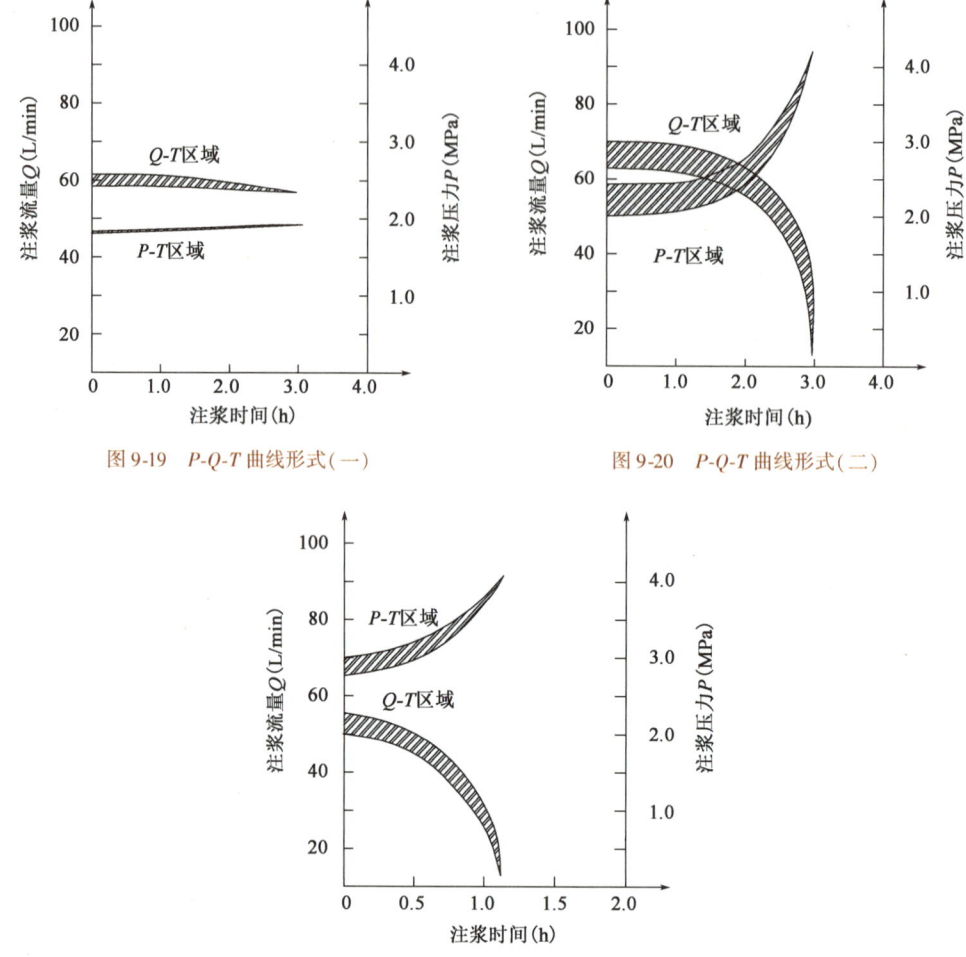

图 9-19　P-Q-T 曲线形式(一)

图 9-20　P-Q-T 曲线形式(二)

图 9-21　P-Q-T 曲线形式(三)

图 9-20 所示主要为第二次注浆过程表现所出来的 P-Q-T 曲线。第一次注浆结束后,注浆范围内软弱地层裂隙得到有效填充,地层密实度得到提高,第二次注浆一段时间后部分孔注浆压力逐渐上升,对地层进行一定的劈裂加固,地层稳定性和密实度得到进一步提高,压力达到设计注浆压力,结束注浆。但有一部分仍旧未上压,仍以控量为主,再进行第三次注浆。

图 9-21 所示为第三次注浆孔施工过程表现出来的 P-Q-T 曲线。通过前两次注浆,地层逐渐变得密实,地层吸浆能力明显减弱,但地层仍有压缩空间,当软弱地层被挤压到一定密实度后,注浆流量随注浆压力上升迅速减小,注浆压力达到设计结束标准。

通过上述三种 P-Q-T 曲线可以看出,随着注浆的进行,软弱地层被浆液充填密实,地层取得较好的改良效果。

④检查孔。

为了对加固效果进一步验证,地表采取垂直取芯方式进行注浆效果检查。

检查孔设计:按照钻孔数量的 5% 布置检查孔,检查孔布置如图 9-22、图 9-23 所示;加固后现场取芯结果如图 9-24、图 9-25 所示。

第 9 章　黄土隧道基底加固技术

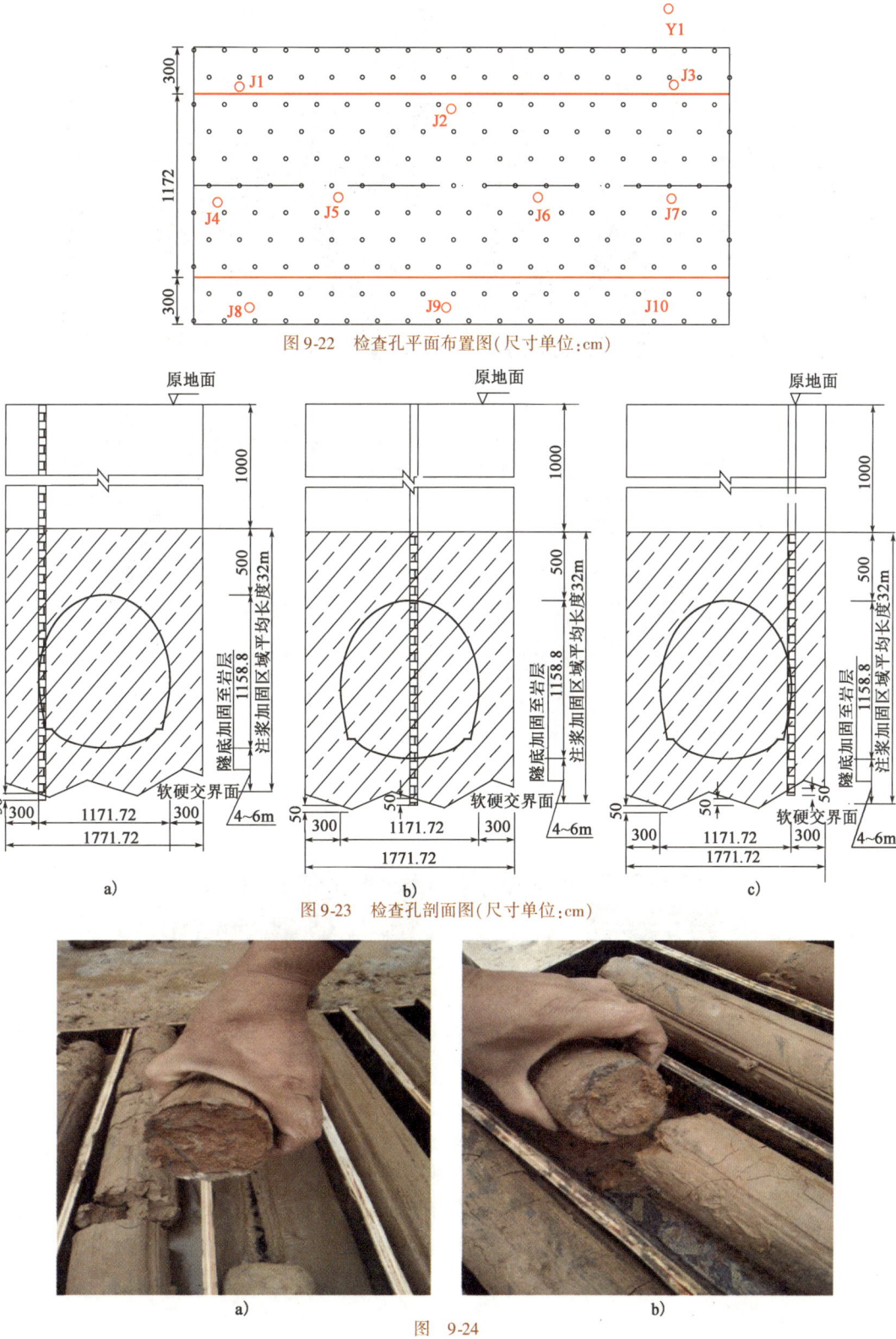

图 9-22　检查孔平面布置图(尺寸单位:cm)

图 9-23　检查孔剖面图(尺寸单位:cm)

图 9-24

图 9-24 芯样特写

图 9-25

c)

图 9-25 原状土芯样

4)袖阀管注浆效果评价

(1)优点

①袖阀管注浆的最大优点是可以分段、定量和间歇注浆,能较好地控制注浆范围和注浆压力,可进行重复注浆,且发生冒浆与串浆的可能性很小。

②袖阀管注浆是一种改善地层条件和提高摩擦桩的承载力较有效的方法,对粉质黏土、粉砂质泥岩、粉砂岩、砾砂和破碎岩体有着广泛的适应性。

③既可以用于地表加固,又可以用于洞内隧道基底加固,加固效果相对可靠。

(2)缺点

①在施工过程中浆液的扩散无法准确预料,导致控制上比较困难。

②施工所必需的注浆压力会对地基产生超孔隙水压力,挤土效应明显,可能破坏地基稳定与邻近构筑物的安全。

③隧道每延米袖阀管注浆加固费用为 9.87 万元,加固费用相对较高。

④隧道每延米袖阀管注浆加固时间需 1320min,加固速度较慢。

9.3.4 隧底钢管桩加固

1)岳家 1 号隧道进口段地质特征

岳家 1 号隧道进口段位于黄土峁梁区,滑坡体发育,洞身为黏质老黄土,棕褐色,硬塑~坚硬,土质均匀,局部含钙质结核,呈大块状压密结构,具弱膨胀性,竖向裂隙发育,开挖后拱顶有掉块现象;土石界面有少量渗水,主要为第四系孔隙潜水;隧底邻近土石分界,且土石界面位于隧底以下,石质部分为泥岩夹砂岩,拟采用钢管桩加固。

2)施工工艺

(1)施工参数

①钢管桩桩长 2~6m,伸入土石界面深度不小于 0.5m。

②钢管桩采用 $\phi89$ 壁厚 5mm 的钢管,平面间距 1m×1m,梅花形布置。

(2)工艺流程

绘制桩位布置图、逐桩编号→桩位放样→清理初期支护仰拱的回填土→钻机就位→钻孔→成孔检查→清孔→安装钢管→连接注浆管路→注浆→达到终止注浆条件→下一根桩施工。

(3) 施工工序

①施工准备。

绘制钢管桩桩位布置图,并注明桩位编号及施工说明,编制并下发技术交底和作业指导书,召开技术、质量和安全交底会。

②测量放样。

采用全站仪精确放样,并用红色喷漆做好桩位标记,桩位理论允许偏差大于50mm,个别与初期支护钢架有冲突时可适当调整位置,不得损伤初期支护钢架。

③钻孔施工。

a. 钻孔采用多功能地质钻机。钻孔现场如图9-26所示。

图9-26 钻孔现场图

b. 钻孔宜在初期支护仰拱闭合成环后施作。一是为了尽早封闭围岩保证围岩的稳定,二是施作初期支护仰拱后钻孔机械能置于坚硬的基面上,更宜施工。

c. 为降低扬尘,钻孔的同时需在孔眼处洒水降尘。

d. 钻孔时应垂直于基面,钻孔的垂直度偏差不大于1.5%。可采用在机架上悬挂垂球的方法进行观察,如发现钻机偏移量超过允许值时必须马上停止钻孔作业,待调整钻机位置至原处后才能重新钻进。

e. 成孔直径、孔深必须满足设计要求。

f. 成孔满足要求后,使用高压风管将孔中的土屑等杂物清理干净,然后使用土工布条堵塞孔眼,以避免土屑等杂物进入孔中。

g. 成孔困难时,可采取套管跟进法施工。

④钢管制作与安装。

a. 由于钢管桩较长,钢管采用分段接长的方法安装至设计长度,节段间采用内连接套的方法连接。

b. 钢管桩安装完成后,用锚固剂将孔口处钢管与混凝土孔壁之间的缝隙填塞密实,保证后续的注浆质量,填塞深度不少于20cm。

c. 为保证钢管间的连接质量,首先需要保护钢管桩的管端(即套口端),防止损伤和变形。连接前,应检查钢管桩的管口有无变形和损伤,如有,应进行修复或替换。

⑤确定注浆参数。

通过水灰比0.8:1、1:1、1.2:1这三种水泥单液浆配合比的注浆试验,综合分析注浆量、注浆终压及隧底初期支护的监控量测数据等情况,最终选定使用水灰比为1:1的水泥浆,注浆终压值1.3MPa。

⑥注浆。

注浆采取"先两侧,后中间"的间隔注浆顺序。浆液先稀后浓,注浆量先大后小,注浆压力由小到大。

注浆时安排专人记录注浆量和注浆压力,注浆量通过在搅拌桶内画刻度线的方法计算,注浆压力从压力表上读取。设定当压力达到 0.5MPa 时暂停注浆,间隔 10min 后再持续注浆。当压力达到设计注浆终压力并稳定 10~15min,注浆量达到设计注浆量的 80% 时,可结束该孔注浆。

发生串浆时,应采用分浆器多孔注浆或堵塞串浆孔隔孔注浆。当注浆压力突然升高时应停机查明原因;当水泥浆进浆量很大,压力不变时,则应调整浆液浓度及配合比,缩短凝胶时间,采用小流量低压力注浆或间隔式注浆。

注浆结束后用高一等级的水泥浆填塞孔眼。对于露出隧底初期支护以上的桩头,予以割除。

9.4 小　　结

(1)蒙华铁路蒙陕段黄土隧道基底岩土层复杂多变,主要为粉质黏土、黏质老黄土、砂质新黄土以及砂岩夹泥岩地层等。

(2)重载铁路隧道根据隧底的复杂地层条件,分别采用了水泥土挤密桩、钢管桩、高压旋喷桩、袖阀管注浆及水泥土搅拌桩等多种基底加固方法,有效地提高了土体强度,增强了基底承载力。

(3)蒙陕段隧底加固的工程实践表明:松软土(软土)层厚度大、富水、沉降控制难度大地段宜采用高压旋喷桩加固方法;位于水位线以上,天然含水率不大于 24%,饱和度 $S_r \leqslant 65\%$ 的湿陷性黄土推荐采用水泥土挤密桩或水泥土搅拌桩加固方法,处理地基深度宜 3~15m;基底层厚小于 6m 的黄土、且邻近土石分界面的地段宜采用钢管桩加固方法;袖阀管注浆可用于浅埋或邻近土石界面地段基底及洞身的预加固。

(4)鉴于暂无隧道洞内高压旋喷桩试验检测相关规范,参照现行《铁路工程地质原位测试规程》(TB 10018)、《铁路工程地基处理技术规程》(TB 10106)以及业主单位相关文件要求,对桩身完整性、强度和复合地基承载力进行了质量检测,桩身完整性及强度采用钻芯取样、单轴压缩试验确定,复合地基承载力通过平板载荷试验确定。

第10章 隧道监控量测技术

隧道施工过程中,监控量测及信息反馈对调整、优化设计与施工有着重要意义。蒙华铁路根据黄土隧道施工特点,结合现有工程技术标准,参考国内外相关研究成果,借鉴类似工程经验,对监控量测的量测频率和断面间距进行了优化调整,使蒙华铁路的监控量测工作更具经济性和合理性,且更加实用有效。

10.1 监控量测技术及标准

蒙华铁路根据现场地质特征和隧道施工情况,对监测断面、监测项目、测点布置及监测频率进行统一规划、优化调整,采用了快速数据传送技术,建立了分级预警标准,提出了分级预警处理技术,并成功地应用于隧道施工。

10.1.1 监测项目及仪器

蒙华铁路隧道主要监测项目包括洞内外观察、拱顶下沉、水平收敛和地表沉降,具体监测项目及仪器见表10-1。

监测项目及仪器　　　　　表10-1

监控量测项目	量测仪器	备 注
洞内、外观察	现场观察、罗盘仪等	隧道浅埋段有建(构)筑物、等级公路等或地表出现开裂、沉降等异常情况时须进行地表沉降监测
拱顶下沉	测角精度2″,测距精度2±1.5ppm 的全站仪	
水平收敛		
地表沉降		

变形监测仪器采用的是徕卡 TS15 全站仪(1±1.5ppm),采用自由设站非接触量测技术进行监测工作,测试精度满足监测规程要求的±1mm。在数据采集过程中,使用同一设站地点,避免出现因为测量角度和测距不同带来的轻微误差;施测时设站点与监测点距离不宜过大,应控制在100m范围以内,同时保障测试环境的其他要求。定期自检校仪器(一般15d自检一

次,检查仪器测角测距是否在规范要求以内),确保仪器精度,并且确保仪器在鉴定期内使用。

10.1.2 监测断面布设

1)地表沉降监测断面布设

地表沉降监测断面设置见表10-2。

地表沉降断面设置 表10-2

隧道埋深与开挖宽度、深度	断面间距(m)
$2B < H_0 \leqslant 2(B+H)$	20
$B < H_0 \leqslant 2B$	10
$H_0 < B$	5

注:H_0 为隧道埋深;H 为隧道开挖高度;B 为隧道开挖宽度。

(1)地表沉降测点应在受隧道开挖影响前布设。
(2)地表沉降断面与洞内监测断面应尽量布置在同一里程。
(3)当隧道内出现异常情况,如开裂起皮掉块,监测数据变形加剧,可根据实际情况进行间距加密。
(4)地面无等级公路、构造物或没有明显开裂的情况下,可以考虑不埋设地表观测标。

2)洞内量测断面的布设

洞内变形监测断面设置见表10-3。

拱顶下沉和水平收敛监测断面设置 表10-3

围岩级别	断面间距(m)
Ⅴ、Ⅵ	5
Ⅳ	20

(1)不良地质地段监测断面应适当加密。
(2)特殊地段根据现场情况布设监测断面,特殊地段指:
①掌子面施工时,有掉块、塌方等的地段。
②初期支护有开裂、剥落等的地段。
③进行设计调整的段落,需要进行加密监测,为动态调整支护参数、施工方法等提供参考,验证调整效果。
④其他需要进行监测的地段。
(3)各断面布设间距误差控制在设计值的10%以内。

10.1.3 测点的制作、布设

1)变形测点制作

地表沉降测点采用直径20~30mm,长度50~100cm半圆头钢筋制成,埋设时以外露10cm为宜。拱顶下沉和水平收敛测点采用不小于 $\phi 20$ 的螺纹钢焊接在初期支护钢架上,端部焊接钢板,在钢板上粘贴测量专用反光膜片,反光膜片尺寸不小于2cm×2cm,如图10-1所示。

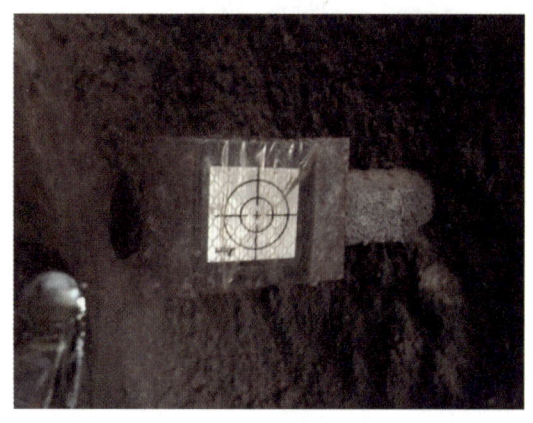

图10-1 测点埋设图

拱顶下沉和水平收敛测点根据现场实际情况(初期支护钢架的宽度,喷射混凝土的厚度,渗水的情况)来调整长度,以达到节省材料和保证监测点质量的要求。一般埋设时以外露 5~10cm 为宜。

2) 地表沉降测点布设

洞口浅埋段落、对变形有严格要求的洞身浅埋段和隧道通过有道路和构造物的里程段等特殊段落需要埋设地表观测标,其余段落可不进行观测。

(1) 测点应在隧道开挖前布设,横向间距为 2~5m,在隧道中线附近测点应适当加密,如图 10-2 所示。当洞内外无异常时,可以按 4~5m 来埋设;洞内外出现起皮掉块开裂和数据异常时,横向间距按约 2m 来埋设。

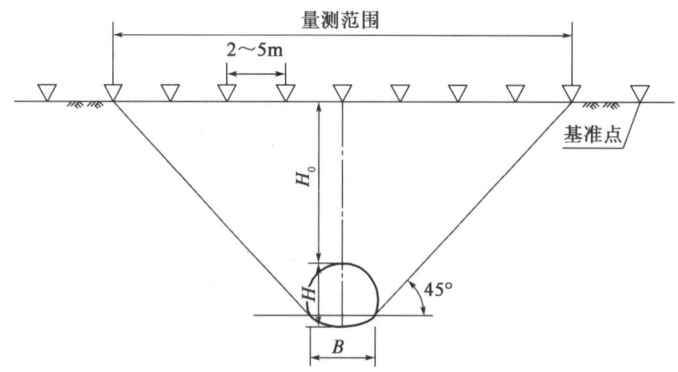

图10-2 地表沉降横向测点布置示意图

(2) 隧道中线两侧监测范围不应小于 $H_0 + B$。当对地表沉降有特殊要求时,监测间距应适当加密,范围应适当加宽。

(3) 基准点应设置在隧道施工影响范围以外稳定处,并设置复核性测点,保证其数据可靠性。

(4) 当地表监测点受地形限制时,地表点可采用无棱镜模式进行测量,调整外露长度。比如正常情况测点长度是 50cm,若需外露 10cm,则测点长度相应加长 10cm,设计加工及现场埋设时均应进行复核确认。

3) 洞内变形测点布设

测点布设按施工方法区分,全断面法、两台阶法、三台阶法可分别按图 10-3~图 10-5 拱顶下沉和水平收敛测点布置示意图进行布置,收敛测线的高度可根据台阶的高度适当调整,其他施工方法的测点布设根据现场实际情况进行布置。

根据实施方案的要求,结合现场实际,埋设测点应该把握三个原则:一是结合隧道工法(台阶高度),二是方便观测,三是不容易被破坏。在遇到渗水严重、开裂起皮掉块等特殊情况时,进行测点埋设调整,使数据达到准确和有效的采集。

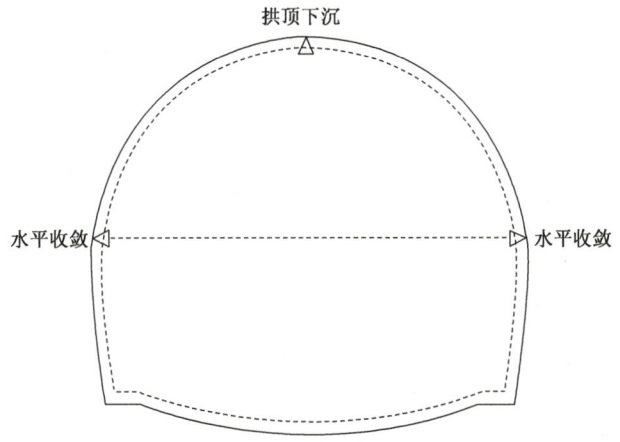

图 10-3　全断面法拱顶下沉和水平收敛测点布置示意图

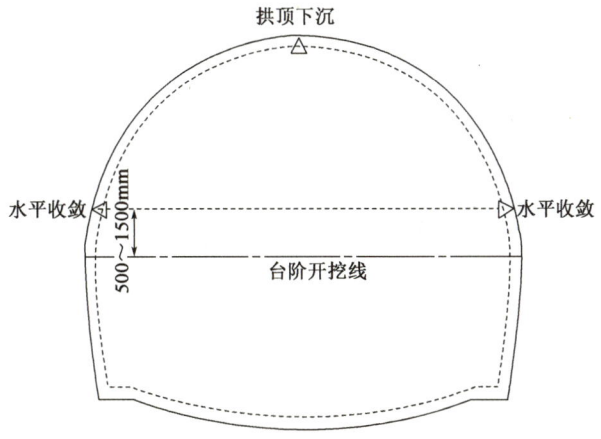

图 10-4　两台阶法拱顶下沉和水平收敛测点布置示意图

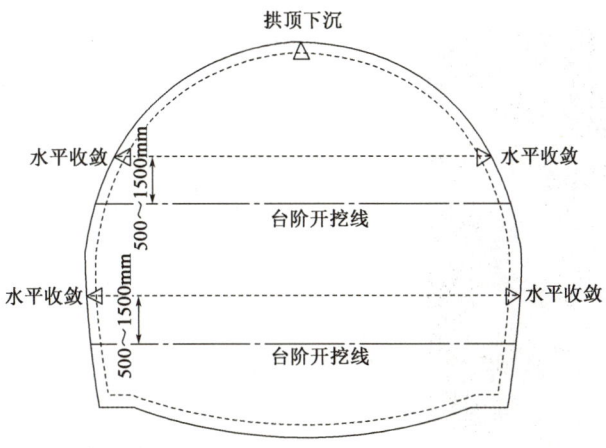

图 10-5　三台阶法拱顶下沉和水平收敛测点布置示意图

(1)拱顶下沉和水平收敛测点应布置在同一断面上。

(2)初期支护钢架应与围岩密贴,测点埋设在格栅等钢架上,无钢架时埋设在围岩中。

(3)测点应在开挖后及时埋设并读取初始读数,测点埋设应在开挖后12h内,初始读数应在测点埋设后8h内完成。

(4)拱顶下沉测点应埋设在拱顶轴线附近,数值采用绝对高程,周期性复核后视点,保证其数据可靠性。

(5)测点布设以后,在测点位置用红色油漆做醒目标识,每个断面左右侧各布1个标示牌,及时记录展示相关信息,监测点上严禁悬挂物品,避免对监测点造成阻挡和影响。

(6)如果测点被破坏,应在被破坏测点附近补埋,自发现被破坏后6h内重新进行数据采集;如果测点出现松动,则应及时加固,重新读取初始读数。

(7)布点位置调整时,左右侧就近加密,加密之后采用绝对坐标,以便及时反映点位的变形特征。

10.1.4 监测数据的采集

1)洞内、外观察

(1)洞内开挖面观察:在每次开挖后进行开挖工作面观察,及时绘制开挖工作面地质素描图,填写开挖工作面地质状况记录表,并与勘察资料进行对比。

(2)洞内已施工地段观察:观察喷射混凝土或格栅钢架变形等工作状态。主要观察内容如下:

①初期支护完成后对喷层表面的观察以及裂缝状况的描述和记录,要特别注意喷射混凝土是否开裂和剥落。

②格栅钢架有无扭曲变形、整体下沉等现象。

③初期支护钢架或围岩有无异响。

(3)洞外观察重点应在洞口段和洞身浅埋段,记录地表开裂、地表变形、边坡及仰坡稳定状态、地表水渗漏情况等,同时还应对地面建(构)筑物进行观察。

洞内、外观察时均应检查观测标是否被破坏,破坏后及时与相关人员沟通,及时恢复被破坏的测点,并及时进行补测,使监测数据达到连续性和有效性。

2)数据采集和上传方法

地表沉降、拱顶下沉和水平收敛均采用全站仪配合反光膜片进行测量。地表沉降和拱顶下沉采用高程传递测量方法测量绝对高程,水平收敛采用相对坐标反算净空距离。我们采用监控量测信息化手机App进行数据采集和上传,具体方法如下:

(1)在手机App上建立断面和测点。

(2)仪器设站(图10-6)完成后,用仪器照准测点(图10-7),使用蓝牙连接手机App,在手机App上选

图10-6 仪器设站

择要测量的断面和测点。

(3)在手机 App 上点击"测量",观测数据会自动传入手机,观测完成后检查观测值无误后保存数据,数据采集见图 10-8。

(4)出隧道后通过移动网络将现场采集的数据上传至"隧道施工监测信息化平台"。

图 10-7 照准测点

图 10-8 数据采集

10.1.5 监测频率

1)洞内、外观察

每施工循环记录 1 次,必要时加大观察频率。

2)拱顶下沉和水平收敛监测

(1)一般为 1 次/d,在限阻器段落采用 2 次/d 的量测频率。

(2)出现异常情况时,根据变形情况,调整监测频率进行加密监测,变形加速时采用 1 次/4h,变形减缓时采用 1 次/6h 或 2 次/d。

(3)当变形趋于稳定时,监测频率按表 10-4 进行。

变形趋于稳定时的监测频率 表 10-4

支护状态	平均变形速率(mm/d)	持续时间(d)	监控频率
初期支护全环封闭	<2	>3	1 次/3d
	<1	>7	1 次/7d
	<0.5	>15	1 次/15d

(4)在初期支护稳定后,可停止该断面的监测。

初期支护稳定须同时满足以下条件:

①初期支护表观现象正常。

②拱顶下沉和水平收敛平均变形速率小于 0.5mm/d,且持续 1 个月以上。

③变形时态曲线已经收敛。

(5)地表沉降监测。

①一般为 1 次/(1~3)d,出现异常情况时,适当加大监测频率。

②在二次衬砌施工通过监测断面 2B 距离后(B 为该断面隧道开挖宽度),且地表沉降变形时态曲线已经收敛,可停止该断面监测。

10.2 监控量测的分级预警原则和预警处理技术

10.2.1 监控量测组织体系

为加强项目监控量测工作,项目经理部成立监控量测领导小组。

监控量测的组织采用专班制,项目经理为第一责任人,项目总工程师为分管领导,项目经理部设置监控量测专班,根据需要设置若干量测小组。每个量测小组配置3名测量人员、一套测量仪器和一辆交通车辆,负责6~8个作业面的监控量测工作。

10.2.2 围岩变形管理等级与分级预警

隧道施工变形分级应根据变形累计值、变形速率、初期支护表观现象和变形时态曲线进行综合判定,并在此基础上对隧道施工安全进行等级管理。蒙华铁路管理级别分为Ⅰ、Ⅱ、Ⅲ三个等级,其中Ⅰ级为红色预警,Ⅱ级为黄色预警,Ⅲ级为安全,见表10-5。

管理等级及对应措施　　　　　　　　　表10-5

管 理 等 级	对 应 措 施
正常Ⅲ级(绿色)	正常施工
预警Ⅱ级(黄色)	加强监测,密切关注发展情况,分析原因,调整施工措施,使隧道变形趋稳,并制订应急方案和对策
预警Ⅰ级(红色)	暂停施工,加强监测,启动应急预案,采取相应工程措施

对于黄土隧道,主要以黄土地段变形总量和变形速率为标准进行监测预警,预警管理等级见表10-6、表10-7。

黄土地段变形总量管理等级(单位:mm)　　表10-6

监测项目	管理等级		
	Ⅲ级(绿色)	Ⅱ级(黄色)	Ⅰ级(红色)
拱顶下沉	<75	75~150	≥150
水平收敛	<35	35~50	≥50
地表沉降	<90	90~180	≥180

黄土地段变形速率管理等级(单位:mm)　　表10-7

监测项目	管理等级		
	Ⅲ级(绿色)	Ⅱ级(黄色)	Ⅰ级(红色)
拱顶下沉	<10.0	10.0~20.0	≥20.0
水平收敛	<5.0	5.0~10.0	≥10.0
地表沉降	<10.0	10.0~20.0	≥20.0

预警有真预警和假预警之分(也可以细分为真红警、真黄警、假红警、假黄警)。

(1)真预警是指测量人员把真实反映隧道变形的数据传到了系统中造成的真预警。

(2)假预警是指测量人员由于测量错误、对错测点、测点被破坏等原因,把没有真实反映隧道变形的数据传到了系统中造成的假预警。

10.2.3 初期支护变形管理及预警

隧道施工过程中应对初期支护表观进行观察,当喷射混凝土出现开裂、剥落、掉块,初期支护钢架扭曲、异响、拱脚下沉等现象时,应及时进行信息反馈,并采取相应工程措施,详见表10-8。

需要采取工程措施的初期支护表观现象 表10-8

序 号	初 期 支 护	表 观 现 象
1	喷射混凝土	初期支护混凝土出现开裂、剥落、掉块等现象 ①纵向开裂超过3榀钢架间距; ②环向开裂超过已施工支护周长的1/3; ③裂缝宽度超过0.5mm
2	初期支护钢架等	扭曲、异响、拱脚下沉等

隧道施工时,初期支护变形时态曲线可分为三种类型,具体如图10-9所示。

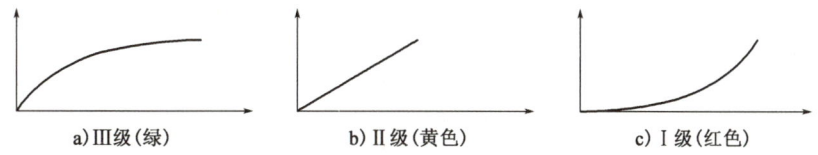

a) Ⅲ级(绿)　　　b) Ⅱ级(黄色)　　　c) Ⅰ级(红色)

图10-9 典型变形时态曲线

当变形处于初期匀速或加速变形阶段、后期变形速率逐渐下降,变形趋于收敛时,隧道处于相对安全的状态;当初期支护变形匀速增加,经过一段时间后仍无减小趋势、没有收敛迹象时,要进行预警,调整施工参数;当初期支护变形异常加速,混凝土表面裂缝明显增多、出现大面积剥落时,要进行红色预警,调整设计与施工参数。

围岩变形过程中,在围岩不失稳的正常情况下,在量测断面附近进行开挖施工时,受施工扰动,存在一定的变形加速现象,属于正常加速,其余变形加速属于异常加速。异常加速是围岩失稳的征兆,隧道施工安全存在威胁,应进行预警。

基于初期支护变形时态曲线的管理等级对应关系见表10-9。

变形时态曲线在管理等级中的体现 表10-9

序 号	管理等级	体 现
1	正常Ⅲ级(绿色)	无变形异常加速,变形特征曲线趋于收敛
2	预警Ⅱ级(黄色)	变形异常加速,变形特征曲线无收敛迹象,日均变形速率差值连续2d增大,且均大于2mm/d时
3	预警Ⅰ级(红色)	变形异常加速,变形特征曲线无收敛迹象,日均变形速率差值连续3d增大,且均大于2mm/d时

10.2.4　监测信息反馈

监控量测小组必须在规定的时间内完成数据采集和分析,根据分析结果,及时对工程安全性提出评价意见。具体要求如下:

(1)应用隧道施工监测信息化平台系统,及时反馈监测信息,如图 10-10 所示。

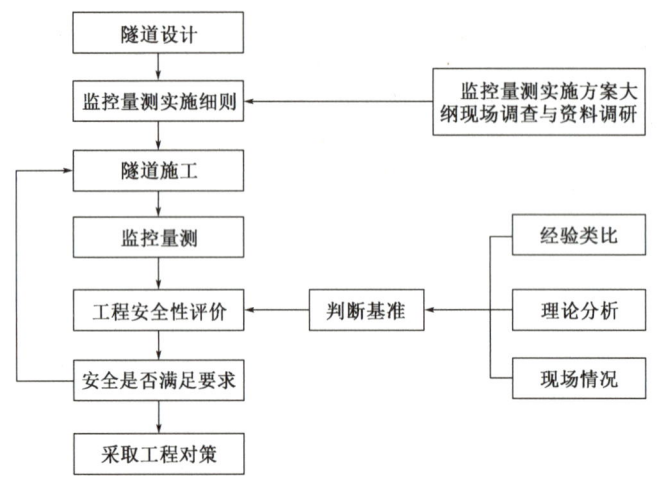

图 10-10　监测信息反馈程序框图

(2)根据反馈信息,分析监测数据,核查现场情况,提出相应的工程对策与建议。

(3)按周、月或季进行阶段分析,分析总结监测数据,了解和掌握支护结构变形规律,对施工情况进行评价,形成阶段分析报告,指导后续施工。

(4)建立"监控量测汇报"微信群,将项目经理部、工区及现场管理组相关人员纳入群中,监测组每测完一个工作面后,在群里通报监测结果,内容包含掌子面及初期支护成环里程、监测数据情况(变形速率及变形累计值的变化范围)和测点破坏等异常情况,以便大家及时了解,及时整改。

数据上传后,服务器自动进行分析,如有预警,服务器将详细预警信息通过短信群发的方式立即发送到相关人员手机上(图 10-11、图 10-12),以便根据不同的预警级别及时采取相应的措施。现场落实了相应处理措施,且监控量测数据显示隧道结构处于相对安全状态时,经监理和业主认可后,可在网页平台进行预警消除处理,预警消除后服务器通过短信群发的方式发送到相关人员手机。

10.2.5　预警响应机制

评价应根据位移管理等级分三级进行,并提出采取相应的工程对策建议,并报项目经理部总工程师审核。具体预警响应机制如下:

(1)当监控量测变形管理为预警Ⅲ级(绿色)时,由专职监控量测小组长将量测原始资料和分析结果通报现场技术主管和现场监理工程师,隧道正常施工。

图 10-11　预警短信　　　　　图 10-12　消警短信

(2) 当监控量测变形管理达到预警Ⅱ级(黄色)时,由监控量测班长将量测原始资料和分析结果通报现场技术主管和现场监理工程师,同时于 2h 内上报项目经理部总工程师、专业监控量测监理处。由工区经理组织排查施工现场,分析造成预警的原因,研究提出具体整改措施,经项目总工程师审核后上报业主分管副指挥长。现场管理组组长负责组织施工队伍落实相关措施。

处理措施完成且隧道量测数据稳定后,由工区总工程师负责在信息平台上提报申请,通过监理及指挥部审批后消除黄色预警。

(3) 当监控量测变形管理达到预警Ⅰ级(红色)时,由监控量测班长及时通知隧道现场施工负责人、现场技术主管和现场监理工程师,立刻暂停隧道施工,撤出现场所有施工人员,并将量测原始资料和分析结果于 1h 内上报项目经理、项目总工程师和监控量测领导小组处。由项目经理及时上报业主指挥长。项目经理立即组织排查施工现场,分析造成预警的原因,并组织参建各方研究相应工程措施。工区经理和现场管理组组长负责组织落实相关处理方案。

处理措施完成且隧道量测数据稳定后,由项目总工程师负责在信息平台上提报申请,通过监理及指挥部审批后消除红色预警。

10.3　黄土隧道变形规律分析

10.3.1　洞内初期支护变形规律分析

黄土隧道围岩类型主要分为 $V_{\pm}$ 和 $Ⅳ_{\pm}$ 两种,选用具有代表性的杨台隧道为典型隧道进行变形规律分析,该隧道预留变形量设置为Ⅳ级围岩8cm,V级围岩15cm,洞口段预留变形量为25cm。

杨台隧道数据采集时间为2015年11月18日到2017年5月2日,共埋设测点360组,采集数据12562条。

1) Ⅳ级围岩变形分析

(1) 拱顶沉降

隧道Ⅳ级围岩段(DK367+560~DK368+140)拱顶下沉统计结果见图10-13。

由图10-13可知,区段内拱顶下沉累计最大值51.5mm,最小值1.5mm,最大沉降速率9.85mm/d;在初期支护成环前的测点变形速率为拱顶1~9.85mm/d,其中大于5mm/d的速率占初期支护成环前采集数据的70%左右;初期支护成环后,变形速率为拱顶0~3.2mm/d,其中小于3.2mm/d的数量占观测总次数的85%左右。

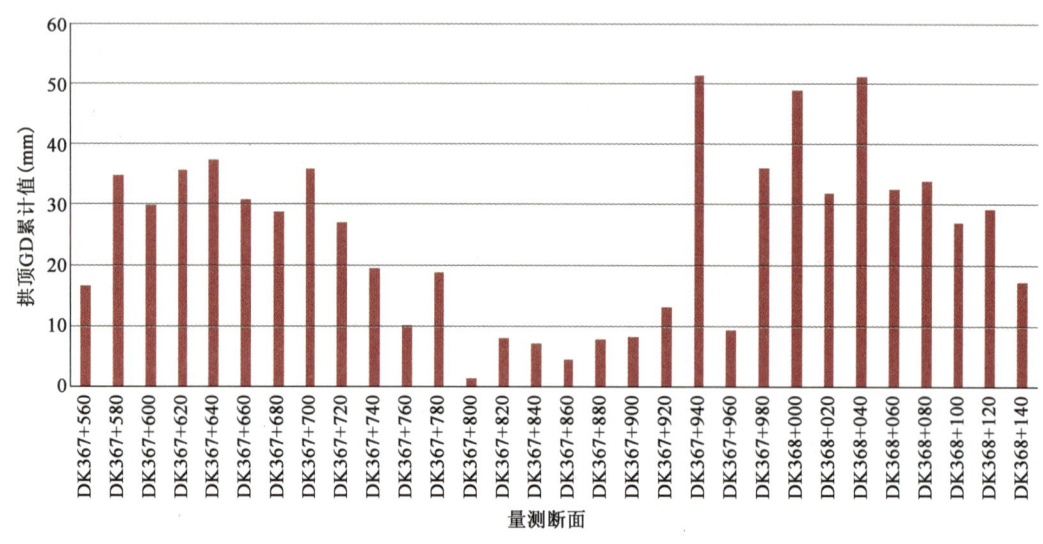

图10-13 拱顶累计值统计表

(2) 收敛变形

Ⅳ级围岩拱脚与最大跨度处收敛变形统计结果分别如图10-14、图10-15所示。

由图10-14、图10-15可知:最大收敛变形为33.42mm,最大变形速率为4.81mm/d,位于隧道最大跨度处;拱脚变形累计最大值31.98mm,最大变形速率4.74mm/d;收敛速率在初期支护成环前为1~4.79mm/d,大于3mm/d的数据占75%左右,初期支护成环后,变形速率为0~3.4mm/d。

通过以上分析可知,在Ⅳ级围岩条件下,黄土隧道变形具有如下规律:在初期支护仰拱封闭前,拱顶下沉和水平收敛发展较快,初期支护仰拱封闭后,变形速率减小,变形趋于稳定;水平收敛小于拱顶下沉值。拱顶下沉和水平收敛的累计变形量,均未超出预留变形量。

2) V级围岩变形分析

V级围岩拱顶下沉统计结果如图10-16所示,隧道拱脚处与最大跨度处水平收敛变形统计结果分别如图10-17、图10-18所示。

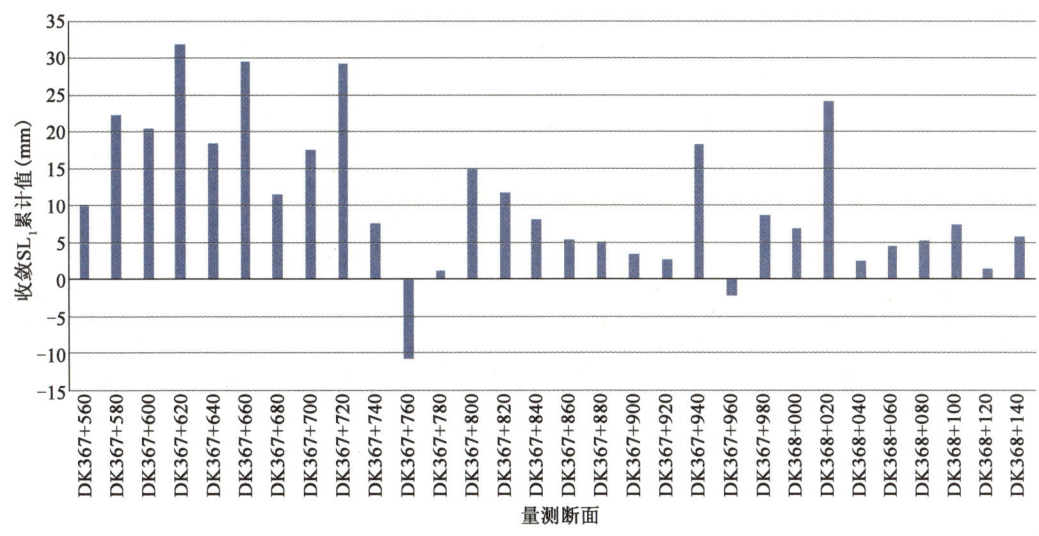

图 10-14 收敛 SL_1 累计值统计表

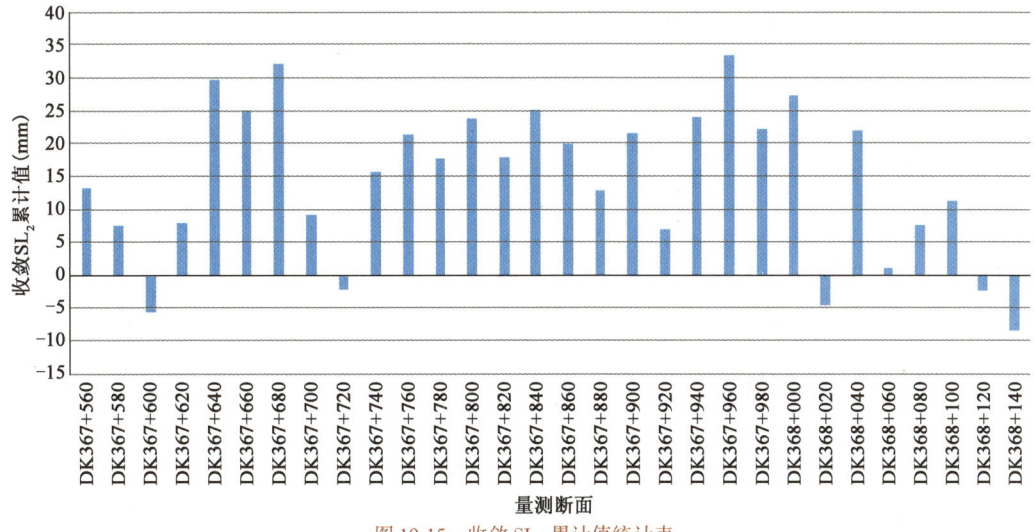

图 10-15 收敛 SL_2 累计值统计表

(1) 拱顶沉降

Ⅴ级围岩拱顶下沉最大值 195mm,最小值 2.9mm,最大沉降速率 22.4mm/d;在初期支护成环前的测点变形速率为拱顶 1~22.4mm/d,大于 5mm/d 的数据占 72% 左右,初期支护成环后,变形速率为拱顶 0~4.1mm/d。

(2) 水平收敛

Ⅴ级围岩收敛变形最大值 25.47mm,最大变形速率达 4.68mm/d;收敛在初期支护成环前变形速率 -2.88~4.68mm/d,大于 3mm/d 的占 80% 左右,初期支护成环后,变形速率 0~3.77mm/d。

由上可知,在Ⅴ级围岩条件下,黄土隧道变形具有如下规律:在仰拱封闭前,拱顶下沉和水平收敛发展较快;仰拱封闭后,变形速率减小,变形趋于稳定;绝大多数水平收敛累计值小于拱顶下沉累计值,呈现以沉降为主的变形特征。

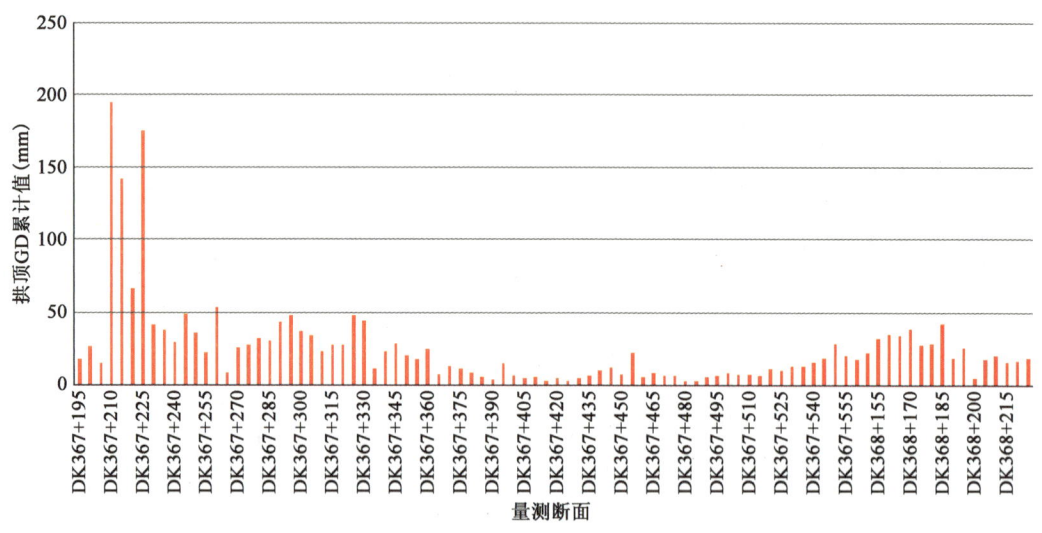

图 10-16　拱顶 GD 累计值统计表

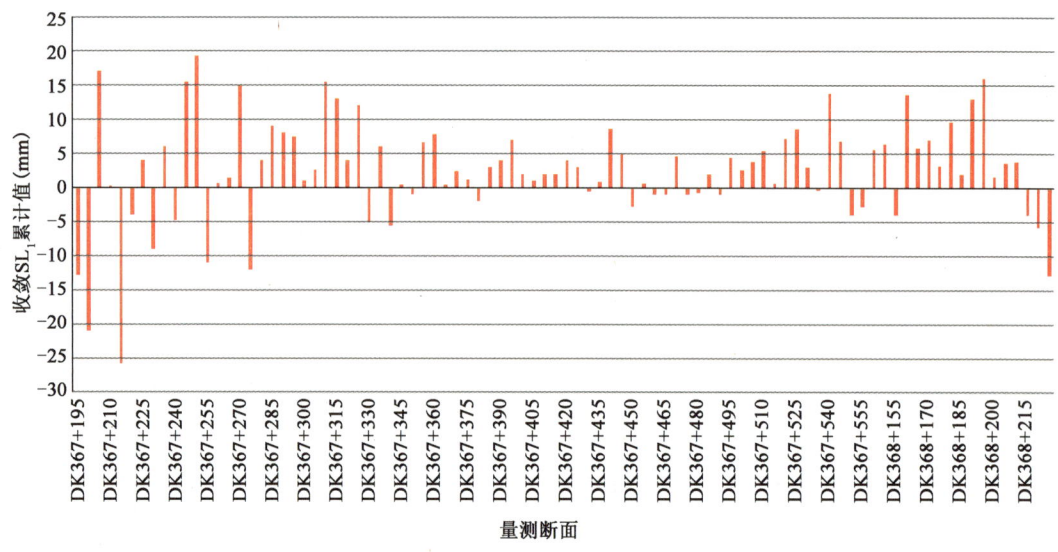

图 10-17　收敛 SL_1 累计值统计表

3)预留变形量分析

通过Ⅳ级围岩初期支护累计变形量统计分析,变形量 0~50mm 的断面占比 96.10%;变形量 0~80mm 的断面占比 100.00%。考虑现场数据的离散性,同时兼顾施工安全,建议Ⅳ级围岩黄土隧道预留变形量取值范围可为 5~8cm(不包含施工误差)。

通过洞身深埋Ⅴ级围岩初期支护累计变形量统计分析,变形量 0~80mm 的断面占比 97.97%;变形量 0~120mm 的断面占比 99.64%;变形量 0~150mm 的断面占比 100.00%。考虑现场数据的离散性,同时兼顾施工安全,建议洞身深埋Ⅴ级围岩黄土隧道预留变形量取值范围可为 8~12cm(不包含施工误差)。

洞口段累计变形量大于 145mm 有三个断面,最大值为 195mm,建议Ⅴ级围岩黄土隧道洞口段预留变形量取值范围可为 16~20cm(不包含施工误差)。

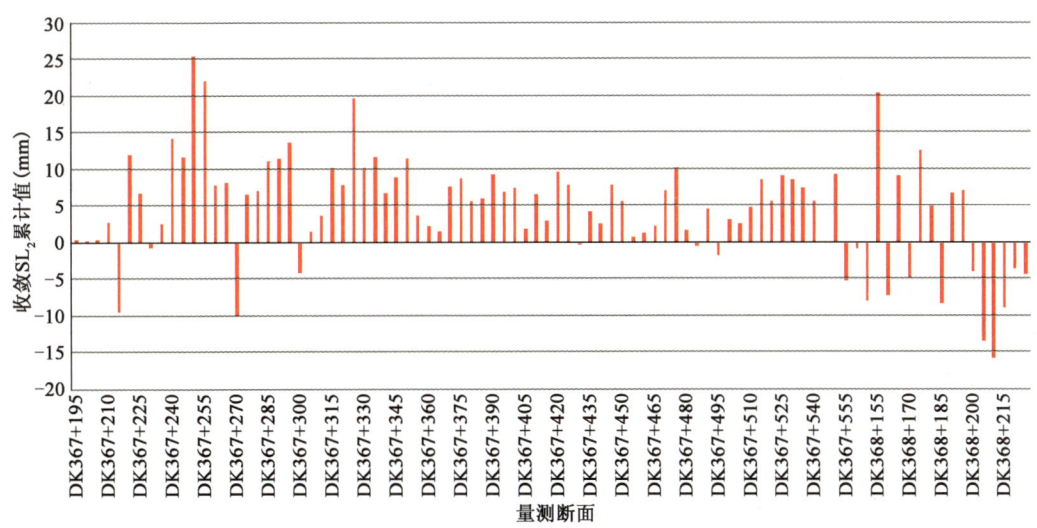

图 10-18　收敛 SL_2 累计值统计表

10.3.2　地表沉降的规律分析

因郭旗隧道进口位于浅埋段,地表沉降观测点位多,变形规律具有代表性,故选择郭旗隧道 DK368+585 断面地表沉降与洞内拱顶下沉量测数据的进行统计分析,以揭示浅埋黄土隧道地表沉降变形规律。

隧道监控量测数据表明,浅埋隧道拱顶下沉与地表沉降的变形规律呈现出一致性,但量值存在一定差异性,如图 10-19、图 10-20 所示。

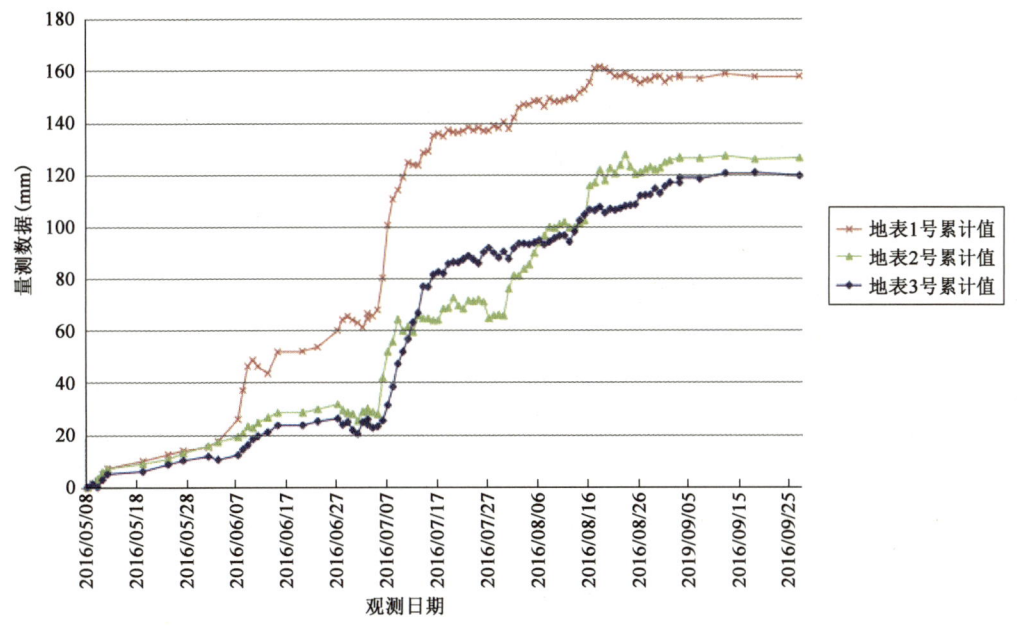

图 10-19　DK368+585 地表累计值变形趋势图

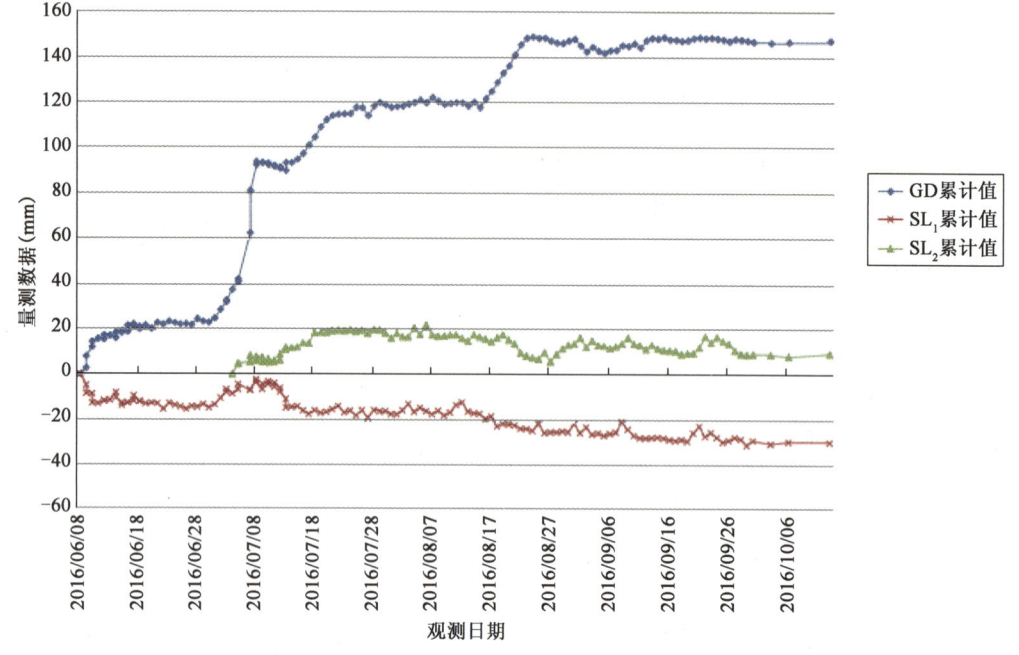

图 10-20　DK368＋585 洞内初期支护变形趋势图

具体变形规律如下：

（1）郭旗隧道 DK368＋585 拱顶最大累计值 147.4mm，地表最大沉降累计值 158.11mm。

（2）地表的变形速率与拱顶的变形速率基本上吻合，地表变形和洞内初期支护变形趋势也呈现基本一致的特征。

（3）监控量测数据显示，变形速率较大的数据主要发生在初期支护未成环前，占累计变形总量的 85%，因此在施工条件允许的情况下，及时完成初期支护成环，以确保隧道施工安全。

（4）地表变形速率同拱顶下沉变形速率差值在 3～25mm/d 之间波动，降雨时地表与拱顶的变形均体现出变形速率加剧的现象。因此在雨天或者含水率较大的时候，需关注洞内外的安全情况。

10.3.3　施工环节与变形的关系

通过对大量监测数据比对可得，上、中台阶开挖阶段，其累计变形量占变形总量的 10%～15%；初期支护成环时，其累计变形量占变形总量的 75%～89%；在初期支护成环施工完成后，5～7d 内变形趋势开始减缓，并逐渐收敛。

黄土隧道变形规律：在上、中台阶开挖时，下沉急剧增长，下台阶开挖完成、仰拱封闭后，变形逐渐趋于平稳。

隧道浅埋段地表下沉在降雨期间变形较为明显，当隧道初期支护处于基本稳定状态时，一遇降雨，地表下沉可以达到 2～4.5mm/d，洞内的初期支护变形也出现类似波动。

10.4 小　　结

在蒙华铁路建设中,通过对隧道施工过程中地表沉降、洞内变形监测,变形分级管理及预警系统的运用,形成了一套准确、可靠、行之有效的黄土隧道施工变形监测及管理预警系统。

(1)建立并优化了黄土隧道施工中包括监测断面、监测项目、测点布设以及数据采集等内容的变形监测系统。

(2)提出了黄土隧道位移管理基准和预警规则,建立了快速信息反馈系统和三级管理制度,保证了施工安全。

(3)通过典型区段的变形监测,揭示了大断面黄土隧道以拱顶沉降为主的变形规律,并归纳总结了洞内与洞外变形关系,以及施工环节与围岩变形的关系。

第11章　黄土隧道典型设备选型与配套

蒙华铁路隧道工程项目设计与施工中注重新技术、新材料、新工艺和新设备等的应用与研发，积极选用高效、节能、环保的新设备，寻找利于提高隧道施工效率的设备组合方案，在湿喷机械手、自行式仰拱长栈桥、拱墙衬砌防脱空技术、衬砌养护、沟槽一体机以及钢构件自动化加工等设备选型和应用方面进行了有益的探索，形成了一套黄土隧道典型设备选型及配套技术。

蒙华铁路全线推广湿喷机械手施工，提高了施工质量、改善了施工环境；采用自行式仰拱栈桥，提高了仰拱施工工效和浇筑质量；形成的逐窗入料、多孔冲顶、脱空预警、带模注浆、内窥镜查验等拱墙衬砌防脱空技术大大减少了拱墙衬砌施工缺陷；采用隧道衬砌喷淋养护多功能台车和高强喷雾机有效解决了二次衬砌混凝土喷淋养护的问题；沟槽一体机的使用，克服了传统组合模板浇筑效率低、质量难以保证等缺点；通过支护构件的工厂化集中加工，确保了构件加工质量，提高了拼装精度和效率，质量得到有效管控。

11.1　蒙华铁路黄土隧道机械化施工特点

蒙华铁路隧道工程项目坚持施工作业的专业化、机械化、工厂化和信息化，借鉴国内外先进的隧道施工经验，在施工前进行了一系列的设备及工装升级，在施工范围内全面推行工厂化作业，大力提高机械化作业水平。

蒙华铁路隧道机械化施工特点主要体现在以下几个方面：

(1) 全线隧道喷射混凝土使用湿喷机械手施工，有效提高了施工工效、确保了施工质量、降低了劳动强度、改善了施工环境。

(2) 仰拱施工使用自行式仰拱长栈桥，实现了二次衬砌仰拱每一个循环的施工长度不少于24m，提高了仰拱作业空间，大大提升了仰拱施工效率和施工质量。

(3) 对衬砌台车进行改装，加装分流槽、脱空预警、软管带模注浆等装置，配套了混凝土喷雾养护装置，实现了拱墙衬砌浇筑过程的逐窗入料、多孔冲顶、脱空预警和带模注浆，有效解决了拱墙衬砌集料窝、脱空、冷缝、厚度不足、强度不够等常见质量问题。

(4) 采用沟槽一体机施作水沟电缆槽，利用门架整体式模板结构，减少了施工干扰，降低了劳动强度,提高了施工质量和作业效率,提升了企业文明施工形象。

(5)混凝土由大型搅拌站集中生产、供应,实行商品混凝土站管理模式,通过严格控制配合比,保证了混凝土质量,节约了施工场地,避免了原材料的浪费。

(6)钢构件集中建厂加工生产,各构件单元实现自动化批量生产,各种成品钢构件统一运输配送至相应作业现场。钢构件集中加工与配送提高了钢构件的加工质量,便于推广先进加工设备,降低了加工过程的人为因素,减少了安全隐患,提高了加工效率,降低了加工成本。

蒙华铁路项目践行"工装保工艺、工艺保质量"的指导思想,通过一系列工装设备的革新,提升施工工艺水平。其中隧道施工的湿喷机械手喷射混凝土工艺、自行式仰拱长栈桥施工工艺、拱墙衬砌成套施工工艺、沟槽一体机施工工艺成效尤为突出。

11.2 湿喷机械手选型及应用分析

11.2.1 湿喷机械手优缺点

隧道喷射混凝土作为一道关键工序,是影响施工进度、质量和成本的重要因素。目前混凝土喷射工艺主要有干喷、潮喷、湿喷和混合喷。干喷混凝土工艺因为回弹率高、喷射质量差和粉尘大等诸多缺点目前已被淘汰;潮喷混凝土工艺由于操作方便、工序简单、施工效率高而一度盛行,但由于其回弹率大、高强度等级喷射混凝土质量难以保证等缺点而又受到业内质疑;混合喷由于工艺复杂、设备较多、操作难度大而使用较少。

湿喷工艺长期受设备、成本限制而发展缓慢,但随着近年来新的国产喷射混凝土设备大量涌现、施工质量和环保意识的提高,湿喷机械手将逐渐成为业内首选的喷射混凝土施工设备。

湿喷机械手主要具有以下优点:

(1)作业效率大幅提高。湿喷机械手设备功能齐全,无须外接高压风,缩短了施工准备时间。实现了大功率机械化喷射作业,喷射速度快,大幅提高了施工效率。以拱部为例,小型湿喷机作业时间需8.5h,湿喷机械手作业时间为2.5h,湿喷机械手工效为小型湿喷机的3.4倍。

(2)作业环境明显改善。湿喷机械手作业过程中,可实现对混凝土和速凝剂流量和频率的同步程序控制,在实现对速凝剂精确添加、保证速凝剂最优掺量的同时,有效降低了因烟尘和速凝剂挥发而造成的空气污染。作业人员可站在距喷射面约5m以外的安全位置,通过操作遥控器来控制喷射臂进行喷射混凝土作业,与小型湿喷机需人工手持喷枪短距离喷射方式相比,作业环境得到很大改善。

(3)施工质量更加稳定。小型湿喷机采用人工添加速凝剂的方式,误差相对较大,同时常规小型湿喷机需采用人工手持喷枪近距离喷射(1.2~1.5m),回弹石子、作业粉尘、围岩软弱破碎部位的掉块风险和上下作业台架不便等都会对作业人员产生不利影响,使喷射距离、角度不能严格执行标准而影响喷射混凝土质量。

湿喷机械手配备液态添加剂自动计量输送装置,能够精确地添加速凝剂,能自动对混凝土和速凝剂流量进行同步控制,保证速凝剂的最优掺量;湿喷机械手喷射混凝土可以保证喷射角度、距离,再加上湿喷机械手喷射的流量稳定、速度均匀,并能实现现场连续湿喷,使得湿喷混凝土表面平整度好、强度高、整体性强、密实性好。湿喷机械手在喷射机组不移动的情况下,喷射高度可达 16m,喷射宽度可达 28m,可以喷射到人工无法喷射的死角部位。

(4)作业安全性更高。采用湿喷机械手施工,作业人员可远离支护作业面对喷射臂进行遥控操作,避免了掌子面塌方对作业人员和机械设备的安全威胁,作业安全性大大提高。

湿喷机械手虽然有诸多优点,但在实际施工中也具有以下几方面缺点:

(1)一次性投入设备购置费用较高,后期维修费用较小型湿喷机高。

(2)设备对电压稳定性要求较高。通过现场调查,设备接入电压低于 360V 设备将无法启动,接入电压低于 400V 设备将工作状态不稳定。

(3)设备体积较大,需占用较大作业空间。

(4)设备高度智能化,需要配备专业操作和检修人员,通常专业操作和检修人员达到熟练作业水平需要 90 个工作日。

(5)现有湿喷机械手喷头均达不到360°旋转,避车洞、综合洞室等空间狭小的施工部位无法一次性完成。

11.2.2 湿喷机械手选型及设备概况

1)选型基本要求

(1)安全可靠:结构设计合理,安全度高。

(2)喷射混凝土质量好:速凝剂和混凝土高效混合,回弹率低。

(3)适用范围广:适应不同工况及不同断面喷射作业。

(4)经济环保:日常维修费用低,设备损坏率低,污染小。

(5)施工效率高:初期支护喷射混凝土宜采用喷射量不小于 $15m^3/h$ 的湿喷机械手。

2)湿喷机械手配置及设备概况

根据施工需要,蒙华铁路 MHTJ-7 标段累计使用混凝土湿喷机械手 25 台,其中铁建重工湿喷机械手(台车)14 台,中铁岩锋 TKJ-20 型湿喷机械手(机组)8 台,意大利 CIFAccs-3 型湿喷机械手 1 台,中铁五新湿喷机械手 2 台,详细情况见表 11-1。

蒙华铁路 MHTJ-7 标段湿喷机械手统计表　　　　表 11-1

序号	使用工点	单位	数量	型号	品牌	新购/租赁	备注
1	青化砭 2 号隧道进口	台	1	HPS3016	铁建重工	新购	一工区
2	青化砭 2 号隧道斜井	台	1	HPS3016S	铁建重工	新购	一工区
3	青化砭 2 号隧道出口	台	1	HPS3016	铁建重工	新购	一工区
4	材料场备用	台	1	TKJ-20	中铁岩锋	新购	二工区
5	姚店隧道进口	台	1	HPS3016SW	铁建重工	新购	二工区
6	姚店隧道斜井	台	1	CHP30C	中铁五新	租赁	二工区
7	姚店隧道出口	台	1	HPS3016SW	铁建重工	新购	二工区

续上表

序号	使用工点	单位	数量	型号	品牌	新购/租赁	备注
8	姚店隧道斜井备用	台	1	TKJ-20	中铁岩锋	新购	二工区
9	麻科义隧道进口	台	1	TKJ-20	中铁岩锋	新购	二工区
10	麻科义隧道1号斜井小里程	台	1	HPS3016	铁建重工	新购	二工区
11	麻科义隧道1号斜井大里程	台	1	HPS3016	铁建重工	新购	二工区
12	麻科义隧道2号斜井小里程	台	1	HPS3016	铁建重工	新购	二工区
13	麻科义隧道2号斜井备用	台	1	HPS3016SW	铁建重工	新购	二工区
14	麻科义隧道2号斜井大里程	台	1	HPS3016	铁建重工	新购	二工区
15	麻科义隧道3号斜井小里程	台	1	HPS3016	铁建重工	新购	二工区
16	麻科义隧道3号斜井大里程	台	1	WXCHP25B	中铁五新	租赁	二工区
17	麻科义隧道出口	台	1	HPS3016	铁建重工	新购	二工区
18	杨台隧道出口	台	1	TKJ-20	中铁岩锋	新购	三工区
19	郭旗隧道进口	台	1	TKJ-20	中铁岩锋	新购	三工区
20	郭旗隧道出口	台	1	TKJ-20	中铁岩锋	新购	三工区
21	郑庄隧道进口	台	1	HPS3016	铁建重工	新购	三工区
22	郑庄隧道斜井	台	1	HPS3016	铁建重工	新购	三工区
23	郑庄隧道出口	台	1	CSS-3	意大利CIFA	新购	三工区
24	李家台隧道进口	台	1	TKJ-20	中铁岩锋	新购	三工区
25	李家台隧道出口	台	1	TKJ-20	中铁岩锋	新购	四工区

3）不同品牌湿喷机械手技术参数及性能

（1）HPS3016S型湿喷机械手参数及工作性能

①铁建重工HPS3016S型湿喷机械手主要技术性能见表11-2。

HPS3016S型湿喷机械手主要技术性能　　　　表11-2

序号	项目	单位	参数	备注
1	最大理论喷射能力	m³/h	30	—
2	混凝土最大出口压力	MPa	8	—
3	速凝剂供料系统容量	L	1000	—
4	最大喷射高度	m	17.5	—
5	最大喷射宽度	m	31.4	—
6	前方最远喷射距离	m	15.3	—
7	最小喷射作业隧道洞高	m	4	—
8	最大作业深度	m	7.6m	停放面以下
9	水平回转	°	±90	—
10	垂直回转	°	±110	—

续上表

序　号	项　目	单　位	参　数	备　注
11	最大爬坡能力	°	16	—
12	最小转弯半径	m	5.5	—

②HPS3016S 型湿喷机械手(图 11-1)集行走、泵送和喷射混凝土三大功能于一体,性能稳定,操作简单,具有生产率高、回弹率低和施工质量好等特点,可广泛应用于各种含钢纤维或聚合物纤维混凝土的泵送和喷射。

图 11-1　HPS3016S 型湿喷机械手

(2)中铁岩锋 TKJ-20 型湿喷机械手参数及工作性能

①TKJ-20 型湿喷机械手主要技术性能见表 11-3。

TKJ-20 型湿喷机械手主要技术性能　　　　表 11-3

序　号	项　目	单　位	参　数
1	最大喷射高度	m	15
2	最大喷射宽度	m	17
3	工作气压	MPa	0.4~0.6
4	理论最大喷射能力	m^3/h	9~20

②TKJ-20 型湿喷机械手(图 11-2)性能稳定,可广泛应用于各种井巷、隧道的施工。该机组使用的湿喷机械手是一种具有移动式回转支柱的两级臂架结构,在我国的软弱围岩台阶法施工时非常适用,能够将三台阶环形开挖预留核心土的喷射作业面进行全面覆盖。

图 11-2　TKJ-20 型湿喷机械手

11.2.3　工效分析

通过蒙华铁路 MHTJ-7 标段三年多的施工实践,对湿喷机械手工效统计分析如下:

(1)与小型湿喷机相比,湿喷机械手作业效率提高 3 倍以上,回弹率明显下降,HPS3016 型湿喷机械手在黄土隧道施工过程中超耗量(包含了施工超挖量)可控制在 60% 左右,TKJ-20 型湿喷机械手在黄土隧道施工过程超耗量(包含了施工超挖量)可控制在 70% 左右,均大幅优于小型湿喷机的超耗效果。经实体质量检测全部达到设计要求。

(2)喷射混凝土产生的粉尘大幅减少,作业环境明显改善,作业人员健康得到保障;同时施工人员可在远离支护作业面操控,提高了作业安全性,节约了项目成本、保证了施工工期。

(3)为保证湿喷机械手的完好率及利用率,应将劳务队纳入湿喷机械手管理的所有环节中来,让湿喷机械手设备维修成本、喷射质量、效率、人员管理与劳务队切身利益直接挂钩,引导劳务队对湿喷机械手及操作司机进行主动管理。

11.3　自行式仰拱长栈桥应用分析

目前隧道常用的仰拱栈桥有两种类型,一种是简易仰拱栈桥,其结构简单、施工方便,一次施工仰拱长度为 6~12m;另一种为自行式仰拱长栈桥,可以自行行走,移动安装较为方便,一次施工仰拱长度为 18~24m。自行式仰拱长栈桥由于一次施工长度大、施工效率高、质量有保证而成为提高隧道施工速度的一个重要选项。

11.3.1　自行式仰拱长栈桥选型要求

(1)须自带驱动装置,可以自行行走。

(2)可实现一次施工仰拱长度≥24m,减少隧道二次衬砌仰拱接缝,提高工效。

(3)用自行式仰拱长栈桥跨越仰拱作业区段,解决仰拱作业与隧道开挖渣土运输以及进料之间的相互干扰问题,各种车辆和设备在栈桥上通行,栈桥下方同时进行隧道的清底、防排水、二次衬砌仰拱等工序的施工,从而实现隧道施工的平行流水作业。

(4)承载能力应不小于 60t,具有一定的抗撞击能力,以确保施工安全。

11.3.2　机械结构及主要技术参数

1)机械结构

隧道自行式仰拱长栈桥主要由前端引桥、前端支撑及行走系统、主桥、后端支撑及行走系统、后端引桥等五部分组成,其中主桥结构形式分为桁架式及箱形梁式两种,结构简图分别如图 11-3、图 11-4 所示。实物如图 11-5 所示。

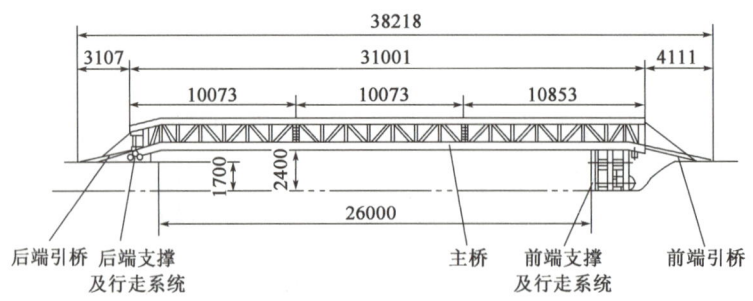

图 11-3　桁架式隧道自行式仰拱栈桥结构示意图(尺寸单位:mm)

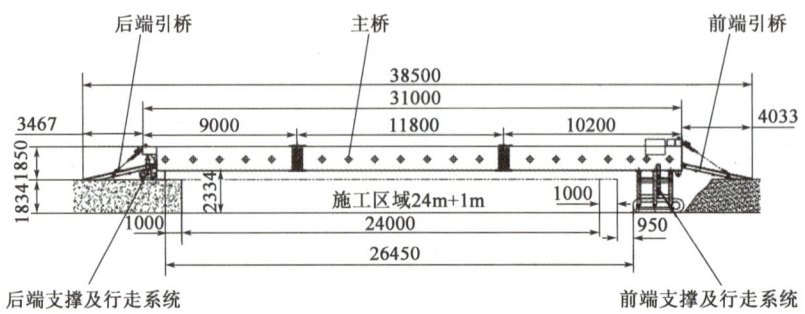

图 11-4　箱型梁式隧道自行式仰拱栈桥结构示意图(尺寸单位:mm)

图 11-5　隧道自行式仰拱长栈桥实物图

2) 不同品牌产品特点对比分析

不同品牌的自行式仰拱长栈桥行走系统均为履带式,顶升系统为液压式,钢结构形式分为桁架式(山东奥特重工有限公司,以下简称"山东奥特")和箱形梁(中铁长安重工有限公司,以下简称"长安重工";太原钢城企业公司金属钢构厂,以下简称"太原钢企")两种。

长安重工产品特点:产品重量较大、稳定性高;山东奥特产品特点:因为桁架式,侧面护栏较高,如受到碰撞对栈桥整体稳定性影响较大;太原钢企产品重量适中,稳定性好,但价格较高。

3) 主要技术参数

不同品牌自行式仰拱长栈桥主要技术参数见表 11-4。

不同品牌自行式仰拱长栈桥主要技术参数　　　　表 11-4

品牌厂家	长安重工	山东奥特	太原钢企
主桥结构形式	1350mm×450mm 箱形梁	桁架式	箱形断面、桁架、玄杆抗拉结构组合
自重(t)	45	43.5	44
额定载重量(t)	60	60	60
有效跨距(m)	大于 26	大于 24	大于 24
通车宽度(mm)	3500	3400	3200
宽度(mm)	4400	3900	3900
长度(mm)	38500	40000	42000
高度(mm)	4075	4900	4900
电机总功率(kW)	15	15	22
引桥坡度(°)	12	12	12
通车速度(km/h)	≤5	≤5	≤5
自行速度(m/min)	3	2.8	3

11.3.3　自行式仰拱长栈桥配置

项目共配备自行式仰拱长栈桥 26 台，其中长安重工 12 台，山东奥特 12 台，太原钢企 2 台，详见表 11-5。

蒙华铁路 MHTJ-7 标段自行式仰拱长栈桥统计表　　　　表 11-5

序号	使用工点	生产厂家	规格	单位	数量	自重(t)	备注
1	青化砭 2 号隧道进口	长安重工	SYZ-55	台	1	50	一工区
2	青化砭 2 号隧道斜井	山东奥特	GZ24-60	台	1	43.5	一工区
3	青化砭 2 号隧道出口	太原钢企	LD24	台	1	41.5	一工区
4	岳家 1 号隧道斜井	长安重工	SYZ-55	台	1	45	一工区
5	麻科隧道义 1 号斜井大里程	长安重工	SYZ-55	台	1	45	二工区
6	麻科义隧道 1 号斜井小里程	山东奥特	GZ24-60	台	1	43.5	二工区
7	麻科义隧道 2 号斜井大里程	长安重工	SYZ-55	台	1	45	二工区
8	麻科义隧道 2 号斜井小里程	山东奥特	GZ24-60	台	1	43.5	二工区
9	麻科隧道义 3 号斜井大里程	山东奥特	GZ24-60	台	1	43.5	二工区
10	麻科义隧道 3 号斜井小里程	长安重工	SYZ-55	台	1	45	二工区
11	麻科义隧道出口	山东奥特	GZ24-60	台	1	43.5	二工区
12	麻科义隧道进口	山东奥特	GZ24-60	台	1	43.5	二工区
13	姚店隧道出口	长安重工	SYZ-55	台	1	45	二工区
14	姚店隧道进口	长安重工	SYZ-55	台	1	45	二工区
15	姚店隧道斜井	山东奥特	GZ24-60	台	1	43.5	二工区
16	岳家 2 号隧道出口	山东奥特	GZ24-60	台	1	43.5	二工区

续上表

序号	使用工点	生产厂家	规格	单位	数量	自重(t)	备注
17	杨台隧道出口	山东奥特	GZ24-60	台	1	43.5	三工区
18	郭旗隧道进口	山东奥特	GZ24-60	台	1	43.5	三工区
19	郭旗隧道出口	山东奥特	GZ24-60	台	1	43.5	三工区
20	郑庄隧道出口	山东奥特	GZ24-60	台	1	43.5	三工区
21	峁好梁隧道进口	长安重工	SYZ-55	台	1	45	三工区
22	郑庄隧道进口	长安重工	SYZ-55	台	1	45	三工区
23	郑庄隧道斜井大里程	长安重工	SYZ-55	台	1	45	三工区
24	郑庄隧道斜井小里程	长安重工	SYZ-55	台	1	45	三工区
25	李家台隧道进口	太原钢企	LD24	台	1	41.5	三工区
26	李家台隧道出口	长安重工	SYZ-55	台	1	45	四工区

11.3.4 自行式仰拱长栈桥使用注意事项及效果评价

1）自行式仰拱长栈桥使用注意事项

（1）栈桥前后引桥采用液压油缸提升，须严格按使用说明操作，及时清理液压油缸附着的杂物，否则极易造成液压油缸损坏。

（2）在栈桥日常保养过程中，须定期检查前、后引桥及主梁的连接螺栓，及时进行紧固，否则极易造成引桥变形，修复困难。

（3）在富水黄土隧道使用过程中需注意以下事项：由于栈桥前引桥和后引桥均为钢制，虽在引桥上增加了防滑装置，但出渣车、装载机等设备在上下桥过程中由于轮胎花纹已被湿滑黄土填满，仍较为湿滑，须及时清理桥面上的泥土，注意使用安全。

（4）受额定载重限制，车辆行驶须严格执行一下一上，严禁2台及以上车辆同时行驶或停放于栈桥上。

（5）为保证安全，前后引桥及两边主桥面中间及两边应加装盖板、围挡、围栏，防止人员、物资掉落至栈桥下方，影响栈桥下施工人员安全，避免发生安全事故。

2）自行式仰拱长栈桥使用效果评价

自行式仰拱长栈桥的应用，加快了施工进度，提高了施工效率，保证了施工安全，取得了较好的经济效益。具体表现为：

（1）隧道自行式仰拱长栈桥的运用减少了掌子面开挖施工运输和仰拱施工之间的干扰，同时栈桥跨度大，为仰拱施工提供了流水作业工作面，提高了施工效率。

（2）自行式仰拱长栈桥易于拼装，一次性拼装完成后不需再次拆卸，施工中行走灵活，移动就位方便，提高了工效，自动化程度高、施工安全性好。

（3）在完成一个工作面后，自行行走至下一个工作面，解决了传统栈桥移动就位较困难的问题，确保了隧道施工的安全。

11.4 拱墙衬砌防脱空配套技术及应用分析

针对隧道拱墙衬砌浇筑过程中常见的布料不均匀、浇筑不饱满、振捣不密实和拱部脱空等施工缺陷,精心进行工艺改革和设备改造,在实践中形成了逐窗入料、多孔冲顶、脱空预警、带模注浆、内窥镜查验等拱墙衬砌防脱空技术。

1) 逐窗入料、多孔冲顶技术

对既有衬砌台车进行改装,设置逐窗入料装置,采用主料斗、主溜槽、"三通"分流槽、分流串筒和入窗溜槽结合的方式。当混凝土浇筑至一级窗口时,关闭一级分流槽方向挡板,将混凝土导流至二级工作窗口,调节"三通"分流槽挡板,将混凝土导流至三级工作窗口。

通过简单操作相应的插板,使混凝土流向各工作窗口,实现拱墙衬砌混凝土逐窗进料浇筑;衬砌台车拱顶均匀设置至少3个冲孔位置,拱顶混凝土浇筑时,更换泵管,自动浇筑混凝土,侧向挡头板侧依次进行多孔冲顶。

通过逐窗入料和多孔冲顶,较大程度地避免了施工缝缝隙、人字坡、集料堆积等质量缺陷。

2) 防脱空预警技术

防脱空预警装置利用了液位继电器的工作原理,并辅助配置液位传感器等相关装置。混凝土为带水导电材料,当衬砌混凝土浇筑至拱顶最高点时,最高点电极与拱顶预埋的其他电极接通,液位继电器工作,控制继电器线圈使声光报警器报警,从而提醒作业人员和技术员,共同根据堵头浇筑情况综合判定混凝土浇筑结束时机。

拱墙衬砌防脱空预警装置实物及控制面板见图11-6、图11-7。

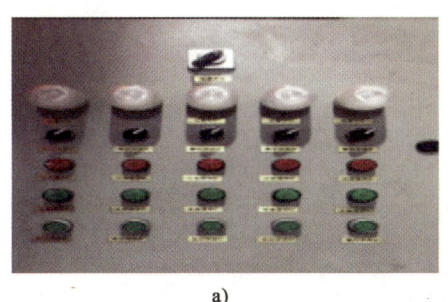
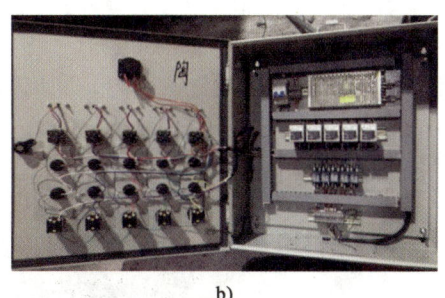

a)　　　　　　　　　　　　　　b)

图11-6　拱墙衬砌防脱空预警监测器控制器

(1) 电源开关:防空洞预警装置的总电源,闭合时装置才能正常工作。

(2) 报警灯:当浇筑到位时报警灯亮,同时发出蜂鸣声,起到提示作用。

(3) 警灯开关:当作业人员发现浇筑到位时,可以将报警灯通过警灯开关关闭,避免警灯一直鸣闪。

(4) 注满提示:当浇筑到位时,注满提示灯亮,显示已经浇筑到位。

(5) 未满提示:当混凝土未浇筑到位,未满提示灯始终处于亮灯状态,提示可以继续浇筑。

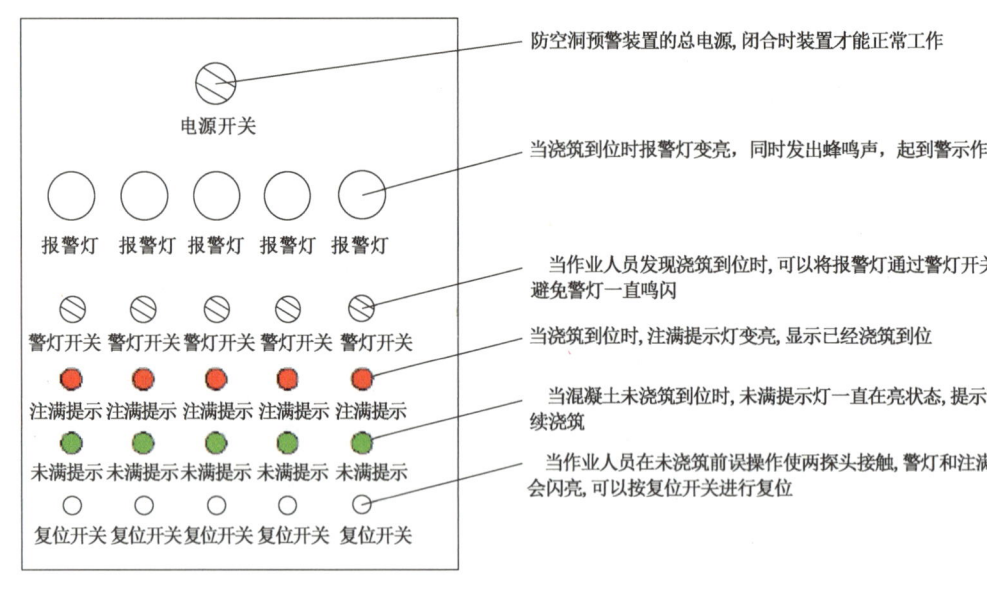

图 11-7　拱墙衬砌防脱空预警监测器控制面板示意图

(6) 复位开关:当作业人员在未浇筑前误操作使两电极相接触,警灯和注满提示都会闪亮,可以通过"复位开关"进行复位,避免给工作人员造成误判断。

(7) 混凝土冲顶浇筑前,控制箱下排绿色未满指示灯常亮显示;混凝土冲顶过程中,混凝土到达拱顶触发连通后,下排绿色指示灯熄灭,上排警灯响起,红色注满指示灯逐渐亮起。

3) 带模注浆技术

为了保证拱墙衬砌施工质量,在浇筑过程中消除脱空问题,在拱墙衬砌混凝土施工过程中采用北京鸿锐嘉科技发展有限公司生产的 HRJ®-4.0 系列隧道衬砌专用注浆机进行带模注浆。

该设备集制浆、储浆、压浆多功能为一体,且具有较高的注浆压力,可充分克服低水料比浆体的管道阻力和浆液垂直输送的阻力。利用衬砌台车的支撑,在混凝土浇筑完成时及时注浆。施工时间短,不影响其他工序流程。

注浆机实物见图 11-8。

图 11-8　HRJ®-4.0 衬砌专用注浆机

4）内窥镜技术

蒙华铁路项目在拱墙衬砌混凝土浇筑过程中还采用了内窥镜技术，用内窥镜（奥普特5.5mm高清手机内窥镜）连接安卓操作系统手机，通过手机观察衬砌台车内部浇筑情况，从而判断混凝土浇筑的密实情况，有效地控制了空腔的产生。

此款内窥镜是一款新型的电子产品。产品的优点是尺寸小、质量轻，前端摄像头外壳直径5.5mm，中间部位安装一个控制盒，调节灯光和拍照按键。手机可以通过使用的软件进行拍照，可以调节6个LED灯的亮度，捕捉图像后直接拍照存储在手机内，也可以录像，记录衬砌台车内部浇筑的整个过程，方便后续的观察和分析。

5）效果评价

通过在拱墙衬砌施工中采用多孔冲顶、脱空预警、带模注浆、内窥镜查验等拱墙衬砌防脱空技术，使得拱墙衬砌混凝土密实性得到保证，大大减少了拱墙衬砌拱部脱空现象。

以青化砭2号隧道进口段为例，共计检测了DK346+270～DK348+345段（共计2075m）的拱墙衬砌质量情况，每个断面设置7条测线，选择具有代表性的拱顶及左右拱腰各3条测线进行分析，测线总长6225测线米。根据雷达检测图像（图11-9～图11-11）分析如下：

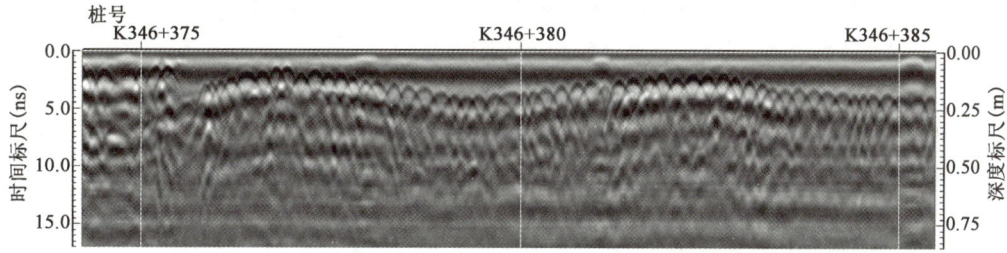

图11-9　拱顶DK346+375～DK346+385雷达检测分析图

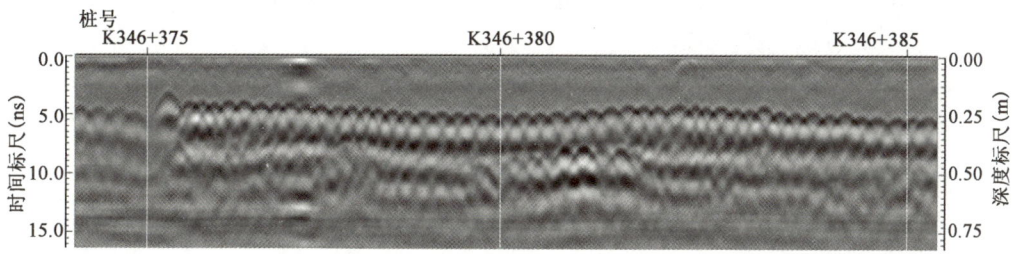

图11-10　左拱腰DK346+375～DK346+385雷达检测分析图

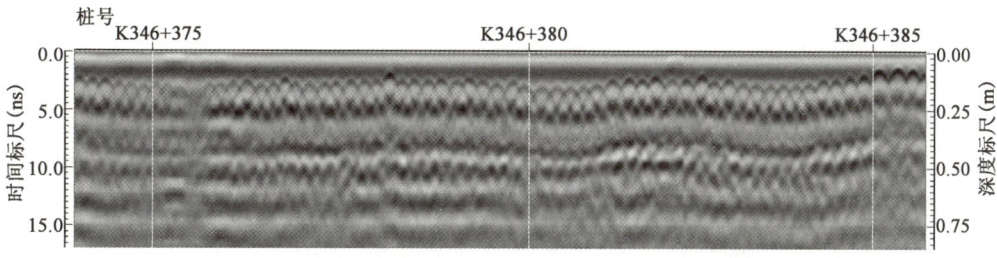

图11-11　右拱腰DK346+375～DK346+385雷达检测分析图

(1) 拱墙衬砌厚度

DK346+270~DK346+341 段 71m 设计 $V_{b\pm}$,拱墙衬砌厚度 55cm,实测 55~61cm,满足设计要求;DK346+341~DK346+410 段 69m 设计 $V_{a\pm}$,拱墙衬砌厚度 50cm,实测 50~55cm,满足设计要求;DK346+410~DK346+872 段 462m 设计 $IV_{\pm}$,拱墙衬砌厚度 45cm,实测 45~51cm,满足设计要求;DK346+872~DK348+345 段 1473m 设计 IV_b,拱墙衬砌厚度 40cm,实测 40~50cm,满足设计要求。

(2) 结构完整性描述

检测里程段内未发现脱空、空洞等影响结构完整性的缺陷,满足设计要求。

(3) 混凝土强度检测

该段拱墙衬砌共计施工 174 板,其中 DK346+270~DK347+269 段为 C40 混凝土,共 84 板,采用回弹仪检测实体强度为 41~50MPa,满足设计要求;DK347+269~DK348+345 段为 C35 混凝土,共 90 板,采用回弹仪检测实体强度为 36~45MPa,满足设计要求。

11.5 混凝土综合养护设备的应用分析

近年来,随着我国交通事业迅猛发展,长大隧道越来越多,对工程质量的要求也越来越高。技术规范强制要求,混凝土浇筑 12h 后必须进行立即覆盖和洒水养护,至少要保持 7d 以上。如果养护不及时,混凝土水化反应无法进行,内部结构疏松,会在表面产生裂缝,严重降低强度,影响混凝土的耐久性。

目前,隧道拱墙衬砌广泛使用防水塑料板,隧道内渗水与拱墙衬砌混凝土隔绝,起不到自然养护的作用;如果采用高压水枪喷射,初凝混凝土表面会受到损伤,且大量的水流到地面,既浪费水资源,又造成地面泥泞不堪。

隧道衬砌喷淋养护多功能台车和高强喷雾机采用喷射雾化水的方式实现对拱墙衬砌混凝土的养护。通过调节水量实现喷湿混凝土但不会有大量的水流下,实现水资源的充分利用,并且带有集水装置,使滴落下来的水通过集水装置流向隧道两侧,保证隧道内地面干净。

11.5.1 隧道衬砌喷淋养护多功能台车

1) 工作原理及构造

隧道衬砌喷淋养护多功能台车的使用,有效地解决了隧道拱墙衬砌混凝土的喷淋养护问题。隧道衬砌喷淋养护多功能台车的工作位置在衬砌台车之后,行走在仰拱填充面上,实现了二次衬砌混凝土全断面养护。在实现隧道喷淋养护的同时提供一个工作平台,总共设置三层平台,满足在隧道内任何高度的施工作业。

多功能台车主要由喷雾系统、行走系统、工作平台、导向架、支腿、电气系统等组成。其结构如图 11-12 所示,实物见图 11-13。

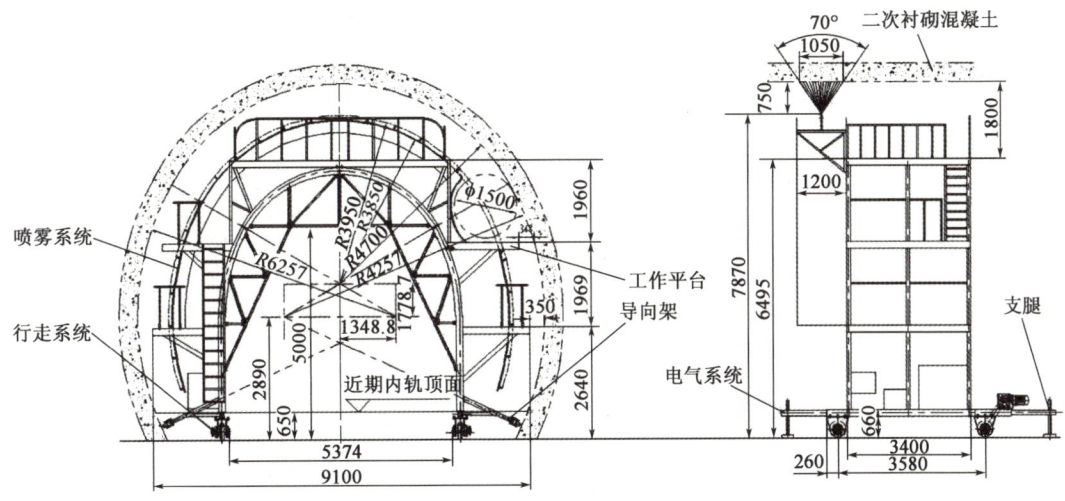

图 11-12　喷淋养护台车结构示意图(尺寸单位：mm)

(1)喷雾系统

喷雾系统主要由水箱、水泵、水管、精细雾化喷头、集水槽等结构组成。精细雾化喷头出水形态为顶角 70°圆锥形,雾状水流,有效喷射距离 1~3m,水压 0.5MPa。

(2)行走系统

行走系统主要由减速电机、链轮、行走轮组成。动力采用减速电机,实现台车的自行移动。

(3)工作平台

工作平台分为三层,门架为主要承载和受力部件,工作平台通过支撑座、支撑杆连接在门架之上,每层工作平台均可翻转或卸下。

(4)导向架

图 11-13　隧道衬砌喷淋养护多功能台车洞外拼装

导向架主要作用为在多功能台车行走时导向架支撑在隧道内壁,当台车发生偏离时,导向轮支撑,对台车进行纠偏导向。导向臂长度可调,通过销轴进行限位。

(5)支腿

支腿主要作用是通过丝杠调节支腿伸长着地,增加多功能台车的稳定性,人员在工作台上工作时更安全可靠。

(6)电气系统

隧道衬砌喷淋养护多功能台车电气系统控制主要分为两大部分:台车走行控制和水泵喷淋控制,控制方式有控制柜、遥控两种操作模式。

2)主要技术参数

项目先后采购喷淋台架 13 台,进行拱墙衬砌混凝土养护并除尘。主要技术参数见表 11-6。

隧道衬砌喷淋养护多功能台车技术参数　　　　表 11-6

项　　目	参　　数
自重(t)	5
储水容积(m³)	1
净高×净宽(mm)	5000×5356
外形尺寸(宽×长×高)(mm)	9000×6000×7870
喷射角度(°)	70
喷头数量(个)	24
自行速度(m/min)	6
行走功率(kW)	4.4
水泵功率(kW)	1.1
水泵扬程(m)	50
水泵流量(m³/h)	≤1.6

3）隧道衬砌喷淋养护设备应用评价

（1）使用优点

隧道衬砌喷淋养护多功能台车不仅具有自动行走、全覆盖喷淋、洒水均匀和节约用水等特点，而且可以作为隧道衬砌后续如施工缝修整、衬砌缺陷整治、洞内电力管线的安拆及通风管安拆等辅助工序的作业平台。现场使用见图 11-14。

图 11-14　隧道衬砌喷淋养护多功能台车在现场的使用

（2）缺点与问题

①配合人员需要较多，喷淋养护多功能台车需要 2 人配合行走和加水，并负责曲线段控制。

②喷淋养护多功能台车配备的水箱容积有限，需要水车等设备不断进行水量补充，工效较低。

③喷淋养护多功能台车需通过高压、喷头进行雾化,喷头对水质要求较高,因隧道施工现场施工用水杂质较多,容易导致喷头堵塞损坏,需要经常维修喷头,维修成本较大,使用工效不高,后期类似设备需加装水质净化装置。

11.5.2 隧道衬砌养护高强喷雾机

1) 工作原理及主要特点

衬砌养护高强喷雾机为便携式养护设备。采用人工推行,设备质量轻,现场使用方便且不影响其他工序施工。养护设备集成喷雾养护及喷淋养护两项功能,有效覆盖了拱墙衬砌各部位,确保拱墙衬砌混凝土得到全面养护。该设备具有以下特点:

(1) 功力强、射程远、覆盖范围广,可以实现精量喷雾,工作效率高,喷雾速度快。
(2) 对容易引起尘埃的堆场喷水除尘时,喷雾与飘起的尘埃接触,形成一种潮湿雾状体,能快速将尘埃抑制降尘。
(3) 配套动力灵活,既可用三相380V的市电,也可配套柴油发电机组供电。
(4) 可固定安装在混凝土浇筑的平台上,也可配套柴油发电机组供电安装在车辆上。
(5) 操作灵活,使用安全可靠,遥控和人工控制操作,可随意控制调节水平旋转喷雾角度。
(6) 相比其他抑尘喷洒设备(喷枪、洒水机车)可节约水70%~80%。

2) 主要技术参数

项目先后采购高强喷雾机(GQPWJ30M型)20台,进行拱墙衬砌混凝土养护并除尘。主要技术参数见表11-7。

隧道衬砌养护高强喷雾机技术参数 表11-7

项目	参数
水平射程(m)	20
俯仰角度(°)	-10~40
水平旋转(°)	±160
覆盖面积(m²)	3000
耗水量(L/min)	60~118
液泵压力(MPa)	2.0~3.5
物粒密度(μm)	20~200
设备类型	简易/普通/标准/加强
控制方式	遥控/自动/远程
防护等级	不低于IP55
发电机组(kW)	50

3) 高强喷雾机应用评价

(1) 使用优点

①可实现360°全覆盖、无死角养护。全自动喷雾机采用水平360°自由旋转和垂直-10°~40°上下俯仰调节功能,水平射程达20m以上(根据不同设备型号要求),确保养护全过程无死角,

如图 11-15 所示。

②20 倍以上的高效节水。经"云雾"技术雾化后,溶液的"体积"可扩大 1 万倍以上,在大幅提升有效养护和除尘率的同时,等水量的养护覆盖范围扩大近 30 倍,实测同面积养护用水量不到传统设备的 15%。

③97% 以上的有效除尘率。高强喷雾机采用独创的"云雾"技术,将溶液雾化成 10μm 左右的云状态,使之与粉尘全面结合,使有效除尘率从传统设备的 50%~60% 提升至 98% 以上。

图 11-15　隧道衬砌高强喷雾机

④8000h 平均无故障工作。高强喷雾设备采用全模块化设计,标准化生产。所有模块都经过严格的稳定性、可靠性及高温老化测试,整机平均无故障工作时间超过 8000h。

⑤高度智能化,操作简单,维护方便。WP-30 全自动喷雾机采用 PLC 智能编程技术,可实现一键启停、远程操控等多项功能,操作简单。

(2)缺点与问题

①配合人员需要较多,高强喷雾机需要 2~3 人推动行走、配合加水。

②高强喷雾机配备的水箱容积有限,需要水车等设备不断进行水量补充,功效不高。

③高强喷雾机需通过高压、喷头进行雾化,喷头对水质要求较高,因隧道施工现场施工用水杂质较多,容易导致喷头堵塞损坏,需要经常维修喷头,维修成本较大,使用功效不高,后期类似设备需加装水质净化装置。

11.6　沟槽一体机应用分析

蒙华铁路项目水沟电缆槽施工以沟槽一体机为主,部分遗留段和特殊段落采用组合模板施工。沟槽一体机如图 11-16 所示。

11.6.1　沟槽一体机结构特点

(1)沟槽一体机由门架系统、模板系统、行走系统、起升系统、液压系统、支撑系统六部分组成。沟槽一体机为整体大钢模,液压动作,机械锁定,每个循环不需要重新装拆模板,支模板收模板通过液压泵站操作阀完成,工作效率高。

(2)自行式桁架为一整体门架,起升系统与外模桁架连接,模板系统为整体结构,液压系统控制收缩支模、脱模,达到水沟电缆槽一次施工成型并可以整体式移动模板进行连续施工。

(3)综合考虑劳动强度、循环时间、工期要求、施工经验等因素,两侧水沟电缆槽模板长度定为 12m,模板搭接长度为 0.1m,水沟电缆槽模板设计为上宽下窄形式,以保证顺利脱模。

图 11-16 沟槽一体机实物

（4）遇到隧道断面变化处，不需要拆卸台车，仅通过加装加宽块调整加宽机构来解决，如图 11-17 所示。

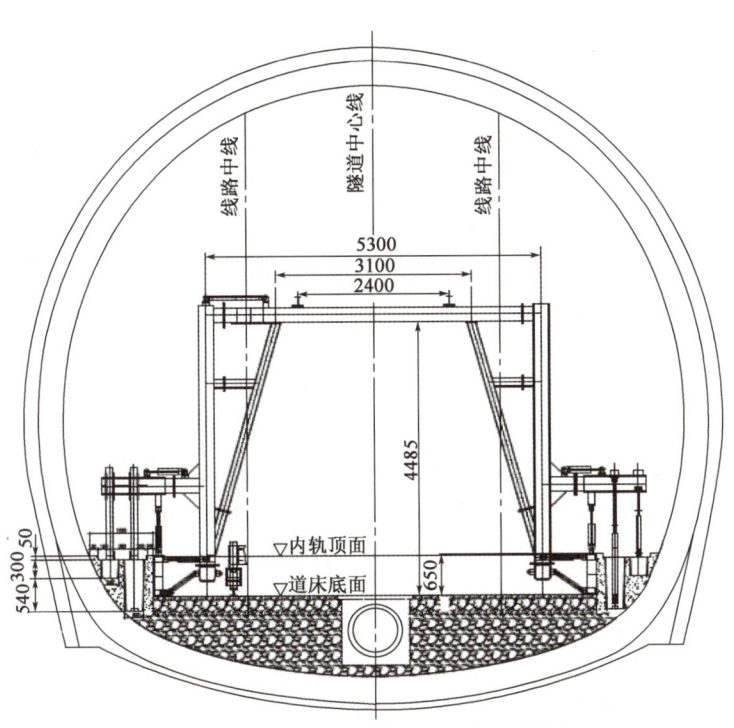

图 11-17 双线无砟隧道沟槽一体机断面图（尺寸单位：mm）

11.6.2 沟槽一体机施工与传统施工工艺对比

1）施工工艺流程对比

（1）组合模板施工工艺流程

测量放线后，采用小块钢模（如宽 30cm，长 150cm）按照构件尺寸的拼装，利用钢管、方木、型钢等作为背梁加强模板的整体刚度,再通过杆件支撑,使模板的空间位置固定。沟槽侧壁钢筋绑扎、预埋件安装施工、接地端子焊接、浇筑混凝土、混凝土拆模及养护。

(2)沟槽一体机施工工艺流程

轨行式液压沟槽一体机按 12m 长设计,通过液压系统控制模板上下、左右移动,调整两侧模板的平面位置和顶面高程,使模板位置满足水沟电缆槽结构尺寸要求。确定出水沟电缆槽平面定位基准线和高程基准线,并在台车就位后进行复核。结合面混凝土凿毛、沟槽侧壁钢筋绑扎、预埋件安装施工、接地端子焊接、台车固定、浇筑混凝土、混凝土拆模及养护。施工工艺流程详见图 11-18。

2)施工工效及性能对比

(1)组合模板施工所用的各种部件是零散的,每次使用都要把每个部件组装和拆卸一次。这种方案使沟槽整体线形难于控制,易形成 S 形轮廓线,板缝多,模板间错台容易超标,对工作人员的专业技能要求较高。

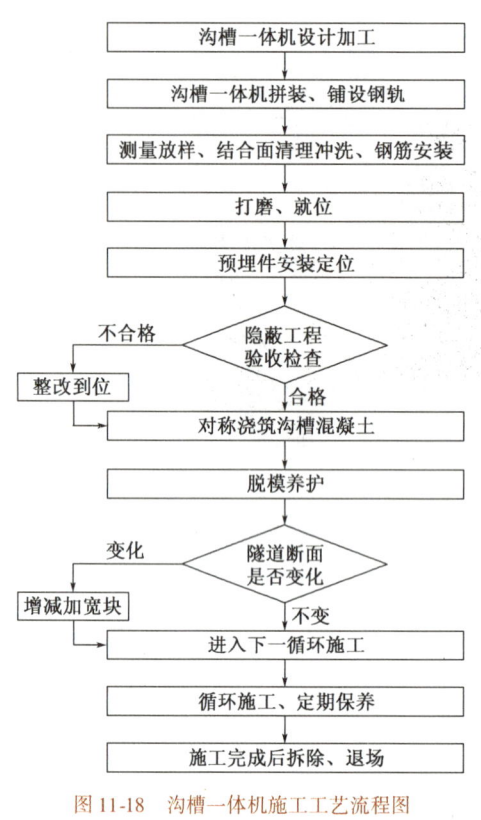

图 11-18 沟槽一体机施工工艺流程图

(2)沟槽一体机,自带 5.5kW 电机的自动行走系统。采用沟槽一体机施工与组合模板施工相比,主要有以下优点:

① 整体式模板,提高实体质量。沟槽一体机采用整体钢模设计,模板刚度大、稳定性好,可有效避免施工过程中"跑模"现象的发生;沟槽线形、高程易于控制且能有效振捣,施工质量高。混凝土运抵现场后可快速入模,一次性浇筑成型,水沟电缆槽结构整体性提高。

② 机械化施工,减少劳动力投入。沟槽一体机首次拼装完成后,在后续施工中只需进行铺设钢轨、一体机定位、拆模移动等循环操作,对不同的隧道断面可通过加宽块调整加宽机构,整个施工过程模块化、自动化程度高,技术简单、便于掌握,降低了施工人员的劳动强度,减少了劳动力投入。

③ 简化施工流程,提高施工效率。沟槽一体机可以实现作业标准化、程序化、机械化、模块化,施工方便、机动灵活,有利于现场施工组织安排。减少了每循环施工在传统模式下的物料安拆和周转时间,减少了不同隧道断面频繁拆卸台车的工序,简化了施工流程,可实现循环连续作业,提高了施工效率。

④ 工序衔接紧凑,实现文明施工。采用沟槽一体机,不需要使用组合模板、临时支撑结构及小型材料,沟槽施工过程中自动化程度高,每循环施工完成后可迅速前移,对施工场地影响较小,施工便捷,工序衔接紧凑,可实现隧道文明施工。

⑤ 采用门架结构,减少施工干扰。沟槽一体机通过门架支撑设置定型钢模于门架两侧,既实现两侧同步施工,又能保证隧道正常通行,对隧道主体施工干扰小,利于隧道内的物流组织。

⑥一次投入较大,整体成本降低。与传统施工模式相比,在施工过程中减少了劳动力投入和物料损失,减少了作业时间,减少了对其他工序的干扰;施工完成后减少了现场清理费用,降低了缺陷治理工程量。实现了标准化施工。与其他隧道施工设备类似,沟槽一体机一次性投入较大,但整体上总成本是降低的,且施工长度越长,单位成本越低。

11.6.3 单边式沟槽一体机使用探索

项目根据隧道断面特点,配置一套单边式沟槽一体机进行水沟电缆槽施工,相比门架式沟槽一体机,单边式沟槽一体机可在隧道作业空间较窄的情况下施工,减小水沟电缆槽施工对洞内其他工程施工的影响,但门架式沟槽一体机可满足一次性浇筑双侧12m水沟电缆槽,单边式沟槽一体机功效只达到门架式沟槽一体机的一半,在工期充足的情况下,使用单边式沟槽一体机可降低设备投入。

11.7 钢构件集中加工的应用分析

11.7.1 加工厂设置目的和原则

为统一质量标准、保证构件配送精准及时、杜绝次品,确保构件加工质量,根据蒙华公司"四化"要求,桥梁桩基钢筋笼、隧道型钢钢架、格栅钢架、钢筋网片等材料实行集中加工、统一配送。

按设计统计,MHTJ-7标段钢构厂需加工桥梁桩基钢筋笼总量1378.3t,隧道钢架总量27149t,网片总量3222t。根据加工数量及各工点分布情况,按照0.5h内运至各工点的要求,标段内共设置两个钢构件加工厂。

1号钢构件加工厂负责项目一、二工区7隧5桥的钢构件集中加工、配送,供应起点为小麻沟2号大桥,终点为麻科义隧道出口;2号钢构件加工厂负责项目三工区6隧6桥的钢构件集中加工、配送,供应起点为张川河大桥,终点为李家台隧道出口。

11.7.2 主要设备配置

按照蒙华公司钢构件统一工厂化、机械化加工要求,工厂配备主要设备清单见表11-8。
1) 全自动数控弯箍机(图11-19)
(1) 调直系统
由水平和垂直的可自动调节的两套矫直轮组成,结合4个牵引轮,由进口伺服电机驱动,确保钢筋的矫直达到最好的精度。

钢构件加工厂主要设备清单　　　　　　表 11-8

序号	用途	设备名称	规格型号	单位	数量	生产厂家
1	格栅加工设备	液压联合冲剪机	Q35Y-25	台	1	江苏永华机床制造有限公司
2		全自动数控弯箍机	WGZ-12B	台	1	建科机械(天津)有限公司
3		8字结对焊机	—	台	1	—
4		8字结压弯机	—	台	1	—
5		钢筋弯曲机	GW40	台	1	郑州市建工建筑机械厂
6		钢筋切断机	GQ40	台	2	天津中建筑机械厂
7		二氧化碳气体保护焊机	配套送丝机	台	14	香港炫派精密科技有限公司
8	网片加工设备	钢筋直切机	GT4-12型	台	1	佛山市顺德区容桂弘田数控机械厂
9		钢筋网焊网机	BS-220	台	1	河北省安平县宝石焊网设备厂
10	钢拱架加工设备	等离子切割机(含1台火焰切割机、1台空气压缩机、1台等离子机三合一)	LGK-120	台	1	温州科源焊割设备厂
11		冷弯机	HDJZO-20	台	2	福鼎市章平机械制造有限公司
12		电焊机	BX1-500	台	2	上海人民电焊机厂有限公司

图 11-19　全自动数控弯箍机

(2)弯曲和剪切机构

由进口伺服电机驱动,弯曲臂可高速旋转和伸缩,剪切机构高速完成剪切动作,确保钢筋弯曲精度。

(3)控制系统

控制系统具有故障识别及报警功能。能够连续生产任何形状的产品,而不需要机械上的调整;在修正弯曲角度时也不需要中断加工。

2)钢筋网焊网机(图 11-20)

(1)主要工作性能

该设备采用数控同步控制技术,焊接时间与分控焊接时间均由 PLC 数字编程系统控制,输入面板为触摸屏或键盘,操作更加智能化。焊网机一次压紧,分次焊接,该系统的最大优点是可以在同一张网上出现 30 多种不同尺寸的孔。焊接采用新型高效焊接变压器,扩大了焊接丝径的范围。

图 11-20　钢筋网焊网机

（2）主要技术参数

①有效焊网宽度 3300mm，焊接钢筋直径 3～12mm。

②径丝间距≥50mm，任意可调。

③纬孔间距≥50mm，任意可调。

④焊接变压器空气自冷（或水冷）、功率大于 1500kVA。

11.7.3　钢构件加工工艺流程

1）格栅加工工艺流程

钢筋主筋下料→全自动数控弯箍机弯制 8 字结→对焊机对焊 8 字结→侧面焊接 8 字结→压弧机压制 8 字结成弧形→2 个 8 字结对接焊成蝴蝶结→胎膜上面定位成形拱架→焊接格栅拱架成形。

（1）钢筋主筋下料：按照设计尺寸切断主筋钢筋，如图 11-21 所示。

（2）全自动数控弯箍机弯制 8 字结：单个 8 字结用数控弯箍机冷弯成形，如图 11-22 所示。

图 11-21　切断主筋钢筋

图 11-22　全自动数控弯箍机

(3) 对焊机对焊 8 字结:8 字结按照设计要求封闭成环(接头处需要焊接),如图 11-23 所示。
(4) 侧面焊接 8 字结:侧面焊接 8 字结,如图 11-24 所示。

图 11-23　对焊 8 字结钢筋　　　　　　　　图 11-24　侧面焊接 8 字结

(5) 压弧机压 8 字结成弧形:平面 8 字结压弯成立体 8 字结,如图 11-25 所示。
(6) 2 个 8 字结对接焊:2 个 8 字结构件在中间按双面侧焊连成 1 个蝴蝶结,如图 11-26 所示。

图 11-25　压弯成立体 8 字结　　　　　　　图 11-26　2 个 8 字结对接焊

(7) 胎膜上面定位成形拱架:通过胎膜定位成形格栅拱架,如图 11-27 所示。
(8) 焊接格栅拱架成形:焊接成品格栅拱架,如图 11-28 所示。
2) 网片加工工艺流程
调直机调直切断盘圆→焊网机焊接网片。
(1) 调直机切断盘圆:按照设计尺寸切断盘条长度,如图 11-29 所示。

图 11-27　胎膜定位成形

图 11-28　焊接成品格栅拱架

(2) 钢筋网焊网机焊接网片：人工把调直钢筋放入指定位置，焊网机自动焊接网片，如图 11-30 所示。

图 11-29　调直切断机

图 11-30　钢筋网焊网机焊接网片

3) 钢筋笼加工工艺流程

切断钢筋→转盘→滚焊机自动转动→人工焊接

(1) 切断钢筋：按照设计钢筋长度切断钢筋。
(2) 转盘：把盘条放入转盘。
(3) 滚焊机自动转动：人工把主筋钢筋放入圆盘，滚焊机自动转动。
(4) 人工焊接：滚焊接转动的同时人工焊接。

11.7.4 工厂化集中加工优点

1)格栅加工

集中加工格栅拱架,速度快、焊接质量好、节省人力、机械设备投资少、成本低。自动快速完成钢筋的调直、定尺、弯箍和切断。

2)钢筋网片加工

采用焊网机加工,速度快、焊点牢固、省时省力。生产的网片刚度大、弹性好、间距均匀,浇筑混凝土时钢筋不易被局部踏弯,同时增强承受剪力的能力,更有利于增强混凝土的抗裂性能,减少裂缝。

11.7.5 加工工艺优化

(1)将格栅拱架 8 字结对焊位置由顶部中间优化到侧面中间,焊接点周围钢筋最后与格栅主筋焊接,以避免出现焊缝开裂,如图 11-31 所示。

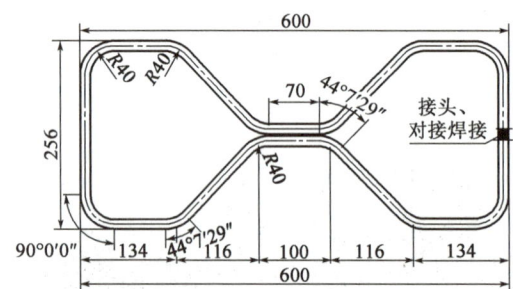 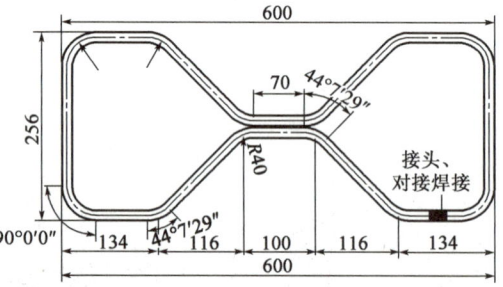

a) 原设计对接焊接头设置在 8 字结正中间,对接焊接经常出现开口,严重影响拱架质量问题

b) 优化后对接焊接头设置在 8 字结侧面,从而提高了 8 字结质量

图 11-31　原设计和优化后 8 字结对焊位置(尺寸单位:mm)

(2)将箍筋由之前的点焊连接优化为直接弯箍卡紧固定,以避免焊伤箍筋,影响格栅整体质量,如图 11-32、图 11-33 所示。

(3)将传统电焊焊接优化为二氧化碳保护焊,避免出现夹渣、浮渣等问题,保证了焊接质量,提高了焊接效率。

(4)钢筋网焊网机、8 字结压弯机增加脚踏控制开关,配合触摸屏输入,操作更加便捷。

(5)模具优化。原模具是将工字钢用冷弯机按照不同设计尺寸弯制而成,因项目黄土隧道较多,预留变形量不同导致格栅尺寸差异较大,每种变形量对应一套模具,造成模具种类繁多,不便于施工,同时浪费模具原材料。优化后根据格栅尺寸在钢板上焊接角钢制作模具,如需修改,直接将角钢从钢板上割掉重新画定尺寸焊接至合理位置,便于操作,如图 11-34、图 11-35 所示。

图 11-32　箍筋弯箍过程

图 11-33　箍筋接头处弯箍卡紧

图 11-34　原工字钢制作格栅模具

图 11-35　优化后用角钢在钢板上按设计位置焊接制作模具

11.7.6　施工优势

1）确保了构件加工质量、提高了拼装精度

传统加工连接板的钻孔、焊接等精度不高，常导致拱架安装不符合规范要求。如拱架各单元拼装时,连接板孔位对位不精确导致螺栓无法安装,而采用焊接或采用钢筋头来搭接,这样拱架本体不稳定,承受围岩压力的能力差,存在安全隐患。采用工厂化集中加工,连接板采用定型模具,冲床钻孔,螺栓孔的间距、质量都得以精确控制,拱架各单元拼装孔位准确。

2)流水化作业、质量得到有效管控

传统加工工点多,管理不规范,难以控制施工安全质量。而工厂化加工,各半成品构件实现流水化作业,按技术交底编制申请计划,按需求供应,办理出库手续,安全质量得到有效管控。

3)提高了拼装效率、缩短了循环时间

传统加工钢构件的低精度使得拱架安装时间长,工作效率低。工厂化加工,加工精度得到保障,拱架安装规范、快捷,工作效率高。

11.8 蒙华铁路隧道施工设备配置

蒙华铁路隧道施工设备的配备选用上坚持"自有为主,适当租用"和"配足配强、技术先进、性能良好、经济实用"的原则,对施工设备选型和配置做了精心的谋划,最大限度地提高施工效率。例如在隧道掘进中配置了全新的侧卸装载机、七成新以上的挖掘机,以及先进的螺杆风冷式空气压缩机设备。

以青化砭2号隧道(4396.72m)、姚店隧道(3722.91m)、麻科义隧道(8728.55m)和郑庄隧道(4335.89m)四座隧道为例,介绍主要施工设备配置。隧道主要施工设备配置情况见表11-9。

蒙华铁路 MHTJ-7 标段重难点隧道主要施工设备配置表 表11-9

设备名称	型号	单位	数量							
			青化砭2号隧道(4396.72m)		姚店隧道(3722.91m)		麻科义隧道(8728.55m)			郑庄隧道(4335.89m)	
			进口	出口	进口	出口	进口	3个斜井	出口	进口	出口
管棚钻机	YGS-120	台	1	1	1	1	1	1	1	1	1
挖掘机	PC220	辆	1	1	1	1	1	2	1	1	1
侧卸装载机	ZL50C	辆	1	1	2	2	2	3	2	2	2
自卸汽车	15~20t	辆	4	4	4	4	5	8	5	4	4
多功能作业台架	自制	台	1	1	1	1	1	2	1	1	1
湿喷机械手	HPS3016	台	1	1	1	1	1	2	1	1	1
自行式仰拱长栈桥	全液压履带自行式	套	1	1	1	1	1	2	1	1	1
防水板作业台车	8m	台	1	1	1	1	1	2	1	1	1

续上表

设备名称	型号	单位	青化砭2号隧道(4396.72m) 进口	青化砭2号隧道(4396.72m) 出口	姚店隧道(3722.91m) 进口	姚店隧道(3722.91m) 出口	麻科义隧道(8728.55m) 进口	麻科义隧道(8728.55m) 3个斜井	麻科义隧道(8728.55m) 出口	郑庄隧道(4335.89m) 进口	郑庄隧道(4335.89m) 出口
热熔焊接机	DJJF-250	台	1	1	1	1	1	2	1	1	1
衬砌台车	SM-12	台	1	1	1	1	1	2	1	1	1
混凝土输送泵	HBT80	台	1	1	1	1	1	2	1	1	1
沟槽一体机	12m	套	1	1	1	1	1	2	1	1	1
注浆泵	SJB-6	个	1	1	1	1	1	1	1	1	1
电弧焊机	AX-400	台	2	2	1	1	2	3	2	1	1
柴油发电机组	250kW	套	1	1	1	1	1	2	1	1	1
空气压缩机	QFLS132-23.8/7	套	2	2	3	3	4	8	4	3	3
轴流通风机	2×110kW	台	1	1	1	1	1	2	1	1	1
射流通风机	SDS63T	台	0	0	1	1	1	3	1	1	1
潜水泵	QY65-18	个	0	9	6	0	12	12	0	6	6
潜污泵	50WQ40-12	个	0	9	6	0	12	12	0	6	6
多级离心泵	DA1-100×7	个	1	1	1	1	1	1	1	2	2
逃生管道	φ800	套	1	1	1	1	1	2	1	1	1

根据四座重难点隧道主要设备配置情况,通过分析现场设备使用工效,对常规单洞双线黄土隧道主要工序的施工设备标准配置提出建议,详见表11-10。

黄土隧道主要施工设备资源配置表 表11-10

设备名称	型号	单位	数量 进、出口	数量 斜井(单车道)	管理工班	备注
管棚钻机	YGS-120	台	1	1	开挖支护工班	斜井:双工作面共用
挖掘机	PC220	辆	1	2	开挖支护工班	—
侧卸装载机	ZL50C	辆	1	3	开挖支护工班	斜井:其中1台负责杂活
自卸汽车	15~20t	辆	4	6	开挖支护工班	斜井:双工作面共用
多功能作业台架	自制	台	1	1	开挖支护工班	斜井:双工作面共用
湿喷机械手	HPS3016	台	1	1	开挖支护工班	斜井:双工作面共用
自行式仰拱长栈桥	全液压履带自行式	套	1	2	衬砌工班	—
防水板作业台车	8m	台	1	2	衬砌工班	—
热熔焊接机	DJJF-250	台	1	2	衬砌工班	—
衬砌台车	SM-12	台	1	2	衬砌工班	—
混凝土输送泵	HBT60	台	1	2	衬砌工班	—

续上表

设备名称	型号	单位	数量 进、出口	数量 斜井(单车道)	管理工班	备注
沟槽一体机	12m	套	1	2	衬砌工班	—
注浆泵	SJB-6	台	1	1	衬砌工班	斜井:双工作面共用
电弧焊机	400型	台	7	10	开挖支护工班	斜井:双工作面共用
柴油发电机组	250kW	套	1	1	开挖支护工班	斜井:双工作面共用
空气压缩机	QFLS132-23.8/7	套	2	4	开挖支护工班	—
轴流通风机	2×(55~130)kW	台	1	2	开挖支护工班	—
潜水泵	QY65-18	台	4	8	开挖支护工班	—
潜污泵	50WQ40-12	台	1	2	开挖支护工班	—
多级离心泵	DA1-100×7	台	0	3	开挖支护工班	—
逃生管道	$\phi 800$	套	1	2	开挖支护工班	—

注:1. 表中斜井是双工作面施工,斜井设备数量是2个工作面设备总数。
2. 若不是控制工期隧道,斜井按表中设备数配置;若是控制工期隧道,斜井按每个工作面单独配置一套完整的设备。
3. 隧道进、出口电弧焊机7个包括:开挖面3个,二次衬砌仰拱2个,拱墙衬砌2个。

11.9 小　　结

(1)蒙华铁路坚持施工专业化、机械化、工厂化,进行了一系列的设备及工装升级,配备了大量先进施工机械,有效地提高了施工效率、加快了施工进度。

(2)有别于常规隧道施工机械,蒙华铁路隧道大胆采用了湿喷机械手,自行式仰拱长栈桥,拱墙衬砌施工成套设备,混凝土综合养护设备及沟槽一体机等一系列先进的施工设备,这些先进设备的成功使用,大大减轻了劳动强度、提高了施工效率、保证了施工质量。

(3)对隧道工程所需的钢构件进行集中加工,采用数控弯箍机、焊网机等设备,落实工厂化管理,不但提高了加工效率,而且确保了钢构件的加工质量和拼装精度。

(4)通过蒙华铁路工程实践和隧道主要施工设备配置的经验,形成了大断面黄土隧道机械化施工设备选型与配套技术,提出了单洞双线黄土隧道主要施工设备资源配置的建议。

第12章　蒙华铁路工程建设管理模式与创新

蒙华铁路在重点进行技术创新和工艺革新的同时,积极探索隧道工程新的建设管理模式,推行全过程、全方位管理,在合同管理、技术管理、质量管理、安全管理等方面进行改革尝试,对工程承包模式、劳务管理模式、技术与质量管理模式等进行了大胆创新,实现了管理出效益,形成了务实与创新并重的蒙华铁路建设管理理念。

12.1　铁路工程建设管理面临的主要问题

铁路工程具有点多、线长、工期长、投资大、建设标准高、配套工程多等特点,特别是隧道工程,由于其特殊的工程特点,地质条件复杂程度和管理难度更大,面临建设风险更高。

当前我国铁路隧道工程建设管理中主要面临以下几个方面问题:

(1)工程建设的合同模式以总价承包模式为主,建设成本控制难度大

在铁路工程建设中,特别是隧道工程,因围岩地质的复杂性,在建设前难以做到准确勘察和判断,很难避免工程建设过程中变更设计的情况发生。

在预算定额方面,由于现行的概算定额取费标准偏低,致使施工企业预留的利润较低;在承包模式上,现场承发包模式以总价承包模式为主,加之投标过程中施工单位为了中标常常采取低价中标方式,加大了施工企业亏损风险;在工程施工成本控制方面,施工单位为了降低施工成本,常常采取压缩劳务成本和机械设备投入,在一定程度上影响了工期、安全及质量等控制指标的实现,从而造成了建设成本控制难度增大。

(2)建设市场劳务人员为施工主力军,劳务管理模式不够透明,责权利不够清晰

劳务人员是目前中国建设市场的主力军,以成立的各类劳务公司参与铁路工程建设。工程建设的分包一直没有真正做到阳光化和透明化,更缺少有效的监督与约束,在建设管理中未能实现管理者与作业者的责任分离,造成工程质量等终端责任无法落地,致使劳务用工甲乙双方矛盾突出,个别项目甚至严重影响了工程建设的顺利推进。

(3)隧道工程建设中机械化程度低,工艺设备较落后

铁路隧道工程多为山岭隧道,目前国内仍以钻爆法施工为主。现场主要采用人工操作气

腿式凿岩机开挖岩体、简易作业台架人工安装初期支护钢架、小型湿喷机喷射混凝土和笨重的整体式衬砌台车浇筑拱墙衬砌,很多工艺和设备几十年来均未改进革新。因受工程建设投资等因素制约,自动化凿岩台车和湿喷机械手等大型施工机械设备目前仍很难全面普及。鉴于国内劳务资源越来越紧张的现状,我国隧道施工机械化和智能化已迫在眉睫。

(4)设计理念陈旧,设计方案针对性不强

因隧道工程的特殊性,受地形、环境、勘探技术等多方面限制,隧道地质情况很难在设计之初就能够充分勘探准确。因我国在铁路建设中预留给设计单位的初步设计和施工图设计的时间非常有限,设计单位往往采用设计通用图方式简化设计,以压缩设计工作量,造成部分隧道工程设计缺乏针对性,个别工程措施操作性差,特别是洞口工程设计问题相对较多。

(5)隧道工程施工理念过于僵化,方法单一,风险预控能力弱

目前隧道施工理念过分强调安全步距,突出初期支护仰拱及拱墙衬砌距离掌子面距离控制,加上大断面软弱围岩的开挖工法过于繁琐,施工空间难以布置大型机械设备,限制了机械化施工,施工工效较低。目前防范隧道施工风险的措施与方法较为单一,存在对超前地质预报和监控量测工作重视不够、信息传递不及时等问题,致使建设管理的风险预控能力偏弱。

(6)建设管理程序繁杂,管理效率低

铁路工程建设管理程序相对繁琐,特别是变更设计、合同外费用补偿及概算梳理方面,不但工作程序繁琐,而且部分项目持续时间过长,个别甚至达几年时间之久,造成建设管理的执行力衰减严重。在建设管理中,部分管理者过多地强调了投资控制,对工期、安全、质量和环水保等控制指标的关注力度不够,采取的管理措施不力,实际管理效果不佳,给后期正常运营增添了诸多难题,加大了项目全寿命周期成本。

12.2　蒙华铁路工程建设管理特点

蒙华铁路作为国家"十二五"规划纲要中的重大交通基础设施,是深化铁路领域改革、拓宽铁路投融资渠道的示范性工程,是我国"北煤南运"铁路新通道。

蒙华铁路北起浩勒报吉南站,南至京九铁路吉安站,全长1814.5km,共跨7省区17市。蒙华铁路设计标准为国铁Ⅰ级重载铁路,设计时速120km,规划输送能力2亿t/年以上。建设总工期5年,2019年开通运营。

蒙华公司由16家股东发起成立,属于混合制企业,管理机构为公司总部,下设4个指挥部。蒙华公司从项目立项、可行性研究、初步设计、施工图设计、施工、验收、生产运营和投资经营等方面实行全过程、全方位管理。

为改进当前建设管理中面临的主要问题,蒙华公司以"建设期+运营期"综合成本和效益为目标,充分发挥参建各方的优势,创新建设管理思路,推出系列管理措施,形成了完整的全过程投资管控链。

12.2.1 树立严谨务实理念，规范工程建设管理

蒙华公司在成立之初就注重业主在项目建设管理中的主导作用，为使得设计、施工、监理和科研单位各司其职、责权分明，出台了《蒙华公司煤运通道项目建设管理规定》，从参建各方的基本管理、质量管理、安全管理、技术管理、征地拆迁、建设协调、验工计价和计划统计管理等方面对参建各方的权利、责任、工作程序及要求进行了系统规定，并积极推行"依法合规、遵守合同、实事求是、诚信协商、实现共赢"的建设管理理念，坚持实事求是的工作态度，倡导务实高效的工作作风。每一项重大决策均建立在"充分的专家论证、细致的现场调研、广泛征求参建各方意见"的基础之上，一旦决策通过，就采取强有力措施，确保其快速执行到位，大大加快了建设管理的效率。

12.2.2 实行单价合同，合理设置工程量清单子目

(1) 蒙华铁路打破了传统的总价承包、费用包干的合同模式，采用单价承包合同模式，实行量价分离，价格风险由承包商承担，工程量风险由蒙华公司承担，对相关合同价款的调整进行了详细约定，实现了建设投资风险共担机制。

(2) 单价承包合同模式改变了以往总价承包合同中1%~2%的总承包风险包干费的方式，取消了一些不合理的价格调整规定。

(3) 结合铁路工程专业的特点，对现场铁路行业工程量清单进行了研究分析和细化，除铁路工程量清单计价指南规定的计量清单项目外，本项目对部分实际过程中变化较大的清单项目(如隧道开挖、隧道支护、监控量测、制架梁、桥面系、特殊大桥的施工辅助设施、大临设施等)进行了细分；同时合同约定了工程量计量清单项目在实施过程中遵守合同，以公平、公正为前提，对部分清单项目以协商方式对项目清单的细化和合并，合理确定计量项目工程价格。

12.2.3 倡导方案优化，落实优化激励

针对蒙华铁路工程的特点，为了确保设计方案科学合理，增强其可操作性和经济合理性，鼓励参建各方积极进行方案优化。对所有开工工点均在施工前开展施工图现场核对，对于现场核对中暴露出的问题进行优化设计。在确保施工安全和满足结构使用功能的前提下，由蒙华公司牵头，在隧道初期支护设置钢架段落全面取消了系统锚杆，初期支护全面推行格栅钢架，优化了二次衬砌仰拱填充结构，并对隧道监控量测方案进行了系统优化。这些优化在确保施工安全前提下，大大方便了隧道施工，提高了作业效率，且节约了建设投资。对优化后节约建设投资的项目，蒙华公司给予承包商节约投资额10%的奖励。

12.2.4 推行阳光分包，规范劳务用工管理

蒙华公司自项目招投标阶段就明确允许承包单位依法、合规地进行分包，要求承包单位遵

循"阳光操作、价格合理和规范管理"的原则开展分包工作,鼓励开展采取多种用工模式,要求将项目分包方案及其实施细则报建设指挥部审核备案。蒙华公司要求承包单位必须制订相应管理机构和配套的管理办法,关注分包队伍是否有类似工程的施工经验,注重相关业绩的审核,确保选择到施工水平较高的专业化作业队伍。

全面推行阳光分包,解决了困扰建设市场的分包管理难题,使承包单位无须再纠结工程分包的项目及方式。承包单位制定针对性的管理制度,明确操作层的质量和安全责任,将分包队伍真正纳入项目自控体系,严管善待,以实现双赢的目的。

12.2.5　规范软弱破碎围岩隧道施工理念,强化风险预控

(1)软弱破碎围岩隧道施工推行"一加强(加强监控量测)、两紧跟(钢架紧贴掌子面、初期支护成环紧跟下台阶)、三超前(超前预报、超前加固、超前支护)、四到位(工法选择到位、支护措施到位、快速封闭到位、衬砌质量到位)"的施工理念。

(2)为提高施工作业效率,软弱破碎围岩通过超前支护和掌子面前方的超前加固等措施,条件允许时优先采用全断面法开挖,其次采用两台阶法、三台阶法开挖,原则上不提倡采用双侧壁导坑法和 CD 法等复杂工法。

(3)为确保施工安全,施工过程中严格落实初期支护钢架紧贴掌子面,初期支护仰拱成环紧跟下台阶,初期支护成环距上台阶掌子面极限距离按三台阶 2 倍洞径和两台阶 1 倍洞径进行控制。通过系列措施的落实,对控制隧道变形和防止塌方事故发生起到了很好的效果。

(4)蒙华公司通过建立隧道监控量测信息化平台,实行量测数据实时上传、分析和预警机制,方便指导施工。

12.2.6　推行钢构件工厂化加工和机械化施工,确保施工质量达标

工程所需的桩基钢筋笼、初期支护钢架、网片、管棚和小导管等钢构件推行工厂化集中加工,各加工厂配备多功能焊网机、液压冷弯机、数控弯箍机、液压联合冲剪机及钢筋笼滚焊机等设备,严格按设计要求落实加工工艺标准,实行集中加工,统一配送,便于控制质量,更有效地减低材料消耗。

为确保喷射混凝土质量,改善洞内作业环境,所有喷射混凝土必须采用湿喷机械手作业,且要求湿喷机械手喷射量不小于 $15m^3/h$。为提高二次衬砌仰拱混凝土的整体性,提倡长段落施作,推广自行式仰拱长栈桥使用,一次施作长度不小于 24m。为解决隧道衬砌混凝土养护问题,推行自制喷淋台架和雾炮养护设备,解决混凝土养护工程中的保湿问题。为提高水沟电缆槽施工作业效率,减少作业人员投入,推行沟槽一体机施工设备,大大提高了作业效率。

12.2.7　推行班组长工程质量责任制,落实终端责任

为落实质量的终端责任,通过明确关键工序班组长及其质量责任,规范管理,将技术、质量、作业标准落实到具体作业层面,确保蒙华铁路工程建设质量。

以"依法合规、责任清晰、突出重点"为基本原则,采取签订质量责任书和承诺书,建立完善作业层管理制度,建立责任追究制度,完善分包合同等措施,加强关键工序各重要环节的管控,强化作业层管理(质量管理的薄弱环节),确保质量责任的落实。推行"新三检制",即班组长自检,技术员复检,质检员专检;落实施工单位的质量主体责任,实现工程质量责任的"管、干"分离。

为及时掌握班组长工程质量责任制的开展情况及了解基层的真实需求,健全沟通协调机制,各指挥部、项目经理部和工区分别建立班组长联系机制,以便及时解决相关难题,务实有序加快推进相关工作。

12.2.8　开展技术、质量分级管理,提升项目管控能力

为了进一步突出工程质量主体责任,充分发挥施工单位现场管理优势,最大限度提高效率,激发施工单位自控、自律和诚信度,根据施工单位各工区的实际管控能力,蒙华公司对现场技术和工程质量进行分级管理,管理等级设定为 A 级、AA 级和 AAA 级三个等级,分别进行相应授权,由各施工单位自己开展变更设计和工程质量自检验收工作。

施工单位将相关工作的开展情况(资料及现场图片),及时上传专项信息沟通群(微信群和 QQ 群),指挥部和设计、监理等单位相关人员根据施工单位上传信息进行指导、帮扶和纠偏,并按照要求对施工单位进行巡查和考核。

各施工单位根据技术、质量分级管理指导意见,编制了各标段的技术、质量分级管理实施方案和相关管理制度,明确了技术、质量分级管理机构和职责,制定了相关技术、质量分级管理阶段目标。通过不断完善技术和质量的体系建设,目标是使各施工单位的项目经理部和工区具备"四种能力",即施工组织的自主能力、技术管理的自立能力、质量管理的自控能力和过程管理的自律能力。通过全面实施分级管理制度,充分调动了施工单位的积极性,大大提高了建设管理的效率,有力地提升了现场施工作业效率。

12.2.9　推行诚信单位评选,提高建设管理工作的效率

为建立工程建设诚信机制,引导各参建单位建立健全自控体系,业主授予诚信的施工单位更多的自主权(质量管理、变更设计和验工计价等方面),减少业主、设计和监理的工作量,简化工作程序,以提高工作效率。被评为诚信单位的标段将享有诸多优惠政策,获得建设管理方面的更多授权,如工程质量免检、给予变更设计相关授权、验工计价和工程款拨付的优惠政策等,引导参建单位大力提升自身的管控能力,自觉履行主体责任,以促进建设管理工作整体效率的提升。

12.2.10　强化合同管理,倡导"以合理的单价,购买合格产品或服务"

蒙华公司在承发包合同和建设管理中重点突出承包方的主体责任,强调"以合理的价格购买合格的产品、以合理的费用购买优质的服务"的管理方针。

在合理确定承包单价的基础上,取消了总价承包合同中 2‰~3‰ 建筑安装工程保险费

用,发生合同约定的工程保险事项时,由建设单位承担相关费用;取消总价承包合同中5‰的激励约束考核费用,在合同外设立合同总额1.5‰履约考核费用,制定工程优化激励措施,体现了"以合理的单价,购买合格产品或服务"的投资管理思想。

12.3 技术与工程质量分级管理

为进一步突出工程质量主体责任,充分发挥施工单位现场管理优势,最大限度提高管理效率,激发施工单位自控、自律和诚信度,根据各施工标段实际管控能力,对现场技术和工程质量进行了分级管理。

12.3.1 技术分级管理

1) 等级设定

以工区为单元,现场技术管理等级由低到高设定为 A 级、AA 级、AAA 级,各等级具体规定内容详见表12-1。

技术分级管理等级设定　　　　　表12-1

项　目	等　级		
	A 级	AA 级	AAA 级
前期提出的变更方案	基本合理	基本合理	合理
变更方案和专项施工方案的实施	严格执行	严格执行	严格执行
增减工程量和费用计算	基本准确	准确	准确
施工技术交底	各级交底针对性一般	各级交底针对性较强	各级交底针对性强
施工技术人员配备	有一定责任心,数量基本满足需要,业务素质一般	有较强责任心,数量满足需要,业务素质较高	有强烈责任心,数量满足需要,业务素质高
技术管理责任制	基本健全	健全	清晰健全
技术自控体系	基本完备	完备,有效运转	完备,高效运转

2) 等级核定

等级核定时按由低到高的次序逐级申报,首次申报限定 A 级。

项目经理部在申报前应按照等级评定条件组织所属各工区进行自评,自评合格后向建设指挥部申报等级评定。

建设指挥部成立技术管理等级核定小组,由指挥长、总工程师、分管质量副指挥长及工程技术部、质量安全部、合同部部长,施工标段设计单位指挥长或总工程师,监理单位总监理工程师或总监代表,其他标段施工单位总工程师1人、质量总监1人共同组成。

核定时,由项目经理部经理、总工程师、质量总监及申报工区经理和技术、质量负责人到场,对自身核定情况及获得授权后的管理措施进行说明,接受问询,核定组抽查资料和工程实体。申报工区不满足升级要求时,技术管理仍执行原规定(蒙华工技〔2015〕66号)。等级核定工作原则上每3个月组织一次。

有下列情况之一时立即降级:
(1)工程变更弄虚作假的。
(2)技术原因造成质量安全事故的。
(3)未能有效履行工程变更职能的(如手续不齐全、未批先干等)。
(4)未按变更方案施工的。

情节严重时,直接取消等级。

技术管理等级批准通知单、技术管理降级通知单经指挥长办公会研究通过后,由指挥长签发。

3)施工单位自行确定方案的项目及相关要求

技术项目方案可参照表12-2所列项目及标准,由施工单位结合具体现场情况自行拟定。

施工单位自行确定方案的项目   表12-2

等级	A级	AA级	AAA级
项目内容	(1)格栅钢架节段长度变化; (2)开挖工法变化(CD、CRD等特殊工法除外)	同A级	同A级
	连续变化长度不大于25m的下列项目: (1)同一围岩级别初期支护参数变化; (2)相邻围岩级别变化; (3)超前小导管方案变化; (4)超前大管棚变小导管	连续变化长度不大于50m的下列项目: 项目同A级	连续变化长度不大于100m的下列项目: 项目同A级
	增减费用5万元以内的下列隧道、桥涵、路基项目: (1)洞口边仰坡加固及防护方案变化; (2)涵洞角度、高程调整或移位; (3)涵洞外改沟、顺路、顺渠、铺砌调整; (4)基坑防护措施变化; (5)井点降水措施变化; (6)涵洞基底换填深度变化; (7)加长桩长、降低承台高程; (8)乡村道路改移、一般沟渠的改移; (9)浆砌坡面、坡脚防护、绿化工程长度及范围变化; (10)排水设施变化; (11)强夯、重型碾压和冲击碾压相互变化; (12)路基局部换填处理; (13)隧道非相邻围岩级别变化	增减费用15万元以内的下列隧道、桥涵、路基项目: 项目同A级	增减费用30万元以内的下列隧道、桥涵、路基项目: 项目同A级

技术方案拟定时应遵循以下相关要求:
(1)施工单位自行确定方案的项目,应履行项目经理部内部的会勘和审批程序。

(2)项目经理部总工程师负责组织会勘和批准方案。自行确定方案的会勘工作由项目经理部总工程师组织,部分项目可委托工区总工程师组织,变更方案由项目经理部总工程师批准。

(3)确需出具结构设计图的,上报建设指挥部,由建设指挥部协调设计单位出图。

(4)自行确定方案经项目经理部总工程师批准后,重新进行技术交底后即可组织现场实施。

(5)如有结构受力检算无法确认时,应邀请设计单位参加会勘,帮助项目确定变更方案。

(6)建设指挥部对技术分级管理执行情况进行抽查,掌握现场实施情况,发现问题及时纠正和处理。

4)授权项目变更设计流程

(1)当现场施工情况与设计不符时,首先判定变更授权等级,在变更授权等级范围内的,由工区总工程师及时组织相关人员进行现场初步查勘,达成一致意向后,编制"变更设计提议书";并经工区总工程师组织现场会勘,同步形成会勘记录,上报项目经理部总工程师。

(2)根据施工单位内部分工,属项目经理部总工程师组织现场会勘的项目,项目经理部总工程师在 12h 之内组织项目相关人员进行现场会勘,形成"变更设计会勘记录"并签字。重大变更设计由项目经理组织召开研讨会,形成会议纪要,如无法确认时应将《变更设计提议书》上报设计单位审核确认。

(3)项目经理部工程部根据签认的"变更设计会勘记录"及时编写"变更设计通知单",经项目经理部总工程师批准下发工区,同时报送建设、设计、监理单位。

(4)延续项目变更设计:如遇隧道围岩、支护参数等延续变更项目且长度超过一定长度(连续变更长度 A 级超过 25m、AA 级超过 50m、AAA 级超过 100m),项目经理部根据工区上报资料,上报建设指挥部,建设指挥部可委托监理单位组织施工单位会勘,形成延续变更确认单,下一段连续变化在授权长度内时,施工单位自行确定方案。多次变更累计长度超过一定长度(连续变更长度超过 50m,或多次变更的累计长度超过 100m)范围的,建设指挥部派人现场检查。

具体项目变更设计流程如图 12-1 所示。

5)施工单位职责分工

项目经理部和工区根据分工要求各负其责,具体分工如下:

(1)项目经理部

①项目经理全面负责本标段变更设计工作,全面掌握变更设计进展情况,协调各方面关系等,根据管理办法对项目经理部本级及工区审批考核并兑现。

②总工程师负责本项目变更设计直接领导工作,审定本标段变更设计项目、变更设计工作计划,督促相关部门和工区落实,解决实施过程中遇到的困难和问题,根据管理办法对项目经理部本级及工区考核并提出兑现建议。

③工程管理部部长负责组织和参加业主、设计、监理现场会勘,协调项目经理部和工区之间的关系,督促工区收集变更设计原始资料和支撑材料,对变更设计上报资料的质量把关,协助工区督促业主及时审批变更设计和下发变更设计图纸,负责涉及工程量方面的签认等。

④专业工程师(含资料员)对工区上报变更设计按专业及时进行审核,统一编号后上报建设单位,同时完善工区网上上报变更设计流程后上报建设单位专业工程师。参加建设单位组

织的现场会勘,会勘后督促工区及时编写会勘记录并完善签字手续。建立技术问题库。督促工区建立变更设计台账并及时更新,督促工区及时完善组卷手续。每月月底打印纸质版并存档。

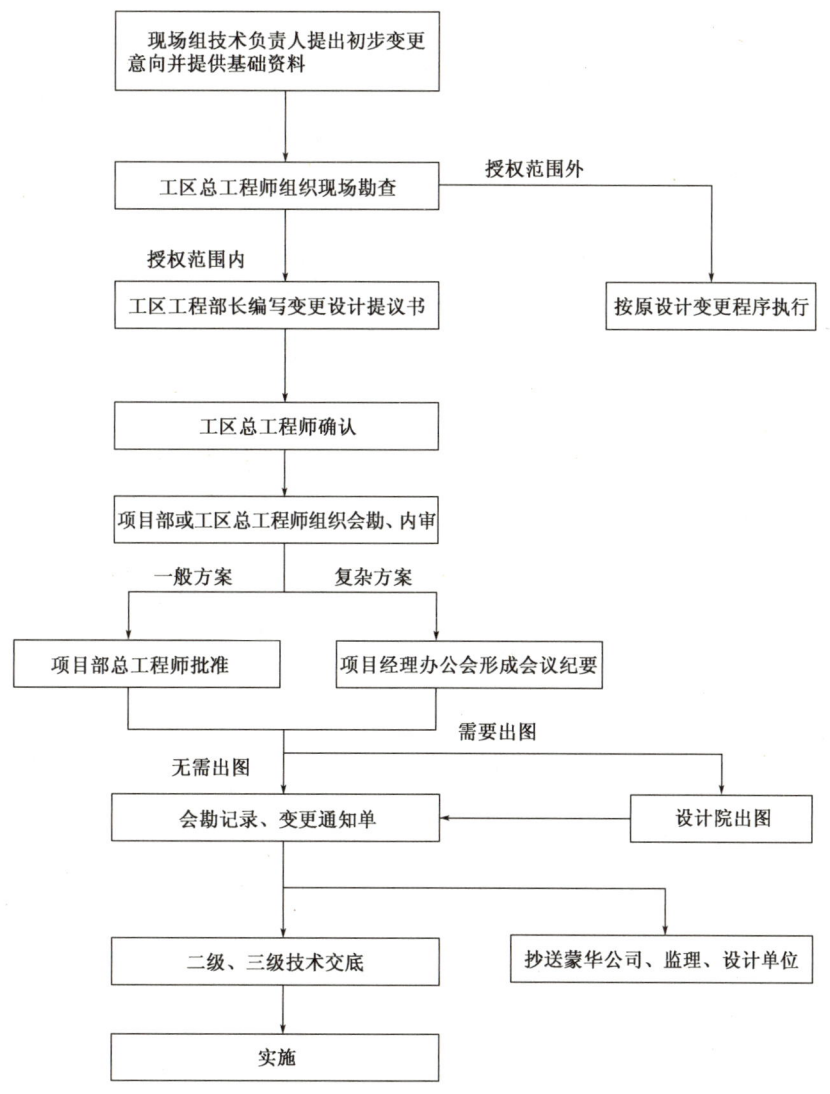

图 12-1　授权项目变更设计流程图

⑤计划合同部负责审核工区上报的变更设计组卷中"变更设计计量计费增减对照表"的相关内容。

(2)工区

①根据现场实际情况及时向项目经理部工程管理部专业工程师提交纸质版和电子版变更设计提议书,提议书按照相关要求的字体、字号、间距等填写,同时完善相关附件(附件需包括文字描述,理由必须正当充分;简图必须按照设计比例标准、格式来绘制;图示要清晰、全面。所有支撑资料要准确、及时,如超前地质预报资料、地质素描、监控量测和相关照片等),上述

资料必须经工区总工程师审核后方可上报。

②项目经理部专业工程师审核完成后,工区负责将纸质版资料(附相关附件)经项目经理部总工程师签字、综合办公室盖章后报蒙陕指挥部工程技术部专业工程师,工区同时负责将变更设计提议书通过网上流程送至项目经理部总工程师。

③工区接到项目经理部工程管理部会勘通知后,做好准备工作(包括现场和图纸资料等),由工区总工程师、现场管理组组长、现场技术负责人参加,重大变更工区经理必须在场。

④工区总工程师必须参加会勘会议,并组织委托项目的现场会勘,并负责会勘记录的编写和设计、监理、业主单位的签字工作。

⑤会勘记录形成后,工区负责完善"变更设计工程数量计算单""变更设计计量计费增减对照表"等,完成后及时报项目经理部工程管理部专业工程师和计划合同部审核,审核后报业主的工程技术部和计划合同部签认。待指挥部签发"变更设计计量计费确认书"后,工区及时对变更设计进行组卷并上报业主的工程技术部专业工程师和计划合同部。

⑥工区负责与变更设计相关人员(包括设计、监理、业主等单位)联系,并负责安排相关人员的接送等。

⑦工区按专业建立变更设计台账并及时更新,每月月底将电子表格上报项目经理部工程管理部各专业工程师。

6)工作标准

①工区必须认真研究合同和"工程量清单计价表",详细了解哪些项目不计价,哪些项目是总价包干,工区工程部和计划财务部等部门要加强联系,确保变更设计科学合理。

②工区必须对变更设计进行可行性研究,充分考虑质量、安全、进度、施工难易程度、效益等。

③工区上报资料必须严谨,因变更资料不及时、不符合要求、不真实等而影响现场施工等不良后果由工区自行承担相关损失。

④工区要第一时间搜集经现场监理签认的原始资料,为变更设计提供强有力的支持。

⑤项目经理部要统筹考虑工区的共性问题和个性问题,加强和业主、监理、设计、其他标段等单位的联系,为变更设计创造一个良好的环境。

⑥工区根据项目经理部下发的"变更设计通知单",重新进行技术交底,并要求严格按照变更后的技术交底施工。

⑦工区收到项目经理部下发的"变更设计方案通知单"后,14日内将"变更设计提议书""变更设计会勘记录""变更设计延续确认单"变更图纸、《变更设计工程数量计算单》《变更设计计量计费增减对照表》图片等资料归集并上报建设单位。

⑧"变更设计方案通知单"下发后,同时书面下发项目经理部相关部门(质量管理部、计划合同部、安全环保部、中心试验室)。

7)责任追究及奖罚措施

本着鼓励工区及作业队应用新技术、新工艺,更好地优化完善设计方案,并在提高标准或不降低原设计标准的前提下,减少工程量,缩短工期,节约投资,少占耕地,确保工程质量及安全,项目经理部制定奖惩制度,每月召开一次变更设计审查会,对变更设计情况进行严格审查、及时进行责任追究及奖励。

12.3.2 工程质量分级管理

1）等级设定

以工区为单元,根据施工单位质量自控能力、质量管理责任制、人员责任心、质检人员素质与数量等情况,现场质量管理等级设定为 A 级、AA 级、AAA 级,见表 12-3。

工程质量分级管理等级　　　　　　　表 12-3

项目	等级		
	A 级	AA 级	AAA 级
自控能力	具备对基础管理工作、简单工艺操作、专项方案审批、工程措施制定的自控能力	具备对过程控制、原材料和半成品质量的自控能力	具备对关键工序和环节、实体质量的自控能力
质量管理责任制	基本健全	健全	清晰健全
人员责任心	具有一定责任心	具有较强责任心	具有强烈责任心
质检人员素质与数量	基本满足需要	满足需要	满足需要

2）等级核定及相关要求

（1）等级核定

质量管理等级采用逐级申报方式,首次申报为 A 级,申报周期为 3 个月。

当技术管理等级申报成功后方可申报相应等级的质量管理等级。项目经理部在申报前应按照等级评定条件组织所属各工区进行自评,自评合格后向建设指挥部申报等级评定。

建设指挥部成立质量管理等级核定小组,由指挥长、总工程师、分管质量副指挥长及质量安全部、工程技术部部长、施工标段设计单位指挥长或总工程师、监理单位总监理工程师或总监代表、专业组长（本标段）、施工单位（外标段）质量总监、总工程师各 1 人共同组成。

施工单位项目经理、质量总监、工区经理、工区质量负责人参加指挥部组织的现场验收,项目经理部和工区分别对自身评定情况及获得授权后的管理措施进行说明,接受问询、内业资料和工程实体抽查。

有下列情况之一时给予降级处理：

①在本核定周期内因工程质量问题累计 2 张红牌的降一级。

②发生停工整顿及以上质量问题处罚的降一级。

③发现工程质量弄虚作假行为的直接取消等级。

工程质量管理等级核定与降级处理经指挥长办公会通过后分别下发通知单。

（2）相关要求

①在授权范围内,施工单位在自检合格后可直接进入下道工序,并及时通报监理工程师。

②在实行质量分级管理过程中,施工单位必须严格落实"三检"制,现场记录具有可追溯性。

③监理项目经理部必须建立监理工程师巡视制度,监理工程师应主动加强巡视,及时处理现场质量问题。

④指挥部不定期对质量分级管理执行情况进行抽查,掌握现场实施情况,发现问题及时纠正和处理。

3)施工单位分级质量管理责任

(1)项目经理质量职责

项目经理是质量管理的第一责任人,对项目的工程质量管理负全面责任,对管段内工程质量负领导责任,指导项目贯彻执行工程质量法规、条例和业主各项规章制度,组织制订和执行工程质量管理办法,全面领导标段内质量分级管理工作,对项目质量回访、保修负责。

(2)常务副经理质量职责

协助项目经理全面抓好管段质量管理工作,协调资源合理配置,督促、指导各项规章制度、管理办法实施,对现场存在质量问题解决给予指导意见,全面领导标段内质量分级管理工作。

(3)质量总监质量职责

①对项目的工程质量管理负主要责任。

②贯彻执行国家关于工程质量方面的法律、法规、方针政策,上级有关决定以及集团公司规章制度。

③主持制订并建立健全质量责任制及工程质量生产规章制度,组织制订和执行工程质量管理办法。

④每月召开一次质量分析会议,分析工程质量情况,针对存在的问题,提出整改措施,及时消除工程质量事故隐患。

⑤如实报告工程质量事故,按"四不放过"的原则,组织内部事故调查和处理,督促业务部门及时、准确填报事故统计报表、资料。

⑥对项目质量回访、保修负责。

⑦负责质量信誉评价的策化,组织工作。

(4)总工程师质量职责

①在项目经理的领导下,认真贯彻执行国家、铁路总公司质量法规和政策及本合同段技术标准和蒙华公司的质量方针,组织制订确保本标段质量目标的技术措施。

②加强施工过程的控制,对因技术管理原因造成的工程质量重大、大事故负责。

③监督检查集团公司质量管理体系文件的运行,不断强化和更新质量监测及控制方法,主持对有疑问产品的评审和处理。

④加强技术文件和资料的管理。制订和实施纠正措施和预防措施,严把"图纸、测量、试验"关。

⑤主持编制项目工程实施性施工组织设计,制订确保本标段质量创优的技术保证措施。

⑥组织推广和应用"四新"技术,主持关键工序的人员培训,编写有关成果报告和施工技术总结。

(5)安全总监质量职责

①贯彻执行国家关于工程质量方面的法律、法规、方针政策,上级有关决定以及集团公司

规章制度。

②参与质量分析会议,参与对质量事故的调查处理。

③对施工现场可能造成安全风险的质量缺陷或者质量隐患有权进行直接处罚。

④参与质量问题造成的事故应急救援。

⑤参与质量信誉评价的策化、组织工作。

(6) 工程管理部质量职责

①对施工质量负相应的施工技术责任。

②负责编制项目施工组织设计、工艺设计、工程试验等,参与施工技术方面的质量教育工作,并对特殊过程和关键工序的操作人员进行岗前技术培训。

③负责制定项目质量预防措施、施工方案,并组织交底和实施。

④审查批准各专业工程施工技术方案的质量保证措施是否满足工程质量标准要求,检查施工技术质量措施的实施情况,抓好重难点工程、技术复杂工程和关键工序的质量控制工作;及时解决和处理施工现场上出现的各种质量隐患,参加质量检查和质量事故的调查处理。

(7) 物资设备部质量职责

①负责工程物资、工程设备的购置计划、招标、采购、供应、保管、标识等管理工作。

②保证采购的物资质量符合工程所需的标准,对所供应的物资质量负责。

③审核供应商的资质及质量保证能力。

④检查指导进场物资按有关规定进行检验和试验。

⑤组织因物资质量原因问题而造成的工程质量事故的调查处理。

(8) 中心试验室质量职责

①在质量总监的领导下,对分级管理要求的工程实体质量负试验、检验、监督责任。

②负责施工过程中所需试验仪器设备的购置,购置仪器设备时要注意性能的先进性和质量的可靠性。

③负责建立、健全各种检验、试验及其他管理台账。

④负责施工工地各种原材料的检验、试验工作。

⑤负责工程实体质量、成品、半成品的检验、鉴定工作。

⑥负责试验设备的使用、管理、更换。

⑦负责施工现场试验工作的检查、监督、指导。

(9) 质量管理部质量职责

①质量管理部是工程质量管理的归口部门,负责全标段内工程质量管理的检查、监督和指导工作。

②制定项目经理部的质量管理办法和制度,建立健全工程质量保证体系。

③传达贯彻工程建设质量的法律法规和上级有关工程质量的文件精神。

④检查、监督和指导各参建工区的质量管理工作,按照工程技术部门制定的创优规划,组织开展工程创优活动,组织工程质量大检查和评比工作。

⑤组织或参与对工程质量事故的调查处理;负责组织施工质量教育,并对特殊过程和关键工序的操作人员进行岗前质量培训。

⑥落实班组长工程质量责任制,并对工区落实情况进行考核。

⑦具体负责质量分级管理日常管理工作。

(10)财务部质量职责

①负责质量专项用款,建立用款台账,保证专款专用,充分保证资金的合理性。

②参与物资设备的计划、选型、招标、采购的质量性能;参与工程试验设备、工程物资、工程设备的招标、质量控制工作。

③负责工程质量优质优价工作。工程质量不合格工程拒绝拨款计价。

④确保班组长考核奖励基金按时如数发放。

⑤及时扣除或发放项目经理部对工区的质量隐患罚款。拨付质量分级管理考核奖励基金。

(11)工区经理质量职责

①工区经理是工区工程质量管理的第一责任人。

②贯彻执行有关工程质量方面的法律、法规、方针政策、蒙华公司管理规定及公司管理制度。

③履行合同约定义务,组织制订和执行质量管理自控体系及相关质量管理制度。

④监督各职能部门履行质量责任,督促做好本工区工程质量的管理、检查和指导工作。

⑤如实报告工程质量事故,按照"四不放过"的原则,组织内部事故调查和处理,督促业务部门及时、准确填报质量事故统计报表、资料。

⑥全面负责质量信用评价工作和各级质量检查及其他质量活动。

⑦对工区质量分级管理申报工作、分级管理实施过程负责。

4)质量分级管理实施

(1)实施方式

工区是质量分级管理的主体,工序验收分三级验收制,即班组长验收—现场技术员验收—专职质检员验收(合格后电话或短信告知监理工程师)—同意下道工序施工。工区级质检系统负责指导、监督现场自检体系的正常运作,对发现的问题及时提出措施整改。项目经理部级质检系统负责加强巡视,对工区分级体系运作进行检查、监督。

(2)工作开展具体要求

①质量管理等级核定主要检查内容分实体质量、现场管控情况、工程质量体系运转情况。分内业资料和现场质量管控检查。

②项目经理部工程质量分级管理领导小组,每月对工区质量体系运转情况、质量分级管理授权范围工序施工质量进行不少于4次的检查,对检查出的问题下发工程质量问题整改通知单,并对各工区质量分级管理体系运转情况进行考核。

③工区质量分级管理领导小组,加强每天对工区管段内施工项目进行检查、监督,确保自检体系正常运行,发现问题立即整改。

④针对问题多发环节、重点工序,项目经理部及工区质量管理部要重点盯控,加强质量检查频次。特别是隧道仰拱基底处理,初期支护、衬砌空洞注浆;路基过渡段填筑;桥梁连续梁施工等环节。对不按照交底施工,质量卡控不严的严肃处理。

⑤工区按照工点工序责任划分,加强质检人员业务能力培训,增强质检人员的质量责任意识;严把原材料进场关检验关;加强对拌和站、钢构件厂专项检查力度,确保半成品质量;工区

质量分级管理实施小组,应对授权范围内的工序加强检查力度,每月对特定工序检查不少于10次。

5)质量分级管理考核

项目经理部所属工区质量分级管理等级被蒙陕指挥部做降级处理的,项目经理部对工区及相关责任人进行问责。工区在质量分级管理中好的做法及亮点被蒙陕指挥部表扬或推广的,项目经理部对相应工区及工区质量管理部进行奖励。工区在质量分级管理授权范围内,工点质检员在工序自检合格后,被项目经理部检查出质量问题或存在弄虚作假行为,项目经理部对工区及相关责任人进行问责。工区在质量分级管理授权范围内,工点质检员在工序自检合格后,被监理、业主检查出质量问题或存在弄虚作假行为,项目经理部对工区及相关责任人进行问责。

12.3.3　技术、质量分级管理实施效果

1)技术分级管理的实施效果

实施技术分级管理之后,将在授权范围之内的变更项目下移,项目经理部根据实际施工需求,及时组织项目经理部、工区等相关技术人员到现场会勘,在确保施工质量安全的前提下,优化施工方案,即定即实施,加快了变更程序,保证了施工总体进度。

根据揭露实际围岩情况,将青化砭2号隧道进口段格栅钢架间距由原设计1m调整为1.2m,优化支护参数,既节省了投资费用,又加快了隧道的开挖施工进度(掘进指标由73m/月提高到85m/月);在青化砭2号隧道含水段落,根据实际情况增设了环向盲管,避免以往要先打提议书、再会勘、再定方案、批复后才能实施的繁琐程序,既简化了程序又保证了工程质量。技术分级带给了施工单位很大的自主性,如青化砭2号隧道出口根据实际情况,在土石分界段落依据围岩自稳情况改变工法,将三台阶法改为两台阶法施工,优化了施工参数,既加快了进度,又确保了初期支护快速成环。

通过以上自主变更的开展可以看出,技术分级管理最大的好处是简化了变更设计流程,使我们有更多的人力和精力投入到施工现场,提高了施工工作效率;可及时组织会勘,确定变更方案,不耽误现场施工进度,大大缩短了现场问题处置的时间。自主变更之后,根据实际施工情况及时完善变更组卷工作,经项目经理部审核无误后,即可作为对下计价依据,保证了每月对下工程量计价款支付的及时性。

2)工程质量分级管理的实施效果

通过质量分级管理制度的实施,充分激发了施工单位施工管理自控、自律能力,从而提升施工单位在实际施工过程中的管控能力。在授权范围内,施工单位在自检合格后可直接进入下道工序,减少了施工过程中的工序申请、报检等环节,提高了工程施工进度和工作效率;质量分级管理制度极大提升了一线班组长、技术质量管理人员的责任心,通过现场对实行质量分级管理前后对比分析,一检合格率达到96%以上;分级管理制度可快速培养和提高施工单位管理人员的施工组织自主能力、质量管理自控能力和过程管控自律能力,促进了蒙华铁路项目建涉及质量管理水平。

通过推行工程质量分级管理制度,参建单位各司其职、按部就班,主动加压减少推诿扯皮,

让复杂的铁路建设变得简单化。质量分级管理举措践行了蒙华铁路"依法合规、遵守合同、实事求是、诚信协商、实现共赢"的项目建设管理思路,为其他铁路建设项目质量管理提供了借鉴及引路作用。

12.4　班组长工程质量责任制

作业层管理是质量自控体系管理的终端和关键环节,也是当前质量管理的薄弱环节。为完善施工单位质量自控体系,夯实质量管理基础,强化作业层管理,蒙华公司研究决定在蒙华铁路实行班组长工程质量责任制。

班组长是生产管理直接组织者和管理者,是施工中最基层的负责人,是直接控制作业面施工质量的责任人。班组管理是为了完成班组生产任务而必须做好的各项管理活动,充分发挥全班组人员主观能动性、生产积极性、团结协作、合理组织人力、物力,充分利用各方面信息,使班组生产均衡有效地进行,最终做到按质、按量、按期、安全地完成上级下达的各项生产计划指标。

12.4.1　班组长工程质量责任制的实施

1)总体规划思路

施工单位是工程质量管理的责任主体,在现场作业或带班作业的班组长是直接控制作业面施工质量的责任人。通过明确关键工序班组长及其质量责任,规范管理,将技术、质量、作业标准落实到作业层、作业面,确保蒙华铁路工程建设质量。

2)基本原则

(1)坚持依法合规原则。施工单位应根据国家有关法律法规,依法与分包单位签订分包合同,依据合同加强分包管理,完善质量自控体系,落实班组长工程质量责任制。

(2)坚持责任清晰原则。坚持"干活负干活的责任,管理负管理的责任",明晰作业层和管理层的质量责任。

(3)坚持突出重点原则。坚持严控实体工程关键工序质量,突出对重点环节的质量管理责任。

3)主要保障措施

(1)签订质量责任书

工程(工序)施工前,工区与班组长签订质量责任书。责任书应明确班组长的实名信息、质量责任。工程验工计价前,班组长、工区质量总监(或副经理)对拟计量工程(工序)签订工程质量承诺书,作为工程计量支付依据之一。

(2)建立完善作业层管理制度

施工单位要建立完善作业指导书、岗前培训考试、班前交底和作业过程检查验收、考核奖惩等作业层管理制度。

(3)建立责任追究制度

施工单位要建立健全工程施工质量问题责任追究制度,加强作业层过程质量自控。

(4)完善分包合同

施工单位要根据班组长质量责任和分包管理情况,依法合规、实事求是完善分包合同,加强质量管理,落实工程质量责任制。

4)落实班组长工程质量责任制关键环节

落实班组长工程质量责任制,施工单位项目经理部是责任主体,项目经理是第一责任人,工区是落实的关键。

落实班组长工程质量责任制包括但不限于以下关键环节:隧道工程包括开挖、支护、衬砌施作等;桥梁工程包括桩基成孔、钢筋加工安装、混凝土浇筑、预应力施工等;路基工程包括地基处理、高路堤、深路堑、过渡段、挡防护工程等。

施工单位应根据工程特点,建立关键工序清单,加强关键工序各重要环节的管控,确保质量责任落实。

施工单位应根据标段工程特点、用工组织方式和自身管理实际,制定具体实施办法和切实有效推进措施,确保班组长工程质量责任制落实到位。

5)具体实施步骤及制度要求

(1)班组长选配

①选定原则。

分包单位根据分包合同约定,结合关键工序划分情况,选定班组长数量要满足施工需求,班组长具有一定组织、协调、管理和业务能力。班组长不得兼任同步施工的单位工程,在一个单位工程内可兼任1~2个工序。原则上一个班组长管理30人以下。

②选定程序。

分包单位签订分包合同时,分包单位必须提供各工序班组长的相关信息。项目经理部计划合同部负责收集班组长的相关信息,项目经理部质量管理部负责班组长信息统计和建档。项目经理部负责《班组长质量责任书》的签订,项目经理部质量管理部负责建档工作。

③上岗要求。

班组长上岗时必须携带经项目经理部培训考试合格班的组长培训考核资格证、上岗证。

④人员变更。

项目经理部质量管理部将作业班组长纳入动态管理程序,如因工作终结或因合理原因更换时,分包单位应履行申报程序(变更班组长需签订本周期未计价施工内容的质量承诺书);若因工作不称职或造成其他损失被清退的班组长,应在名册中予以注明(并补充一名合格的班组长),作为对分包单位考核依据之一。

(2)班组长职责

①合理组织生产要素,发挥班组人员主观能动性、生产积极性,团结协作,实现均衡生产。

②定期召开班务会。对班组进行质量教育,帮助和指导班组搞好工程质量,不断提高班组全体人员的质量意识和操作技能。

③严格按照作业指导书、作业标准、技术交底组织施工。

④对施工工序内容进行自检,对存在的质量问题进行整改,并填写三检记录表,报请技术员进行检验。

⑤对本班组施工生产等情况及时向现场管理组(劳务队)报告。

⑥对作业指导书、作业标准、技术交底执行不到位或造成工序质量不合格的班组人员,进行批评教育,有权责令其改正或返工处理。对于拒不执行或屡教不改的班组人员,有权建议给予清退处理。

⑦对违反国家法律法规、不符合工程质量安全有关规定的指令,有权拒绝。

⑧对发生的突发质量问题(事故)及时上报,并配合调查处理。

⑨对班组施工的工程质量负直接责任。

(3)作业层管理制度

①作业指导书管理制度。包括各工序作业指导书的编制、审批,对班组长进行作业指导书的培训、考核等。工序作业指导书一旦批准后,不得随意变动。

②岗前培训考试制度。关键工序的班组长经过必要的教育、培训、考试,并具有相关技能和施工经验,确保班组长素质能够满足岗位需要。

培训对象主要包括隧道工程的开挖、支护、衬砌班组长,桥梁工程的桩基班组长,路基工程的地基处理、填筑碾压、挡防护、抗滑桩班组长。

培训考试是指由项目经理部工程管理部、质量管理部根据工程进展情况组织培训考试工作,主要内容包括:作业指导书、作业标准、技术交底、施工质量方面的管理要求等;所用设备的工艺流程、工艺参数、设备的性能、操作程序、施工技术要求等。

每次培训结束后,通过理论考试、现场操作考试,并经考试合格后方可上岗。对考试不能胜任班组长及时转岗或再培训,使班组长素质能够满足岗位需要。

质量管理部负责建立班组长培训考试台账,保存教育、培训的相关记录。

对培训考试合格的班组长,项目经理部颁发上岗证书,持证上岗。未经教育培训或考试不合格的人员,不得上岗作业。

③班前交底制度。作业前班组长对班组人员所从事的作业内容、注意事项进行交底,做好交底记录;并使班组全体作业人员了解、掌握工程技术参数、施工工艺、质量标准、安全要求、设备操作规程、材质要求等,做到心中有数,施工有据。

④作业过程检查与验收制度。班组长对班组人员的作业内容进行检查、指导、纠正、验收;自检合格后及时填写"三检记录表"并签认齐全,向技术员申请报验,履行三检制程序;及时对二级、三级自检、监理工程师验收存在的问题进行整改。未经二级、三级、监理工程师检查或检查不合格的工序一律不得进入下道工序施工。

⑤考核奖惩制度。对以上职责、制度的落实情况进行定期和不定期考核。

对"三检"制度落实较好,月度"一次报检合格率"达到90%以上的,每增加一个百分点给班组长一定数额的奖励。在项目经理部半年质量检查考核中评选出的优秀班组长进行重点奖励。对及时发现事故隐患避免等级事故发生的班组长,经工程质量责任制领导小组会议研究后给予对应奖励。项目经理部每年年底对评选出的先进班组长、优秀劳务队进行表彰奖励。获得国家铁路局、业主、监理、地方等上级单位会议表扬的,每次均给予班组长相应奖励。对达到蒙华公司免检单位工程的班组长给予特别奖励。

12.4.2 实施经验及效果

1）推行常态化教育培训，落实蒙华建设理念

为了提高班组长的质量安全意识，掌握应知、应会的岗位技能，项目经理部和工区分批次针对进场班组长进行不定期的岗位培训教育并考核打分。通过隧道口、桥墩旁现场讲解、组织内外部观摩警示会（图12-2）、会议室观看视频、工地播放小喇叭、发放宣传画册等多种形式，通过不断的"洗脑"，使班组长逐步摒弃掉旧观念和坏习惯，融入"蒙华理念"中。培养了一个步调一致，"讲诚信、守规矩、做规范"的班组长队伍。

2）合理调整分包单价，提高作业班组积极性

针对前期劳务队伍多次反映分包单价偏低，利润空间不足的问题，集团公司经济管理部部长带队进驻现场，与工程公司和项目经理部一道，对各工区劳务分包单价进行现场调研分析，确定合理的分包单价。

图12-2　项目班子现场培训讲课

针对集团公司经济管理部提出的合理调价范围，项目经理部组织各参建公司经济管理部在蒙华铁路7标项目经理部进一步明确了合理的分包单价，最终形成统一意见对隧道开挖、喷射混凝土等单价进行调整，共签订了补充协议16份，并通过加大奖罚力度的方式进一步提高了作业队伍的积极性。

3）严格工法、工艺，促进实体质量提升

项目质量管理部在日常的质量管理中，以技术交底、作业指导书和相关规范为准绳，"拉紧尺子"，"举起鞭子"，严格工法工艺和"质量安全红线"，通过巡查、夜查、蹲点写实发现问题、召开分析会寻找办法，开现场警示会臊面子，开罚款单丢里子等措施，使"操刀手"在施工操作中不敢"偷工减料"，不想"弄虚作假"。保证了工程实体质量优良可控。

4）服务保障到位，促进施工生产

强化技术方案的超前性，做好相关专项施工方案编制，及时完善报审程序。根据工程需要，适时开展变更设计工作，及时完善变更设计工作流程，落实定期计量和拨款，确保班组资金足额及时到位。

加强地材采购力度，落实车检制度，保证了"两量一价"制度的有效落地。根据需要及时增设湿喷机械手、自行式仰拱长栈桥和喷淋养护台架等设备，并配专人做好日常维护保养，确保相关机械设备的完好率。委托专人做好路地建设，及时化解矛盾，确保施工生产不受影响。

5）严格考核制度，落实激励机制

项目经理部积极参与蒙华公司蒙陕指挥部"干合格工程，争当优秀班组长"活动，扎实做

好每月的班组长考核工作,利用经济手段激发班组长"争先创优"的工作积极性,以"新三检制"中班组长一检合格率为基础,制订了专项奖罚制度。综合考虑三检记录表填报情况、是否按照交底和规范组织施工情况、各级检查通报情况、问题整改情况和管理层配合情况六个方面综合打分,通过月底质量检查考核,并推行班组长淘汰制,奖要奖的明白,罚也罚的服气。

6)班组诚信单位纳入诚信花名册,长期合作

通过班组长责任制活动,层层筛选、管控,选出"有信誉、有实力、服管理、能干活、出好活"的作业队伍。项目所有经招投标选定的分包队伍进场即纳入项目管理体系。对所有班组长建立诚信档案,随时掌握外部劳务动态,不定期召开班组长座谈会,了解班组长在施工过程中面临的问题和困难,及时解决,对表现优秀的班组纳入诚信花名册并向集团公司推荐,以便长期合作。

项目经理部自执行班组长工程质量责任制以来,施工管理人员的管理水平和作业班组的施工技能有了较大程度的提高,施工现场的质量更加可控。

实行班组长工程质量责任制有效发挥全班组人员对操作质量的主观能动性、生产积极性和质量责任心的提高,使以往的施工过程质量控制由被动控制变为自觉的主动控制。

12.5 小　　结

蒙华铁路建设成绩的取得不但是设计理念、施工技术的突破与创新的结果,也是工程建设管理不断探索和创新的成果。蒙华铁路在工程建设过程中,针对铁路工程建设管理目前存在的主要问题,结合蒙华铁路自身工程特点,在工程技术管理、质量管理及制度管理等方面进行了深入的探索和大胆的创新,取得了丰富的工程管理经验,引起了业内人士的广泛关注。

(1)铁路工程建设中存在着合同模式僵化、劳务管理不够透明度、机械化程度低、设计及施工理念陈旧和管理效率低下等问题,制约着铁路工程修建水平。

(2)蒙华铁路在工程建设中坚持务实与创新并重理念,实行单价合同、倡导方案优化、践行阳光分包、强化施工风险预控、推行构件工厂化加工和机械化施工、采取班组长工程质量责任制、实行技术与质量分级管理,形成了蒙华新型的铁路建设管理理念。

(3)通过实行技术分级管理,简化了变更程序,提高了施工工作效率,保证了施工总体进度;推行质量分级管理制度,激发了施工单位施工管理自控、自律能力,提高了蒙华铁路项目建设及质量安全管理水平。

(4)推行班组长工程质量责任制,强化了作业层管理,有效提高了工班组人员的质量责任心,使施工过程质量控制由被动控制变为主动控制。

第13章 总结与展望

蒙华铁路是国家"十二五"规划纲要中的重大交通基础设施,是世界上一次性建成最长的重载铁路,线路全长 1814.504km,设计标准高、穿越地层复杂、涉及的岩性种类多,沿线赋存多种不良地质和特殊地质,修建难度极大。

蒙华铁路蒙陕段线路正线长 493.729km,管段内隧道共 58 座,隧道正线总长 185.6km;其中 51 座隧道分布有黄土段落(约 148km),纯黄土隧道(包含土石界面隧道)有 16 座。蒙陕段沿线地质条件复杂,遇到的岩石种类繁多,从太古界到新生代均有出露。管段内不良地质有滑坡、错落和崩塌等,特殊岩土有黄土、砂层、软土等。

蒙陕段 MHTJ-7 标段黄土隧道具有地形复杂、穿越地层众多、洞口段地质条件复杂、浅埋偏压现象严重、土石分界段落长、黄土含水率高和深埋黄土变形大等特点,施工难度大。

13.1 蒙华铁路黄土隧道施工关键技术

蒙华铁路在黄土隧道施工中,按照"保护围岩、岩变我变"的设计与施工原则,遵循"一加强(加强监控量测)、两紧跟(钢架紧贴掌子面、初期支护成环紧跟下台阶)、三超前(超前预报、超前加固、超前支护)、四到位(工法选择到位、支护措施到位、快速封闭到位、衬砌质量到位)"施工理念,秉承"技术创新、设备创新、管理创新"的宗旨,积极开展开工前施工图现场核对和设计优化,适当加强初期支护,合理选择工艺工法,推行机械化施工,经过科研攻关和工程实践,最终形成了大跨黄土隧道施工关键技术体系。

1)零开挖进洞技术

隧道进出洞按照"早进晚出、保护环境"的原则,坚持"一洞一方案一研究"的工作方针,尽量维持原地貌,少刷坡或不刷坡,必要时适当接长明洞。按照"先加固、预支护、后开挖"的施工顺序,辅以加固坡脚、加强坡面防护和完善排水系统等综合措施,确保洞口段整体稳定。

2)少分部开挖技术

根据黄土的地质特征,本着"安全可靠、施作简便、快速封闭、减少扰动"的原则确定隧道开挖工法。合理选用超前预加固措施,采用三台阶法(包括三台阶预留核心土法和三台阶临时仰拱法)开挖,取消 CD 法、CRD 法或双侧壁导坑法等复杂工法,以便落实机械化施工,提高施工作业效率。

3)隧道结构优化设计技术

黄土隧道初期支护采用"格栅钢架+锁脚锚管+喷射混凝土+及时封闭成环"支护体系,不再设置系统锚杆。

一般黄土段洞内超前支护优先采用小导管。当富水黄土隧道处于软塑~流塑状态时,根据施工条件可选用超前帷幕注浆、袖阀管注浆、水泥土搅拌桩等加固措施对隧道掌子面及周圈地层进行预加固。

根据陕北地区隧道地下水水量有限的现状,为保证轨下结构整体性,隧道取消中心排水沟、深埋水沟、集水井、横向导水管,采用双侧水沟排水。取消二次衬砌纵向施工缝中埋式橡胶止水带+制品型遇水膨胀橡胶止水条,施工缝采用两层水泥基渗透结晶型防水涂料。

4)控变防塌技术

(1)设置大垫板

黄土及软岩地段上中台阶钢架拱脚分别设置大垫板(长50cm,宽30cm,厚度27mm)并铺设10cm厚砂垫层,大垫板材质可采用泡沫铝或混凝土预制块,下台阶墙脚设置纵向槽钢托梁。

(2)加强锁脚锚管

各拱脚处设置 2~4 根锁脚锚管,其中浅埋偏压、富水黄土、土石分界或量测数据异常段 4 根(2 组),下插角度 30°~45°,锁脚与钢架采用 L 形筋焊接。

(3)大变形段设置缓冲吸能装置(限阻器)

在深埋黄土初期支护结构大变形段,其特征是围岩压力以形变压力为主,为达到深埋黄土的初期支护结构变形"变而不塌",使用了能适当控制围岩应力释放、进行"抗放结合"的限制支护阻力的阻尼器,减小了支护结构受力,提高了初期支护结构安全性。

5)软土基底加固技术

黄土隧道基底处理综合考虑重载铁路列车荷载对基底的振动影响以及运营期间地下水对基底的影响。隧道洞身基底加固按照"先封闭、后加固"的原则实施,基底加固前初期支护仰拱预留加固孔洞。根据不同的地层特性,蒙陕段黄土隧道采用了水泥土挤密桩、旋喷桩、钢管桩和换填等基底处理技术。

(1)对于地下水位以上的湿陷性黄土及含水率小于24%的黄土、承载力不足的普通黄土、素填土等地基采用水泥土挤密桩加固。水泥土挤密桩直径 350~450mm,采用等边三角形或正方形布置,间距为桩径的 2~2.5 倍,并根据加固后检验效果及时调整。

(2)富水黄土、素填土、粉土、砂土、淤泥质土、碎石土等地基采用旋喷桩加固。旋喷桩桩径 500~700mm,旋喷桩间距及深度根据地质条件确定。

(3)土石界面、富水软土、黄土、素填土等地层采用钢管桩加固。钢管桩采用 $\phi 89$ 或 $\phi 108$ 钢花管,间距结合注浆压力、注浆扩散半径确定,钢管桩端头深入稳定、强度高的岩层不小于 0.5m。

(4)明挖段基底浅层软弱基础以及不均匀地基进行换填垫层处理。换填垫层厚度不大于 3m,具体根据换填软弱土层深度或下卧土层承载力确定。换填垫层宽度满足压力扩散要求,换填垫层材料采用级配碎石或 C15 混凝土等。

6）超前地质预报及信息化管理技术

隧道施工超前地质预报按照"简单地质条件从简判定、复杂地质条件由简入繁、特殊地质条件多手段验证"的原则开展工作。黄土隧道超前地质预报方法主要采用掌子面素描、地质调查和地表监测。超前地质预报工作强化洞内预报与地表地形地貌的调查相结合，避免了仅凭洞内预报的局限性。

超前地质预报和监控量测工作实施专业化，纳入工序管理。通过"监控量测数据通报"微信群和"隧道施工监测信息管理平台"，及时掌握相关信息，以便指导施工。

7）机械化施工技术

积极推进隧道施工机械化，联合中国铁建重工集团有限公司、徐州工程机械集团有限公司和中铁长安重工有限公司等设备生产厂家，进行湿喷机械手、自行式仰拱长栈桥、沟槽一体机、钢构件集中加工成套设备等隧道施工专业化机械设备的研发和推广，提高隧道机械化施工水平。

13.2 蒙华铁路黄土隧道建设主要成果

根据蒙华铁路黄土隧道建设经验，总结大跨黄土重载铁路隧道主要修建技术成果如下：

1）形成了黄土隧道的超前支护型式、支护结构、防排水及辅助坑道优化设计理念

（1）黄土隧道进洞的超前支护优先采用超前小导管支护方式，取消全部采用大管棚进口的超前支护方案。

（2）黄土隧道采用"格栅钢架 + 喷射混凝土 + 锁脚锚管"的初期支护体系代替了"钢拱架 + 喷射混凝土 + 系统锚杆"等多种组合形式。

（3）向上调整仰拱与填充的界面，二次衬砌仰拱上部浇筑成平面，提高了二次衬砌仰拱施工效率。

（4）优化确定了隧道防寒保温段落。

（5）双线隧道取消了中心水沟（管），保证了隧道轨下结构整体性；隧道纵向施工缝采用了涂刷 2 层水泥基渗透结晶型防水涂料防水；防水板依据地下水情况灵活设置。

（6）辅助坑道优先采用无轨运输双车道断面，支护结构采用喷锚支护，底部优先采用底板；洞口段、与正洞交叉口段、新黄土及大面积淋水地段优先采用复合式衬砌。

2）改进了大跨黄土隧道施工工艺

黄土隧道施工坚持"快挖、快支、快封闭"的原则，确定了黄土隧道以三台阶法（包含三台阶预留核心土法和三台阶临时仰拱法）为主的施工工法，通过合理设置台阶的长度和高度，实现初期支护的快速成环，有效控制隧道变形。

3）总结形成了黄土隧道洞口段施工关键技术

（1）黄土隧道洞口施工中，根据现场地形地貌和自然环境，以不刷坡或少刷坡，减少施工

扰动的原则,一洞一方案,采用注浆加固、回填反压、抗滑桩等措施提高边坡稳定性。

(2)采用先施作部分初期支护结构作为护拱的底模,再施作上部护拱结构,最后进行暗洞开挖掘进,形成零开挖进洞技术。

(3)对于洞口滑坡体,采取后缘清方减载、前缘抗滑桩支挡和回填反压等综合治理措施,从根本上消除了滑坡的诱因;在隧道覆盖层较薄时,利用水泥土搅拌桩对隧道穿越段土体进行加固,改善土体质量,确保施工安全。

4)提出了富水黄土隧道稳定性控制措施

(1)综合运用多种地层改良技术,即地表采用水泥土搅拌桩和袖阀管注浆等加固技术改善围岩力学指标,洞内采用高压旋喷桩隧底加固技术,提高黄土隧道基底承载能力,保证了施工和运营期隧道支护结构体系的安全性。

(2)灵活选取富水黄土隧道超前支护和预加固形式,在黄土整体性较好的地层采用超前小导管支护形式,在黄土含水率高、自稳能力差的地层采用帷幕注浆进行超前加固,确保了施工安全和洞室稳定性。

(3)鉴于黄土中孔隙水难以通过降水措施快速、有效排出,设置了临时排水系统,避免了施工中地下水浸泡拱脚、结构容易整体失稳等施工风险。

5)丰富了深埋黄土隧道大变形控制技术体系

(1)对围岩变形较大的深埋老黄土隧道,首次采用了可适度释放围岩应力的结构装置(限阻器),有效避免了初期支护结构受力过大而破坏的现象,确保了初期支护结构稳定。

(2)深埋黄土富水时应适度提高初期支护刚度,当初期支护成环前变形速率大、且无收敛迹象时,初期支护采用大刚度的型钢钢架或大截面格栅钢架(如 H230、H250、H280 和 H300 等)。

(3)富水深埋黄土隧道应加强临时排水,以降低水的弱化作用对初期支护变形的影响。

(4)及时进行隧道监控量测数据分析,初期支护成环后,若初期支护量测数据不收敛时,尽早施作仰拱填充及二次衬砌,必要时采取安装型钢套拱等加固措施。

6)形成了砂质黄土隧道施工关键技术

(1)针对砂质黄土隧道含水率较大的问题,采用超前深孔真空降水、真空轻型井点降水和重力式真空深井降水等多种降水技术,创造了良好的施工条件。

(2)根据不同的砂质黄土特征,灵活选用预加固措施,即粉细砂层采用超前水平旋喷桩预加固,深埋富水砂性黄土采用帷幕注浆加固,浅埋富水砂性黄土、浅埋冲沟软土层及浅埋富水土石分界段采用袖阀管注浆进行超前预加固。

(3)通过工程实践,形成了砂质黄土段隧道洞内降水、洞内水平旋喷预加固和帷幕注浆、地表袖阀管注浆土体改良、合理的施工参数等综合施工技术,有效地控制了隧道围岩变形。

7)丰富了土石分界隧道施工技术

(1)蒙陕段土石分界段落隧道拱部土层力学性质特殊,为具有一定的膨胀性的粉质黏土及黏质老黄土,采用了小导管超前支护、钢架间距加密的复合式衬砌支护结构形式。

(2)土石分界段地层下部岩体开挖时,采用了"多炮眼,少装药"的爆破设计原则,避免了超欠挖和对上部土体产生过大扰动。

(3)总结形成了土石分界段隧道的"导管要长、扰动要轻、周边要控、支护要快、锁脚要够、测量要勤、仰拱要紧跟"七项施工原则。

8) 形成了重载铁路隧底加固技术

(1) 蒙陕段黄土隧道基底岩土层复杂多变,主要有粉质黏土、黏质老黄土、砂质新黄土、以及砂岩夹泥岩地层等。

(2) 根据不同隧底地质特征,灵活选用了不同加固方式,即松软土(软土)层厚度大、富水、沉降控制难度大地段宜采用高压旋喷桩加固方法;位于水位线以上,天然含水率不大于24%,饱和度$S_r \leqslant 65\%$的湿陷性黄土,推荐采用水泥土挤密桩或水泥土搅拌桩加固方法,处理地基深度宜为3~15m;基底层厚小于6m的黄土、且邻近土石分界面的地段宜采用钢管桩加固方法;袖阀管注浆可用于浅埋或邻近土石界面地段基底及洞身的预加固。

(3) 参照相关规范,形成了高压旋喷桩等加固效果的桩身完整性、强度和复合地基承载力的质量检测方法。

9) 丰富、优化了黄土隧道监控量测和分级预警管理系统

(1) 制定并优化了黄土隧道施工中包括监测断面、监测项目、测点布设以及数据采集等内容的变形监测系统。

(2) 提出了黄土隧道位移管理基准和预警规则,建立了及时通信系统和分级管理制度,保证了施工安全。

(3) 揭示了大断面黄土隧道变形特征、洞内与洞外变形关系,以及施工环节与变形的关系。

10) 形成了单洞双线黄土隧道施工机械配套体系

(1) 蒙华铁路坚持机械化施工理念,积极研制和选用多种新型设备,即湿喷机械手、自行式仰拱长栈桥、拱墙衬砌施工成套设备、沟槽一体机及混凝土综合养护设备,大大减轻了劳动强度、有效地提高了施工效率、保证了施工质量。

(2) 推行初期支护钢架和钢筋网片等大型钢构件工厂化集中加工与配送制度,确保了半成品质量;全线推广湿喷混凝土工艺,提高初期支护总体施工质量。

(3) 采用自行式仰拱长栈桥和沟槽一体机,改进了二次衬砌仰拱填充及水沟电缆槽施工工艺,提高了作业效率。

(4) 隧道拱墙衬砌施工中,通过设置脱空预警装置,配置制储注一体注浆机,推行逐窗入料、分层浇筑、多孔冲顶、脱空预警、带模注浆和喷雾养护的成套施工技术,实现了拱墙衬砌内实外美的质量要求。

(5) 通过总结蒙华铁路隧道主要施工设备配置的经验,提出了单洞双线黄土隧道主要施工设备资源配置的建议。

11) 积极进行管理制度创新,探索高效管理模式

(1) 蒙华铁路建设成绩的取得不但是设计理念、施工技术的突破与创新的结果,也是工程建设管理不断探索和创新的成果。

(2) 蒙华铁路在工程建设中坚持务实与创新并重理念,实行单价合同、倡导方案优化、践行阳光分包、强化施工风险预控、推行构件工厂化加工和机械化施工、采取班组长工程质量责任制、实行技术与质量分级管理,形成了新型的铁路建设管理理念。

(3) 通过实行技术分级管理,简化了变更程序,提高了项目建设的效率;推行质量分级管

理制度,激发了施工单位施工管理自控、自律能力,提高了蒙华铁路项目建设及质量安全管理水平。

(4)推行班组长工程质量责任制,强化了作业层管理,提高了工班组人员的质量责任心,使施工过程质量控制由被动控制变为主动控制。

13.3 黄土隧道未来技术展望

黄土隧道一般埋深较浅,具有黄土遇水容易软化、物理力学性能急剧下降、尺度效应特别明显等显著的工程特性,建设过程中容易出现隧道塌方、衬砌开裂、基底沉降、黄土斜坡变形、地表开裂、陷穴等问题。

13.3.1 基础理论方面

(1)基础理论及本构关系

黄土在我国分布广泛,存在一定的地域差异,体现为物理力学性质变化对隧道稳定性的影响。因此,需要进一步明确黄土的本构关系,建立真正适用于黄土隧道的荷载计算方法,进而优化支护、减薄衬砌、明确锚杆在黄土隧道中的作用机制和效果等,这些需要大量的现场测试,需要广泛和长期的数据样本统计分析支持。

(2)湿陷性黄土隧道地基湿陷变形预测与评价

在既有研究成果基础上,可进一步围绕黄土隧道地基实际应力状态确定方法、地基复杂应力状态下湿陷和湿剪变形特性及计算方法、局部地基浸水湿陷过程中衬砌结构发挥适应调节作用引起的地基应力状态的动态变化及结构自身受力形式的改变、衬砌结构对不同地基湿陷变形条件的耐受能力以及黄土湿陷对衬砌结构力学作用的分析计算方法等问题开展研究工作,进一步明确隧道长期运营条件下的湿陷机理,确定适宜的黄土隧道地基湿陷变形预测方法及地基剩余湿陷量的控制标准,进而形成适用于黄土隧道的地基湿陷变形评价体系及相关技术标准。

(3)黄土遇水软化机理及其对隧道结构稳定性和耐久性的影响

大量工程实践表明,黄土隧道在开挖初期含水量较低或分布较均匀,围岩性质较均一稳定,但开挖支护后,围岩含水量随之发生重新分布或变化,或者因地下水渗漏路径改变而使围岩局部或全部发生含水量增大而引起软化,尤其以隧道基底为主,即黄土隧道在开挖过程中物理性质会发生不断变化。因此需要研究隧道施工对黄土中水分分布、运移、渗流影响规律及其力学性质劣化机理,探讨渗流场变化对隧道结构受力和长期稳定性的影响。

(4)饱和黄土隧道工后地基固结沉降问题

饱和黄土隧道在施工期间由于围岩剪切变形发展而导致产生超孔隙水压力,在隧道运行期间发生超孔隙水压力消散的固结变形。一方面可通过沉降长期监测,揭示工程固结变形;另一方面可通过三维数值分析,揭示饱和黄土隧道围岩变形引起的超孔隙水压力,预测工程运营期间的长期固结变形。

(5) 黄土隧道地基振动作用振陷与蠕变变形问题

在列车振动荷载长期反复作用下,引起地基振动。当振动作用引起土骨架破坏时,隧道地基产生振陷;振动作用的长期累积耗能促使土骨架排列发生变化,产生动力蠕变变形。需模拟列车振动荷载,揭示隧道地基土的振陷变形规律和长期振动累积耗能的蠕变变形特性;开展隧道围岩—衬砌结构—地基系统的动力反应分析,揭示围岩与地基的振陷蠕变变形规律。

13.3.2 勘察设计方面

(1) 黄土隧道围岩分级及深浅埋系统性划分

现有的黄土隧道围岩分级基于各向同性介质的弹塑性力学原理方法,虽然能够反应对黄土力学性质有关键影响的含水率、塑性指数等指标,兼顾埋深修正等因素,但还没有考虑黄土节理、陷穴、地层偏压及黄土含水率会随着施工开挖发生变化等影响,需要探讨新的体现动态施工力学原理的黄土隧道围岩分级方法。

如银西高铁,隧道通过段主要为第四系中更新统黏质黄土,地质条件在Ⅳ、Ⅴ级围岩掌子面揭示区别不明显,设计原则上深、浅埋条件下围岩揭示区别也不大,施工中部分隧道洞身通过深埋段反而出现不同程度的变形、坍塌等事故。未来黄土地段围岩划分应统筹考虑黄土自身的物理成分、含水率、埋深条件、地下水、软塑带等影响进行综合划分,隧道设计原则也不应完全依托于深、浅埋划分支护措施,应统筹考虑埋深及围岩划分中的影响因素,设计相关措施。

(2) 黄土—基岩二元结构地层过渡段围岩变形规律研究及稳定性分析

黄土地区广泛分布二元结构地层,即上部为黄土、下部为基岩,尤其以新近系泥岩等岩层最为典型。由于基岩岩层产状不同,导致隧道可能以垂直、平行和斜交等多种方式穿越岩土界面,地表水入渗到岩土界面,因渗透性差异(一般基岩尤其泥岩为不透水层),形成黄土和基岩软化,造成隧道结构变形过大、不均匀沉降、偏压荷载、掌子面倾滑失稳、仰拱隆起(或下沉)等问题。应对此专题研究并提出相应的施工技术参数及结构优化设计等。

(3) 洞身支护体系优化革新

黄土与岩质隧道在同级围岩条件下,支护措施相对较强。如银西高铁黄土隧道一般通过地层主要为第四系中更新统黏质黄土,部分地段通过第四系上更新统砂质黄土;结合现场情况,如果掌子面含水率适中,变形收敛可有效控制。依托土体自身物理特性、含水率、埋深等条件,可适当优化初期支护及二次衬砌支护体系,在确保施工及运营安全的前提下,节约投资,加快进度。

(4) 黄土隧道洞口段围岩压力演化规律与计算方法研究

重点考虑洞口段地形偏压、黄土节理、陷穴和冲沟发育、黄土各向异性、冻融循环效应等特点,研究开挖支护过程中围岩压力的时空演化规律,探讨围岩压力的计算方法及其对结构安全稳定性的影响。

(5) 洞口防护体系统筹研究

黄土垂直节理发育,受线路选线影响,部分洞口边、仰坡面直立、高陡,如按永久边坡开挖,一般挖方较大、较高,对自然环境及黄土塬破坏均影响较大,且黄土高边仰坡开挖后,运营过程中因汇水面积加大,还会出现不同程度的病害。应考虑研究"原始坡面稳定性评估 + 支挡加固"体系,结合黄土坡面稳定情况,采取支挡加固等措施,尽可能保留原始坡面,既保证隧道施工过程及后续运营安全,又降低黄土塬区域水土流失,生态环保。

特别是黄土地区高桥高隧连接工程,桥隧相连工程,应揭示隧道洞口边仰坡施工中变形破坏特点和规律,兼顾环境保护和生态修复,提出相应的加固防护范围、深度和技术措施。

(6)黄土隧道防排水系统优化

主要考虑黄土地区地下水矿化度高、矿物质含量较高、易于结晶堵塞排水系统、洞口段易产生冻胀导致次生病害等问题,提出相应的防排水系统优化、防结晶、防管路堵塞设计及工程措施。

(7)大跨度、大断面黄土隧道修建技术

目前,350km/h 高铁隧道断面(开挖面积约 170m^2)为黄土地区较大的洞室断面,未来结合工程及使用功能需要,研究更大跨度、更大断面黄土隧道的深浅埋划分、荷载作用、加固体系、开挖工法、支护体系等,实现超大断面黄土隧道技术突破。

13.3.3 施工技术方面

(1)大力推进黄土隧道盾构法施工

目前我国黄土隧道施工仍以矿山法为主,机械化配套水平一般,作业人员劳动强度高,作业环境差,施工风险大。当前我国人口老龄化、劳动力短缺、人工成本高等问题已经在隧道建设中逐步凸显,随着我国经济水平的发展和隧道施工机械制造水平的逐步提高,为保证施工安全和质量,加快施工进度,体现以人为本的建设理念,黄土隧道必将逐步实现机械化、信息化、智能化和全寿命周期建设维护,应大力推进盾构法施工。研究盾构法荷载模式、围岩压力、管片受力机理,以提升黄土隧道机械化作业水平。

(2)大力推进黄土隧道智能建造

建造全过程的智能化包括智能勘察、智能设计、智能装备、智能感知、智能传输、智能分析、智能表达。对黄土隧道的受力分析更加科学,真正实现大数据分析,从而进一步深化黄土隧道设计理论,实现信息反馈设计、优化设计。

(3)快速封闭是基本遵循

对于黄土隧道,受水的影响比较大,必须选择合理的支护手段,遵循快速封闭的基本原则。

(4)锚杆的作用机理应进行深入细致分析

对于锚杆的作用机理,业界有不同认识,随着理论水平的提高和监测手段的发展,可以在建立大量监测数据分析的基础上,对锚杆的支护效应进行深入细致分析,才能给出科学的结论。

(5)隧底仍处于薄弱环节

现有的工法条件下,依然无法彻底解决隧底处于薄弱环节的问题。

13.3.4 运营维护方面

(1)黄土隧道长期受力变形监测

目前,黄土隧道结构的受力变形监测一般仅限于施工阶段,若能在运营阶段长期监测,则可直观反映衬砌结构工后长期的受力变形变化情况,一旦出现病害,亦能及时预警并有助于揭示黄土隧道工后病害的发生原因,可为黄土隧道设计工作提供反馈参考。

(2)黄土隧道区域地层水环境变化预测

黄土隧道工后稳定性受到威胁的主要原因在于隧道范围地层水环境的改变导致黄土围岩工程性质发生劣化,进而引起隧道受力形式的改变及变形发展。若能对黄土隧道工后水环境的变化机制、影响因素等问题进行研究,最终形成水环境变化预测方法,则可在设计施工阶段对工后可能遭遇浸水影响的区段提前采取防治措施,从根源上解决相应的隧道工后水环境病害问题。

(3)隧道全断面扫描无损检测代替地质雷达

目前无损检测主要采用地质雷达,一般布置9~13条测线,但地质雷达受洞内环境因素、现场操作以及分析人员水平限制,准确率一般只有70%左右,且检测面积受限,无法完全检测出隧道缺陷,给后期运营留下安全隐患。因此,需要研发一种全断面扫描的无损检测设备,可方便现场操作,准确发现缺陷,确保隧道工程质量。

参 考 文 献

[1] 赵勇,等.隧道设计理论与方法[M].北京:人民交通出版社股份有限公司,2019.
[2] 肖广智.不良、特殊地质条件隧道施工技术及实例(三)[M].北京:人民交通出版社股份有限公司,2016,7.
[3] 赵勇,李国良,喻渝.黄土隧道工程[M].北京:中国铁道出版社,2011.
[4] 王晓州,等.大断面黄土隧道建设技术[M].北京:中国铁道出版社,2009.
[5] 侯兆霞,刘中欣,武春龙.特殊土地基[M].北京:中国建材工业出版社,2007.
[6] 吴玮江,王念秦.甘肃滑坡灾害[M].兰州:兰州大学出版社,2006.
[7] 中华人民共和国建设部.GB 50025—2004 湿陷性黄土地区建筑规范:[S].北京:中国建设工业出版社,2004.
[8] 胡广韬.滑坡动力学[M].北京:地质出版社,1995.
[9] 国家地震局兰州地震研究所,宁夏地震局.1920 年海原大地震[M].北京:地质出版社,1980.
[10] 郭尚坤.深埋老黄土隧道大变形机理及对策研究[D].成都:西南交通大学,2017.
[11] 黄帆.黄土隧道富水地段施工地质灾害注浆加固技术研究[D].西安:长安大学,2016.
[12] 周胜.大断面富水黄土隧道开挖方法优选及设备配套研究[D].兰州:兰州交通大学,2016.
[13] 扈世民.大断面黄土隧道围岩变形特征及控制技术研究[D].北京:北京交通大学,2012.
[14] 张茂省,李同录.黄土滑坡诱发因素及其形成机理研究[J].工程地质学报,1004-9665/2011/19(4)-0530-11.
[15] 房倩.高速铁路隧道支护与围岩作用关系研究[D].北京:北京交通大学,2010.
[16] 贾明辉.隧道洞口边坡稳定性与控制技术研究[D].上海:同济大学,2007.
[17] 康军.黄土公路隧道设计与施工技术研究[D].西安:长安大学,2006.
[18] 赵占厂.黄土公路隧道结构工程性状研究[D].西安:西安公路交通大学,2004.
[19] 谷拴成,王兵强,王剑,等.唐家塬隧道穿越滑坡段的综合整治技术及评价[J].铁道工程学报,2015(1):93-98.
[20] 祝和意,雷建华.大断面纯黄土公路隧道施工技术研究[J].工业建筑,2014(s1):1217-1220.
[21] 陈建勋,王梦恕,轩俊杰,等.两车道公路黄土隧道变形规律[J].交通运输工程学报,2012(3):9-18.
[22] 王念秦,罗东海,姚勇.铁路黄土高边坡变形破坏机理及稳定性研究[J].铁道工程学报,2009,26(07):10-14.
[23] 闻庆权.三台阶七步开挖法在离石隧道施工中的应用[J].现代隧道技术,2009(6):106-112.
[24] 陈松,陈国金,徐光黎.黄土坡滑坡形成与变形的地质过程机制[J].地球科学(中国地质大学学报),2008,33(3):411-415.

[25] 吕乾辉.曲线对马路山隧道支护结构的影响微量分析[J].现代隧道技术,2008(s1):404-406.

[26] 周尚国.黄土隧道的主要地质灾害类型[J].地质与勘探,2007(02):103-107.

[27] 渠巨华.黄土隧道渗漏水病害分析及治理[J].西部探矿工程.2006,18(8):158-159.

[28] 钱征宇.湿陷性黄土地区铁路的主要技术问题及其工程措施[J].中国铁路,2006.2.

[29] 何红,陈志新,叶万军,等.黄土高边坡变形破坏的基本形式及其机理分析[J].西部探矿工程,2005(11):109-111.

[30] 刘小兵.隧道洞口边仰坡稳定性影响因素的综合性评价[J].铁道工程学报,2002(01):38-41.

[31] 刘小兵,彭立敏,王薇.隧道洞口边仰坡的平衡稳定分析[J].中国公路学报,2001(04):81-85.

[32] 王家鼎,张倬元.地震诱发高速黄土滑坡的机理研究[J].岩土工程学报,1999,21(6):670-674.

[33] 王家鼎,刘悦.高速黄土滑坡蠕动液化机理的进一步研究[J].西北大学学报(自然科学版),1999,29(1):79-82.

Key Construction
Technologies for Loess Tunnel
of Heavy-haul Railway

后　记

　　中铁二十局集团有限公司不忘初心，牢记"建精品工程，创优秀团队"的企业使命，响应国家"走出去"的战略，完成了国内外多项重大工程项目，也遇到了很多难题，如国外陌生的政治环境、社会环境和经济环境；国内高原、高寒和岩溶、富水富砂、湿陷性黄土等极端地质条件等。问题的解决是以无数人艰辛、努力和汗水为代价，更是宝贵的经验和财富。

　　至此，中铁二十局集团有限公司为进一步提升自身的整体施工技术和工程管理水平，由董事长、党委书记邓勇（教授级高级工程师）总策划，科技开发部每年组织对近几年施工的国内外重难点工程的施工与管理进行系统总结，组织编撰该系列图书，旨在总结经验、铭记过去、启迪未来，本书即为该系列图书之一。

　　在组织策划出版过程中，涉及时间长、地域跨度大，工程项目类别多、科研组织复杂，协作组织难度大，不能尽善尽美，但通过该系列图书组织、编写与出版，提高了团队协作和创作能力，技术与管理经验得到沉淀，有助于集团的发展。最后，希望该系列图书的出版，能为正在建设和即将建设的、国内和国外的建设项目提供参考和借鉴。

编　者

2019 年 10 月